深圳律师实务丛书

民法典时代
婚姻继承典型案件实务

编　著　深圳市律师协会婚姻家事法律专业委员会

PRACTICE OF TYPICAL CASES OF MARRIAGE AND INHERITANCE IN THE CIVIL CODE ERA

法律出版社
LAW PRESS · CHINA
北京

图书在版编目(CIP)数据

民法典时代婚姻继承典型案件实务 / 深圳市律师协会婚姻家事法律专业委员会编著. -- 北京 : 法律出版社, 2024
(深圳律师实务丛书)
ISBN 978-7-5197-9178-0

Ⅰ. ①民… Ⅱ. ①深… Ⅲ. ①婚姻法－案例－中国②继承法－案例－中国 Ⅳ. ①D923.05

中国国家版本馆CIP数据核字(2024)第105883号

民法典时代婚姻继承典型案件实务
MINFADIAN SHIDAI HUNYIN JICHENG DIANXING ANJIAN SHIWU

深圳市律师协会婚姻家事法律专业委员会 编著

策划编辑 朱轶佳
责任编辑 朱轶佳 韩超群
装帧设计 鲍龙卉

出版发行 法律出版社
编辑统筹 司法实务出版分社
责任校对 王 丰
责任印制 胡晓雅
经　　销 新华书店

开本 710毫米×1000毫米 1/16
印张 22.25 **字数** 350千
版本 2024年8月第1版
印次 2024年8月第1次印刷
印刷 三河市龙大印装有限公司

地址:北京市丰台区莲花池西里7号(100073)
网址:www.lawpress.com.cn
投稿邮箱:info@lawpress.com.cn
举报盗版邮箱:jbwq@lawpress.com.cn
销售电话:010-83938349
客服电话:010-83938350
咨询电话:010-63939796

书号:ISBN 978-7-5197-9178-0 **定价**:84.00元
凡购买本社图书,如有印装错误,我社负责退换。电话:010-83938349

深圳律师实务丛书
编 委 会

本书编委会

主　　编：李　玮　杨　婧

编写组成员（按姓氏拼音排序）：

陈晓秋　陈艳华　高瑞琼　高亚兰

关　淼　郭卫群　胡梦蝶　黄　博

黄柱国　孔　霞　李冰清　李梅芬

李　玮　梁　洁　刘翠香　刘亚娟

刘艳华　刘　缘　龙奎任　卢　霞

罗　成　欧阳春　齐小周　谭　征

唐坚毅　唐　蓉　王春燕　王　静

谢斯琴　杨　婧　张海峰　张晓平

张　艳　张运云　周玲英

回归专业　潜心钻研 促进高质量发展

斗转星移,继往开来。深圳市律师协会自 2012 年启动“深圳律师实务丛书”(以下简称丛书)出版工作以来,至今已出版实务专著 39 部,内容涵盖诸多专业领域,全面展现了深圳律师业务的研究成果和实务经验,已成为深圳市律师协会推进行业专业化建设的品牌项目。

鼓励和引导律师著书立说是深圳市律师协会推动律师专业化的一项长期性的重点工作。丛书旨在充分发挥深圳市律师协会的业务指导作用,通过鼓励深圳律师和深圳市律师协会各专业委员会撰写实务专著,可以有效提升律师业务水平,增强律师业务能力,保证律师服务质量,以专业引领和成果共享助推深圳律师行业高质量发展。

本套丛书凝集着深圳律师的心血与经验,展现了深圳律师的专业水平。本套丛书在律师业务的众多领域,汇集了深圳律师的业务成果,总结了深圳律师的执业经验,体现了深圳律师的专业能力,彰显了深圳律师的职业精神。这一本本专著必将成为深圳律师专业化发展史上一颗颗璀璨的明珠,永远镶嵌在深圳律师专业化发展的史册上。

2023 年是全面贯彻落实党的二十大精神的开局之年,深圳律师要深学细悟笃行党的二十大精神,让党的二十大精神在深圳律师行业落地生花,要以习近平法治思想为指引,大兴专业研究之风,切实回归专业,潜心研究,深挖专业和实务问题,以高品质的法律服务保障行业的高质量发展。开展业务和实务研究不能脱离实际,必须密切关注经济社会发展和法治建设,聚焦其中的热点、难点、堵点问题，深入开展有针对性的研究，进而提出应用对策与实践指引，也期待深圳律师能输出更多的法律实务研究成果，并能形成专著与同行共享，这本身也是律师业务领域的一种先行示范。

希望本套丛书成为广大实习人员、执业律师期待、必备的好工具，也希望未来能够出版更多、更好的供律师们学习提高、掌握律师实务知识与技能的好专著！

张　斌

深圳市律师协会会长

2023 年 1 月 9 日

出版说明

本书以《民法典》时代婚姻家事法律实务为核心，侧重对法典实施后新型或典型业务进行实操分析，以此为读者就婚姻家事领域纷繁复杂的实务难题提供参考。

为就相关实务问题进行多维度、全方位、立体化的解读，本书大部分内容系作者在亲办案例、公报或典型公开案例的基础上进行的总结提炼，通过案例呈现、司法裁判观点总结、大数据分析、观点解读、律师实务视角进行分析，以此对争议焦点展开兼具实务性和理论性的论述；对于婚姻家事领域部分新型、典型非诉实务难题，因难以查找到相关案例，亦无法通过案例分析形式呈现，故作者侧重从法律规定及实务经验角度予以分析解读，同时给出行之有效的操作指引。

本书在内容上力求知识性、思想性和实用性，每一篇文章都凝聚着作者执业多年所获的智慧和心血，我们衷心希望读者朋友们能在阅读此书后有所收获，同时也能为法治的不断进步贡献一份微薄力量。

凡　例

1. 本书中法律、行政法规名称中的“中华人民共和国”省略，其余一般不省略，如《中华人民共和国民法典》简称《民法典》。

2. 下列为本书中司法解释及司法指导性文件全简称对照。

全简称对照

文件名称	发文日期	发文字号	简称
最高人民法院《关于适用〈中华人民共和国民法典〉婚姻家庭编的解释(一)》	2020 年 12 月 29 日	法释〔2020〕22 号	《民法典婚姻家庭编解释(一)》
最高人民法院《关于适用〈中华人民共和国婚姻法〉若干问题的解释(一)》(已失效)	2001 年 12 月 24 日	法释〔2001〕30 号	《婚姻法司法解释(一)》
最高人民法院《关于人民法院审理未办结婚登记而以夫妻名义同居生活案件的若干意见》(已失效)	1989 年 12 月 13 日	法[民]发〔1989〕38 号	《同居若干意见》
最高人民法院《关于适用〈中华人民共和国婚姻法〉若干问题的解释(三)》(已失效)	2011 年 8 月 9 日	法释〔2011〕18 号	《婚姻法司法解释(三)》
最高人民法院《关于进一步深化家事审判方式和工作机制改革的意见(试行)》(已被修改)	2018 年 7 月 18 日	法发〔2018〕12 号	《家改意见》

续表

文件名称	发文日期	发文字号	简称
最高人民法院《关于适用〈中华人民共和国民事诉讼法〉的解释》(2022年修正)	2022年4月1日	法释〔2022〕11号	《民诉法解释》
最高人民法院《关于人民法院审理离婚案件处理子女抚养问题的若干具体意见》(已失效)	1993年11月3日	法发〔1993〕30号	《子女抚养意见》
最高人民法院《关于适用〈中华人民共和国婚姻法〉若干问题的解释(二)》(已失效)	2017年2月28日	法释〔2017〕6号	《婚姻法司法解释(二)》
最高人民法院《关于适用〈中华人民共和国涉外民事关系法律适用法〉若干问题的解释(一)》(2020年修正)	2020年12月29日	法释〔2020〕18号	《法律适用法解释(一)》
最高人民法院《关于适用〈中华人民共和国涉外民事关系法律适用法〉若干问题的解释(一)》	2020年12月29日	法释〔2020〕18号	《涉外法律适用法解释》
最高人民法院《关于内地与香港特别行政区法院相互认可和执行婚姻家庭民事案件判决的安排》	2022年2月14日	法释〔2022〕4号	《婚姻家事安排》

3. 特别说明:《民法典》自2021年1月1日起施行,《婚姻法》《继承法》《民法通则》《收养法》《担保法》《合同法》《物权法》《侵权责任法》《民法总则》同时废止(正文中不再逐一标注说明),本书文中引用这些法律可再现案件审判脉络,以体现法律的延续性。

目　录

第一章　同居关系纠纷

第二章　离婚纠纷

第三章　抚养纠纷

第四章　夫妻财产纠纷

第五章　夫妻共同债务纠纷

第六章　继承纠纷

第七章　涉外家事纠纷

第一章

同居关系纠纷

同居关系所涉补偿协议的效力认定

本文阐述的同居关系，是指男女双方均为单身，以共同生活为目的产生的法律权利义务关系。婚外同居关系不在本文的论述之列。通常认为，婚外同居关系期间签署的协议因涉及侵犯夫妻另一方的财产权，且违背我国的公序良俗原则而无效，而在单身男女同居关系中签订的补偿协议是否有效，是否具有可诉性及执行性问题，具有一定的争议性，笔者将在下文中展开论述。

一、案例呈现[1]

（一）基本案情

苏某（女）与杨某（男）均为离异状态，经过某交友网站认识后建立恋爱关系。二人同居7个月左右，之后双方分手并签署解除同居关系协议。基于女方履行了夫妻义务和家庭责任以及因人工流产带来身体上和精神上的创伤，男方同意补偿女方80万元。协议签署后，男方已经实际支付66.8万元。后男方以解除同居关系的协议系女方胁迫所签，要求撤销解除同居关系协议，并要求女方返还已经支付的款项。女方另行起诉，要求男方按照协议约定继续支付尚未支付的款项及按照合同约定的违约责任支付违约金。

（二）争议焦点

男方以受到胁迫为由，申请法院撤销解除同居关系协议的补偿条款，即对未予履行的补偿条款不予承认和执行。女方则认为解除同居关系协议的所有条款是双方真实意思表示，不存在胁迫的情形，请求法院确认协议合法有效，男方按照协议约定支付尚未支付的剩余补偿款。

---

〔1〕 因可能涉及当事人隐私，裁判文书号不予披露。

(三)法院裁判结果

一审法院判决认为:双方之间签署补偿协议不存在胁迫情形,但双方同居时间不足1年,协议中应付款项已超出大众接受的一般标准,即使因人流损失应予补偿,男方已付部分也能够达到分担损失的补偿效果。同时男方的支付承诺仅具有道德义务性,除非男方自愿履行,否则不能苛以法律上的强制执行。

二审法院判决认为:本案为感情引起的同居关系纠纷,感情属于你情我愿,不可勉强,一审判决正确,驳回上诉。

二、司法裁判观点

针对同居关系签署的类似补偿协议的性质和效力,司法实践中尚有争议,主要存在以下四种裁判观点:

1. 观点一:补偿协议的内容具有赠与性质

男女双方在解除同居关系时,明确表达出将一方个人所有的财产赠与另一方的意思表示并签署协议的,该协议不违反法律法规的强制性规定,也不损害社会、他人利益,不属于违背公序良俗的行为,因此该赠与协议应认定为合法有效。从合同的目的来看,协议目的合法。根据《合同法》中赠与合同的规定,赠与人将自己的财产无偿赠与给受赠人,受赠人表示接受,双方权利义务受合同法有关赠与法律法规的规制。

2. 观点二:补偿协议的内容构成自然债务

自然债务的定义在法律上并没有相应规定,属于学术概念。按照王泽鉴先生的论述,自然债务的特征为债权人享有债权,而请求权不完整,债权人请求给付时,债务人可以拒绝,债务人给付时,债权人也可以基于权利受领,而非不当得利。大多数学者认为,同居关系解除时签署的补偿协议,主要是基于道德义务而非法定义务,因此该协议不具有可诉性,或虽然法院确认其可诉性,但最终不能以判决确认的方式支持协议的给付请求,该协议不具有法律上的强制执行力。

3. 观点三:补偿协议在性质上属于合同法上的无名合同

同居补偿协议在满足合同的生效要件后即应生效,即满足行为人具有民事行为能力、是其真实意思表示、协议的内容不违反法律法规强制性规定三个要件即合法有效。按此思路，同居关系补偿协议涉及身份关系，属于合同法上的无名合同，在不存在可撤销或无效的理由的情况下，双方受合同约束，不能随意撤销。

4. 观点四：补偿性协议是分手协议，属于无效合同

《天津法院民间借贷案件审理指南（试行）》第 14 条规定："民间借贷案件的审理应当以维护正常交易秩序、维护家庭伦理道德、维护社会公序良俗和弘扬社会主义核心价值观为基本原则，民间借贷中存在下列情形之一的，应认定民间借贷合同无效，并判决驳回原告的诉讼请求：(1)因非婚同居、不正当两性关系等原因形成的'精神损失费'、'分手费'等债务……"依据上述规定，对于双方以《借条》《欠条》等民间借贷形式签署的解除同居关系的"精神损失费""分手费"等债务协议，法院可以据此认定协议无效。

三、大数据分析

（一）调解率较高

司法数据显示，同居关系纠纷中涉及协议类案件的调解率高达 20% 左右，比普通民商事案件的调解率高，这与案件双方当事人的情感和身份关系密切有很强的关联性。

（二）标的额较小

司法数据显示，争议标的额在 50 万元以下的案件占比高达 80.58%，500 万元以上的占比不到 1%，存在标的额偏低的现象。这或许与男女双方各自的财产相对独立，共同出资购买大额资产的情况不多有关。

（三）案件聘请律师的比例较低

司法数据显示，这类案件聘请律师的案件仅占比 45%，其中双方均聘请律师的案件占比不足 20%，这或许因为争议的财产金额不大，故当事人聘请律师进行代理的意愿并不高。

（四）案件数量减少

司法数据显示，近 5 年内相关案件的数量处于一个基本平稳的状态，但是 2022 年的案件数量大幅下降，这可能与疫情、经济因素相关，也可能与越来越多的当事人选择不公开裁判文书有关。

四、问题解读

(一)问题背景和研究价值

一方面,因为思想观念的开放,同居关系越来越多,王洪教授在2000年出版的《婚姻家庭热点问题研究》一书中曾经大胆预测:非婚同居未来将会取代事实婚姻。另一方面,同居关系解除所涉补偿协议的效力特殊之处在于其既有合同特征,又有身份特征,但目前《民法典》中相关立法却处于滞后和空白的状态,其效力以及执行力在实务中对于司法机关来说处理起来存在疑惑,如何在这一领域保护弱势群体一方,特别是妇女儿童的权益?如何使同居者的合法权益在被侵害时有所救济?这都需要在司法实践过程中给出一个明确的价值导向和规则指引。

(二)理论界和实践中的主要观点

在美国,1976年的玛威案(Michelle Marvin *v.* Lee Marvin)确立了同居合同的有效性。在英国,通过同居契约来保障双方的权益被英国的《家庭法》所承认,在当事人违约时也可以诉诸法律强制执行。大陆法系的德国、法国和日本都规定各国当事人在选择同居时就可以根据自己的意愿自愿选择和约定双方的权利,在不违背合同法基本原理的基础上,订立有关身份、财产、子女抚养方面的合同。因此从域外法的角度考察,各国都尊重当事人协议的优先权,也基本确立了通过合同来调整同居双方权利义务的基本思路,以及通过一些法律规定来适度干预和调整双方的权利义务,以达到双方的实质公平。

我国杨立新教授对修订《民法典》婚姻家庭篇30个问题的立法建议中称:法院在分割财产时可以综合考虑同居的时间、子女的抚养等多方面因素,对同居期间作出较大贡献、抚养子女的无过错方适当照顾,这反映的也是同居关系追求实质公平的价值导向。

(三)律师观点

相较于同居补偿协议的赠与说、自然债务说和无效说,笔者赞同有效说。理由如下:

首先,赠与说的最大问题在于赠与人在实施赠与前可以随时撤销,这势必容易引起双方的纠纷和争议。同居补偿协议是双方在同居期间、权利义务失衡的情况下,在自行协商后达成的纠纷解决方案,如果允许一方随意撤销,无疑将激化该同居关系项下的各种矛盾,不利于保护弱势一方,同时还可能对另一方造成新的伤害。

其次,自然债务说只是一个学术上的概念,在现有立法中并没有自然债务的法律规定。如果法官直接将其适用在具体案件中,社会大众甚至专业律师都难以理解。依据生活常理也可知,同居期间一方不仅涉及感情的付出,还包括个人时间、金钱、性、家庭劳务、子女抚养、父母关照等多方面的付出。男女双方也不仅是道义的帮助,还包括通过双方的自由协商达成了一方自愿承担债务的承诺,这种意定之债如果因为涉及情感因素就不受司法的保护,也显然与国际通行的认可解除同居协议效力的做法相违背,不利于构建司法公信力。

最后,笔者赞同补偿协议有效说,因为通过引导男女双方通过协议来调整同居关系的方式,是现实可行且公平合理的。第一,一般该类书面协议在形式上是书面合同的一种,在具备三要件即具备行为能力,意思表示真实,不违反国家法律法规、不存在欺诈、胁迫的情况下,协议就具有法律上的合法性,对双方的行为具有法律约束力。第二,协议项下的补偿内容无论是基于情感还是物质,其背后都与双方当事人对同居关系中的付出以及错综复杂的金钱纠葛、个人考量等相关,是双方根据自身实际情况作出的最适合、最恰当的权利义务调整,以及解决双方争议和矛盾的权利义务调整方案,在法不禁止皆自由的情况下,应当予以法律上的尊重和确认。第三,民法中的禁反言、诚实信用和公平原则,也同样应该在同居关系中适用,不应允许一方在没有出现新事实的情况下,轻易反悔而不执行。

五、律师实务视角

首先,在诉讼方面,笔者提出如下几个实务注意要点:

(1)在解除同居关系引入补偿条款时,当事人可以选择的常用方式可能有:打借条、签署补偿协议、提起诉讼解除同居关系并达成法院调解书三种。目前来看,提起诉讼并达成调解书是成本最高但法律保障性最好的方式。该种方式可以降低发生借条被认定无效、补偿协议不可诉或只是自然债务不可强制执行、赠与合同可撤销赠与的法律风险。

(2)原告起诉时建议选择同居关系纠纷这一案由。同居关系纠纷属于婚姻家庭纠纷下的一种特殊纠纷，在 2016 年逐渐明确家事专业化的大方向下，有家事调解员与家事法官介入进行调停，使调解率不断攀升，这使实务工作者更有信心通过司法调停达成调解，从而形成具有执行力的法院调解书。

(3)在诉讼过程中的证据组织方面，律师应该避免从情感补偿、青春补偿、分手补偿等角度论述相关事实和主张，避免陷入道德审判的错误方向。律师应该从共同生活开支、一方经济收入、家务劳动、事务方面的投入、家暴、子女老人抚养等多方面举证证明当事人因同居关系造成的实际经济损失。在法庭调查过程中，关于同居的时长，双方财产混同的情况，同居方面的开支，流产方面的营养费、医疗费等方面也可予以重点关注，特别是财产混同方面，对财产混同的拆离也是可以要求另一方给予补偿的重要合法原因。

其次，在调解方面，笔者也提出以下几点建议：

(1)在同居关系的调解过程中，一方容易陷入受害者角色，指责对方破坏了同居关系，不忠诚，或因经济原因让自己陷入不公平的境地，往往难以从自身角度察觉自身问题。建议调解员、律师引导当事人思考、觉察和反思自己在亲密关系经营中还有待进步和提高的地方，避免陷入被害者思维。如果能够让当事人自己意识到关系的失败不仅与对方有关，还与自己的心理和行为有很大关系，则能化解其心里对另一方的消极情绪，降低对补偿金的要求和期待，更容易调和双方的矛盾。

(2)一些女性当事人在解除同居关系的过程中容易对人性、承诺甚至婚姻丧失信心。调解员、律师应意识到不信任一部分源于当事人对自己的信心不足。因此，建议调解员、律师在此过程中多鼓励、帮助当事人意识到自己的优势，以减轻其痛苦，缓和双方的矛盾，促成调解。

(3)对男性一方来说，其往往会有“我已经在金钱上对女方补偿过了，感情的事情也是你情我愿，为什么分开我要补偿你，谁来补偿我”的心理，这是一种怕吃亏的心理。作为调解员、律师，也要帮助男性看到女方提出需求存在一定的合理性。女性在两性关系中付出的成本往往更大，男方给予女方相应的体谅和补偿具有一定合理性。

最后，对于没有选择“诉讼 + 调解”的方式来解决争端，而是选择自行协议解决的当事人，笔者在实务方面也提出几点建议：

(1)协议中支付补偿款项的原因和金额尽量明确和细化,不要只是笼统地写"分手费""同居生活的补偿"等。给付的原因可以从双方的财产混同的分离,恋爱关系的经济开支承担,女方流产所产生的各项医疗费、营养费等实际损失入手,明确表述为:"一方在共同生活中因为×××原因,付出了×××金钱,承担了×××家务劳动,另一方同意承担其中×××金额,向另一方支付×××金钱。"

(2)协议中应避免使用"借条""欠条"等词汇,协议内容避免出现"精神损害费""感情补偿费"等用词,因为这些词涉及精神、感情的量化,不易被司法确认,但存在家暴等人身损害的情形除外。

(3)因为流产、生育问题造成的身体上和工作上的经济损失,建议女方可以根据男方现有经济能力和实际照顾情况,立即进行权利救济,方式可以采用如让男方直接银行转账无偿赠与女方金钱(银行转账时备注清楚)来解决当下的权利义务失衡问题。如果双方已经分手,事过三秋,往往错失了解决问题的最佳时机,当问题累积起来相互掺杂变得复杂化,也会增加解决问题的难度。

同居析产纠纷的财产分割规则

当今社会,越来越多的人不再选择将婚姻作为家庭的必要外在表现形式。双方以夫妻名义共同生活数年甚至数十年,生儿育女,却无婚姻的法律外衣。婚恋观早已发生翻天覆地的变化,法律有时候会存在滞后。同居析产纠纷中,如何定性同居期间的财产、以怎样的原则进行分割长期困扰着法律实务界人士。笔者根据现有的规定、结合司法案例,尝试对我国同居析产纠纷中财产归属判断及分割原则进行分析与研究。

一、案例呈现[1]

(一)基本案情

杨某1与朱某1同居生活近10年,双方共同经营一家时装公司和数间商铺,后因感情不和分手。杨某1与朱某1就部分财产分割无法达成一致,故诉至法院要求分割。

(二)争议焦点

朱某1租赁的广州一商铺经营使用权及相关财产是否为同居期间的共同财产及分割比例如何确定。

(三)法院裁判结果

该案中,法院认定了杨某1与朱某1在同居生活期间存在财产混同,共同劳动、共同经营和管理以及资金共用的事实,并进一步认定涉案商铺的使用权系同居期间产生,具有较高使用价值(经评估,该商铺使用权价值为341万余元),涉案商铺使用权作为同居关系存续期间取得的共有财产分割较为合理。朱某1在该商铺经营中付出劳动更多,同时也是主要经营管理者,对

---

〔1〕 参见广东省广州市中级人民法院民事判决书,(2018)粤01民终21268号。

该财产有更大贡献。最后法院判决朱某1和杨某1按照6∶4的比例对涉案商铺使用权进行分割。

二、司法裁判观点

同居,是指未办理法定结婚登记手续而共同生活在一起的行为。基于历史和文化原因,同居关系在我国法律法规中曾长期被冠以“非法”前缀。[1] 随着2001年12月25日《婚姻法司法解释(一)》的发布,对于单身男女的同居不再使用“非法同居”一词。[2] 当然,对于已有配偶而与他人同居的,仍属“非法同居”。

法律用语的变化体现了法律对于整个社会发展、观念变化的总结与评价。从“非法同居”到“同居关系”的演变,显示了我国法律对于民事主体未违反法律禁止性规定的行为给予尊重。未婚男女自愿选择同居而非结婚,是他们对于自己生活方式的选择,并未违反法律强制性规定及禁止性规定,法律本应许以足够的空间令民事主体有自主自愿决定的自由。

笔者尝试从多地法院的实际判例中概括归纳出司法实务对同居析产纠纷中财产归属的判断标准及分割原则,以期抛砖引玉,并为大家在分析处理该类纠纷时提供一定的思路。需要说明的是,本文仅对单身男女同居析产纠纷进行分析与探讨,有配偶者与他人同居而产生的同居析产纠纷以及因无效婚姻、可撤销婚姻导致的同居析产纠纷不在本文讨论之列。

(一)判断标准一:混同

混同是同居析产案件中认定财产归属最为重要的判断标准之一。

混同是指同居生活期间,两人的经济收入混同管理、混同使用,在日常生活支出时不有意作区分,或者财产的出资份额难以确定。现实生活中,若同居的二人都有经济收入,混同的情形较为常见。比如,一人掌握、管理着两人的银行卡,并不加区分地用以支付生活开支;再如,在购买房产等价值

---

〔1〕《同居若干意见》第3条规定:“自民政部新的婚姻登记管理条例施行之日起,未办结婚登记即以夫妻名义同居生活,按非法同居关系对待。”

〔2〕《婚姻法司法解释(一)》第5条第2项规定:“1994年2月1日民政部《婚姻登记管理条例》公布实施以后,男女双方符合结婚实质要件的,人民法院应当告知其在案件受理前补办结婚登记;未补办结婚登记的,按解除同居关系处理。”相关规定参见《民法典婚姻家庭编解释(一)》第7条第2项。

较大的财产时，有共同出资，在支付首期款或者按揭款时，不分你我，谁的账户有钱就从谁的账户支付。在财产混同的情况下，某项财产即便登记在一人名下，也要按照共有财产进行分割。

王某与李某1同居关系纠纷案，就是典型的因财产混同被认定为共有财产并予以分割的案例。[1]

在该案中，上诉人王某(原审被告)与被上诉人李某1(原审原告)同居生活15年，在同居生活期间，双方共同设立了一家装饰设计公司，各占50%股权。公司的经营收入用于二人的共同生活。另外，二人名下有多处房产，其中登记在王某名下的两套房产是在双方共同生活期间购买，其中一套自收房后一直由李某1管理，另一套房产系双方共同看房，共同办理购房手续。后双方因感情破裂诉请法院进行财产分割。王某称房产买卖合同由自己单独签署，房款从自己银行账户支付，故房产属于其个人财产的抗辩理未得到一审及二审法院的支持，法院认定该两套登记在王某名下的房产为共有财产，因孩子由王某抚养，最终依据照顾妇女儿童利益的原则，按照6∶4的比例在王某和李某1之间进行分割。

(二)判断标准二：共同劳动共同经营

这个判断标准既体现在最高人民法院《同居若干意见》中，也是北京市、江苏省高级人民法院指导意见中予以明确的判断标准。对于同居双方基于共同劳动、共同经营所获得的财产系共有财产是北京市高级人民法院和江苏省高级人民法院文件中的共同之处。北京市高级人民法院对以夫妻名义同居生活和不以夫妻名义同居生活进行了区分，在双方没有约定财产性质时，前者推定为共同共有，后者推定为按份共有，并对如何认定按份的份额进一步作出了规定，即按照各自对于共有财产的贡献、同居时间的长短及生活习惯进行分析判断。江苏省高级人民法院未作此区分，规定在无法查明是按份共有还是共同共有的情况下，推定为按份共有；按份的份额无法确定时，双方等额享有。

本文“案例呈现”部分介绍的朱某1、杨某1同居关系析产纠纷案中，法院对共同所得的认定标准作出归纳：同居生活期间双方财产形成“共同所得”必须同时具备两个条件，一是双方确有共同生活的事实；二是财产取得

[1] 参见北京市第一中级人民法院民事判决书，(2020)京01民终2913号。

是基于双方的共同劳动,或共同经营、共同管理的事实。上述两个条件须同时具备,缺一不可。[1]

在郭某、孙某同居关系析产纠纷案二审中,法院认为:因郭某、孙某双方存在同居生活及共同经营服装生意的事实,且双方对其财产并未作出明确的书面约定,依《物权法》第103条之规定,同居生活期间的财产应为按份共有,[2]鉴于本案中二人对于财产取得的贡献程度基本相当,最终判决郭某和孙某等额均分共有财产。[3]

吴某某与麦某某同居关系析产纠纷案,更是以共同劳动、共同经营作为判断标准的典型案件。广东省中山市中级人民法院在认定共同经营、共同劳动的基础上,进一步提出财产混同的前提条件。法院认为,麦某某与吴某某多年来以夫妻名义同居生活,共同经营,创造财富,财产早已混同。虽然财产均登记在吴某某一人名下,但资金来源于双方多年共同经营的收入,无法区分出资份额,故最终以一般共有对财产性质进行定性。现双方均确认已解除同居关系,麦某某诉请确认其对双方同居期间取得的共有财产享有50%的份额,一审在查明事实的基础上,结合全案证据,对一审第一项判项中所列的各财产项目,判决麦某某享有50%的份额,并无不当,法院予以维持。[4]

(三)判断标准三:辅助性劳动及生活上的照顾

当同居双方有一方没有收入,既难以产生财产混同,也没有共同劳动、共同经营的情况下,辅助性劳动及生活上的照顾便成为财产分割的另一种判断标准。

从时间纬度考察,我国之前的司法实践曾一度单纯从"谁出资谁受益"的角度判断财产归属。"谁出资谁受益"是我国在产权界定领域最为基本的判断原则,以出资来进行产权界定、判断产权归属。该原则简单易操作,举证及判断都简明易行。但将该原则用于同居析产案件却有天然的缺陷。

同居关系虽不同于婚姻关系,但依然是人身关系和财产关系的复合,尽

---

[1] 参见广东省广州市中级人民法院二审判决书,(2018)粤01民终21268号。

[2] 《物权法》第103条规定:"共有人对共有的不动产或者动产没有约定为按份共有或者共同共有,或者约定不明确的,除共有人具有家庭关系等外,视为按份共有。"相关规定参见《民法典》第308条。

[3] 参见广东省广州市中级人民法院民事判决书,(2018)粤01民终22189号。

[4] 参见广东省中山市中级人民法院民事判决书,(2020)粤20民终6512号。

管人身关系在同居关系中被极大地弱化，但不可否认同居关系绝非单纯的财产关系。在同居的男女民事主体之间，存在情感上的相互依赖、生活上的相互照顾与扶持。在一方有收入、财产购置仅由一方出资的情况下，我们无法忽视另一个事实：无收入一方也付出了时间、精力，甚至是专业知识、技能等，这些付出使对方可以心无旁骛地进行经营活动、工作，收入方负有的对于儿女的抚养义务甚至老人的赡养义务，更多地甚至全部由无收入的一方承担起来。不仅如此，收入方的日常生活也由无收入一方在照顾。因此，若在同居析产纠纷中单纯地将“谁出资谁受益”作为产权归属判断原则势必导致极度不公平，尤其是对于那些长期同居的民事主体。若一方长期获得另一方的生活照顾，一旦出现矛盾，同居关系无以为继时，导致另一方因无出资而全盘剥夺其财产利益的非正义结果的出现。这种不公平、非正义的结果无疑与《民法典》的基本原则相悖。

在司法实践中，我们看到越来越多的法院开始以是否存在“提供了辅助性劳动及生活上的照顾”去判断同居期间财产归属及归属份额。与单纯从共同经营、共同劳动角度出发不同，该判断原则充分考虑了在财产积累过程中，未出资方的非财产性投入和贡献的事实。

在刘某某与邱某某同居析产纠纷案中，云南省永善县人民法院认为：邱某某在葛洲坝承揽工程，刘某某到工地上为邱某某及其雇佣的人员做饭，同时在二人同居期间照顾二人的生活。法院的裁判要旨反映这种生活上的照顾、工作中的辅助性劳动，也可作为刘某某享有部分份额的事实依据，即对于同居期间一方所得财产，若另一方提供了辅助性劳动、生活方面的照顾，或者曾提供资助，则财产性质为一般共有，视作用大小确定双方的份额。[1]

在康某与李某2同居关系析产纠纷案二审中，法院在分割同居期间财产收入时考察了如下因素：一是是否为共同所得；二是一方所得的财产在财产形成过程中，另一方是否在时间、金钱、感情方面有投入，另一方是否提供了辅助性劳动，另一方是否提供了生活方面的帮助，若有，则另一方有权获得一定的财产份额。法院最终认定李某2和康某同居期间的收入为二人共有。[2]

---

〔1〕 参见云南省永善县人民法院民事判决书，(2019)云0625民初725号。

〔2〕 参见甘肃省天水市中级人民法院民事判决书，(2019)甘05民终58号。

在最高人民法院的公报案例夏某诉蒋某某同居关系析产纠纷案中,法院认为,男女双方以夫妻名义同居生活,但未办理结婚登记,虽在同居期间取得的财产登记在一方名下,但双方对财产的取得均有贡献,对该财产应认定为双方共同所有。另一方要求分割的,人民法院应根据照顾妇女儿童利益的原则,并结合财产的实际情况予以合理分配。[1]

三、问题解读

当民事主体决定解除同居关系时,面临的不仅是生活方式的再次选择,更要解决同居期间产生的财产归属纠纷和子女抚养权纠纷。对于子女抚养权纠纷,我国法律给出了清晰的界定:参照婚生子女的抚养权归属及抚养费的相关规定;但对于同居期间的所得财产性质、分割原则,却没有像解除婚姻关系时规定得那般清晰。当然,这反映出我国法律对于婚姻关系的完整保护态度,而对同居关系则采取"不制裁、不保护、不干预"的态度。

迄今为止,我国法律曾明确规定且司法实务一直遵照执行的只有一个司法解释——《同居若干意见》,该意见第10条对同居期间财产的分割概括性地规定依照一般共有的法律原则处理。[2]

该意见发布于1989年11月21日,距今已经35年,这35年是我国改革开放经济飞速发展的35年,也是社会观念尤其是婚嫁观念发生巨变的时期。该意见不仅从内容上无法应对解决众多纷繁复杂的同居析产纠纷,从法律渊源层面而言,作为司法解释,该意见的位阶低于法律。但由于缺少法律规定,法官和律师们在处理这类案件时,也只能从这条规定出发。为解决实务问题,"共有财产"的基本法理被反复引用,多地高级人民法院在婚姻家事诉讼指导意见中对同居析产作出规定,对同居析产实务进行了有益的探索,其中尤以北京市高级人民法院和江苏省高级人民法院最为突出。

北京市高级人民法院不仅区分以夫妻名义同居生活和不以夫妻名义同居生活的不同情况,规定前者同居期间的财产归属有约定从约定,无约定则推定为共同共有,后者同居期间的财产推定为按份共有,还规定法院应从是

---

〔1〕 参见江苏省高级人民法院民事判决书,(2012)苏民再提字第0124号。

〔2〕《同居若干意见》第10条规定:"解除非法同居关系时,同居生活期间双方共同所得的收入和购置的财产,按一般共有财产处理……"

否存在共同劳动、共同经营角度及双方对财产的贡献、同居时间的长短、财产是否存在混同等多种因素进行分析判断。[1]

江苏省高级人民法院也认为，除了共同购置的情况外，共同经营所得是进行同居析产的重要事实前提，在该事实前提能够被证明的情况下，若按份共有还是共同共有无法查明的，依按份共有原则处理。对于按份的比例，在无法查明的情况下，双方等额享有。[2]

最高人民法院民一庭则认为，除了考察双方的出资份额外，还需审查双方对于财产所作的贡献。[3]

随着《民法典》于2021年1月1日生效，《同居若干意见》作为同居析产方面唯一的司法解释也被废止，而《民法典》既未将《同居若干意见》的原则内容囊括其中，也未将后续司法实践中的主流做法归纳入典，唯一体现出分居期间财产分割的也仅是针对存在效力瑕疵的无效婚姻及可撤销婚姻的情况[4]，非本文讨论主旨。

---

〔1〕 北京市高级人民法院民一庭《关于审理婚姻纠纷案件若干疑难问题的参考意见》第44条规定："男女双方未办理结婚登记手续以夫妻名义同居生活的，同居关系解除后要求分割同居期间共同劳动、经营或管理所得财产的，有约定从约定；无约定且上述同居期间财产混同的，推定为共同共有，但根据同居时间、各自贡献、生活习惯等因素能认定为按份共有财产的除外。男女双方未办理结婚登记手续亦不以夫妻名义同居生活的，同居关系解除后要求分割同居期间共同劳动、经营或管理所得财产的，有约定从约定；无约定且财产混同的，推定为按份共有，具体份额比列可依据同居时间、各自贡献、生活习惯确定。"

〔2〕 江苏省高级人民法院《家事纠纷案件审理指南（婚姻家庭部分）》第9条"同居期间形成的财产应当如何分割?"规定："同居关系不同于合法婚姻关系，对于同居期间一方的工资、奖金、生产经营收益以及因继承、赠与等途径所得的合法收入，原则上归本人所有。双方在同居期间有共同购置的财产或者共同经营所得的收入，如果查明属于按份共有，按照各自的出资额比例分享权利；如果查明属于共同共有，则对共有财产共同享有权利；如果无法查明是按份共有还是共同共有，视为按份共有，不能确定出资额比例的，视为等额享有。对于被宣告无效或者被撤销的婚姻，当事人同居期间所得的财产，按共同共有处理，但有证据证明为当事人一方所有或者按份共有的除外。"

〔3〕 "在审理同居关系纠纷时，对当事人同居期间所得的工资、奖金和生产、经营的收益以及因继承、赠与等途径获得的合法收入，原则上归其本人所有。如果双方在同居期间有共同购置的财产或有共同经营所得的收入，应当按照双方的出资份额、所作贡献等公平合理地予以分割。"（最高人民法院民事审判庭第一庭：《同居期间所得财产的处理规则》，载杜万华主编：《民事审判指导与参考》第67辑，人民法院出版社2017年版，第186页。）

〔4〕 《民法典》第1054条第1款规定："无效的或者被撤销的婚姻自始没有法律约束力，当事人不具有夫妻的权利和义务。同居期间所得的财产，由当事人协议处理；协议不成的，由人民法院根据照顾无过错方的原则判决……"

现实生活中，同居析产案件日渐增多，亟须法律进行明确规定。

四、律师实务视角

同居关系于法律保护层面而言远远不及婚姻关系，在离婚纠纷中，婚姻的一方即便没有收入、没有参与共同经营和共同劳动，但基于法定财产制，依然就婚内财产与对方共同共有。这不仅是基于身份关系，也反映出法律对于付出时间、付出感情、照顾家人的一方在财产利益上的保护。在同居关系中，依然存在一方更多地照顾家人、照顾对方的情形，且这一方多为弱势一方，无论在经济地位上还是在举证上都处于弱势地位。当同居不再冠以"非法"的帽子，当同居伴侣、同居家庭越来越多地成为社会的单元组成部分，如何平衡公平正义和财产利益应为今后立法重点考虑的内容。

笔者以为，同居关系是民事主体对于二人内部关系的选择，因不具有违法性，且民事领域一向尊重民事主体的自主合法选择，故对于同居二人的内部财产关系无须作出与婚姻关系中财产关系差别过大的规定。对于同居二人的内部关系而言，在分割同居期间形成的财产时，不仅要考虑财产形成过程中的资金来源，还要考虑另一方的非财产性付出和贡献。而对于外部财产关系，因不存在姻亲关系，一方与另一方的亲属不存在亲属关系，故对于继承应作出有别于婚姻关系的判定，同居双方的任一方继承的财产都属于该方的个人财产，同居配偶不享有继承权。如此规定足以彰显法律对于婚姻关系的完整保护，同时不失公平正义。

笔者在本文中尝试归纳的三个判断标准不尽准确完善，当前法律法规也存在留白，期冀在总结足够多的实践情形后进行立法并逐步完善。

同居后登记结婚与补办结婚登记的区别

一、案例呈现

（一）张某与祝某离婚纠纷案[1]

1. 基本案情

张某和祝某 1994 年 2 月 2 日开始以夫妻名义同居生活，因双方均未达法定婚龄，未办理结婚登记。1995 年 8 月 12 日，双方具备结婚的实质要件，直至 2015 年 8 月 12 日两人因孩子上学需要，在民政局办理结婚登记手续。2018 年，张某以感情不和为由起诉离婚，请求确认登记在祝某名下的房产属于夫妻共同财产，予以平均分割。

2. 争议焦点

（1）张某与祝某的婚姻登记行为属于登记结婚还是补办结婚登记。

（2）双方的婚姻关系从何时起算。

3. 法院裁判结果

一审深圳市某基层法院认为，1994 年 2 月 2 日张某和祝某双方开始同居并生育儿子，1995 年 8 月 12 日具备结婚的实质条件，虽然在 2015 年 8 月 12 日民政局才依申请为双方办理结婚登记，但双方婚姻关系的效力应当从 1995 年 8 月 12 日开始起算。二审深圳市中级人民法院认为，双方当事人于 2015 年 8 月 12 日办理结婚登记，后通过诉讼解除婚姻关系，且双方办理结婚登记的目的是给儿子办理入学手续，并非为了起诉解除婚姻关系，因此不属于《婚姻法司法解释（一）》第 5 条第 2 项[2]规定的为了解除婚姻关系而须补办的结婚登记，双方婚姻关系的效力不能从 1995 年 8 月 12 日后起算，

---

〔1〕 因可能涉及当事人隐私，裁判文书号不予披露。

〔2〕 相关规定参见《民法典婚姻家庭编解释（一）》第 7 条第 2 项。

而应自2015年8月12日开始起算。

(二)苏某1与韩某、苏某2、苏某3继承纠纷案[1]

1. 基本案情

苏某与前妻何某育有三名子女,何某于2000年死亡。2002年5月,苏某与韩某举行婚礼,以夫妻名义共同生活一段时间后登记结婚。2013年苏某死亡。现苏某的子女对韩某提起继承纠纷之诉。

2. 争议焦点

苏某与韩某是办理结婚登记还是补办结婚登记。

3. 法院裁判结果

一审广州市番禺区人民法院认为,根据《婚姻法》第8条[2]和《婚姻法司法解释(一)》第4条[3]的规定,苏某和韩某自2002年起便以夫妻名义共同生活,虽然两人在××年才办理结婚登记,但两人婚姻关系的效力应从两人形成同居关系起算。二审广州市中级人民法院认为,一审法院未区分结婚登记与补办结婚登记属不同婚姻登记程序的事实,在苏某和韩某办理的是结婚登记而非补办结婚登记的情况下,认定双方是补办结婚登记,缺乏事实和法律依据,应予纠正。关于苏某和韩某婚姻关系存续期间的认定,依法应从婚姻登记之日起生效。再审广东省高级人民法院亦支持广州市中级人民法院的观点。

(三)丁某与冯某离婚后财产纠纷案[4]

1. 基本案情

冯某与丁某自2003年2月开始同居生活,于2003年2月12日举行婚礼,并开始以夫妻名义共同生活。2003年3月24日,丁某购买一套私有房产,2010年××月××日,双方办理结婚登记。2010年5月,该房产被列为拆迁改造范围,该楼房未办理不动产登记。2016年2月,丁某提出离婚,法院判决离婚,之后丁某提出离婚后财产之诉,认为上述房产为夫妻共同财产,冯某享有1/2的份额。

---

[1] 参见广东省高级人民法院民事判决书,(2017)粤民再395号。

[2] 相关规定参见《民法典》第1049条。

[3] 相关规定参见《民法典婚姻家庭编解释》第6条。

[4] 参见山东省聊城市中级人民法院民事判决书,(2017)鲁15民终2288号。

2. 争议焦点

冯某与丁某的婚姻关系的效力从何时起算。

3. 法院裁判结果

一审法院认为:《婚姻司法解释(一)》第4条规定:“男女双方根据婚姻法第八条规定补办结婚登记的,婚姻关系的效力从双方均符合婚姻法所规定的结婚的实质要件时起算。”本案原告被告自2003年2月开始同居生活,于2003年2月12日举行婚礼,共同以夫妻名义生活多年后办理结婚登记,双方所办理的结婚登记是否为补办,应全面综合本案案情进行认定,而不能仅以办理结婚登记时填写的《申请结婚登记声明书》或《申请补办结婚登记声明书》进行区分,故原告、被告2010年××月××日办理的结婚登记宜认定为结婚登记的补办。原告、被告2003年2月12日举行婚礼时均已符合《婚姻法》规定的结婚的实质要件,故原被告婚姻关系的效力应从2003年2月12日起算。

二审法院认为:丁某与被上诉人冯某自2003年2月开始同居生活,于2003年2月12日举行婚礼,共同以夫妻名义生活多年后于2010年××月××日办理结婚登记。虽然双方办理结婚登记时填写的是《申请结婚登记声明书》而不是《申请补办结婚登记声明书》,但双方2003年2月12日举行婚礼时均已符合婚姻法规定的结婚的实质要件,综合本案案情,宜认定双方2010年××月××日办理的结婚登记为结婚登记的补办,故双方婚姻关系的效力应从2003年2月12日起算。

二、司法裁判观点

针对同居生活后办理结婚登记及补办结婚登记所引发的婚姻关系何时发生效力的问题,由于当事人结婚登记的程序及办理结婚登记的背景不同,对于婚姻关系的效力认定在司法实践中的裁判观点尚有争议,主要存在以下两种观点。

(一)以登记结婚的时间作为婚姻关系生效的时间

在上述第一个案例中,二审法院认为,当事人办理结婚登记的目的不是起诉解除婚姻关系,因此不属于法律规定的为了解除婚姻关系而补办结婚登记,因此即使双方是补办结婚登记,婚姻关系的生效时间仍应当从办理结婚登记时起算。

在上述第二个案例中,二审法院认为,结婚登记与补办结婚登记属于不同婚姻登记程序,两者所签署文件存在区别,当事人作出的是结婚登记行为而非补办结婚登记行为,因此应当按登记结婚的时间作为婚姻关系生效的时间。

该观点认为,根据《民法典》第 1049 条的规定,只有在完成结婚登记、领取结婚证之后才能确立婚姻关系。如果对于婚前同居的行为直接认定为有效的婚姻关系,等于承认事实婚姻,而我国在 1994 年 2 月 1 日民政部《婚姻登记管理条例》(已失效)出台后不再有事实婚姻,现在如果承认同居期间的婚姻效力,将不利于婚姻登记制度的实施。

(二)以具备结婚的实质要件作为婚姻关系生效的时间

在上述第三个案例中,法院认为,双方办理婚礼,以夫妻名义共同生活,虽然之后才办理结婚登记,但举办婚宴时均已符合《婚姻法》规定的结婚的实质要件,两人办理结婚登记属于结婚登记的补办,因此婚姻关系生效时间应当自具备结婚的实质条件时开始起算。

该观点认为,根据《民法典婚姻家庭编解释(一)》第 6 条的规定,以夫妻名义共同生活后补办结婚登记的效力明确规定从双方符合《民法典》规定的结婚实质要件起算,即补办结婚登记具有可追溯性。

三、大数据分析

因为类案涉及个人隐私,部分当事人会选择不予公开,加之最高人民法院《关于人民法院在互联网公布裁判文书的规定》规定涉及离婚、子女抚养等案件不应当在互联网予以公布,因此网上可检索的裁判数据样本较少。

同居后补办结婚登记及登记结婚的纠纷类型主要为离婚诉讼及继承纠纷,而同居后未办理结婚登记,根据《民事案件案由规定》则可能涉及同居关系及同居关系析产、同居关系子女抚养等类型纠纷。笔者以“同居补办婚姻登记”为关键词进行检索,截至 2022 年 12 月 14 日,共收集到 1964 件裁判文书。

数据显示,2002 年、2003 年,公开可检索的涉“同居补办婚姻登记”案件均为 1 件,2004 ~ 2008 年无案件公布,2009 年有 14 件,之后逐年递增,2014

年增至401件,2015年为最高值523件,2017年下降至97件,之后逐年下降,至2022年降至仅11件。

根据数据分析,笔者认为,随着国民物质文化生活水平的提高,生活方式逐渐多元化发展,社会普通民众的两性关系及婚恋观均发生了较大改变。不同年龄阶段同居生活的原因各不相同,年轻人可能是基于恋爱较早、比较早熟,加之性开放等因素;而中年人同居除了上述因素外,还存在离婚后仍共同居住的情况;而老年人选择同居的原因更多样化,包括法律意识淡薄、丧偶、离异、子女陪伴不当、子女不同意再婚或自身不愿意再婚等。如今非婚同居已经成为社会新的婚恋方式,并得到社会大众的接纳。

在上述非婚同居情况大量存在的背景下,男女双方在长期的同居生活过程中形成了经济、情感、性生活等相互依赖的共同体,日常生活开支以及共同使用、消费的非大额财物支出、共同抚育非婚生子女等,必然导致财产混同,因此男女双方在结束同居关系时,可能会难以分清各自的财产,从而导致纠纷。

2020年以来案件数量降低,笔者认为,可能有两个方面的原因,一是2020年新冠疫情暴发以来,全国各级法院受疫情影响,办案效力受阻,总量呈下降趋势;二是2021年《民法典》及《个人信息保护法》的相继施行,国家更加注重保护公民个人隐私。人民法院在办案过程中严格执行最高人民法院《关于人民法院在互联网公布裁判文书的规定》,在裁判文书网上公开的相关文书数量呈下降趋势。

四、问题解读

(一)同居后结婚登记与补办结婚登记的法律概念与区别

1. 同居后结婚登记

我国《民法典》第1049条规定,要求结婚的男女双方应当亲自到婚姻登记机关申请结婚登记。男女双方同居后登记结婚与非同居直接登记结婚,除非出现以下第2种、第3种情形,否则本质上并无区别。

2. 补办结婚登记

《民法典》第1049条同时规定,未办理结婚登记的,应当补办登记。该规定从条文整体来看,未明确应当补办登记的主体及适用条件,也未规定补办登记后的婚姻关系,以及补办登记是否具备法律上的追溯力。按文义解释,补办即程序上、手续上的弥补,如果不具法律溯及力,则无所谓"补办"的说法。

《民法典婚姻家庭编解释(一)》第6条[1]对此进行明确,即男女双方补办结婚登记的婚姻关系效力从双方均符合《民法典》规定的结婚实质要件时起算,也就是补办婚姻登记具有溯及力,溯及时间至男女双方符合结婚实质要件之时。

3. 未补办结婚登记但1994年2月1日前已形成事实婚姻

根据《民法典婚姻家庭编解释(一)》第7条[2]的规定,1994年2月1日前,即使未办理结婚登记,只要男女双方以夫妻名义共同生活,且符合婚姻实质要件的,按照事实婚姻处理,一方提起离婚诉讼,无须补办结婚手续,处理结果等同于结婚后离婚的法律后果。

(二)结婚登记与补办结婚登记的办理程序区别

民政部2015年12月8日起实施的《婚姻登记工作规范》第36条[3]规定,自愿结婚的男女双方需要填写《申请结婚登记声明书》。第42条规定,申请补办结婚登记的,当事人需要填写《申请补办结婚登记声明书》,婚姻登记机关按照结婚登记程序办理。

从上述规定来看,婚姻登记机关在为当事人办理结婚登记的过程中,对于结婚登记与补办结婚登记所填写的资料及收取的材料存在区别,具体为婚姻登记时填写的《申请结婚登记声明书》只需当事人双方确认均无配偶,双方之间没有直系血亲和三代以内旁系血亲关系,了解彼此身体健康状况,自愿结婚即可;而在补办结婚登记时填写的《申请补办结婚登记声明书》则

---

[1] 《民法典婚姻家庭编解释(一)》第6条规定:"男女双方依据民法典第一千零四十九条规定补办结婚登记的,婚姻关系的效力从双方均符合民法典所规定的结婚的实质要件时起算。"

[2] 《民法典婚姻家庭编解释(一)》第7条规定:"未依据民法典第一千零四十九条规定办理结婚登记而以夫妻名义共同生活的男女,提起诉讼要求离婚的,应当区别对待:(一)1994年2月1日民政部《婚姻登记管理条例》公布实施以前,男女双方已经符合结婚实质要件的,按事实婚姻处理。(二)1994年2月1日民政部《婚姻登记管理条例》公布实施以后,男女双方符合结婚实质要件的,人民法院应当告知其补办结婚登记。未补办结婚登记的,依据本解释第三条规定处理。"

[3] 《婚姻登记工作规范》第36条规定:"婚姻登记员受理结婚登记申请,应当按照下列程序进行:(一)询问当事人的结婚意愿;(二)查验本规范第二十九条至第三十五条规定的相应证件和材料;(三)自愿结婚的双方各填写一份《申请结婚登记声明书》……"

除上述内容外，还需要当事人说明双方自何年何月何日起以夫妻名义同居生活，且现在均未与第三人结婚或以夫妻名义同居生活。

《婚姻登记档案管理办法》第9条明确规定，婚姻登记机关按"年度—婚姻登记性质"对婚姻登记档案进行分类管理，共有四类：结婚登记类、撤销婚姻类、离婚登记类和补发婚姻登记证类。就婚姻登记档案管理而言，结婚登记与补办结婚登记还是有所区别。

笔者亦与从事婚姻登记的工作人员进行了沟通，了解到实践中在男女双方要求补办结婚登记手续时，工作人员一般会要求双方提供何时开始以夫妻名义同居生活的相关证据，如村委会证明、子女出生证明等相关材料。

因此，结婚登记与补办结婚登记虽然均属于婚姻登记，但两者在办理程序中所签署的文件名称、具体声明的内容、提供的资料及归档等均有所区别。

（三）结婚登记与补办结婚登记的法律后果有何区别

结婚登记后，男女双方建立夫妻关系，彼此的权利、义务受婚姻家庭相关法律法规调整，婚姻存续期间所得的财产，除了特定的几类财产外，其他均为夫妻共同共有。补办结婚登记，意味着当事人的婚姻关系效力从男女双方均符合法律规定的结婚实质要件时起算，具有溯及力，即双方从结婚实质要件符合时就产生了与结婚登记同样的法律后果。

（四）补办结婚登记的意义

1950年4月13日，中华人民共和国最早的《婚姻法》由中央人民政府委员会通过，并自公布之日起施行，共27条，没有同居及非法同居的法律规定。

1981年1月1日，由全国人民代表大会颁布实施的《婚姻法》，共37条，没有同居及非法同居的法律规定。

在1989年12月13日颁布实施的《同居若干意见》中，首次出现了"非法同居"的法律概念[1]。

2001年4月28日，全国人大常委会对《婚姻法》进行修改，在第3条增

[1] 《同居若干意见》第2条规定："1986年3月15日《婚姻登记办法》施行之后，未办结婚登记手续即以夫妻名义同居生活，群众也认为是夫妻关系的，一方向人民法院起诉'离婚'，如同居时双方均符合结婚的法定条件，可认定为事实婚姻关系；如同居时一方或双方不符合结婚的法定条件，应认定为非法同居关系。"

加"禁止有配偶者与他人同居"的规定,可以说这是"非法同居"的准确定义。其他情形的同居,不属于非法同居,但法律条文在表述时删除了"非法"二字。

2001 年 12 月 27 日,《婚姻法司法解释(一)》明确规定了"有配偶者与他人同居"是指"有配偶者与婚外异性,不以夫妻名义,持续、稳定地共同居住"。

2021 年 1 月 1 日,由全国人民代表大会颁布实施的《民法典》第 1042 条规定"禁止有配偶者与他人同居"。随后发布的《民法典婚姻家庭编解释(一)》亦未再出现"非法同居"的表述和规定。

除有配偶者与他人同居为法律所禁止之外,其他情形的同居均不再认定为非法。但是,对外以夫妻名义相称的同居,不符合社会主义核心价值观,在立法的价值取向上亦不倡导。因此,《民法典》及其司法解释对于以夫妻名义同居且符合结婚实质要件的情形,在双方自愿的前提下,规定"应当补办登记",以利于保护双方的权益,消除不利影响。

五、律师实务视角

第一,律师应当明晰同居后登记结婚和补办结婚登记的相关法律规定,了解程序区别及法律后果。《民法典》第 1049 条并未明确补办结婚登记的主体及适用条件,也未规定补办登记后的婚姻关系是否具备法律上的追溯力,而是在《民法典婚姻家庭编解释(一)》第 6 条明确婚姻关系的效力从男女双方均符合《民法典》规定的结婚实质要件时起算。

而民政部的《婚姻登记工作规范》则是对办理结婚登记及补办结婚登记的具体程序和需要填写的文书的内容等进行规定,并对两者予以区别。

司法裁判的事实依据,主要看当事人在民政部门办的手续到底是结婚登记还是补办结婚登记,两者在婚姻登记档案里的资料会有所不同。

因此,我们可以将补办结婚登记视为特殊情形的结婚登记,考虑到两者对婚姻关系起算时间的计算方式不同,对于当事人来说,法律后果千差万别,针对此类情况,如遇当事人咨询,无论是事前、事中还是事后,律师应在了解当事人真实意愿的情况下给予当事人恰当的法律建议,以更好地维护当事人的合法权益。

第二,律师在办理相关案件的过程中,应当重视对案件事实的调查了解及证据收集，在给予法律意见时，应当全面分析案件具体情况，并根据不同情况给予不同的法律建议及诉讼方案。

首先，确认男女双方是否办理了结婚手续，若未办理，如果属于1994年2月1日以前可按事实婚姻处理的情况，按婚姻关系处理相关的离婚、财产分割及子女抚养等争议；如果属于1994年2月1日以后双方符合结婚实质条件，但是未办理结婚登记的情况，当事人拟通过诉讼办理离婚，则应建议当事人先补办结婚登记。如果当事人一方或双方不愿意补办结婚登记，且同居期间并未涉及共同财产及子女抚养等问题，则双方只需要分手，无须起诉解除同居关系，即便当事人已经提起解除同居关系纠纷的诉讼，法院也会驳回起诉。如果双方在同居期间存在共同的财产或子女抚养等问题需要处理，则可提起同居关系析产纠纷或同居关系子女抚养纠纷诉讼。

其次，确认双方在办理婚姻登记过程中，是否按照《婚姻登记条例》《婚姻登记工作规范》等相关规定办理结婚登记手续，即双方是否亲自到场，是否存在多个身份、不同时间、不同地区重复登记结婚等情况，若未按规定办理或存在违法情况，可提起行政诉讼，请求确认婚姻登记行为无效、确认行政行为违法或撤销婚姻登记机关作出的登记行为。

最后，在处理已经办理结婚登记手续的案件时，还要考虑双方是否存在名为登记结婚，实为补办结婚登记的情况，若存在这类情况，则应前往婚姻登记机关调取原始结婚登记档案、收集相关的证明材料，固定关键证据，调查关键事实，以区分双方婚姻关系的起算时间，给予当事人适当的法律意见，以达到对当事人合法权益的最大保护。

辅助生殖技术所生育子女的亲子关系认定

一、案例呈现

(一)代孕子女的祖父母与意向母亲监护权纠纷案[1]

1. 基本案情

罗某(男)与陈某(女)再婚后商议,由陈某购买卵子,由罗某提供精子,以体外授精并代孕的方式(卵子提供方与代孕方非同一人)生育一对龙凤胎罗某1和罗某2,随同罗某、陈某共同生活。出生医学证明显示父亲为罗某、母亲为陈某。后罗某因病经抢救无效死亡。嗣后,罗某的父母提起监护权之诉,请求获得罗某1和罗某2的监护权。

2. 争议焦点

意向母亲陈某(既非基因母亲也非分娩母亲)是否与子女存在亲子关系,对子女是否享有法定监护权。

3. 法院裁判结果

意向母亲陈某的监护权顺位在罗某父母之前,法院判决罗某1与罗某2由陈某监护。

(二)代孕母亲探望权纠纷案[2]

1. 基本案情

高某(男)与陶某(女)系夫妻,高某与谢某(女)通过QQ群认识并达成代孕协议,约定由谢某为高某代孕,并给予谢某每月工资、代孕补偿金等。此后,高某以直接受孕的方式让谢某怀孕,谢某生育一女高某1,《出生医学证明》上记载母亲陶某、父亲高某。高某1自出生至今由高某和陶某共同抚

---

〔1〕 参见上海市第一中级人民法院民事判决书,(2015)沪一中少民终字第56号。

〔2〕 参见重庆市九龙坡区人民法院民事判决书,(2018)渝05民终3328号。

养。后谢某因要求探望高某1被拒绝而提起诉讼，请求行使探望权。

2. 争议焦点

代孕母亲与子女是否存在亲子关系，其是否享有探望权。

3. 法院裁判结果

作为生母谢某享有探望权，但因其探望不利于子女高某1的身心健康，故谢某要求探望的诉请不予支持。

（三）同居期间代孕所生子女抚养纠纷案[1]

1. 基本案情

陆某（男）与欧某（女）为恋人关系，欧某无生育能力，二人决定找他人代孕生育欧某2。欧某2户籍登记在欧某名下，由二人共同抚养。后经鉴定，支持陆某是欧某2的生物学父亲；排除欧某是欧某2的生物学母亲。欧某请求确认欧某2与其之间存在亲子关系、欧某2归其抚养。

2. 争议焦点

同居期间，意向母亲欧某与子女是否存在亲子关系。

3. 法院裁判结果

法院判决确认生物学父亲陆某与子女欧某2存在亲子关系，欧某2由陆某抚养。

（四）同性伴侣争夺子女抚养权案[2]

1. 基本案情

某A与某B原系同性伴侣关系。恋爱期间，双方购买精子、某A提供卵子，通过辅助生殖技术将上述卵子和精子结合后由某B孕育分娩一女某C，《出生医学证明》上载明母亲为某B，未载明父亲信息。某C自出生后由双方共同照顾，之后由某B带离住处并与其共同生活，随后某A提起诉讼，请求确认某A与孩子之间存在亲子关系并判决孩子由其抚养。

2. 争议焦点

基因母亲某A与分娩母亲某B，谁与子女某C存在法律上的亲子关系。

3. 法院裁判结果

法院判定某C由某B抚养符合法律规定且更有利于孩子的健康成长，

---

[1] 参见湖北省武汉市武昌区人民法院民事判决书，(2017)鄂0106民初5067号。

[2] 参见福建省厦门市湖里区人民法院民事判决书，(2020)闽0206民初2057号。

故驳回某 A 的诉讼请求。

二、司法裁判观点

目前辅助生殖技术包括人工体内授精、人工体外受精—胚胎移植(试管婴儿)[1]、代孕[2]三种。从保护儿童利益出发,对采用辅助生殖技术所生育子女的法律地位认定较为统一,均将所生育的子女认定为婚生子女或非婚生子女(与婚生子女的法律地位一致)。因采用辅助生殖技术可能会涉及多方主体:意向父母、基因父母、分娩母亲、供卵者、捐精者,而单纯的供卵者或捐精者因存在保密协议或其初始并无做父母的意愿,通常不会介入纠纷,甚至在很多纠纷中供卵者或者捐精者身份不明,故而发生在意向父母之间以及意向父母与代孕母亲之间的纠纷居多,而无论是何种案由,均须先进行亲子关系认定,继而才能解决探望、抚养、监护、赡养、继承等问题,而对于父母(意向父母、基因父母、分娩母亲)与子女的亲子关系认定,司法裁判观点并不统一,主要存在以下几种情形。

(一)婚姻关系存续期间,夫妻双方一致同意进行人工授精,所生子女视为婚生子女,其权利义务关系适用父母子女关系的有关规定[3]

在婚姻关系存续期间,无论子女与夫妻一方的男方是否存在基因关系,即无论基因(精子)源于夫妻一方的男方还是捐精者,在夫妻双方一致同意进行人工授精的情况下,所生育子女应视为夫妻双方的婚生子女,在父母争夺子女抚养权时,法院会综合考虑父母双方的经济条件、抚养条件、生育能力以及孩子的长期居住及生长环境,判定抚养权的归属。[4] 需要说明的是,人工授精方式指人工体内授精和人工体外受精—胚胎移植(试管婴儿)。

---

[1] 此种类别参见《人类辅助生殖技术管理办法》《人类精子库管理办法》。

[2] 此种类别参见上海市第一中级人民法院民事判决书,(2015)沪一中少民终字第 56 号。

[3] 《民法典婚姻家庭编解释(一)》第 40 条规定:"婚姻关系存续期间,夫妻双方一致同意进行人工授精,所生子女应视为婚生子女,父母子女间的权利义务关系适用民法典的有关规定。"
最高人民法院 1991 年发布的《关于夫妻离婚后人工授精所生子女的法律地位如何确定的复函》(已失效)规定:"在夫妻关系存续期间,双方一致同意进行人工授精,所生子女应视为夫妻双方的婚生子女,父母子女之间权利义务关系适用《婚姻法》的有关规定。"

[4] 参见南宁市中级人民法院民事判决书,(2014)南市民一终字第 14 号;上海市闵行区人民法院民事判决书,(2014)闵民一(民)初字第 1143 号;仪陇县人民法院民事判决书,(2016)川 1324 民初 2039 号。

另外,我国有合法的供卵渠道,虽有限且条件严苛,但是不排除有合法利用所捐卵子进行辅助生殖的可能性,因此,婚姻关系存续期间夫妻双方同意利用所捐卵子进行人工授精、妻子一方进行孕育的,所生育子女视为夫妻双方的婚生子女。

(二)婚姻关系存续期间,双方一致决定代孕生育子女,生育子女认定为非婚生子女,分娩母亲为生母,意向(基因)父亲为生父,意向父母与子女之间已形成有抚养关系的继父母子女关系,权利义务关系适用父母子女关系的有关规定

我国禁止任何形式的买卖卵子、代孕生育,[1]因此代孕协议因违反法律的强制性规定和公序良俗而被认定为无效,但因代孕所生育的子女仍是法律所保护的对象。在法律认定上,以"分娩者为母"原则认定分娩母亲(代孕母亲)是子女的亲生母亲,以血缘(基因)关系认定亲生父亲,亲生父亲与代孕母亲所生育子女属于非婚生子女[2],意向母亲基于抚养意愿和抚养事实与子女之间已形成有抚养关系的继父母子女关系,[3]其权利义务关系适用父母子女关系的有关规定,[4]法院根据儿童利益最大化原则判决抚养权归属以及探视权的行使。[5]

---

[1] 《人类辅助生殖技术管理办法》第3条规定:"……禁止以任何形式买卖配子、合子、胚胎。医疗机构和医务人员不得实施任何形式的代孕技术。"

[2] 《民法典》第1071条第1款规定:"非婚生子女享有与婚生子女同等的权利,任何组织或者个人不得加以危害和歧视。"

[3] 《民法典》第1072条第2款规定:"继父或者继母和受其抚养教育的继子女间的权利义务关系,适用本法关于父母子女关系的规定。"参见上海市第一中级人民法院民事判决书,(2015)沪一中少民终字第56号;重庆市九龙坡区人民法院民事判决书,(2018)渝05民终3328号。

[4] 《民法典》第1086条第1款规定:"离婚后,不直接抚养子女的父或者母,有探望子女的权利,另一方有协助的义务。"
《儿童权利公约》第3条规定:"1. 关于儿童的一切行为,不论是由公私社会福利机构、法院、行政当局或立法机构执行,均应以儿童的最大利益为一种首要考虑。2. 缔约国承担确保儿童享有其幸福所必需的保护和照料,考虑到其父母、法定监护人、或任何对其负有法律责任的个人的权利和义务,并为此采取一切适当的立法和行政措施。3. 缔约国应确保负责照料或保护儿童的机构、服务部门及设施符合主管当局规定的标准,尤其是安全、卫生、工作人员数目和资格以及有效监督等方面的标准。"

[5] 参见广西壮族自治区柳州城中区人民法院民事判决书,(2011)城中民一初字第838号;重庆市渝北区人民法院民事判决书,(2018)渝0112民初8125号;义乌市人民法院民事判决书,(2020)浙0782民初12491号。

（三）在婚姻关系存续期间双方一致决定代孕的，以生物学鉴定意见否认意向母亲与子女之间存在亲子关系

即使意向父母对代孕达成一致意见，但因代孕产子行为违反伦理道德，为法律所禁止，故以基因规则推定意向母亲与子女之间不存在亲子关系。[1]

（四）在婚姻关系存续期间双方一致决定代孕的，以代孕协议或者离婚协议确认亲子关系或者抚养权的归属

双方在婚姻关系存续期间一致决定代孕并与代孕母亲签署代孕协议的，法院认为代孕协议对双方具有法律约束力，双方应当按照约定履行，不得擅自变更或者解除，[2]据此判决意向父亲或者意向母亲对子女的监护、抚养。[3]

在婚姻关系存续期间，双方一致决定代孕，并通过离婚协议约定代孕所生育子女由意向母亲抚养，后意向（基因）父亲以意向母亲与子女之间不存在血缘关系为由要求变更抚养关系的，法院将以双方在签订离婚协议前已经充分考虑生育能力、子女生育情况等因素，不予支持。[4]

（五）同居关系、特殊男女关系期间，双方一致决定代孕，生育子女视为非婚生子女，[5]以自然血亲确定亲子关系

因意向父母之间非婚姻关系，意向母亲与子女既无自然血亲关系又无合法收养关系，亦不存在拟制血亲关系，不存在产生亲子关系的基础，因此以生物学鉴定结论否认意向母亲与子女存在亲子关系，确认生父母与子女存在亲子关系，并在生父母有抚养意愿及能力的前提下将子女判给生父母

---

〔1〕 参见杭州市拱墅区人民法院民事判决书，（2015）杭拱民初字第 666 号。

〔2〕 《民法典》第 465 条规定："依法成立的合同，受法律保护。依法成立的合同，仅对当事人具有法律约束力，但是法律另有规定的除外。"

〔3〕 参见刘乐：《成功男士借腹生子引发离奇官司》，载华声新闻，http://hunan.voc.com.cn/article/201008/20100826114627532.html。

〔4〕 参见上海市第二中级人民法院民事判决书，（2017）沪 02 民终 7243 号；广东省东莞市第二中级人民法院民事判决书，（2020）粤 1972 民初 6602 号。

〔5〕 《民法典》第 1071 条第 1 款规定："非婚生子女享有与婚生子女同等的权利，任何组织或者个人不得加以危害和歧视。"

抚养。[1]

（六）同性伴侣一致决定代孕，不能仅以双方确认或仅因子女具有基因母亲的基因信息就认定基因母亲与子女存在法律上的亲子关系

购买精子、通过辅助生殖技术孕育生命的行为被我国法律所禁止，虽双方均确认子女系以一方卵子与购买的精子培育成受精卵后，由另一方分娩，但在无明确法律规定的情况下，不能仅以双方确认或仅因子女具有一方基因信息就认定基因母亲与子女存在法律上的亲子关系。[2]

三、大数据分析

因涉及辅助生殖技术的案例大多涉及个人隐私，故笔者仅能从有限的途径获取裁判数据。截至2022年11月23日，将案由锁定至婚姻家庭、继承纠纷，以辅助生殖为关键词在“聚法案例”进行搜索，显示案件75件，从审判年份看，2014～2016年案件数量最多，分别为15件、18件、13件，2018年、2022年案件数量最少，分别为2件和1件。案件数量年度分布不均是因2016～2019年我国开展以刑事和行政手段打击地下辅助生殖、规范辅助生殖市场的专项活动。从案件区域分布情况来看，华东地区案件数量最多为27件，华中地区和东北地区最少，分别为9件和6件，这说明辅助生殖与区域经济、文化开放程度有关，不仅需要经济能力的承载，还需要有开放的心态，因此经济相对发达区域案件居多；从审理程序状况来看，一审案件55件，占比约为73.33%，二审案件19件，占比约为25.33%，审判监督案件1件，占比约为1.33%；从案由分布上来看，离婚纠纷48件，抚养纠纷5件，离婚后财产纠纷、继承纠纷各4件，婚约财产、离婚后损害赔偿纠纷、同居关系纠

---

〔1〕 参见湖北省武汉市武昌区人民法院民事判决书，(2017)鄂0106民初5067号；上海市第二中级人民法院民事判决书，(2019)沪02民终10045号；北京市海淀区人民法院民事判决书，(2019)京0108民初50537号；辽宁省营口市鲅鱼圈区人民法院民事判决书，(2021)辽0804民初3299号。

〔2〕 参见潇湘法语：《一个供卵一个生育，她们都说自己是孩子的妈！湖里法院宣判国内首起同性伴侣抚养权纠纷案》，载微信公众号“湖里法院”2020年9月10日，https://mp.weixin.qq.com/s/eaVO6cZj6W6sBGFAvp-N3A。

《民法典婚姻家庭编解释（一）》第39条第2款规定：“父或者母以及成年子女起诉请求确认亲子关系，并提供必要证据予以证明，另一方没有相反证据又拒绝做亲子鉴定的，人民法院可以认定确认亲子关系一方的主张成立。”

纷各2件,监护权纠纷、亲子关系纠纷各1件,这是因为辅助生殖案件涉及的主体、诉求和事实往往错综复杂,而我国对于辅助生殖以及辅助生殖生育子女亲子关系认定的规定较少,尚未形成规范体系,从而导致司法实践裁判不一,案由混乱。

四、问题解读

(一)问题背景和研究价值

据统计,不孕不育的平均发病率为15%,即每8对夫妻中就有1对不孕不育。不孕不育的病因有上百种,男女原因各占一半,治愈率仅为约34%。目前,一般性药物治疗的怀孕率为10%~15%,人工体内授精的怀孕率为15%~20%,体外受精—胚胎移植(试管婴儿)的怀孕率为40%~50%(其中活体出生率为33%~35%)。代孕在我国尚不合法,目前暂无官方数据统计以代孕进行辅助生殖的怀孕率。而代孕事件的大量存在,也间接反映了代孕需求和怀孕率。人类辅助生殖技术为诸多不孕不育患者的求子之路提供了路径。

最高人民法院在1991年出具的《关于夫妻离婚后人工授精所生子女的法律地位如何确定的复函》(已失效)中确认,夫妻双方一致决定进行人工授精生育子女,该子女视为夫妻双方的婚生子女。以上规定被最高人民法院2020年12月29日发布的《民法典婚姻家庭编解释(一)》原文吸收,[1]至此,人工授精包括体外受精—胚胎移植(试管婴儿)情形下的亲子关系认定在法律层面予以确定。

然而,人工授精的亲子认定规则仅解决了男性不孕不育以及女性不孕时通过人类辅助生殖技术生育子女的亲子关系认定问题,却无法解决通过代孕所生育子女的亲子关系认定问题。加之不孕不育仅是辅助生殖生育子女的其中一个原因,随着现代生活多样化以及社会开放度和包容度的提高,给予了人们更多的选择空间,许多男女不愿结婚却有生儿育女的愿望,生儿育女无论是从人权、人性还是从生育权的角度都应该被尊重,然而对于采用合法的辅助生殖技术生育子女我国明确规定需要满足一定的条件和程序,

---

[1] 《民法典婚姻家庭编解释(一)》第40条规定:"婚姻关系存续期间,夫妻双方一致同意进行人工授精,所生子女应视为婚生子女,父母子女间的权利义务关系适用民法典的有关规定。"

这就导致无法满足既定要求的部分人选择地下辅助生殖市场或者到海外代孕生育，以至纠纷频发，加之司法观点和裁判规则不统一，使得立法和司法层面规则的设定和观点的统一显得更具有必要性和紧迫性。

（二）理论界和实践中的主要观点

笔者根据人类辅助生殖技术的分类、卵子和精子来源的不同以及分娩者的不同，整理如下分类表格（见表 1－1），以便于读者直观认识人类辅助生殖技术的基因关系。

表 1－1　人类辅助生殖技术的基因关系分析

<table>
<tr><th>序号</th><th colspan="2">生殖技术的分类</th><th>卵子来源</th><th>精子来源</th><th>分娩者</th><th>备注</th></tr>
<tr><td>1</td><td rowspan="4">人工体内受精/人工体外受精—胚胎移植</td><td>同质授精</td><td>母亲</td><td>父亲</td><td>母亲</td><td>子女与父母均具有基因关系</td></tr>
<tr><td>2</td><td rowspan="3">异质授精</td><td>母亲</td><td>捐精者</td><td>母亲</td><td>子女仅与母亲具有基因关系</td></tr>
<tr><td>3</td><td>捐卵者</td><td>父亲</td><td>母亲</td><td>子女仅与父亲具有基因关系</td></tr>
<tr><td>4</td><td>捐卵者</td><td>捐精者</td><td>母亲</td><td>子女与父母均不具有基因关系</td></tr>
<tr><td>5</td><td rowspan="6">代孕（非法）</td><td rowspan="4">妊娠代孕</td><td>母亲</td><td>父亲</td><td>代孕母亲</td><td>子女与父母均具有基因关系</td></tr>
<tr><td>6</td><td>母亲</td><td>供精者</td><td>代孕母亲</td><td>子女仅与母亲具有基因关系</td></tr>
<tr><td>7</td><td>供卵者</td><td>父亲</td><td>代孕母亲</td><td>子女仅与父亲具有基因关系</td></tr>
<tr><td>8</td><td>供卵者</td><td>供精者</td><td>代孕母亲</td><td>子女与父母均不具有基因关系</td></tr>
<tr><td>9</td><td rowspan="2">基因代孕</td><td>代孕母亲</td><td>父亲</td><td>代孕母亲</td><td>子女与代孕母亲、父亲具有基因关系</td></tr>
<tr><td>10</td><td>代孕母亲</td><td>供精者</td><td>代孕母亲</td><td>子女仅与代孕母亲具有基因关系</td></tr>
</table>

表 1－1 中的第 4 种、第 8 种、第 10 种情形因与父母均不具有基因联系，与收养无异，在实践中非常少见。

如前所述，无论是同质授精还是异质授精，若符合《民法典婚姻家庭编解释（一）》第40条规定的“婚姻关系存续期间，夫妻双方一致同意进行人工授精”的情形，所生子女均被视为婚生子女，适用《民法典》关于父母子女的有关规定，基于此，以下主要探讨关于代孕所生育子女亲子关系的理论和司法实践观点。

目前，我国法律对代孕缺乏相关规定，理论上主要有血缘（基因）说、分娩说、契约说和子女最佳利益说。[1]

（1）血缘（基因）说，即以血缘（基因）关系确认（否认）亲子关系。

（2）分娩说，即将分娩母亲认定是所生子女法律上的母亲。

（3）契约说，即依据双方达成的契约来确定亲子关系。

（4）子女最佳利益说，即以子女利益最大化作为亲子关系认定的依据。

（三）律师观点

1. 血缘（基因）说的司法适用观点

血缘（基因）说存在天然的生物学基础，也能契合“延续香火”“传宗接代”的朴素观念，在司法中进行亲子关系认定也相对容易，仅需要进行医学上的亲子鉴定即可，而无须考虑错综复杂的案件本身。以基因规则认定亲子关系看似尊重了社会普遍伦理道德，然而在民众传统的伦理观念中，更为期待的是男性基因的传承，对于女性基因的传承和具体分娩者似乎没有受到重视，况且，无论是最高人民法院在1991年发布的《关于夫妻离婚后人工授精所生子女的法律地位如何确定的复函》，还是《民法典婚姻家庭编解释（一）》第40条的规定，均突破了血缘主义理论，故而单纯以血缘（基因）说确认（否认）亲子关系的理论已经无法完全匹配我国立法。

然而，在司法实践中，仍有大量的司法判例以血缘确认（否认）亲子关系，[2]原因在于这些案件中的男女双方并未缔结合法的婚姻关系，从而以血缘（基因）关系认定生父，以无实际血亲、未缔结婚姻无拟制血亲、无合法收养手续从而否认母子关系。笔者认为，该裁判理论缺乏合理性，实践中，代

---

〔1〕参见上海市第一中级人民法院民事判决书，（2015）沪一中少民终字第56号。

〔2〕参见湖北省武汉市武昌区人民法院民事判决书，（2017）鄂0106民初5067号；上海市第二中级人民法院民事判决书，（2019）沪02民终10045号；浙江省杭州市拱墅区人民法院民事判决书，（2015）杭拱民初字第666号。

孕机构通常为供卵者保密,纠纷中供卵者也常常属于身份不明的状态,从而无法履行生母义务,此种裁判思路虽认可代孕子女的法律地位却导致代孕子女的母亲身份缺失的法律后果〔1〕,这不利于对子女利益的保护,也没有考虑供卵者和意向母亲的主观意愿,更不利于对意向母亲进行约束,假使意向母亲在代孕生子后改变意向,则此种裁判规则将是意向母亲逃避法律义务的合法途径。

2. 分娩说的司法适用观点

分娩说基于民众朴素的生育观念,肯定了分娩母亲十月怀胎的辛苦和分娩的艰辛以及母亲与子女的情感联系,我国司法案例中也以"分娩者为母"的规则进行裁判,笔者认为这可能会忽略意向父母的重要性。在代孕情形下,分娩母亲往往基于代孕协议、为了获得高昂的代孕报酬实施代孕行为,在心理层面并无做母亲的主观意愿,加之决定新生命的出生来自意向父母,与分娩母亲相比,意向父母有着更为强烈的为人父母意愿,无论是在心理上还是经济上都已经为新生命的到来做足了充分准备。因此,笔者认为"分娩者为母"的裁判规则需要加以区分。

在妊娠代孕中,如果卵子直接源于意向母亲,则一般因子女与父母之间具有基因联系,此种情况发生纠纷较少,如果卵子直接源于第三方,则仅因分娩事实认定生母欠缺合理性。如前所述,代孕母亲往往没有做母亲的意愿,甚至纠纷发生时身份不明,若以裁判文书的形式直接确认分娩母亲为生母,实则等同于让代孕子女的母亲处于缺位的状态,虽然我国目前的司法案例中有将分娩母亲认定为生母、意向母亲认定为具有事实抚养关系的继母,从而成立拟制血亲关系,〔2〕但拟制血亲关系父母子女的权利义务与自然血亲父母子女的权利义务仍存在区别。我国的拟制血亲包括养父母与养子女之间基于收养关系而形成的父母子女关系,还包括继父母与继子女因再婚而形成的父母子女关系,而收养关系可以有条件地解除,继父母子女关系也可因婚姻关系的解除而发生变化,因此,拟制血亲关系与自然血亲关系相比并不稳定,故笔者建议,在妊娠代孕情形下,宜将意向父母认定为对所生子

〔1〕 参见熊潇:《论代孕子女的监护权归属》,华东政法大学2021年硕士学位论文,第37页。

〔2〕 参见上海市第一中级人民法院民事判决书,(2015)沪一中少民终字第56号;重庆市九龙坡区人民法院民事判决书,(2018)渝05民终3328号;广西壮族自治区柳州城中区人民法院民事判决书,(2011)城中民一初字第838号。

女负有亲权。[1]

基因代孕中，代孕母亲兼具基因和分娩的双重身份，在司法裁判中，代孕母亲可能更容易对代孕子女建立情感，[2]从而改变意向决定抚养子女进而发生纠纷，[3]此时，代孕母亲同时具有成为母亲的意向、子女的基因母亲、子女的分娩者[4]三种特征，法院应当据此确认基因代孕母亲为子女的生母，在判决抚养监护时，从儿童利益优先角度判决抚养、监护。

3. 契约说的司法适用观点

契约说以当事人的主观意愿作为认定亲权的基础，充分体现了司法自治的法律精神。在代孕情境中，通过代孕协议能更简单、更快捷地确认亲子关系，并且在多数情况下，意向父母可能比代孕母亲更为期待孩子的到来、更爱孩子，因此契约说能充分体现意向父母或意向父母与代孕母亲的合意，可以在代孕子女出生之前对子女的亲子关系直接作出约定，从而约束各方行为。在代孕过程中，我们最为关切的是代孕母亲突然反悔，但是实际上意向父母也有反悔的案例，[5]如知名女星郑某代孕反悔事件。而契约能起到事前的防范和预制作用。在外籍华人夫妇诉柳某监护权纠纷案[6]中，法官便以代孕协议认定亲子关系，将意向父母认定为代孕子女的父母，虽然该案最终以调解结案，但也足以看到契约的重要性和约束力，也看到了法官的大胆和创新。然而，契约说也有明显的弊端：一方面，虽意向父母与代孕母亲以契约明确了亲权，但是代孕母亲出借子宫涉及对自身器官的处分，虽是个人意志的体现，但是有违公序良俗，与我国长久以来朴素的价值观不符；另一方面，根据现有立法，我国目前对代孕仍秉持禁止的态度，代孕协议因违反我国禁止性规定、违背公序良俗往往被认定为无效，若代孕协议无效，以代孕协议为依托的亲子关系内容必然也无效，况且关于身份关系的契约理应受

---

〔1〕参见《民法典婚姻家庭编解释(一)》第40条的规定。

〔2〕参见熊潇：《论代孕子女的监护权归属》，华东政法大学2021年硕士学位论文，第35页。

〔3〕参见重庆市九龙坡区人民法院民事判决书，(2018)渝05民终3328号；刘乐：《成功男士借腹生子引发离奇官司》，载常德晚报，http://hunan.voc.com.cn/article/201008/ 20100826114627532.html。

〔4〕参见熊潇：《论代孕子女的监护权归属》，华东政法大学2021年硕士学位论文，第35页。

〔5〕参见浙江省义乌市人民法院民事判决书，(2020)浙0782民初12491号。

〔6〕参见刘乐：《成功男士借腹生子引发离奇官司》，载常德晚报，http://hunan.voc.com.cn/article/201008/20100826114627532.html。

到严格限制,即使在代孕合法化的国家,也有相关法律进行规制,何况在我国代孕尚不合法的情况下,契约自由应当更为谨慎。

4. 子女利益最佳说的司法适用观点

子女利益最佳说以保障子女健康成长为出发点,虽然尽可能地保障了子女的利益,也符合我国对代孕儿童的保护原则,但是在司法适用上却很难把控,关于子女最佳利益的衡量缺乏标尺,使判决结果受法官主观因素影响较大,不免会赋予法官过大的自由裁量权,从而形成同案不同判的现象,无法做到司法裁判的统一。纵观我国既有判例,暂未查到以儿童利益最佳主义确认(否认)亲子关系,均是以其他学说确认(否认)亲子关系后再以儿童利益最大化的原则判决抚养和监护的归属。

五、律师实务视角

综上所述,笔者认为,上述4 种学说虽均具有可取之处,但又都存在一定程度的局限性,在司法实践中应当针对个案具体问题具体分析,而非机械适用,在尊重基本事实的基础上并在法律框架内合理解决法律纠纷、定分止争;同时笔者也呼吁立法机构尽快出台关于代孕亲子关系认定规范,以实现有法可依、有法必依,促进立法与实践的统一。

第二章

离婚纠纷

重复登记结婚的司法救济路径

一、案例呈现[1]

（一）基本案情

林先生与吴女士曾在香港登记结婚，因误以为香港的结婚登记在内地没有法律效力，又在深圳某区民政局办理了结婚登记。后两人在深圳经法院调解离婚，解除了在香港登记的婚姻关系。因法院未对两人在深圳办理的结婚登记进行审查处理，该次结婚登记事实上仍处于有效存续状态，但该次婚姻登记与两人目前已离婚的实际婚姻状态发生抵触，客观上对二人今后的各自生活存在不利影响，现林先生向深圳某区法院提起对民政局的行政诉讼，请求撤销深圳的婚姻登记行为。

深圳某区民政局答辩称：(1)林先生的起诉已超过法定起诉期限，依法应当裁定驳回起诉；(2)民政局的婚姻登记行为符合法律、法规及规范性文件的要求，登记程序合法，登记行为无过错，是林先生自身行为导致在香港和内地两个不同法域两次登记，由此导致的不利后果应由其自行承担；(3)民政局的婚姻登记行为认定事实清楚，证据充分。林先生所称有关涉诉婚姻登记与林先生和吴女士目前已离婚的婚姻状态发生抵触从而会对二人产生不利影响的情况，可以通过协议离婚或者诉讼离婚予以解决。

法院因吴女士与本案被诉行政行为具有法律上的利害关系，依法追加吴女士为第三人参加诉讼。吴女士述称，其与林先生在香港和深圳两地双重结婚登记，登记在后的行为应属无效。

（二）争议焦点

(1)林先生提起的行政诉讼是否超过法定的起诉期限。

---

〔1〕 因可能涉及当事人隐私，裁判文书号不予披露。

(2)林先生主张民政局作出的婚姻登记行为应予撤销,有无事实和法律依据。

(三)法院裁判结果

林先生与吴女士重复申请婚姻登记,依据《婚姻登记条例》第6条第3项的规定,婚姻登记机关应当不予登记。但由于两人在向深圳某区民政局申请婚姻登记时隐瞒了其已在香港登记结婚的事实,致使深圳某区民政局作出错误的婚姻登记行为。深圳某区民政局在办理婚姻登记过程中并无过错,但鉴于其在林先生与吴女士隐瞒已婚事实的情况下作出的被诉婚姻登记行为主要证据不足,法院依法予以撤销。深圳某区民政局主张原告的起诉超过法定起诉期限,法院认为,婚姻关系当事人进行与客观事实不符的婚姻登记,可以视为存在重大且明显违法情形的无效行政行为,原则上不受起诉期限的限制。婚姻关系系重大人身关系,不宜以林先生起诉已超过法定起诉期限为由驳回起诉。故法院判决撤销被告深圳某区民政局的该次婚姻登记行为。

二、司法裁判观点

(一)《民法典》施行前

由于早年我国婚姻登记系统没有联网,各地婚姻登记部门办理结婚登记时无法对当事人的身份和婚姻信息进行核查,出现了大量重复登记结婚、冒名或提供虚假材料登记结婚的现象,由此衍生的民事或行政诉讼屡见不鲜。针对其中当事人重复登记结婚的问题,在《民法典》及《民法典婚姻家庭编解释(一)》施行之前,司法实践中存在较多同案不同判的现象,主要有以下几种裁判观点。

1. 双方当事人重复登记结婚,不适用"重婚无效"的规定[1]

(1)裁判要旨

原告薛某曾与被告罗某在成都市金牛区民政局登记结婚,并一直共同生活至今。后罗某为迁移户口,谎称未婚,与案外人朱某在宜宾市翠屏区民政局办理了结婚登记,在办完户口迁移后又登记离婚。之后,共同生活期

---

[1] 参见薛某与罗某婚姻无效纠纷案,四川省宜宾市翠屏区人民法院民事判决书,(2020)川1502民初6704号。

间，原告与被告结婚证遗失，为图方便，两人未到成都市金牛区民政局补办结婚证，而是谎称未婚，又在宜宾市翠屏区民政局办理了新的结婚登记，现原告诉请宣告与被告后一次登记结婚的婚姻无效。法院认为，重婚是指有配偶者又与他人结婚的违法行为。原告与被告虽办理了两次结婚登记，但被告两次结婚的对象均为原告，而非他人，不构成重婚；但原告、被告的不诚信行为在道德上应给予否定评价，故法院判决驳回原告的诉讼请求。

（2）裁判依据

《婚姻法》第 10 条[1]。

2. 双方当事人重复登记结婚的，适用“重婚无效”的规定[2]

（1）裁判要旨

原告蒋某与被告银某曾在三台县原安宁乡镇人民政府登记结婚，后因结婚证丢失，又于 2012 年 2 月 4 日到三台县刘营镇人民政府重新登记结婚，现原告诉请宣告后一次登记的婚姻无效。法院认为，两人属于重复登记结婚，对两人要求宣告后一次登记的婚姻关系无效的诉讼请求予以支持，判决蒋某与银某 2012 年 2 月 4 日登记的婚姻关系无效。

（2）裁判依据

《婚姻法》第 10 条第 1 款。

3. 当事人一方“被”重复登记结婚的，可以申请宣告婚姻无效[3]

（1）裁判要旨

原告韦某与被告岑某 1 的妻子韦某 1 系双胞姐妹，岑某 1 与韦某 1 登记结婚时错拿了韦某的身份证，结婚证上的名字和身份证号码是韦某的，但照片是韦某 1 的，而韦某与丈夫班某在其后登记结婚。韦某不知道岑某 1 和韦某 1 错拿自己的身份证登记结婚，导致重复登记结婚，现诉请宣告韦某与岑某 1 的婚姻无效。法院认为，虽然原告韦某与班某的结婚登记在后，但实际上韦某与岑某 1 自始至终不存在夫妻之实，而是与班某存在合法的夫妻关

---

〔1〕 相关规定参见《民法典》第 1051 条。

〔2〕 参见蒋某与银某婚姻无效纠纷案，四川省三台县人民法院民事判决书，（2019）川 0722 民初 2523 号。

〔3〕 参见韦某与岑某 1 婚姻无效纠纷案，广西壮族自治区天峨县人民法院民事判决书，（2021）桂 1222 民初 242 号。《民法典婚姻家庭编解释（一）》将“申请宣告婚姻无效”改为“请求确认婚姻无效”。

系，且系岑某1与案外人韦某1的错误行为才造成韦某重婚的，故原告韦某的诉请证据和理由充分，依法予以支持，法院判决宣告原告韦某与被告岑某1的婚姻无效。

（2）裁判依据

《民法典》第1051条、第1054条，《民法典婚姻家庭编解释（一）》第11条。

4. 当事人一方“被”重复登记结婚的，可以起诉撤销婚姻登记[1]

（1）裁判要旨

原告陈某与第三人陈某1是堂姐妹关系，2020年8月，陈某回娘家省亲时得知陈某1与其丈夫崔某2006年8月19日在被告固镇县民政局处办理结婚登记时，因陈某1未达法定结婚年龄，借用陈某的身份证和户口簿办理了结婚登记。但是原告在2005年8月已与丈夫王某在他县办理了结婚证。现原告请求撤销民政局颁发的登记为陈某和崔某、照片是陈某1和崔某的结婚证。法院认为，民政局作为办理婚姻登记的职能部门，具有作出本案登记行为的法定职权。陈某1和崔某到被告固镇县民政局办理结婚登记时，提交了虚假的身份信息，婚姻登记部门受当时条件所限没有形成联网核查措施，致使婚姻登记错误，因此被告在办理该结婚证的过程中存在瑕疵，应予纠正。故法院判决撤销被告2006年颁发持证人为陈某和崔某的结婚证的行政行为。

（2）裁判依据

《行政诉讼法》第2条、第70条第1项，《婚姻法司法解释（三）》第1条第2款。

5. 当事人重复登记结婚的，可以对婚姻登记部门提起行政诉讼，认定具体行政行为无效；对于无效的行政行为，当事人的起诉不受《行政诉讼法》规定的起诉限期限制[2]

（1）裁判要旨

2006年5月某日，河南省某县民政局为原告张某与第三人曹某办理了

---

〔1〕 参见陈某与民政局民政行政管理（民政）案，安徽省固镇县人民法院行政判决书，（2020）皖0323行初29号。

〔2〕 参见张某与民政局民政行政管理（民政）案，河南省郑州市中级人民法院行政判决书，（2016）豫01行终555号。

结婚证。2009 年 6 月某日，原告张某与第三人曹某又到被告处申请结婚登记并领取结婚证，在双方提交的申请材料中，张某的身份证号码与前一次不一致。2015 年 12 月 9 日，张某诉至法院请求确认民政局的重复登记行为无效。一审法院认为，两次结婚登记原告提供的身份证号码不一致，无证据证明两次系同一人，驳回了原告的诉讼请求。二审法院经审查认为，原告一审提交的派出所出具的《户口注销证明》足以证明两份结婚证上的张某为同一人，张某与第三人曹某存在重复登记结婚的事实。二审法院认为，由于婚姻涉及当事人身份的变更、子女的成长、亲属关系的确定等社会人伦秩序的稳定，而婚姻登记是对婚姻事实的确认和公示，因此与其他行政行为相比具有特殊性，男女双方已经结婚登记，其婚姻的效力已得到行政确认，夫妻关系得以确立。在此情形下，行政机关重复进行的婚姻登记，应认定为无效行为，自始不发生法律效力。对无效行政行为，当事人的起诉不受起诉限期的限制。故二审法院撤销一审判决，改判确认民政局重复颁发结婚证的行政行为无效。

（2）裁判依据

《行政诉讼法》第 75 条。

6. 当事人重复登记结婚的，就具体行政行为提起行政诉讼受起诉限期限制，超过期限的，驳回起诉[1]

（1）裁判要旨

当事人孟某和刘某曾在郑州市金水区民政局登记结婚，后因刘某的身份证由一代身份证变更为二代身份证，结婚证不能正常使用，两人于 2005 年 11 月 10 日重新申请了结婚登记。后又因孟某的身份证于 2011 年由一代身份证变更为二代身份证，导致两个结婚证都不能正常使用，两人于 2018 年 8 月 3 日向法院起诉请求撤销后一个婚姻登记。法院认为，当事人起诉时间已超法定期限，故依法裁定驳回起诉。同时，法院认为，在当事人前一个结婚证未被撤销或者宣告作废的情况下，郑州市金水区民政局应两人的申请及故意隐瞒此前已登记结婚的事实而作出被诉结婚登记，该重复结婚登记的状况为法律和社会所不容许，郑州市金水区民政局应当依法纠正该错误。

---

〔1〕 参见孟某、刘某政行政管理（民政）案，河南省郑州市中级人民法院行政裁定书，（2018）豫 01 行终 954 号。

(2)裁判依据

《行政诉讼法》第46条。

(二)《民法典》施行后

在《民法典》及《民法典婚姻家庭编解释(一)》施行之后,针对重复登记结婚行为的处理基调基本确定,即根据《民法典婚姻家庭编解释(一)》第17条第2款的规定,当事人以结婚登记程序存在瑕疵为由提起民事诉讼,主张撤销结婚登记的,告知其可以依法申请行政复议或者提起行政诉讼。而根据《行政诉讼法》第46条的规定,公民直接向法院提起诉讼的,应当自知道或者应当知道作出行政行为之日起6个月内提出,不动产之外的其他案件自行政行为作出之日起超过5年提起诉讼的,法院不予受理。参考裁判案例如下。

1. 婚姻登记问题不再属于民事案件受理范围,当事人可以通过行政复议或行政诉讼解决[1]

(1)裁判要旨

原告刘某系贾某与刘某1之子。贾某与刘某1经法院调解离婚,刘某由刘某1抚养。后贾某与被告胡某登记结婚,又于2014年2月登记离婚。2014年12月贾某因病住院,持续昏迷近1年。××年××月××日贾某与胡某办理了复婚登记[2],登记时贾某在结婚登记审查处理表上捺印,贾某之母刘某在场并作为证人签名,贾某与胡某拍摄了婚纱照。经司法鉴定,贾某因病经多次治疗后,遗留精神意识障碍,日常生活完全不能自理。2020年6月贾某因病死亡,刘某到贾某生前工作单位领取相关补贴时,被告胡某亦要求领取该补贴。刘某认为贾某与被告胡某办理复婚登记时系无民事行为能力人,遂诉请宣告该婚姻登记无效。一审法院认为婚姻登记部门对结婚登记的审查情况及办理程序符合法律规定,法院判决驳回原告的诉讼请求。二审法院认为,结婚登记程序瑕疵问题不属于民事案件受案范围,依法不予处理,刘某可以通过行政复议或者行政诉讼解决,裁定撤销一审判决,驳回

[1] 参见刘某、胡某等婚姻无效纠纷案,贵州省黔南布依族苗族自治州中级人民法院民事裁定书,(2021)黔27民终537号。

[2] 根据《民法典》第1083条的规定,离婚后,男女双方自愿恢复婚姻关系的,应当到婚姻登记机关重新进行结婚登记。现已不再采用"复婚登记"的表述。

刘某的起诉。

(2)裁判依据

《婚姻法司法解释(三)》第1条。

2. 婚姻登记机关的登记行为不违反法律规定,但缺乏事实根据的,应当予以纠正[1]

(1)裁判要旨

原告刘某与第三人曾于2008年5月19日登记结婚,2011年6月13日经法院调解离婚。2014年8月13日因小孩上学需要上户籍,两人隐瞒已经离婚的事实,到被告安徽省望江县民政局申请补办了结婚证。2020年12月23日,刘某向被告安徽省望江县民政局提交书面申请,请求撤销补办的结婚证,被告安徽省望江县民政局书面答复不予受理。刘某之后提起行政诉讼,请求判令被告安徽省望江县民政局撤销补发的结婚证。法院认为,婚姻登记机关补发结婚证的行政行为不违反法律规定,但因其补发结婚证所依据的二人婚姻存续的事实基础已被生效的法律文书所消灭,其补发结婚证的行为缺乏事实根据,应当予以纠正。故法院判决责令被告安徽省望江县民政局限期履行撤销结婚证的法定职责。

(2)裁判依据

《行政诉讼法》第72条。

三、大数据分析

通过北大法宝,以“重复结婚登记”为关键词进行全文检索,共检索到45份公开的裁判文书,其中只有1份民事一审判决书,系登记为夫妻的一方当事人“被重婚”,另一方当事人的配偶申请宣告两人的婚姻无效,法院支持了该当事人配偶的诉讼请求;另外44份均是行政诉讼裁判文书(其中3份为“国家赔偿”裁判文书,实际均为行政诉讼裁判文书)。

行政诉讼裁判文书中有38份是行政判决书,其中2份二审法院作出的判决是重复的,即前文中郑州市中级人民法院2016年作出的(2016)豫01行终555号行政判决书,其余6份均为法院驳回当事人起诉的裁定,驳回理

[1] 参见刘某与民政局民政行政管理(民政)案,安徽省望江县人民法院行政判决书,(2021)皖0827行初5号。

由包括:(1)当事人没有提供证据证明其受胁迫与第三人重复登记结婚且不涉及子女抚养、财产及债务问题的情形,当事人请求民政局履行职责撤销重复的婚姻登记行为不属于民政局法定职责,根据《行政诉讼法》第 49 条第 3 项的规定,以当事人的起诉缺乏事实根据为由驳回起诉。[1] (2)当事人重复登记结婚不能也从未产生设立婚姻关系即改变有效婚姻登记的效力,不对二人婚姻关系产生任何实质影响,当事人和民政局可以据此对有关事实据实处理,但请求确认无效不是人民法院受案范围,故法院裁定驳回当事人起诉。[2] (3)当事人超过期限起诉,法院依法裁定驳回起诉。裁判文书的审结年份涵盖了 2015～2021 年,其中 2018～2021 年审结数量在高位徘徊,年均 10 件左右。在裁判文书的地域分布方面,河南省占据绝对高位,共有 26 份,占比一半以上,其次是山东跟湖北,各有 4 份裁判文书。当然,考虑到婚姻家事案件不公开审理,多数裁判文书不上网,这一数据并不代表相关案件类型在各地的实际分布比例。

四、问题解读

(一)问题背景和研究价值

从检索到的案例来看,在《民法典》及《民法典婚姻家庭编解释(一)》施行后,关于结婚登记程序存在瑕疵问题的司法解决路径似乎已经明确,即该类案件不再属于民事案件审理范围,当事人应当通过行政复议或者行政诉讼解决相关问题。但是考虑到民众办理重复结婚登记、冒名或提供虚假材料登记结婚等行为通常有其现实目的,或者确实存在法律意识不够未能及时维权,或者尝试多种维权路径却无法解决的情形。在法律规定的期限内,当事人未必能够及时提起行政诉讼以启动行政纠错程序。等当事人想到时,5 年期限已过,法院可能不予受理或者驳回起诉。“案结事不了”的结果无疑会给当事人造成生活不便甚至导致合法权益受到损害。婚姻登记部门和司法机关也必将不得不面对当事人反复的申诉、复议、诉讼、信访。如何避免程序空转,实质性化解行政争议,需要相关部门和司法机关积极履行职权,审慎分析,共同探索。

---

〔1〕 参见河南省卫辉市行政裁定书,(2020)豫 0781 行初 25 号。

〔2〕 参见河南省郑州市金水区行政裁定书,(2018)豫 0105 行初 255 号。

(二)理论界和实践中的主要观点

目前来说,最高人民检察院第七检察厅(行政检察厅)发布的“2020年度十大行政检察典型案例”中的“姚某与福建省某县民政局撤销婚姻登记检察监督案”,可以说是为检察机关介入行政程序促进行政争议实质性化解特殊个案问题探索出的一条行之有效的路径。

该案当事人姚某因被骗与冒名女子“莫某”办理了结婚登记,其后为撤销结婚证历经了向公安机关报案、向民政局申请、向法院起诉离婚和宣告婚姻无效、提起行政诉讼等救济路径,均未能实质解决问题。2020年7月,姚某向检察院申请检察监督。检察院经审查认为,法院裁判并无不当,但姚某的诉求也合法合理。据此,检察院将该案纳入行政争议实质化解工作进行处理。检察院受案后,经调查核实,查明存在“莫某”收取姚某彩礼的事实,并发现“莫某”在全国5省多次冒名登记结婚。为进一步厘清案件事实、强化释法说理,检察院就该案进行了公开听证,并举办了专家论证会,与会专家一致认为,该案虽然不属于《婚姻法》规定的无效婚姻和可撤销婚姻,但在检察机关充分调查核实,认定存在骗婚事实的基础上,民政部门应主动纠正错误的颁证行为。检察机关基于调查到的案件事实和专家意见向民政局发出重新审查姚某与“莫某”的婚姻登记程序及结婚证的颁发是否符合法律规定的检察建议,随后民政局注销了该婚姻登记信息。该案的处理真正实现了“案结事了政和”。

但是仍应看到,检察机关行使监督权是后置程序,大部分民众往往将行政诉讼当作最后的救济途径,但是这一程序受诉讼时效限制,在当事人尝试过其他救济途径仍未能解决问题再来提起行政诉讼时,多半已超过诉讼时效,而法院对超过起诉期限的案件不做实质审查,不予处理。如果对这类案件放任不管,使其长期存在,不仅可能损害公民的重大权益,更可能影响群众对政府和法律的公信力评价。

五、律师实务视角

自2019年至今,最高人民检察院第七检察厅(行政检察厅)持续开展“加强行政检察监督促进行政争议实质性化解”专项活动,积极探索化解“潜在之诉”、“过期之诉”和“遗落之诉”。针对“过期之诉”最高人民检察院倡导基层检察院可以通过建立“法检协作”机制,对法院不作实体审理的事实争议，继续查明真相，综合运用公开听证、发出检察建议、引导和解、提供司法救助、提供专家咨询、提供心理疏导等多种方式予以调查处理。[1]

《人民检察》2022 年第 6 期刊登了最高人民检察院第七检察厅厅长张相军署名文章《超过起诉期限检察监督案件的行政争议实质性化解》，文章指出，超过行政诉讼起诉期限案件是检察机关办理的行政生效裁判监督案件的重要类型。检察机关办理超过行政诉讼起诉期限的检察监督案件，要审查法院的生效裁判文书对起诉期限的认定是否正确；对于确实超过起诉期限的，审查被诉行政行为是否合法，对于违法的行政行为，应通过制发检察建议予以纠正；对于当事人合法权益确实受到侵犯的，可通过推动实质性化解行政争议为其提供公法救济，实现从监督到监督纠错、权利救济、解决争议并重。[2]

基于检察机关的一系列有益探索，2021 年 11 月 18 日，最高人民检察院联合最高人民法院、公安部、民政部联合发布《关于妥善处理以冒名顶替或者弄虚作假的方式办理婚姻登记问题的指导意见》。该意见明确法院对被冒名顶替者或者其他当事人因不属于其自身的原因耽误起诉期限的，被耽误的时间不计算在起诉期限内，但最长不得超过《行政诉讼法》第 46 条第 2 款规定的起诉期限。这一规定再次重审了当事人应当积极主动维权。同时，该意见指出，法院、检察院、公安机关对相关事实进行调查核实后认为应当撤销婚姻登记的，应当及时向民政部门发送撤销婚姻登记的司法建议书、检察建议书，或者出具相关证明材料，民政部门收到公安、司法等部门出具的事实认定相关证明、情况说明、司法建议书、检察建议书等证据材料，应当对相关情况进行审核，符合条件的及时撤销相关婚姻登记。这一指导意见为超过起诉期限的重复登记结婚、“冒名”登记结婚等婚姻登记程序瑕疵案件指明了实质性化解争议的有效路径。

婚姻家事律师办理该类案件，应跳出民事或行政诉讼思维，积极与相关机构协调沟通，在查明案件事实的情况下请求公安、司法等部门向民政部门出具司法建议书、检察建议书、案件证明材料等证据材料，为民政部门提供启动自我核查纠错机制的法理依据。

---

〔1〕 参见刘艺：《检察机关促进行政争议实质性化解的必要性与可行性分析——以冒名登记结婚“过期之诉”为切入点》，载《人民检察》2021 年第 15 期。

〔2〕 参见张相军、马睿：《超过起诉期限检察监督案件的行政争议实质性化解》，载《人民检察》2022 年第 6 期。

第二次起诉离婚的判离标准

一、案例呈现

(一)谢某与周某离婚纠纷案[1]

1. 基本案情

谢某与周某于1976年××月××日登记结婚,婚后生育一子。二人均为再婚,且均与前任配偶育有子女。谢某于2018年第一次提起离婚诉讼,法院判决不准双方离婚。6个月后,谢某再次向法院提起诉讼,称其与周某分居多年,夫妻感情确已破裂,要求判决离婚并平均分割夫妻共同财产。周某否认长期分居,且认为双方感情深厚,不同意离婚。

2. 争议焦点

第一次判决不准予离婚,第二次起诉离婚是否存在准予离婚的情形,即是否有证据证明双方感情已破裂。

3. 法院裁判结果

法院判决不准予离婚。

(二)张某与辛某离婚纠纷案[2]

1. 基本案情

张某与辛某于2018年4月3日登记结婚。张某于2021年7月第一次提起离婚诉讼,法院判决不准双方离婚。1年后即2022年10月张某再次向法院提起诉讼,称与辛某夫妻感情确已破裂,要求判决离婚并要求婚生子的抚养权。辛某不同意离婚。

---

〔1〕 参见广东省深圳市龙岗区人民法院民事判决书,(2019)粤0307民初8731号。

〔2〕 因可能涉及当事人隐私,裁判文书号不予披露。

2. 争议焦点

第一次判决不准予离婚，第二次起诉是否存在准予离婚的情形，是否有证据证明双方感情确已破裂。

3. 法院裁判结果

(1)准予张某与辛某离婚；

(2)子女辛小某由张某抚养，辛某每月支付抚养费 500 元至辛小某成年。

二、司法裁判观点

针对"第二次起诉离婚，法院是否一定会判离"这一问题，司法实践中尚存争议，主要有以下两种裁判观点。

(一)不准予离婚

1. 裁判要旨

法院主要以夫妻双方的感情是否确已破裂作为是否准予双方离婚的裁判标准。在案例一中，法院认为谢某与周某步入婚姻殿堂已 40 余年，婚后生育一子，感情基础稳定。谢某主张分居多年感情破裂却未能提供相关证据予以证明，而周某明确不同意离婚。考虑到二人年事已高，正是享受天伦之乐之时，稳定的婚姻家庭关系更有利于老年人的身心健康，希望谢某和周某树立正确的婚姻观、家庭观。另外子女和其他晚辈应当关心老年夫妻的精神生活和情感需求，使他们有一个温馨幸福的晚年，因此法院判决不准予两人离婚。

2. 裁判依据

《婚姻法》第 32 条[1]。

(二)准予离婚

1. 裁判要旨

法院认为，张某与辛某婚前经人介绍认识，婚后感情一般。在共同生活期间，双方因家庭琐事发生矛盾，不能积极沟通、妥善解决，矛盾逐渐加深，夫妻感情持续恶化。张某曾以夫妻感情破裂为由提起离婚诉讼，自第一次

---

[1] 相关规定参见《民法典》第 1079 条。

判决不准离婚后,双方一直处于分居状态,互不履行夫妻义务,夫妻关系不能缓和、改善,张某要求离婚的态度坚决,双方感情确已破裂,因此法院判决准予双方离婚。

2. 裁判依据

《民法典》第 1079 条。

在《民法典》施行前,当事人第二次起诉离婚,法院依然会查明是否有证据证明夫妻双方感情确已破裂,或者是否存在其他法定的判决离婚的事由,此种情形下,存在当事人第二次起诉,法院仍然判决不准离婚的可能。但是在《民法典》施行之后,第一次判决不准予离婚,第二次起诉离婚时分居满 1 年的,法院判决准予离婚的概率有一定程度的提升。

三、大数据分析

笔者对 2019 年 1 月 1 日至 2023 年 12 月 31 日的离婚纠纷案件进行案例检索,以“第二次起诉离婚/再次起诉离婚”作为关键词在阿尔法系统所得数据如下:此类案件共计 2056 件,其中 2019 年 811 件、2020 年 617 件、2021 年 347 件、2022 年 223 件、2023 年 58 件。从审判结果来看,准予离婚 1226 件、不准予离婚 148 件。由此可以看出第二次起诉离婚判决离婚的概率还是远大于不判决离婚的。[1]

四、问题解读

(一)问题背景和研究价值

相比结婚,离婚确实更难一些。比如,被告坚决不同意离婚,财产分割、子女抚养等无法协商一致,均会导致双方无法协议离婚。原告如坚持离婚,最终只能选择诉讼。而诉讼离婚,在被告不同意离婚的情况下,就需要原告提供充分的证据证明夫妻感情确已破裂,如对方存在重婚或者与他人同居;实施家庭暴力或者虐待、遗弃家庭成员;有赌博、吸毒等恶习屡教不改;因感情不和分居满 2 年;其他导致夫妻感情破裂的情形等。而实际上夫妻在相处过程中在没有真正决定离婚时也不会刻意地去收集保留证据,如此就会导致原告起诉离婚时出现举证困难,难以通过有利证据让法官信服夫妻双方感情确已

〔1〕 因现在各个平台判决上网率较低,该数据仅供参考。

破裂或存在法律规定的判离情形,最终出现法院判决不准予离婚的结果。

对一些在婚姻关系中本已处于弱势地位的当事人,如遭受语言冷暴力或者未掌握经济主动权的当事人来说,在没有充分证据且对方坚决不同意离婚的情形下,可能无法解除婚姻关系,使其不幸"雪上加霜"。

有鉴于此,为避免多次起诉离婚仍无法判决离婚的情形,更好地保障婚姻中弱势一方的合法权益,《民法典》细化并明确了相关法律规定来指导审判实务,无论是对原告、被告、代理人还是审判法官均具有现实的指导意义。而对于第二次起诉离婚是否必然判决离婚的研究,能够有效减少拖延诉讼及久诉不离的情况。

(二)理论界和实践中的主要观点

在《民法典》施行之前,第一次判决不准予离婚,第二次起诉如无充分证据证明夫妻感情确已破裂或存在法定的判决离婚的情形且被告明确不同意离婚时,法院判处离婚的概率相对较低。如此可能会使原本处于婚姻弱势的一方更加被动,且不利于对弱势一方的保障。

在《民法典》施行之后,增加了《民法典》第 1079 条第 5 款的规定:"经人民法院判决不准离婚后,双方又分居满一年,一方再次提起离婚诉讼的,应当准予离婚。"该规定较大程度上降低了第二次起诉仍判决不准离婚的概率,第二次起诉的原告一方能够证明第一次判决后已分居满 1 年的,法院依法应当判决准予双方离婚。这样能更大限度地保障在婚姻中处于弱势的一方或者已经对婚姻失望,希望尽快抽离的一方。

(三)律师观点

1. 现实意义

《民法典》中的相关规定具有更强的实操性,可以很大程度避免多次起诉仍判决不准予离婚的情况。实务中,原告在第一次起诉离婚诉讼中被法院判决不准予离婚后,持续分居满 1 年,而此处的"分居"并非因为客观不能而是双方因感情不和不再互相扶持,不再履行夫妻义务。此时原告第二次起诉离婚,表明其离婚诉求明确且坚定,在第一次判决后双方感情未有任何改善或好转,如果此时还不判决双方离婚,可能会导致原告婚姻不幸且无法抽离。此种情形下判决准予双方离婚,既尊重了婚姻自由,也维护了家庭及社会秩序的正常运行,对于解决司法实践中存在的多次离婚不成、离婚诉讼久拖不判等问题具有重要的现实意义。

2. 实务指引

为了准确适用《民法典》第 1079 条第 5 款，现笔者就第二次起诉离婚涉及的关键问题进行逐项分析，以供读者参考。

(1)在《民法典》施行前第一次被判决不准予离婚，再次起诉在《民法典》施行之后，是否可以适用《民法典》的规定？

根据最高人民法院《关于适用〈中华人民共和国民法典〉时间效力的若干规定》第 22 条的规定，如果第一次起诉不准离婚的判决是在《民法典》施行之前作出的，之后双方分居满 1 年，第二次起诉时《民法典》已生效，则适用《民法典》第 1079 条第 5 款的规定，即只要满足第一次不准予离婚后又分居满 1 年，第二次起诉则应当判决离婚。在本文"案例呈现"部分介绍的案例中，如果谢某能够证明其自上次收到不准予离婚的判决后与周某确已分居满 1 年，则依据该规定，谢某第二次起诉离婚时，法院判决准予离婚的概率极大。这也可以看出，不同时期因适用的法律不同，可能出现不同的判决结果。

(2)第一次起诉判决不准离婚后需要分居满 1 年才能再次提起离婚诉讼吗？

现行法律并未有此限制。《民事诉讼法》第 127 条第 7 项规定，如果法院判决不准予双方离婚或者经过调解和好的离婚案件，在没有新情况、新理由时，之前提起诉讼离婚的一方在 6 个月内又起诉的，法院不予受理，即第一次诉讼离婚的原告 6 个月后再起诉或者 6 个月内有新情况、新理由再起诉或者被告在 6 个月内起诉的，法院都应当受理。但再次起诉之后如果不存在"分居满 1 年"的条件则不一定能够判决离婚。

如果在起诉的时候未达到分居满 1 年的条件，但是在诉讼庭审中有证据证明双方已经分居满 1 年，笔者认为仍然符合《民法典》第 1079 条第 5 款的规定，应当判决离婚。

(3)《民法典》关于第一次判决不准予离婚，分居满 1 年再次起诉离婚的"分居"如何确定？

在离婚诉讼中，分居一般指夫妻双方婚姻关系存续期间停止共同生活、分别居住，存在各自有各自的生活方式互不干涉，经济财务不再混同，互不履行夫妻义务、互不关心等情形，但并不包括客观原因导致的分居，如因为非个人原因相隔两地无法共同生活、因工作原因不在同一个城市、因照顾生病的家人无法共同居住等情形。

但要证明存在分居的事实,同样有较大难度,这就需要准备二次起诉离婚的一方在第一次判决不准予离婚后,注意收集可以证明双方分居事实的相关证据,如房屋租赁合同或房产证、居住证明、邻居/物业管理人员/亲属的证人证言、出境记录及1年以上未入境的记录等证明两人已持续分居;双方的微信、通话记录、签订书面的分居协议或者邮寄分居通知书给对方等证明双方因互不关心、感情不和而分居。

并不是所有分居都会判决离婚,分居满1年仍需要一定的证据证明存在双方因感情不和而分居的事实,第一次诉讼未准予离婚的一方需要注意保存相关证据,以保障第二次能够判决离婚。

(4)符合《民法典》第1079条第5款的规定,第二次起诉就一定会判决离婚吗?

笔者认为不一定,存在例外情形。根据《民法典》第1081条的规定,如果是军人的配偶起诉离婚,那么在没有充分证据证明军人存在重大过错的情形下,想要离婚需要取得军人的同意。也就是说军人的配偶想要起诉离婚会比其他普通人的要求更为严格。根据《民法典》第1082条的规定,男方不得在配偶正处于孕期或者生产完1年之内或者终止妊娠后6个月内提出离婚,但如果是女方起诉离婚,则不受此限制。

如果第二次起诉离婚时存在上述两类情形,如无法证明军人一方有重大过错且军人明确不同意离婚的,则较难判决离婚;如存在女方怀孕或者生产完1年之内或者终止妊娠后6个月的情形,则男方不能提出离婚,即使提出离婚,法院也会不予受理或者驳回起诉。

上述规定对军人及特殊时期的女性有一定程度的保护,也是基于军人和特殊时期女性在社会中不同的角色定位而制定的,具有一定的人文关怀性质。

(5)第一次判决不准予离婚后,分居期间双方所获得的财产如何处理?

夫妻因感情不和分居属于婚姻存续期间的非正常状态,分居期间的财产及人身关系与分居之前明显不同。但依据《民法典》第1087条的规定,在离婚诉讼中,针对夫妻共同财产的分割,一般以起诉双方签订协议为主,如果协议不成,则会考虑按照照顾子女、女方和无过错方权益的原则判决分割夫妻财产。由该法律规定可以看出,法律并未对分居期间的财产作出特别规定,在离婚诉讼中仍然作为夫妻共同财产进行处理。

但是实务中可能会存在主张分割对方名下的夫妻共同财产时难以举证的问题,这就提醒第一次经法院判决不准离婚后仍坚持想要离婚的一方,在分居期间要注意留意对方名下有无新增财产,并做好财产线索的留存,以保障在第二次起诉时能最大限度保障己方利益,使分居期间的夫妻共同财产能够依法予以分割。

(6)第二次起诉离婚是否仅指第一次提起离婚诉讼的原告再次提起离婚诉讼?

由《民法典》第 1079 条第 5 款"一方再次提起离婚诉讼的"的表述可以认定第二次起诉离婚指的是第一次起诉离婚的原告再次提起离婚诉讼,而不包括第一次答辩的被告所提起的离婚诉讼。因此如果想要适用分居满 1 年第二次起诉离婚应当准予离婚的法律规定,则需在决定离婚时主动提起诉讼。

五、律师实务视角

以上为笔者根据所代理案件的经验及审判实务进行的分析和阐述,仅供参考。婚姻家庭与每个人的生活息息相关,幸福美满的婚姻需要夫妻双方用心经营。美好的婚姻能够使男女双方有更好的发展,也能使婚生子女拥有幸福稳定的生活,婚姻不易且行且珍惜。

司法审判实践中,经常会出现一方坚决要求离婚而另一方答辩时明确不同意离婚或者故意不签收法院文书、故意不参与庭审的情形,而原告方因为缺乏证明夫妻感情确已破裂的证据而被法院判决不准予离婚。针对第一次起诉离婚,法院往往会以维护婚姻家庭稳定为原则,在证据不是特别充分的情形下判决不准予离婚。而在《民法典》第 1079 条第 5 款新增了法定的离婚事由的情形之下,相信多次起诉判决不准予离婚的概率会有所降低。而在第一次判决不准离婚后分居满 1 年且证据充分的情况下第二次起诉判决离婚的概率则会有所提升,这也使真正想摆脱失败婚姻的一方能够尽快抽离,同时也能在一定程度上节省司法资源。

如何申请人身安全保护令

一、案例呈现[1]

（一）基本案情

赵某（女）与张某（男）结婚多年，在婚姻关系存续期间，张某多次家暴赵某，导致赵某身体多次受到伤害，也给赵某造成了极大的精神压力。亲友多次劝解，张某不但毫无悔改，反而变本加厉，稍有不顺心就对赵某拳脚相向。赵某忍无可忍，万般无奈之下，向法院申请人身安全保护令。

（二）争议焦点

法院受理了赵某的人身安全保护令申请，并组织开庭审理。庭审过程中，张某不承认自己存在家庭暴力，主张其行为是夫妻间日常吵架互相推搡；赵某向法院提交了报警回执、伤情鉴定材料、医院病历等，并申请证人出庭作证，证明张某确实对自己进行了殴打、恐吓。

（三）法院裁判结果

在本案中提交的报警回执、伤情鉴定材料、医院病历等材料，从不同角度对赵某遭遇家庭暴力的事实予以佐证，形成了基本的证据闭环，最终法院采信了相关证据。为保障赵某的人身安全和正常的生活工作秩序，法院支持其申请人身安全保护令的请求，作出人身安全保护令裁定，禁止张某殴打、威胁、侵害赵某，禁止张某骚扰跟踪赵某。

上述人身安全保护令裁定自作出之日起 6 个月内有效。人身安全保护令发出后，张某迫于保护令的威慑力，行为上有所收敛，赵某和孩子获得了暂时的安宁。5 个月后，在保护令有效期届满前，赵某再次向法院提出申请，申请延长保护令的有效期。最终，法院认定赵某的申请有法律和事实依据，

---

〔1〕 因可能涉及当事人隐私，裁判文书号不予披露。

再次发出人身安全保护令裁定。

人身安全保护令该如何申请？申请人身安全保护令需要提供哪些材料？什么情况下法院会发出人身安全保护令裁定？人身安全保护令又可以采取哪些强制措施呢？下面笔者将展开论述。

二、司法裁判观点

（一）裁判思路及要旨

法院是否支持人身安全保护令申请，主要看是否符合发出人身安全保护令的条件。在司法实务中，当事人是否正在遭受家庭暴力或面临家庭暴力，是法院在审理过程中判断是否支持发出人身安全保护令的关键。

法官如何判断是否存在家庭暴力，什么是家庭暴力呢？家庭暴力不同于普通的暴力行为，主体具有特殊性，发生在家庭成员之间，是一种主体关系具有特殊性的暴力行为。家庭暴力常见的几种类型包括：（1）肢体上的冲突，如一方动手打人；（2）限制人身自由，如新闻报道过的用链条捆绑不让出家门等；（3）精神摧残，如长期谩骂、侮辱，恐吓、威胁，跟踪、骚扰，使受害人长期处于精神高压的状态下，甚至因此患上精神疾病；（4）其他行为，如故意让被害人挨冻、挨饿、实施性暴力等，迫使受害人屈服或产生精神畏惧。

存在家庭暴力情形或者可能面临家庭暴力威胁时，受害人可以向法院申请人身安全保护令，法庭会审理查明申请人提供的证据是否符合申请条件，对证据的真实性、合法性、关联性、证明目的进行判断。证据的完整程度对案件的结果有着决定性的作用，法院会结合认定的事实，最终依据法律规定作出裁决。

（二）裁判依据

《反家庭暴力法》第 2 条规定："本法所称家庭暴力，是指家庭成员之间以殴打、捆绑、残害、限制人身自由以及经常性谩骂、恐吓等方式实施的身体、精神等侵害行为。"

《反家庭暴力法》第 23 条第 1 款规定："当事人因遭受家庭暴力或者面临家庭暴力的现实危险，向人民法院申请人身安全保护令的，人民法院应当受理。"

《反家庭暴力法》第 27 条规定："作出人身安全保护令，应当具备下列条件:(一)有明确的被申请人;(二)有具体的请求;(三)有遭受家庭暴力或者面临家庭暴力现实危险的情形。”

《反家庭暴力法》第 29 条规定:“人身安全保护令可以包括下列措施:(一)禁止被申请人实施家庭暴力;(二)禁止被申请人骚扰、跟踪、接触申请人及其相关近亲属;(三)责令被申请人迁出申请人住所;(四)保护申请人人身安全的其他措施。”

《反家庭暴力法》第 30 条规定:“人身安全保护令的有效期不超过六个月,自作出之日起生效。人身安全保护令失效前,人民法院可以根据申请人的申请撤销、变更或者延长。”

三、大数据分析

在司法实务中,前述案例并非个案,不少地方法院都签发过人身安全保护令。人身安全保护令以法院裁定的形式有效地保护了家暴受害人,在婚姻家事实务中有着里程碑式的意义。

实践中人身安全保护令申请成功的概率大吗?哪些人更可能去申请保护令?保护令的实践运用情况如何?根据最高人民法院的相关统计数据,截至 2020 年 12 月底,全国法院共签发人身安全保护令 7918 份(其中 2016 ~ 2019 年签发 5749 份,2020 年签发 2169 份)。[1] 由以上数据可知,近年来法院签发人身安全保护令的数量呈递增趋势,但相对其他诉讼案件来讲,整体签发数量并不算太高,实践中存在受害人不知道如何申请、举证难度大等问题。

南方都市报的记者以中国裁判文书网在 2022 年上半年公开的 140 件人身安全保护令申请案件为分析样本,分析归纳出以下案件特点[2]:

(1)家庭暴力最常见于夫妻之间,其中约 72.7% 的案件涉及夫妻关系,而近 40% 的案件涉及后续离婚问题。可见家庭暴力是导致夫妻感情破裂、离婚的主要原因之一,申请人身安全保护令的行为往往和离婚行为直接相关,但并非一一对应。

---

〔1〕 参见何生廷、卢婉珊:《人身安全保护令 这些数据要知道》,载《南方都市报》2022 年 8 月 8 日,第 8 版。

〔2〕 参见何生廷、卢婉珊:《人身安全保护令 这些数据要知道》,载《南方都市报》2022 年 8 月 8 日,第 8 版。

(2)申请人身安全保护令的主体以女性为主,占比90%以上,男性申请人身安全保护令的仅占约8.04%。由此可知,相对于男性,女性成为受害人的概率更大,但同样也可以看出,不少男性也是家庭暴力的受害人,在家庭暴力面前,男女都可能是受害一方。

(3)申请人身安全保护令的年龄主要集中在31~50岁。这和家庭暴力主要发生在夫妻之间有一定关系,同时也反映出青壮年对家庭暴力的意识觉醒度更高,勇于对家庭暴力说不。

(4)从统计数据还可以看到,在申请人身安全保护令的案件中,最终有八成以上的案件发出了人身安全保护令裁定,支持了申请保护令的诉求。[1]由此也可以知道,人身安全保护令并不是申请就一定会得到支持,是否发出保护令,要看具体的证据,是否符合作出裁定的条件。

四、问题解读

(一)问题背景和现实需求

有人说,"打是亲,骂是爱",古话说,"棍棒底下出孝子",在过去的观点中,有人认为打老婆、打孩子都是正常的,觉得这些事都不值一提,"家丑不外扬",是关起门来的家务事。随着经济的发展、文明的进步,公民自我意识逐渐觉醒,更多人意识到,即便是家人,互相之间也是独立的个体,动手打人、拳脚相向,不但不能构建和谐稳定的家庭,还会导致家庭关系的畸形,忍耐换不来幸福,反而是变本加厉的伤害,家庭暴力也受到了越来越多的关注。

自《反家庭暴力法》实施以来,越来越多的人认识到家庭暴力不是家务事,在家庭暴力面前不应该沉默,越来越多的人选择拿起法律武器来维护自己的合法权益,对家庭暴力说不。尤其是在离婚诉讼中,大家也更加关注家庭暴力的负面影响,而家庭暴力也成为导致婚姻破裂的重要原因之一。据在"威科先行"数据库中家理律师事务所发布的《2021婚姻家事法律服务行业白皮书》指出,在离婚原因中,"自述家暴的案件占比为16.42%",大约每6个离婚案件中,就有一个自述存在家庭暴力。

---

[1] 参见何生廷、卢婉珊:《人身安全保护令　这些数据要知道》,载《南方都市报》,2022年8月8日,第8版。

由数据统计可知，在日常生活中，大家对家庭暴力的认知在提升，能够有意识地识别家庭暴力的存在，同时该数据也从某些角度反映出家庭暴力在家庭生活中有一定的普遍性，解决家庭暴力问题具有现实的需求。

（二）法律基础和实践发展

2016 年 3 月 1 日《反家庭暴力法》实施，通过法律的方式正式宣布家庭暴力不是家务事，是违法行为甚至是犯罪，也通过法律落地的方式从更多元的角度维护受害人的权利，让施暴者受到处罚。

2022 年 8 月 1 日，最高人民法院《关于办理人身安全保护令案件适用法律若干问题的规定》正式施行，该规定更多地从落地实施的角度对人身安全保护令制度进行了细化，明确了家庭成员的范围，列举了可以认定家庭暴力存在的证据，丰富了对人身安全保护令可采取的措施。

（三）律师观点

随着反家暴意识的觉醒和法律法规的逐步健全，我国反家暴制度日趋完善，也让越来越多的人明白，家庭暴力有一次可能就有无数次，只有勇敢地对家暴说不，才能真正保护好自己和家人。但在司法实践中，仍然存在不少对家庭暴力的误解，受害人面对家庭暴力时不知所措，不知道如何采取有效措施保护自己、惩罚施暴者。由于缺乏认识错失取证时机的例子并不少见。基于这样的现实困境，笔者希望通过案例普法的方式来让更多人了解反家庭暴力的相关规定，也为大家总结出申请人身保护令的相关实务经验和取证要点，希望能为大家提供切实可行的反家暴指导。

五、律师实务视角

（一）谁有权申请人身安全保护令

在遭受家庭暴力或面临家庭暴力危险时，受害人有权申请人身安全保护令，但有权申请人身安全保护令的主体不仅限于受害人，如果因为受到威胁等原因无法自己申请的，受害人的近亲属、妇女联合会、村委会、公安机关、居委会、救助管理机构等都可以代为申请。

（二）人身安全保护令申请怎么写

人身安全保护令需要以书面形式提出申请，如果确实有困难，无法提供书面申请的，可以口头申请。

人身安全保护令有一定的格式要求。首先,需要列明申请人和被申请人的基本信息,包括双方的姓名、出生年月、住址、身份证号码、联系方式等。其次,除了基本信息外,还需要写明具体的请求,即要求法院对被申请人采取怎样的措施。再次,在具体请求之后,还需要写明事实与理由,在事实与理由中,应简明扼要地写清楚事情的来龙去脉,可以按照时间、地点、人物、事件的方式对申请理由和基本事实予以描述。最后,落款处要由申请人亲笔签名,并注明年、月、日。

(三)去哪里申请人身安全保护令

人身安全保护令申请书写好后,应当提交给人民法院。但一定要注意,不是任何一家法院都有权管辖,申请书应该提交给受害人或施暴人的居住地或者是家庭暴力发生地的基层法院。

申请人身安全保护令时,除了要提交申请书外,还需要提交申请人的基本信息材料,如身份证复印件等,如有相关的家庭暴力证据,也可以一并提交到法院。

(四)人身安全保护令可以采取哪些措施

在申请人身安全保护令时,申请人可以提出具体的诉求,列明希望法院对施暴者采取的具体措施。如果存在肢体冲突,一方经常动手打人,无论是否构成轻伤以上伤情,都可以申请法院对施暴者采取"禁止实施家庭暴力"的措施。如果对方并不存在动手的情形,但是经常以尾随等方式跟踪,或是进行言语上的骚扰,无论是被跟踪骚扰的申请人本人还是其近亲属,都可以申请法院对施暴者采取"禁止骚扰、跟踪、接触"的措施。如果双方还在一起居住,而一起居住会让申请人处于被家暴的危险中,为避免受害人无处可去,可以申请施暴者"迁出住所",通过合法的方式让施暴者离开,让受害人有家可归。

除了上述常规措施外,如果对方经常以电话形式轰炸,短信谩骂等方式骚扰受害人,对受害人进行侮辱、诽谤,或者言语威胁,也可以申请法院对施暴者发布上述行为禁令。如果对方经常出现在受害人所在的学校、工作单位、住处等场所,严重影响受害人正常的生活和工作,受害人也可以申请法院禁止施暴者在上述场所的一定范围内进行相关行为。

(五)哪些证据是家庭暴力的有效证据

笔者在日常普法过程中,发现不少当事人对家庭暴力的证据存在不少的误解，例如，不少人觉得伤口的照片是铁证，有了照片难道还不能证明存在家庭暴力吗？从专业的角度来看，仅有伤口的照片还真的不一定能够证明家庭暴力的存在。法律上讲究的是证据闭环，仅有伤口的照片无法看出是谁受的伤，谁动手施暴，什么时间受的伤，证据链明显是缺失的。所以一定要注意，有效地收集证据必须建立在了解相关法律规定的基础上，只有法律认可的证据，才能够成为维权的“利剑”。

那么哪些证据可以成为家庭暴力的证据呢？发生家庭暴力后，我们应该如何取证？应该采取哪些措施来保护自己呢？

第一，建议报警，派出所出警后会形成的材料如出警记录、询问笔录等都可以作为证据来使用。如果受害人受伤了，可以申请伤情鉴定，鉴定报告可以作为证据使用。如果情节特别恶劣，或者施暴者态度极其嚣张，必要情况下，可以申请公安机关对施暴者进行告诫，出具告诫书，告诫书也可以作为家庭暴力的证据。

第二，如果发生家庭暴力的地方有监控录像，一定要及时保留好监控，千万注意，通常情况下监控的保存时间有限，一定要及时取证，避免重要视频资料被覆盖。

第三，如果有亲戚朋友或邻居目睹了家暴过程，可以申请证人出庭作证。

第四，在家庭暴力发生后，如果施暴者有悔过的行为，其亲笔写的悔过书、认错书、保证书等也可以成为证据。

除此之外，自己也可以拍照并保留好相关的照片，拍照时一定要注意不能只对着伤口拍照，需要能看出受伤的人是谁，最好可以录制视频，全面地进行记录。

有了上面这些材料后就可以分类进行梳理，整理汇总后提交到法院，由法官根据证据情况进行裁决。

（六）人身安全保护令多久能作出

法院受理申请后，会在规定期限内作出裁定。因为人身安全保护令通常涉及人身安全，相比于普通案件，法院通常会优先处理，一般会在受理后72小时内完成，如果符合申请条件，会发出人身安全保护令，如果不符合条件，会驳回申请。如果情况特别紧急，法院会加急处理，最快在24小时内作出裁定。

(七)人身安全保护令的有效期

人身安全保护令的有效期通常不超过6个月,但是在保护令失效前,申请人可以申请延长。如果在人身安全保护令有效期内,施暴者确有悔改,双方和好,不存在家庭暴力的威胁时,申请人也可以申请撤销保护令。

(八)违反了人身安全保护令的后果

人身安全保护令具有法律效力,由法院负责执行,居委会、村委会和公安机关应协助执行。人身安全保护令生效后,如果施暴者仍然有暴力行为,违反治安管理相关规定,将对其予以处罚;如果构成犯罪,将被追究刑事责任。人身安全保护令生效后,被申请人一旦违反了保护令内容,即便尚未构成犯罪,人民法院也会对其采取训诫、罚款、拘留等强制措施。

除此之外,一旦被认定存在家庭暴力,受害人如果提出离婚诉讼,法院通常会认定夫妻感情确已破裂,判决准予双方离婚,并在子女抚养和财产分割上照顾无过错方利益,从更多角度去维护受害人的合法权益,让施暴者付出代价。

离婚损害赔偿金额的确定

一、案例呈现[1]

(一)基本案情

L先生与W女士1994年结婚,1995年生育一女。2004年L先生因个人原因离家,此后再未回归家庭,离家前,L先生签署赠与文件,将其所持有的某A公司股份分红赠与给W女士。此外,L先生从未向W女士支付任何家庭费用和子女抚养费。离家后,L先生一直与案外第三人以夫妻名义长期共同生活,并于2008年、2018年分别生育一子。2019年,L先生诉请与W女士离婚。

本案历经原审一审、二审、发回重审一审三个阶段。L先生在原审一审、二审阶段均未提出财产分割请求,在发回重审一审阶段主张分割女方自2004年以来所得某A公司股份分红120万元。W女士则主张分割:(1)夫妻名下共有房产60%产权;(2)夫妻共同房产出租所得收益的50%;(3)L先生名下某A公司股份的50%份额;(4)L先生名下某B公司股份的50%份额;(5)离婚损害赔偿金554,473.2元。

L先生诉请离婚时,其与W女士已分居达15年之久,W女士并不清楚L先生的财产状况和收入去向。关于共有房产,则存在出资来源复杂及难以查明,以及W女士多年未实际控制夫妻共同财产,并不了解共同房产的出租及收益情况。此外,在诉讼中,某公司通过的最新公司章程规定,无论股份取得方式为何,均为个人财产,W女士据此主张分得L先生的某公司股份存在法律障碍。但是,因某些客观原因,L先生十分清楚W女士婚后收入情况。

---

[1] 因可能涉及当事人隐私,裁判文书号不予披露。

（二）争议焦点

（1）夫妻共同财产如何分割。

（2）离婚损害赔偿金的确定。

（三）处理结果

最终，本案经过多轮谈判，双方达成调解。L 先生放弃 120 万元现金财产的分割请求，并同意：（1）双方各取得共同房产 50% 产权；（2）将截至 2021 年 12 月 31 日之前的某公司股份分红全部赠与给 W 女士；（3）向 W 女士支付离婚损害赔偿金 554,473.2 元。W 女士则放弃 L 先生名下某公司股份的分割请求。

本案虽以调解结案，但其典型意义在于离婚损害赔偿金额的确定及实现。本案当事人关于离婚损害赔偿的主张最终得以实现，是对弘扬良好家风、构建稳定家庭关系、维护婚姻无过错方合法权益的法律原则的积极实践。

二、司法裁判观点

关于离婚损害赔偿的诉讼请求，其法律依据主要是《民法典》第 1091 条和《民法典婚姻家庭编解释（一）》第 88 条、第 89 条。法院亦是以此作为裁判依据。据此，有关离婚损害赔偿问题的司法裁判观点主要包括以下几种。

（一）关于离婚损害赔偿诉请的司法裁判观点

关于离婚损害赔偿的诉请，在司法实践中的裁判观点较为统一，具体情况如下：

（1）婚姻双方诉讼离婚，无过错方在离婚诉讼中作为原告，应同时将离婚损害赔偿作为诉讼请求，如其有证据证明在婚姻存续期间配偶存在可适用离婚损害赔偿的法定情形，法院予以支持。需要说明的是，无过错方在离婚的同时提出离婚损害赔偿请求的前提是其离婚时知晓配偶存在过错行为，如无过错方在离婚诉讼时不知晓配偶存在婚姻过错，未提出离婚损害赔偿，离婚后才知晓配偶的过错事实的，可以另案起诉。

（2）婚姻双方诉讼离婚，无过错方在离婚诉讼中作为被告，不同意离婚也不主张离婚损害赔偿的，可以在离婚后另行起诉，如其有证据证明婚姻存续期间配偶存在可适用离婚损害赔偿的法定情形，法院予以支持。

(3)婚姻双方协议离婚,如双方在离婚协议中已通过财产分割等方式解决赔偿金事宜,无过错方又起诉要求离婚损害赔偿的,法院不予支持。如双方在离婚协议中并未涉及离婚损害赔偿,无过错方如有证据证明婚姻存续期间配偶存在可适用离婚损害赔偿的法定情形,可以在离婚后另行起诉。

(4)如双方通过协议的方式明确了离婚损害赔偿事宜,约定支付赔偿款的一方不予履行,则另一方可以通过提起离婚后财产纠纷之诉或离婚后损害赔偿之诉,要求支付方履行赔偿义务。如果无证据证明该协议系通过欺诈、胁迫等方式订立的,法院一般确认条款内容为当事人的真实意思表示,予以支持。

(二)关于离婚损害赔偿金额的司法裁判观点

关于离婚损害赔偿的金额,在司法实践中的裁判观点也较为统一,一般是根据婚姻过错方的过错行为所造成的物质损失和精神伤害情况予以酌定。当然,在具体案件中,离婚损害赔偿金额需要结合婚姻双方的婚姻存续时间、过错方的过错程度、持续时间、给无过错方造成的实际伤害、离婚原因以及双方协商意见等具体因素,进行个案分析。

三、大数据分析

笔者通过搜索中国裁判文书网、威科先行等网站公开的广东省 2020 年以来涉及离婚损害赔偿诉讼请求的婚家案件司法文书,在剔除撤诉案件、重复案件、未生效案件、无关案件后,共收集整理 18 份已生效判决书(部分判决系依据《婚姻法》及相关司法解释作出)。通过数据分析,笔者总结如下。

(一)广东省内法院审理涉离婚损害赔偿纠纷家事案件的区域分布

2020 年以来广东省内法院审理涉离婚损害赔偿纠纷家事案件区域分布情况为:广州地区法院审理案件数量超过半数,深圳地区法院约占 1/3,广东省其他县市法院审理案件数量仅占 10% 左右。

(二)无过错方主张离婚损害赔偿纠纷的具体时点

超过半数的无过错方选择在离婚后主张离婚损害赔偿,即无论无过错方作为原告还是作为被告参与离婚诉讼,其在离婚诉讼中主张离婚损害赔偿的案件比例并未超过 50%。由此可见,对于无过错方而言,离婚损害赔偿或为离婚诉讼财产分割和己方权益保护的补充方式。

(三)离婚损害赔偿纠纷的具体案由

离婚损害赔偿纠纷的具体案由有三个,分别是离婚纠纷、离婚后财产纠纷和离婚后损害赔偿纠纷。其中,无过错方在离婚后主张离婚损害赔偿时,超过2/3的案件是以"离婚后财产纠纷"作为案由起诉的。由此可见,无过错方在离婚后主张离婚损害赔偿,大多数是结合其他财产分割诉求一并提出,单独提起离婚损害赔偿纠纷的尚属少数。

(四)无过错方主张离婚损害赔偿请求权的具体事由

无过错方主张离婚损害赔偿的主要事由为家庭暴力和婚内出轨,其中出现家庭暴力的案件比例约为33.33%,出现婚内出轨的案件比例约为50%,其他事由的案件比例约为16.67%。值得注意的是,在上述案件中同时出现家庭暴力和婚内出轨的案件比例约为16.67%。由此表明,在婚姻关系中过错方的主要过错行为为家庭暴力和婚内出轨(包括重婚、与他人同居、婚外生子情形)。

(五)无过错方主张离婚损害赔偿获得支持的情况

无过错方主张离婚损害赔偿的家事案件中,有超过3/4的案件的相关诉请获得法院支持。具体分析不获支持的案件,主要原因有两个:一是不满足无过错方行使离婚损害赔偿请求权的实质要件;二是无过错方不满足离婚后就离婚损害赔偿单独提起诉讼的法定条件。经笔者统计,因为第二个原因不获支持的涉离婚损害赔偿的家事案件所占比例约为60%。

(六)离婚损害赔偿纠纷案件的结案方式

涉离婚损害赔偿的家事案件以调解方式结案的仅为2件,其余均为判决结案。由此可见,就离婚损害赔偿而言,婚姻双方当事人的认知、认可和接纳程度相当悬殊,推行离婚损害赔偿调解制度尚有一定的现实挑战。

(七)离婚损害赔偿金的分布区间

涉离婚损害赔偿金的家事案件即使获得支持,其中约66.67%的案件最终判决的离婚损害赔偿金额低于5万元;约25%的案件最终判决的离婚损害赔偿金额在5万~50万元;只有约8.33%的案件最终判决的离婚损害赔偿金额超过50万元。值得说明的是,离婚损害赔偿金额超过50万元的案件系通过调解结案。

四、问题解读

离婚损害赔偿制度与离婚经济帮助制度、家务劳动补偿制度并称为我国“三大离婚救济制度”。笔者认为,离婚损害赔偿制度的立法原意应是维护自由、平等、和睦、文明的婚姻家庭关系,树立良好家风,促使婚姻关系中的双方能够实现自我约束,相互忠诚、相互扶助。从微观上看,通过要求过错方支付赔偿金的方式,可以在因一方过错而导致婚姻关系终结并给另一方造成伤害时,给无过错方予以经济和精神的双重慰藉。从宏观上看,可以从法律的角度弥补道德约束的不足,对于建设良好家风家德,营造和谐家庭氛围,倡导社会正确价值观念等,均具有非常深远和积极的意义。

但结合前述司法裁判观点和案例总结,离婚损害赔偿的金额往往只具有象征意义,而没有真正起到惩罚过错方、保护婚内弱势一方、弥补道德约束和刑罚管制不足的作用。

首先,离婚损害赔偿制度的适用范围仍然过于狭窄,对过错程度要求甚高。当婚姻中出现了法律规定的可以适用离婚损害赔偿制度的 4 种情形时,毫无疑问,婚姻过错方在婚姻关系中是处于强势地位的。作为弱势一方的无过错方本身婚内的权益尚且无法得到保护,甚至无法决定自己婚姻状态的存续与否,更勿论主张离婚损害赔偿。更何况,对于认定“重婚”和“与他人同居”均设置了较高的认定标准,作为弱势一方常常难以满足举证要求。此外,该两种情形还可能涉及刑民交叉等法律问题,基于我国文化传统和风俗人情,在家事案件中主张追究配偶刑事责任的为极少数,这也给无过错方追究过错方责任带来了现实阻碍。诚然,《民法典》第 1091 条还增加了“有其他重大过错”作为兜底条款,这在一定程度上为无过错方因配偶方婚内出轨、与他人非婚生子以及其他婚姻过错行为而主张离婚损害赔偿提供了法律保障,但司法实践中对于何为“重大过错”并没有明确的规定,在个案中更多取决于法官的价值判断和自由裁量,难以提供统一的标准也难以保障裁决结果的可预判性。这些都在客观上增加了无过错方主张离婚损害赔偿的难度。

其次,离婚损害赔偿对于婚姻中弱势一方的保护力度不够。根据笔者收集的 14 件广东省内获支持的涉离婚损害赔偿家事案件生效判决书,离婚损害赔偿金额都非常低,2/3 案件的离婚损害赔偿金额不超过 5 万元。其中,13 件系法官在无过错方主张的金额范围内酌情认定,只有 1 件系法官全额支持了无过错方主张的金额。而且,离婚损害赔偿金额的确定标准并不明确,也给司法实践造成了困难。但反观离婚损害赔偿的适用范围,重婚、与他人同居、家庭暴力、虐待和遗弃家庭成员都是非常恶劣的过错行为,是对婚姻和配偶极大的不尊重,是对社会伦理和法治精神的践踏和藐视。适用条件和适用结果之间的严重不对等,使离婚损害赔偿制度难以真正发挥其积极的法律规制和社会导向作用。

最后,离婚损害赔偿尚未如夫妻财产制度一样深入人心,得到社会和婚姻家庭的广泛认同。根据笔者经办及收集、总结的司法案例,过错方主动支付或通过人民法院调解来支付离婚损害赔偿金的案件数量仅占相关案例的 1/10 左右。甚至在婚姻双方已经约定了过错方的赔偿义务后,过错方仍可不予执行,甚至选择诉请撤销离婚协议相关内容。由此可见,离婚损害赔偿制度并没有被广泛接受和认同,即使是婚姻中的过错方,也并不认可自己需要向无过错的配偶支付赔偿金。因此,离婚损害赔偿制度还需要通过进一步完善制度、明确实施细则等方式来加以施行。

五、律师实务视角

综上所述,笔者从律师角度提出如下几点实务建议。

(一)无过错方应当注重留存证据。

司法实践中,有一定比例的案件是因为无过错方无法提供有效证据而不获支持。例如,在广州市白云区人民法院作出的民事判决书中就载明:“本院认为,胡某、杨某均主张在婚姻存续期间,对方与案外人存在不正当关系。对此,胡某、杨某均未能提供充分证据证实,本院对胡某、杨某主张的事实均不予采信,对胡某主张杨某赔偿5 万元的诉讼请求及杨某反诉主张胡某赔偿 10 万元的反诉请求均不予支持。”〔1〕而根据前文分析,要达到离婚损害赔偿的适用条件并非易事,无过错方应在配偶出现相关过错行为时,注重对过错事实等有关证据的留存,便于日后举证及维护己方权益。当然,婚姻双方更要重视相互沟通、理解和包容,携手相伴,走好人生之路。

---

〔1〕 广东省广州市白云区人民法院民事判决书,(2021)粤 0111 民初 27959 号。

（二）无过错方应注意选择合适的诉讼时点，避免因不符合法律规定而错失离婚损害赔偿请求权利

如果无过错方主动选择通过诉讼方式结束婚姻关系，应当同时提起离婚损害赔偿，否则可能错失主张离婚损害赔偿的机会。例如，广东省中山市第二人民法院作出的民事判决书就明确了“梁某1在（2021）粤2072民初3130号离婚案件中是作为原告起诉，但其未在离婚诉讼的同时提出离婚损害赔偿的诉求，其在本案中另行单独提起离婚损害赔偿诉讼，违反上述法律规定，故本院不予支持。”[1]无过错方被动参加到离婚诉讼中时，也应当将离婚损害赔偿作为解除婚姻关系相关事宜的一部分予以全盘考虑和妥善解决，避免丧失另案起诉的权利而无法有效维护己方合法权益。

（三）无过错方在双方尚可协商时，应当积极、有效沟通，并及时通过协议的方式将双方协商的内容予以明确，确保条款的有效性和可执行性

根据公开可查的裁判文书，对于婚姻双方在婚内协议、离婚协议中明确约定补偿金、赔偿金的，即使过错方不予执行，无过错方提起离婚后财产纠纷之诉或离婚后损害赔偿纠纷之诉，能够获得法院支持，且一般按照协议进行认定。因此，笔者建议无过错方在双方尚存在协商空间时，就双方在婚姻中的夫妻财产、过错损害赔偿、家务劳动补偿等涉及财产的内容进行充分协商，并通过协议或其他书面方式予以明确。同时，应注意条款须符合法律规定，确保协议的有效性和可执行性。

〔1〕 广东省中山市第二人民法院民事判决书，（2021）粤2072民初11293号。

第三章

抚养纠纷

离婚时抢夺、藏匿子女的定性与法律后果

一、案例呈现[1]

（一）基本案情

在原告吴某（女）诉被告邱某（男）离婚纠纷案中，双方因夫妻感情不和，自2021年3月开始分居，双方均同意离婚，就婚生女的抚养权问题发生分歧，诉诸法院。原告在其父亲经营的手机店从事销售工作，被告硕士研究生毕业，在某大学研究院工作，月收入为15,454元。原告、被告双方父母都表示愿意协助原告、被告照顾婚生女。双方分居后，原告带着婚生女搬离被告住处，后被告为争夺婚生女的抚养权，纠集社会人员在婚生女放学回家的路上当众强行将婚生女邱某某带走，未及时告知原告婚生女的具体去向。

（二）争议焦点

被告抢夺子女的行为是否导致其丧失抚养权。

（三）法院裁判结果

原告、被告分居前，婚生女邱某某与原告、被告共同生活，双方都对婚生女邱某某尽到了抚养及照顾的责任和义务。后双方因感情不和，无法继续共同生活，原告作为婚生女邱某某的合法监护人与婚生女邱某某一起搬离被告住处并无明显不当。但之后被告为争夺婚生女邱某某的抚养权，纠集社会人员在公共场所当众抢夺邱某某，社会影响恶劣，构成寻衅滋事，其行为明显不当，应受到社会的否定评价，如将婚生女邱某某判归被告抚养，无异于鼓励和支持离婚纠纷中的一方为争夺子女抚养权而实施抢夺子女的行为。因此，法院判决婚生女邱某某归原告抚养，被告应于本判决生效之日起30日内将婚生女邱某某送交原告抚养。

---

〔1〕 参见广东省深圳市福田区人民法院民事判决书，(2021)粤0304民初30651号。

二、司法裁判观点

2021 年 6 月 1 日修订生效的《未成年人保护法》已将为争夺抚养权而抢夺、藏匿子女的行为明确规定为违法行为。目前在司法实践中，主要存在以下几种裁判观点。

1. 以抢夺、藏匿方式占有子女的，承担不利后果，丧失子女抚养权

此种行为粗暴地剥夺子女与父或母共同生活的权利，严重侵害了子女的身心健康，违反了民事诉讼应当遵循诚信原则的规定，属于不人道的行为，也非常不利于子女的身心健康和成长。如果判决子女由抢夺方抚养，无异于支持、怂恿抢夺子女的行为，显然不利于良好社会风气的形成。因此，对抢夺、藏匿子女的行为必须予以禁止，并让其丧失抚养权。[1]

2. 采取抢夺、藏匿方式占有子女的行为，不利于子女身心健康发展，抚养权判归另一方

一方采取抢夺、藏匿方式占有子女的行为，是非人道地阻断子女与父母的连接，残忍地将骨肉分离，此种粗暴行为不仅让父母饱受精神痛苦，而且势必会造成子女的心理缺陷，影响子女的身心健康发展，故将子女的抚养权判归另一方。[2]

3. 从子女利益最大化的角度，结合多种因素进行评判

例如，综合考虑父母的收入情况、工作性质、居住条件、生活习性、文化程度等，抚养权判归有利于子女的一方。在一例抢夺子女案中，考虑到为解决子女幼儿园入园问题，抢夺子女方已在幼儿园所在小区购买房屋并入住，且该子女已经入园，故暂时不改变该子女的成长环境更为合适，现阶段子女跟随抢夺子女方共同生活为宜。[3]

4. 为保障子女有稳定的生活环境，多倾向于将抚养权判归目前与子女共同生活的一方

在浙江省东阴市人民法院所判案例中，关于婚生子女的抚养问题，考虑到婚生子女由抢夺方的父母抚养，在双方经济条件均允许的情况下，从子女

---

〔1〕 参见湖南省衡东县人民法院民事判决书，(2016)湘 0424 民初 721 号。

〔2〕 参见严永宏、古林：《离婚诉讼期间抢走儿子藏匿，南通一女子因不当行为丧失抚养权》，载中国法院网，https://www.chinacourt.org/article/detail/2018/02/id/3198138.shtml。

〔3〕 参见河南省郑州市中原区人民法院民事判决书，(2014)中民一初字第 1114 号。

的成长环境的安稳性考虑,法院认为孩子由抢夺方抚养为宜。[1]

从上述裁判结果来看,一方存在抢夺子女的事实,在很大程度上可能会反向影响子女的抚养权归属。即便在个别案例中,子女的抚养权最终判归给抢夺子女的一方,但法院也不是基于抢夺子女的事实,而是考量多方面的因素,从子女利益最大化的角度考量从而进行裁判。

三、大数据分析

在中国裁判文书网进行检索,涉及子女抚养问题的749件离婚纠纷案例中,其中以“抢夺、藏匿子女行为”立案的有95件,在全部案例中占比约为12.68%。

从分布地区来看,河北、山东占比最高;其次“北上广深”、江苏、福建等经济发达地区抢夺、藏匿子女的现象比较常见;西藏、新疆等边远地区的发生率较低,这一现象的出现或许和这些地区重视传宗接代的传统文化有关。

从经济条件来看,在“抢夺、藏匿子女”的案例中,往往会出现家庭经济条件较好的一方努力争取子女抚养权的现象。另外,在经济发达地区,随着女性自主意识的不断提升,女性争取自己养育子女的比例更高。

从性别维度来看,男性当事人“抢夺、藏匿子女”的占比高达约63.15%,女性当事人占比约为36.84%,这表明女性当事人权利被侵害的现象更严重。在被抢夺、藏匿子女的群体中,男孩被抢走的比率超过女孩,比例高达约63.64%。

从年龄分布来看,被抢走的子女当中,年龄6周岁以下的比例占到了约71.8%。笔者认为,这是因为6周岁以下的子女心智尚不成熟,更好控制。当子女年龄超过8周岁时,子女自身已有一定辨识能力,且法院会考虑子女自己的意愿,因此占比较少。

四、问题解读

(一)问题背景和研究价值

在我国《民法典》婚姻家庭编及相关司法解释已对子女抚养权的归属原则作出明确规定的情况下,为什么在离婚前还会出现抢夺、藏匿子女的现象呢?笔者认为,主要原因如下:

---

[1] 参见浙江省东阳市人民法院民事判决书,(2016)浙0783民初1148号。

1. 离婚案件周期长，可人为创造“与子女生活时间较长”的有利条件

众所周知，第一次提起离婚诉讼时，如果一方不同意离婚且在没有法定的判决离婚事由的情况下，法院一般不准予离婚。判决不准予离婚后，当事人需要等待6个月后才能再次提起诉讼。在此期间，若可“抢”到孩子并与其共同生活，则可人为创造与子女共同生活时间较长的优势抚养条件，并以“不宜改变子女现有生活状态”为由争取直接抚养权。

2. 通过抢夺、藏匿子女，增加多分得离婚财产的筹码

根据《民法典》第1087条的规定，人民法院应当在照顾子女、女方和无过错方权益原则下判决。根据“照顾子女”原则，部分法官在判决时会考虑将更多的财产利益偏向于抚养子女的一方，这也就意味着直接抚养子女的一方具有获得更多财产利益的可能性。因此，子女很容易成为父母双方争夺的目标，被当成分得更多财产的筹码。

3. 缺乏对抢夺、藏匿子女行为的法律惩处以及抚养权执行难

抢夺、藏匿子女的行为并未纳入“家庭暴力”的范畴，即使报警，民警也通常以家庭纠纷为由不予立案。由于抢夺、藏匿子女没有明确的不利法律后果，在一定程度上导致此类情形经常出现。此外，抚养权还面临执行难的问题。当强制执行标的涉及人身关系时，法院往往表现出“无力且无奈”，抚养权的强制执行就是典型的例子。在笔者经办的相关案例中，若法院强制执行抚养权，通常做法是将孩子带至法院，如果被执行方拒不配合交出孩子，法院通过强硬手段执行可能会对孩子产生不良影响；而如果法院采取间接手段，如对被执行方进行司法拘留或罚款，又可能会导致孩子失去监护，进一步激化男女双方矛盾。

基于上述原因，法官在审判时往往也会考虑到强制执行的难度，从而着重考察子女的生活现状，尽量不改变子女现有的生活状态，作出维持与子女共同生活一方继续直接抚养孩子的判决。该考量因素或许也会使一方在诉讼前或诉讼时做出抢夺、藏匿子女的行为，避免后期遇到执行难问题。

（二）理论界和实践中的主要观点

1. 对于抢夺、藏匿子女的行为存在立法约束

“禁止抢夺、藏匿子女”的法律规定曾出现在《民法典》的审议稿中，但很遗憾最终没有写入《民法典》。

新修订的《未成年人保护法》第24条第1款规定："未成年人的父母离婚时，应当妥善处理未成年子女的抚养、教育、探望、财产等事宜，听取有表达意愿能力未成年人的意见。不得以抢夺、藏匿未成年子女等方式争夺抚养权。"但此规定并不能作为独立的请求权依据。如违反本条，只能将规定援引给法院，引导法院在处理抚养权和探望权纠纷时予以考虑。

另外，当一方抢夺、藏匿未成年子女时，现阶段最可行的救济途径是申请行为保全，除了《民事诉讼法》中有原则性条款规定外，目前，仅有广东省高级人民法院在《广东法院审理离婚案件程序指引》中明确规定了行为保全，其中包括申请人身安全保护令和禁止抢夺、藏匿未成年子女。具体内容为："当事人因下列情形申请行为保全的，人民法院应当依法作出裁定，责令对方当事人作出或者禁止其作出一定行为：(一)因遭受家庭暴力或者面临家庭暴力现实危险的；(二)对方当事人抢夺、转移、藏匿未成年子女的。当事人申请前款规定的行为保全，人民法院不要求提供担保。当事人对自己的申请应当提供基本证据，情况紧急的，人民法院初步核实后可以径行作出行为保全裁定。"但因该指引仅属于地方法院的审判指导文件，故不具有普适性，无法全国范围内推行实施，维权之路有待继续摸索。

2. 司法实务意见

司法实务中的意见有以下两种。

(1)对抢夺行为不做评价，直接从有利于子女原则的角度出发判决

实务中，有部分法院在对直接抚养权进行判定时，即便有抢夺、藏匿子女的情形出现，还是直接以"更有利于子女健康成长"为原则，对抢夺行为不做评价，直接从现状出发，分析、比对父母双方谁更有利于子女的健康成长，根据抚养现状等判定直接抚养权的归属。

(2)对抢夺行为作否定评价，直接判归另一方

也有部分法院认为这种抢夺、藏匿子女的行为不仅非人道地阻断子女与另一方的联系，残忍地使其骨肉分离，而且可能会让子女在这种动荡、不安中遭受不可逆转的心理创伤。因此，应当对抢夺行为作否定性评价，由抢夺方承担不利法律后果，将直接抚养权判归另一方。

(三)律师观点

2021年6月1日实施的《未成年人保护法》第一次明确以法律规定的形

式表明一方不得为争夺子女抚养权而抢夺、藏匿子女。但是该规定只有行为的描述,没有法律后果的惩戒,如恶意抢夺、藏匿未成年子女的,是否可以取消其监护人资格,或者在《刑法》的司法解释中将其列入拒不执行判决、裁定罪的范畴。这就导致抢夺、藏匿子女不能作为民事诉讼中的一个独立案由,这对相关问题的解决非常不利。

笔者认为,协议离婚之前或诉讼离婚之前,为了争取子女的抚养权或者出于惩罚对方的目的抢夺、藏匿子女是极不明智的。子女是两个人情感的结晶,离婚后亲子关系不会断绝,即使离婚,不直接抚养子女的一方还有探望子女的权利,因此双方都应为子女的健康成长提供一个稳定舒适的环境。此外,离婚后,夫妻双方都应该更加关注子女的心理健康,尽可能弥补离婚给子女造成的伤害,若此时夫妻一方实施抢夺、藏匿子女的行为,会让子女成为双方离婚的参与者和牺牲者,无疑会给子女的心理造成不可磨灭的阴影或创伤。

鉴于实施抢夺、藏匿子女的一方明知违法仍为之是对法律权威的挑衅与蔑视,同时该行为也严重侵害子女的身心健康、违反诚实信用原则,不利于良好社会风气的形成,笔者建议在未来法律或相关司法解释的制定中,对于抢夺、藏匿子女的这一行为,应明确违法后果的评价,如直接规定有抢夺、藏匿子女等不当行为的,丧失直接抚养权。

五、律师实务视角

综合以上分析,法院在判决直接抚养权时会对子女生活环境的稳定性、生活习惯等因素进行考量同时越来越多的裁判也体现出抢夺、藏匿子女的行为会成为丧失子女直接抚养权的原因之一。

从另一方的视角来看,被抢夺子女的一方要注重收集以下相关证据来应对诉讼:

(1)调取小区周围监控、楼道监控证明对方带走子女的事实;

(2)询问相邻住户,通过证人证言方式来证明该事实的发生;

(3)发现子女被带走后立即报警,寻求警方帮助,并保留报警记录和相关回执;

(4)与对方沟通要求其返还子女的聊天记录、电话录音或当面与对方交谈的录音;

(5)对方是否存在精神类疾病,可提供周围人的证言、医院出具的诊断证明等;

(6)向法院申请行为保全的证据材料。

作为家事律师,在承办案件的过程中,最不愿看到此类你争我夺、你躲我藏的局面。笔者建议离婚双方应当保持理性,不要在离婚之外再给子女造成更多伤害和打击,要切实考虑子女利益,通过和平方式进行协商来处理婚姻纠葛,以期将离婚对子女的负面影响降至最低。

限制民事行为能力人如何获得子女的抚养权

《民法典》婚姻家庭编第1041条、第1047条及第1048条规定,我国实行一夫一妻、男女平等的婚姻制度,除法律禁止结婚的情形之外,公民享有婚姻自由和追求幸福美好生活的权利,有权组建家庭以丈夫或以妻子的身份进行生活,在家庭关系当中成为父亲或者母亲,限制民事行为能力人也不例外。[1]

然而,婚姻生活又是多有变数的,一旦夫妻双方感情破裂,无法继续生活时,将最终走上离婚的结局。因限制民事行为能力人不能完全辨认自己的行为,法律规定不能通过在婚姻登记机关以协议的方式来解除婚姻关系,必须以诉讼的方式经法院审理后才能解除婚姻关系。特别是如果两人在婚姻关系存续期间生育了子女,在离婚诉讼中,限制民事行为能力人如何获得子女的抚养权是一个难题,也是本文重点探讨的问题。

一、案例呈现[2]

(一)基本案情

原告为限制民事行为能力人,与被告婚后生育一子,因双方性格不合及其他原因,家庭矛盾反复发生,导致双方夫妻感情破裂。现原告诉请法院判令两人离婚并请求获得未成年儿子的抚养权。

(二)争议焦点

原告、被告的未成年婚生子到底由谁抚养为宜。

---

〔1〕《民法典》第1041条规定:"婚姻家庭受国家保护。实行婚姻自由、一夫一妻、男女平等的婚姻制度。保护妇女、未成年人、老年人、残疾人的合法权益。"
第1047条规定:"结婚年龄,男不得早于二十二周岁,女不得早于二十周岁。"
第1048条规定:"直系血亲或者三代以内的旁系血亲禁止结婚。"

〔2〕因可能涉及当事人隐私,裁判文书号不予披露。

（三）法院裁判结果

一审法院经审理认为，原告、被告双方夫妻感情确已破裂，应解除双方的婚姻关系。

被告虽主张抚养权，但其确认如果由其抚养孩子，只能将孩子带回老家，而老家只有双目失明的母亲。原告虽然为限制民事行为能力人，但原告的监护人（母亲）在深圳有稳定的住处和收入，具备照顾原告和孩子的能力和条件，且从未成年人利益最大化角度出发及有利于孩子的生活、教育方面等考虑，一审法院认为不宜改变婚生子目前的生活状态，据此认定婚生子由原告的监护人抚养。

被告不服一审判决，提起上诉，认为原告是受其父母控制，原告、被告本人不愿意离婚，且原告是限制民事行为能力人，无法单独照料孩子，于是上诉请求判决双方不离婚。但是在二审期间，被告提交的证据无法证明夫妻感情尚未破裂，更无法证明原告不同意离婚，且未举证证明原告的母亲代理原告在本案中提起的离婚诉讼存在侵害原告合法权益的情形，最终二审法院经审理认为被告的上诉请求不能成立，遂判决驳回上诉，维持原判。

二、司法裁判观点

《民法典》第 1084 条规定，[1] 为保证未成年子女的最大利益，离婚诉讼中选择直接抚养人需要对各方面进行综合考量，法院主要考虑以下方面：

（1）直接抚养人的抚养能力；

（2）抚养子女的意愿是否强烈；

（3）子女的年龄；

（4）父母一方提供的居住、生活环境的稳定性和子女对其的适应性，应尽量使子女在父母离婚前后的成长环境相似或者具有一致性；

（5）其他可供参考的因素，如子女与一方近亲属的关系及依赖性、该近亲属的经济状况和生活条件等，这一点对于限制民事行为能力人争取子女

---

〔1〕《民法典》第 1084 条规定："父母与子女间的关系，不因父母离婚而消除。离婚后，子女无论由父或者母直接抚养，仍是父母双方的子女。离婚后，父母对于子女仍有抚养、教育、保护的权利和义务。离婚后，不满两周岁的子女，以由母亲直接抚养为原则。已满两周岁的子女，父母双方对抚养问题协议不成的，由人民法院根据双方的具体情况，按照最有利于未成年子女的原则判决。子女已满八周岁的，应当尊重其真实意愿。"

的抚养权尤为重要。如果夫妻一方在婚姻存续期间存在过错,法院在判决时不能一概而论将孩子判决由无过错方抚养,仍应从有利于子女成长的角度多加考量,最终决定抚养权的归属。

三、问题解读

(一)问题背景和研究价值

如前所述,限制民事行为能力人具有缔结婚姻的权利,同样具有生育及抚养子女的权利义务。但限制民事行为能力人一旦与配偶感情破裂,因其生理及心理等方面的缺陷,只能通过诉讼途径来解除双方的婚姻关系,从而导致限制民事行为能力人在维护自身合法权益,特别是争取子女抚养权方面比正常人更困难,需要付出更多艰辛,同时还需要其父母或其他近亲属给予大力支持,才能在争取未成年子女抚养权方面获取有利条件。可以说,父母或其他近亲属的支持对于限制民事行为能力人维护自身合法权益具有极其重要的意义。

(二)理论界和实践中的主要观点

夫妻双方离婚后,不管哪一方获得子女的直接抚养权,另一方仍然负有教育和抚养子女的义务,并不会因为没有获得直接抚养权而丧失对子女应负的责任。我国解决子女抚养问题的基本原则是:从有利于子女身心健康、保障子女合法权益出发,结合父母双方的抚养能力和抚养条件等具体情况妥善解决。离婚虽然不可避免,但是如果离婚后父母能尽到足够的抚养义务,给自己的子女提供良好的生活照顾和支持,那么离婚后子女的权益是可以得到较好的保障和救济的,也对离婚后子女的生活和以后的发展更合适。

在现实生活中,关于离婚后子女抚养问题主要集中在抚养权的归属等方面。相比于一般的夫妻双方争夺未成年子女抚养权的案件,限制民事行为能力人因生活方面难以自理,想要获得子女的抚养权确实是一个难题。所以在司法实践中,如果夫妻双方一方为限制民事行为能力人,另一方为完全民事行为能力人,在离婚诉讼关于未成年子女抚养权的归属方面,法院一般会将未成年子女的抚养权判决给完全民事行为能力人一方。

(三)律师观点

根据笔者办理的案例及研究可以发现,在离婚纠纷案中夫妻双方对未成年子女抚养权的争夺问题上，法院一般会从父母双方的个人素质、抚养条件、对子女的责任感、父母与子女的感情等相关问题上综合考量。如果未成年子女是8周岁以上的，法院还应当尊重子女的意见，再结合其他方面进行考察作出判决。

在夫妻双方离婚子女的抚养权归属问题上，《民法典》第1084条第3款根据不同年龄段子女的成长需要、意志状况以及其他因素，对离婚时未成年子女抚养权的归属进行了规定。

1. 2周岁以下的未成年子女抚养问题

夫妻离婚原则上子女由母亲直接抚养，这是因为不满2周岁的子女多数还在母乳喂养期，对母亲有更多的依赖性，母亲抚养相对于其他抚养方式更有利于婴幼儿的生长发育。因此，该年龄段的子女，原则上应当由母亲直接抚养。但如果存在母亲患有传染性疾病或其他严重疾病等特殊情况，不宜与子女共同生活，或者母亲有抚养条件却不尽抚养义务，或者未成年子女与母亲生活会对子女权益造成重大侵害而无法随母亲生活的，可由父亲直接抚养。

2. 2周岁以上未成年子女的抚养问题

可以由夫妻双方协商决定子女的抚养问题。当夫妻双方对未成年子女的抚养权归属发生争议时，此时法院应当组织双方进行调解，尽可能让双方以和平协议的方式解决，在当事人双方自愿、合法的前提下，协商决定未成年子女由父亲直接抚养或者由母亲直接抚养，避免矛盾的扩大化。

如果夫妻双方因子女抚养问题存在很大争议，实在无法达成和解协议的，法院应结合父母双方的抚养能力、抚养条件和生活环境等具体情况，按照最有利于未成年子女的原则作出裁决。

3. 已满8周岁未成年子女的抚养问题

年龄已满8周岁的未成年子女，虽然是未成年人，但是已经有了一定的自主意识和自我判断力。因此，对于已满8周岁的未成年子女，应当尊重其真实意愿。在离婚时，无论是父母协商确定还是人民法院判决决定由谁抚养，都应当听取已满8周岁未成年子女的个人意见，在未成年子女提出自己的意见后，再根据其年龄、认知能力和判断能力等，探求、尊重其真实的意愿。[1]

---

〔1〕 参见济南铁路运输法院：《【以案说典】离婚后未成年子女抚养权归属的确定原则（二）》，载澎湃新闻2021年7月26日，https://www.thepaper.cn/newsDetail_forward_13746032。

对于离婚后未成年子女抚养权的归属,《婚姻法》及《民法典》婚姻家庭编均遵循了最有利于未成年子女利益的原则,这体现了我国在夫妻离婚时对未成年子女最大限度地保护。但是父母与子女间的权利义务关系,不因父母离婚而消除,也就是说离婚后父母仍然负有抚养义务。父母离婚后,子女不能与父母双方共同生活在一起,只是父母抚养子女的方式发生了改变。由于《婚姻法》对"哺乳期"的表述存在不尽周延、界定模糊、不宜操作等诸多问题,司法实践中对哺乳期的认定并不统一,裁判时也缺乏具体的适用规则。《民法典》则直接明确了2周岁以内的未成年子女,以母亲直接抚养为原则,这是因为一般而言,未满2周岁的未成年子女,对母亲的依赖性更大,跟随母亲生活更有利于其健康成长。而对已满2周岁的未成年子女,协商不成时,由法院按照最有利于未成年子女利益的原则,综合考虑父母双方的抚养能力、抚养条件及子女生活模式、受教育环境等具体情况,兼顾父母双方的诉求及客观实际作出妥善解决。[1]

4. 轮流抚养未成年子女的问题

关于夫妻离婚时未成年子女的抚养问题,传统做法是将子女判给父或母一方直接抚养,由另一方支付未成年子女的抚养费。但是,《民法典婚姻家庭编解释(一)》第48条规定,为了保障离异子女的利益,在原则上不改变子女已经适应的大环境前提之下,可以由离婚的夫妻双方通过协议的形式轮流抚养子女,这样可以有效地缓解离婚时夫妻双方对子女抚养权的恶性争夺,最大限度地维护未成年子女的利益,减少未成年子女因父母离婚带来的精神痛苦和心理阴影,对于平衡夫妻双方因离婚诉讼在争夺子女抚养权归属方面的失落感及保障未成年子女在今后人生道路上的身心健康成长有重大意义,这是《民法典》婚姻家庭编的一大亮点。[2]

以上是笔者对我国法律关于确定子女抚养权问题的相关规定和一般情形的解读。

但是夫妻一方如果是限制民事行为能力的特殊主体,在夫妻感情破裂时只能通过诉讼方式离婚,在争夺子女抚养权归属方面,完全民事行为能力

---

〔1〕 参见山东高法:《离婚后未成年子女抚养权归属的确定原则(三)》,载澎湃新闻2021年7月26日,https://www.thepaper.cn/newsDetail_forward_13747127。

〔2〕 《民法典婚姻家庭编解释(一)》第48条规定:"在有利于保护子女利益的前提下,父母双方协议轮流直接抚养子女的,人民法院应予支持。"

人一方无论是在身体还是生活能力方面均具有天然的优势，而限制民事行为能力人一方因心智能力存在缺陷，难以照顾好子女，通常情况下法院会认为其身为特殊主体，不适宜抚养子女成长，以至在争取子女的抚养权方面处于劣势。如段某诉李某离婚纠纷案[1]、杨某诉况某离婚纠纷案[2]、周某与许某离婚纠纷案[3]等，相似之处都是一方当事人是患有精神疾病的限制民事行为能力人，病发时照料自身尚存在困难，为了保障未成年子女的利益和未来的成长，法院原则上会将抚养权判给完全民事行为能力人一方所有。

但是有原则就会有例外，例如，在原告许某诉被告曾某离婚纠纷案[4]中，原告许某为完全民事行为能力人并主张婚生子女的抚养权，被告曾某虽然为限制民事行为能力人，但是其监护人有强烈的抚养意愿且具备良好的抚养能力，且曾某患有精神疾病，今后再婚困难，法院经综合考虑把孩子的抚养权判给了曾某这一方，由曾某的监护人代为抚养。因此，若限制民事行为能力人的监护人具备以上条件，是可以争取到将孩子的抚养权判归限制民事行为能力人一方，然后由其监护人代为抚养的，这是一种能够获得子女抚养权的适用途径。

又如，在魏某诉谭某离婚纠纷案[5]中，原告为完全民事行为能力人并主张女儿的抚养权，被告谭某虽患有精神疾病，但在魏某与谭某分居期间，女儿一直随被告谭某及爷爷奶奶生活，因女儿已年满 8 周岁，法庭又征求女儿的意见，其表示愿意随其父亲生活，法院遂判决女儿的抚养权归被告谭某，由魏某支付抚养费到女儿独立生活时止。

结合本文“案例呈现”部分介绍的案例，此案原告的母亲（监护人）有固定的经济收入和稳定的住处，抚养子女有一定的经济保障，且有较强的抚养意愿和抚养能力。法院经综合考虑，将孩子的抚养权判归原告，事实上是由限制民事行为能力人一方的监护人代为抚养。

因此，笔者认为在离婚诉讼案件中，一方当事人为限制民事行为能力人

---

〔1〕 参见陕西省佛坪县人民法院民事判决书，(2017)陕 0730 民初 25 号。

〔2〕 参见湖北省武汉市江夏区人民法院民事判决书，(2020)鄂 0115 民初 3360 号。

〔3〕 参见江西省抚州地区（市）中级人民法院民事判决书，(2020)赣 10 民终 1219 号。

〔4〕 参见湖南省洞口县人民法院民事判决书，(2009)洞民初字第 882 号。

〔5〕 参见甘肃省成县人民法院民事判决书，(2022)甘 1221 民初 176 号。

想要获得未成年子女的抚养权,首先必须具备诚恳地想要抚养孩子的态度和意愿,且其监护人同样需要具有强烈的抚养意愿并具备较强的抚养能力和较好的抚养条件。此外,如果孩子已年满 8 周岁,其自愿跟随限制民事行为能力人一方生活也是重要的考量因素。另外,当完全民事行为能力人一方存在可能会对孩子的人身造成严重侵害,或者无力负担孩子的抚养问题及改变孩子的现有成长环境不利于孩子生活成长的情形时,法院在审理该类案件时也会基于有利于未成年子女成长的原则,将子女的抚养权判归限制民事行为能力人一方,再由其监护人对孩子进行代为抚养。

这种由祖辈代为照顾、抚养孩子的现象,在现实生活中并非个例,即便夫妻双方均为完全民事行为能力人,也会有隔代抚养的需求。例如,父母常年在外务工,子女长期跟随爷爷奶奶或者外公外婆生活,与爷爷奶奶或者外公外婆建立了深厚的感情。在这种情况下,如果夫妻离婚,爷爷奶奶或外公外婆有抚养能力且愿意帮忙照顾孙子女或外孙子女,可以作为父亲或者母亲主张未成年子女抚养权的优先条件进行考量。[1]

由此可以看出,夫妻一方虽为限制民事行为能力人,与具有完全民事行为能力的另一方在身体及生活能力等方面确实存在一定的差距,但若子女自幼跟随限制民事行为能力人一方的父母生活、成长,已然形成了较深的情感羁绊,对现有环境形成了较强的依赖性,且限制民事行为能力人一方的父母渴望继续抚养、教育子女,也具有较强的抚养能力,能给子女带来稳定的生活及成长环境,贸然改变子女的生活、成长环境将不利于子女的成长。此外,如果子女已年满 8 周岁,其愿意跟随限制民事行为能力人的一方生活,且不会对该子女的权益造成侵犯的,法院也应当尊重该子女的个人意见。在这种情况下,子女的抚养权便不会一概判归完全民事行为能力人一方,限制民事行为能力人要求获得未成年子女抚养权的请求,同样能够得到法院的支持。

四、律师实务视角

笔者认为,在办理离婚案件的过程中,一宗离婚案件不仅是简单的财产

---

〔1〕《民法典婚姻家庭编解释(一)》第 47 条规定:"……子女单独随祖父母或者外祖父母共同生活多年,且祖父母或者外祖父母要求并且有能力帮助子女照顾孙子女或者外孙子女的,可以作为父或者母直接抚养子女的优先条件予以考虑。"

分割、抚养权的争夺问题，还包括夫妻双方各自的家庭关系，双方的父母及其他近亲属与未成年子女的亲情等因素。

作为一名执业律师，我们关注的不应仅是法律条文，还应关注每个当事人背后的家庭，应当努力把诉讼案件对当事人的负面影响及损失降至最低，以保障当事人的最大利益。特别是关于怎么处理抚养问题才最有利于孩子的未来健康成长，律师应当根据办案经验和对社会的认知，为当事人提供一些良好的建议，这就需要律师站在当事人的角度、子女的角度换位思考，运用灵活的处理方式全面、深入地解决问题。

此外，对离婚案件的当事人进行心理疏导和心理关怀也至关重要，必要时可以建议当事人向心理咨询专家进行咨询、寻求帮助，帮助当事人逐步从离婚的阴影中走出来。

在办理限制民事行为能力人的离婚诉讼案件时，需要律师全面了解未成年子女跟随其祖父母或者外祖父母及其他近亲属生活的情况，是否与爷爷奶奶或者外公外婆及其他近亲属建立了深厚的感情，改变现有的生活环境是否会不利于未成年子女今后的成长和身心健康等。因此，需要从限制民事行为能力人的监护人或者其他近亲属着手，在监护人及其他近亲属的抚养意愿、抚养能力、抚养条件，以及是否能够给未成年子女提供稳定的生活环境等方面下功夫，同时需要与年满 8 周岁的未成年子女多进行交流沟通，探究该未成年子女的真实想法，这样才能有效帮助限制民事行为能力的当事人获得子女的抚养权。

抚养权纠纷中如何探明未成年子女真实意愿

一、案例呈现[1]

(一)基本案情

张某(男)与杜某(女)2015 年协议离婚,约定婚生子张小某由杜某直接抚养,随杜某共同生活。杜某于 2018 年与陈某再婚,张某认为杜某重组家庭后,不适宜直接抚养儿子张小某,遂向深圳市罗湖区人民法院提起变更抚养关系诉讼,请求法院判令婚生子张小某改由张某直接抚养。

张某主张,其与张小某都是回族,应保有穆斯林的宗教信仰和生活习惯,因此张某与杜某离婚协议约定,杜某直接抚养张小某期间,如无法继续保持张小某穆斯林宗教信仰和生活习惯,则张小某应改为由张某直接抚养。杜某与陈某再婚,陈某信仰天主教,影响了张小某的宗教信仰和生活习惯;另外,张小某现已 8 岁,杜某安排张小某在深圳、香港两地走读,较大地消耗张小某的精力,不利于张小某学习成长,而张某可安排张小某在深圳就近就读私立学校。因此,从维系张小某宗教信仰、尊重其生活习惯,以及更好学习成长的目的出发,张某请求变更抚养关系。

(二)争议焦点

(1)杜某直接抚养张小某是否影响张小某穆斯林宗教信仰和生活习惯。

(2)变更抚养关系是否更有利于张小某成长。

(三)法院裁判结果

深圳市罗湖区人民法院审理本案,启动家事调查程序,对案件进行如下调查:第一,调查张小某生活现状,重点放在宗教信仰情况和生活习惯上;第二,通过与张小某进行沙盘游戏、心理访谈,探知张小某的被抚养意愿;第

---

〔1〕 因可能涉及当事人隐私,裁判文书号不予披露。

三、对张某、杜某及陈某进行访谈，了解三人生活和思想状态。

家事调查员出具调查报告显示：第一，虽然陈某信奉天主教，但陈某和杜某一直支持张小某参与穆斯林宗教活动，较好地维持张小某的宗教信仰和生活习惯；第二，陈某从思想和行为上均对张小某有较大尊重和关爱，张小某和陈某在人际关系上有着不错的亲密度；第三，张小某对深圳、香港两地走读有较强的适应性，对转学至深圳学校的意愿度不高；第四，张小某表示自己喜欢目前的生活，没有意愿改随父亲一起生活。

根据家事调查报告，深圳市罗湖区人民法院经审理认为，张小某继续保有穆斯林宗教信仰和生活习惯，张某与杜某离婚协议约定的变更抚养关系条件并未成就；张小某较好适应目前生活、学习状态，不宜贸然改变；张小某本人对受到生活照料的状态和被抚养意愿的表达，符合其年龄的认知能力，支持现抚养关系更有利于张小某成长。最终，法院判决驳回张某关于变更抚养关系的诉讼请求。

二、司法裁判观点

以上变更抚养关系案件，是人民法院通过家事调查程序，探明已满 8 周岁的未成年子女真实意愿、客观公允评估抚养现状是否最有利于未成年人成长的典型案例。过往的数十年，随着未成年人权益越发得到社会各界重视，司法裁判者在抚养纠纷诉讼中的核心视角，已从父母双方的利益衡平，转入到以未成年人为中心的利益保障，处理抚养纠纷的核心原则就是保障未成年人利益最大化。

正是因为未成年人权益才是抚养纠纷中的重心，因此让未成年人充分参与诉讼，透过未成年人意愿对父母双方的抚养条件作出评估，越发成为抚养纠纷诉讼的重要裁判方法。同时，我们还应看到，抚养纠纷诉讼的司法实践还是难以完全摆脱当事人对抗主义诉辩模式的影响，法庭审理的主要内容还是集中在原告、被告双方的诉讼攻防，难以真正深入体察未成年子女抚养状态、充分探明未成年子女真实意愿。特别是在抚养权纠纷中未成年子女真实意愿的探明上，司法实践还存在启动条件和标准不明确、探明方式较为单一、探明过程公开程度较低以及探明结果救济制度空白等不足。下面笔者将从问题出现的原因入手，试图从调整启动条件、完善家事调查机制、改进过程公开方式以及建立救济措施 4 个方面，提出对抚养权纠纷中未成年子女真实意愿探明司法实践的改善建议,同时以律师实务视角为当事人应对和处理抚养问题提供实务建议,促进未成年子女真实意愿探明在抚养纠纷诉讼中发挥更有价值的作用。

三、大数据分析

抚养纠纷司法实践中,法官对于未成年子女真实意愿的探明情况如何?探明的过程及标准如何?是否有探明结果的救济途径?带着这些疑问,笔者在公开检索的条件下,以“离婚纠纷”、“变更抚养关系纠纷”和“同居关系子女抚养纠纷”作为案由检索获取深圳法院自 2017 ~ 2022 年 5 年 148 份裁判文书,加上笔者代理的 19 件抚养争议案件,共计 167 件案件的裁判文书作为研究样本,通过数据分析,呈现探明子女真实意愿制度在深圳司法实践中的运行情况。

(一)样本数据案由分布

本文以 167 份裁判文书为统计样本,包括离婚纠纷案件 146 件、变更抚养关系纠纷案件 17 件、同居关系子女抚养纠纷案件 4 件。

(二)是否探明子女真实意愿

在 167 份样本中,判决未准予离婚或不涉及子女的离婚纠纷案件因而未实际处理子女抚养问题的样本有 112 件,这些案件不属于本文分析对象;处理子女抚养问题的案件有 55 件,占总样本的比例约为 32.93%。在 55 件案件中,已探明未成年子女真实意愿的案件为 16 件,占比约为 29.09%,未探明子女真实意愿的案件 39 件,占比约为 70.91%。

(三)探明子女真实意愿的启动方式

在已探明子女真实意愿的 16 份样本中,12 件案件系法官依据职权启动探明程序,占比为 75%;4 件案件系依据当事人申请启动探明程序,占比为 25%。可见司法实践中,法官依职权启动探明程序是主导方式。

(四)探明子女真实意愿的启动标准

在已探明子女真实意愿的 16 份样本中,11 件案件启动探明程序源于当事人争议较大,占比约为 68.75%;4 件案件是因为现有案情不足以判断抚养归属,需要探明子女真实意愿,占比为 25%;因子女提交了前期意见,存在探明必要从而启动探明程序的有 1 件案件,占比约为 6.25%。可见,当父母双方就未成年子女抚养归属争议较大,双方都有强烈意愿争取子女抚养权时,法官更可能会启动探明程序,听取子女的真实意愿。

(五)探明子女真实意愿的方式

在已探明子女真实意愿的16份样本中,近九成案件中的探明方式为法官询问,采用家事调查报告及心理咨询访谈方式的分别约为6.25%,合计所占比例略高于1/10。虽然在家事审判改革之后,法院创新引用家事调查、心理访谈等形式对子女真实意愿进行探明,但是在司法实践中,采用此类方式探明的案件还是较少。

四、问题解读

(一)探明制度运行中的不足和困境分析

1.诉讼参与人受旧有观念的约束

涉及子女抚养权归属的案件多为离婚纠纷,较常出现父本位、母本位思想,父母双方基于自己的诉讼地位,多从自己的利益角度出发,因此忽视未成年子女的利益;[1]父母双方基于对立地位,容易产生探望子女的障碍,双方之间的交锋演变为对抚养权的争夺,[2]导致忽视未成年子女的利益;更甚者,将子女的抚养权作为离婚的筹码,这种情况亦存在于案例当中。[3] 在出现"一男一女"的二孩抚养权归属问题时,偶有父母双方受"重男轻女"传统观念的影响,双方都极力争取男孩,对女孩显示出轻视态度,无疑会对未成年子女造成极大的心灵创伤。

在案例中,笔者偶有发现法院持"男孩跟随父亲生活较为适宜"以及"女孩跟随母亲生活较为适宜"等观念而判决未成年子女抚养权归属,说明审判

---

〔1〕 在某A与某B离婚纠纷案中,双方矛盾尖锐,为了在交锋中占据上风,双方将孩子视作"战利品",并曾发生争抢孩子的情况,而事实上,父母双方平时均缺少对孩子的陪伴,孩子长期由保姆照料代养,虽然离婚判决孩子由女方抚养,但判决结果难言对孩子利益做到了最大化保护。

〔2〕 在某C与某D离婚纠纷案中,孩子随女方共同生活,父母双方因感情矛盾导致离婚判决作出后,女方拒绝配合男方探视孩子,男方探视孩子长期困难,导致男方最终提出变更抚养关系诉讼。

〔3〕 在某E与某F离婚纠纷案中,女方系家庭主妇,孩子长期由女方主要照料。因男方婚内过错,女方起诉离婚。本案中,男方主张抚养权,借此主张财产分割比例向男方适度倾斜。法院认为,孩子长期由女方照料,男方在诉讼期间甚至安排亲戚代为照料孩子,不利于孩子成长,最终判决孩子宜随女方生活。

人员在处理子女抚养问题时难免受到既定思维的影响，容易忽略未成年子女的利益。[1]

2. 探明程序启动机制不完善——程序启动主体和启动标准不明确

通过数据统计发现，意愿探明程序多为审判人员依职权启动，依据当事人或未成年子女申请启动程序的占比仅为25%。数据一方面反映出当事人对于诉讼程序并不了解，没有充分行使意愿探明的程序权利；另一方面反映出法院在充分保障当事人行使意愿探明的程序权利方面仍存在提升空间。

当案件中父母双方对于抚养权争议较大，或者现有证据不足以判断抚养归属须进一步查明案情时，审判人员应当启动子女意愿探明程序。但是在子女已提交初步抚养意愿，或者对于抚养争议不大，甚至是父母之间已经协商一致的情况下，法院是否仍须启动子女意愿探明程序，或者启动家事调查机制以进一步核实抚养安排是否符合未成年子女利益最大化的原则，实践中并没有统一的标准。

3. 意愿探明方式存在技巧上的缺陷

父母的分离在每一个未成年子女心中都会留下不可磨灭的创伤。因此询问未成年子女抚养真实意愿，绝对不是简单地沟通询问，这对询问人员在与未成年子女的相处经验，心理、情绪的感知能力以及倾听能力方面都提出了极高的要求，如果仅通过简单的询问来了解未成年子女对于抚养权归属问题的看法，容易造成未成年子女对父亲或者母亲的疏远，对其产生厌恶情绪，也会导致未来探视障碍因素增多。

在对未成年人抚养权归属问题的处理上，多数为法官自行询问未成年子女对抚养权归属问题的看法，实务中法官凭借个人办案经验听取意见，且采用的方式并无统一标准，谈话询问内容难以保证应有的科学性、合理性，也难以保证其意见听取过程中不会对未成年子女造成心理上的伤害。

4. 诉讼程序救济途径存在空白

救济途径是诉讼程序结构中不可或缺的一环，是当事人的诉讼权益得到保障，及时避免程序利益被侵害的重要手段。在家事审判程序尚不完善，未成年子女真实意愿探明方式、方法的标准尚未统一且多数案件依靠法官

---

〔1〕 参见魏书音：《未成年人利益最大化的实现以权利为理论基础的路径选择》，载《湖南警察学院学报》2015年第4期。

自行调查询问的情况下,救济途径显得尤为重要。

无论是制度规定,还是司法实践,我国对子女意愿探明过程及结果的救济途径仍是空白。在本文统计的样本中,有2个案件当事人对探明过程和结果提出了异议,但并未得到法院的处理。可见,建立有效的程序救济途径,是完善意愿探明制度的必然选择。

(二)完善建议

1. 调整程序启动条件

(1)拓宽启动主体范围

首先,主体范围自然包含法官。最高人民法院《家改意见》第42条规定:“监护权纠纷、探望权纠纷、抚养纠纷等涉及未成年人的案件,对于与未成年人利益保护相关的事实,人民法院应当根据当事人的申请或者依职权进行调查取证。”家事案件的隐私性要求诉讼程序采取职权主义模式。[1] 家事案件发生在家庭内部成员之间,事实多涉及个人隐私,权利受侵害的家庭成员对侵害方并无戒备和防范意识,很多时候当事人是妇女和未成年人,没有自我保护意识,更无证据保存意识,导致该类案件证据调查和提取出现困难,需要法官依职权进行探查。

其次,应将主体扩宽至父母。基于统计样本以及笔者代理的抚养案件,如果父母双方对抚养问题协商一致,则几乎不存在进一步探明子女意愿的可能。这里引发的两点思考,一是父母间的协商一致并不当然意味着未成年人利益最大化,解决抚养问题重要的是孩子的感受还是父母的感受?二是父母双方均要求抚养孩子、对于抚养权归属存在争议的时候能否直接向法院申请探明子女意愿?

从《家改意见》的规定来看,监护权纠纷、探望权纠纷和抚养纠纷案件中,父母双方均有权向法院申请调取与未成年人利益保护相关事实有关的证据,这也为父母向法院申请启动子女意愿探明程序提供了规则依据。

最后,主体应扩宽至未成年子女。未成年人利益最大化原则要求关注子女本身的愿望或要求,保障其参与家庭和社会生活的权利,畅通其表达权

---

〔1〕 参见臧国燕、王东辉、田蕾:《家事诉讼程序中职权主义审判方式的适用》,载《人民司法》2018年第10期。

利诉求的渠道。[1] 随着社会的发展,8 周岁的未成年人对事物的认知已经有了基本的概念,立法层面已经赋予 8 周岁的未成年人一定的民事行为能力,因此如果已满8 周岁的未成年人主动采取一定的方式,如写信、致电或者现场表达、告知法官更愿意和哪一方共同生活,那么基于未成年子女利益保护原则,应当启动抚养意愿的进一步探明。

(2)完善启动标准

第一,当事人须具有启动意愿。如前论述,父母任一方均有权向法院申请调取与未成年子女利益保护事实有关的证据,由父母申请启动子女意愿探明程序。而赋予年满8 周岁的未成年子女自动探明程序的权利,一是目前已具备实体与程序保障基础,二是体现了对子女独立法律个体利益位阶提升的倡导。

第二,抚养权争议较大,存在探明子女意愿的必要。在父母双方抚养能力和条件相差不大,不存在一方不适宜直接抚养子女等情况下,通过了解未成年子女的实际生活状态,探知子女真实的抚养意愿,甚至对子女进行心理访谈或评估,可以有效帮助审判人员作出抚养归属的判断。

统计样本中,8 周岁以下未成年子女抚养权归属案件占据很大部分。"对于 8 周岁以下子女意愿,依据法律规定不能直接征求其意愿,可以通过社会工作调查人员的观察与记录探寻子女的意愿,也就是说利用社会调查员的客观观察判断子女的真实意愿"[2]。

2. 完善家事调查机制

(1)引入社会机构调查

英美法系国家侧重发挥社会工作者、儿童保护机构以及各类福利机构在家事调查方面的作用,其在节约司法资源、保证中立性方面更具优势。[3] 在调查方法上,社会工作者一般会亲自感知未成年子女生活与学习环境,关注未成年子女情感、生活和教育需求,观察父母与子女的相处模式、状态,从

[1] 参见何燕:《家事诉讼中未成年人利益最大化原则研究》,南京师范大学 2016 年博士学位论文,第 45 页。

[2] 参见刘杰晖:《抚养权争议中实现未成年人利益最大化之探讨》,载《法律适用》2021 年第 11 期。

[3] 参见刘杰晖:《抚养权争议中实现未成年人利益最大化之探讨》,载《法律适用》2021 年第 11 期。

而站在更为客观的角度出具全面、详尽的调查报告。

(2)拓展家事调查的广度和深度

关于抚养意愿，家事调查重点围绕未成年子女的心理、情感，以获知其内心真实的想法。除此之外，笔者主张家事调查内容应该包含父母双方过往冲突的背景和原因，考察父母的争执是否伤害到未成年子女或者具有伤害的可能。另外，在抚养权争议中，隔代辅助抚养成为无法回避的因素，子女与祖父母、外祖父母的关系是否融洽也应当成为家事调查内容的重要部分。

(3)专业心理机构介入的必要性

心理咨询员的作用主要是为纠纷中的当事人以及案件所涉子女进行心理诊断和心理抚慰，消除对抗或不安情绪，确保当事人以正确的心态进行诉讼。[1] 因此，家事调查员要求具备一定的心理学专业知识，或者由专业的心理咨询师担任。通过专业的心理疏导和治疗方法缓和父母双方的矛盾，同时对父母和子女的紧张状态进行适当干预。

3. 改进过程公开方式

关于公开方式，在充分探明子女抚养意愿的同时，笔者也意识到未成年子女的心智毕竟尚未发展健全，此时不区分案件具体和特殊情形一律采取询问笔录、录音录像的方式探明子女的意愿，不免给子女造成较大的心理压力，从而无法获知子女的真实意愿，也容易引起父母与子女的矛盾，造成亲子关系的紧张，更加不利于解决抚养问题。笔者建议通过家事调查报告或者心理访谈报告的方式探明并公开子女抚养意愿会较为客观、温和。

4. 建立救济途径

“无救济则无权利”，如果权利和自由在受到侵犯之后无法及时获得有效救济，即使法律对公民权利与自由规定得再完备、列举得再全面，这些法律规定的权利和自由也将成为一纸空文。[2]

在救济途径的具体设计上，笔者建议，第一，适时公开探明过程和结果，保障当事人提出异议的权利。如果法院仅在裁判文书中陈述探明结果，可

---

[1] 参见曾青:《家事审判中未成年子女利益保护的路径——以大理州法院家事审判实践为例》，载《西南民族大学学报》2019 年第 9 期。

[2] 参见任凡:《论家事诉讼中未成年人的程序保障》，载《法律科学(西北大学学报)》2019 年第 2 期。

能会在无形中剥夺了当事人提出异议的权利。第二，当事人异议成立时，通过第二次询问或者启动家事调查机制，补救第一次探明过程中的瑕疵和疏漏。第三，将意愿探明过程是否存在瑕疵作为二审法院主动审查的范围。

五、律师实务视角

虽然夫妻婚姻关系解除，但是父母子女关系不发生改变，在原家庭结构解体时，如何保障未成年子女身心健康成长，成为每一对离婚夫妻亟待解决的问题。想必每一位父亲、母亲都殷切希望将离婚对子女的影响降到最低。

律师实务中，如下现象已不鲜见：父母双方基于情感矛盾都尽力争取子女抚养权以实现心灵慰藉；父母双方基于生活习惯、思想观念上的重大分歧，都认为只有自己对子女的养育方式才是正确的，自己是“为了孩子好”；父母双方在情感打击之下产生脆弱敏感的情绪，容易将对方与子女的互动理解为对子女的伤害等。不过，笔者代理的案件中，也不乏这些观察：父母离婚后，各自继续参与子女的日常学习和生活，彼此分工协作；不定期就子女成长问题进行深入沟通，协商改善意见，达成一致行动方案等。

笔者发现在这些深陷婚姻危机的家庭中，广泛存在父母一方甚至双方对未成年子女真实情感需求的忽视，以及双方在子女抚养问题上的观念僵局。而在父母双方充分尊重和重视子女成长需求，较好地解决离婚感情冲突、对子女抚养问题保持开放沟通态度的情况下，子女抚养问题会得到更好地解决。因此，本文在探讨抚养权纠纷中未成年子女真实意愿探明的基础上，结合笔者的实务经验，就子女抚养纠纷解决方式提出以下几点建议。

第一，修复情感创伤，理智面对孩子。在面对离婚这项重大人生变故时，当事人承受较大情感创伤，心理层面通常出现自我保护的封闭状态，难以理智面对离婚问题。离婚双方在心理上都有修复情感创伤的需求，也只有在完成创伤修复后，当事人才能从心理层面真正做好开始新生活的准备。

第二，以子女利益为第一出发点，父母积极沟通解决抚养问题。随着情感创伤的修复，当事人的关注重心渐渐从自身转移到子女身上，进而设身处地为子女利益进行理性思考，并且对子女和另一方保持开放的沟通态度，以交互的方式共建子女抚养最佳方案。

第三，以积极态度面对诉讼活动，积极行使诉讼权利。法院处于纠纷双方的居间视角,具备化解纠纷的有利条件,更能发现并解决男女双方的离婚问题。当事人对未成年子女真实意愿探明程序的有效参与和监督,可以帮助法院查明抚养权问题的相关事实,也有利于保障自身的诉讼权益,而积极行使诉讼权利才有可能获得正向的诉讼活动结果。

抚养权纠纷中非婚生子女权利保护

一、案例呈现[1]

(一)基本案情

张某与黄某系前同事,工作期间确立恋爱关系,2019 年 11 月 9 日生育一非婚生子。儿子出生后一直随母亲张某生活,后黄某与他人组建家庭且已另育 3 名未成年子女。张某主张黄某对双方的非婚生子不管不顾,没有支付抚养费,现提起抚养纠纷之诉。原告张某诉请:(1)非婚生子由张某直接抚养;(2)黄某以每月 10 万元的标准向张某支付非婚生子的抚养费至非婚生子年满 18 周岁止(从 2019 年 11 月 9 日~2017 年 11 月 9 日)。被告黄某答辩称:(1)非婚生子由黄某直接抚养更有利于保护未成年人的利益;(2)如果法院判决张某抚养非婚生子,不同意张某对于抚养费的主张。

(二)争议焦点

(1)非婚生子女的抚养权由谁行使。

(2)抚养费的支付标准如何确定。

(三)法院裁判结果

(1)确认非婚生子由原告直接抚养;

(2)被告每月向原告支付非婚生子的抚养费 18,000 元,直至非婚生子年满 18 周岁;

(3)驳回原告的其他诉请。

---

〔1〕 因可能涉及当事人隐私,裁判文书号不予披露。

二、司法裁判观点

(一)针对由谁抚养的问题,以最有利于未成年子女的原则判决

首先需要明确非婚生子女享有与婚生子女同等的权利。针对本案中非婚生子由谁抚养的问题,司法实践中裁判观点较为统一,即按照最有利于未成年子女的原则判决。根据最高人民法院《关于非婚生子抚养问题的复函》的规定,应按照最有利于未成年人的原则处理。在该案中,同居男女生育一男孩,后男方死亡。女方没有收入来源,也没有能力抚养该男孩,于是将其送给未生育子女的徐某柱夫妇收养。收养1年多后,男孩奶奶王某芳起诉徐某柱夫妇,要求变更该男孩的抚养权。最高人民法院认为,现收养人徐某柱已经抚养男孩1年多的时间,且有较好的抚养条件;尽管王某芳系男孩的奶奶,具有血缘关系,但如果变更抚养权,并没有更适合该男孩的实际利益及身心健康成长。因此,最高人民法院同意内蒙古自治区高级人民法院的处理意见,即改判由收养人徐某柱继续抚养为宜。

上述批复有一定的代表性,最高人民法院将血缘关系置于未成年子女利益之后考量,决定维持现有的抚养关系主要是考虑现有的抚养状态更适合孩子的实际利益,对更利于孩子身心健康成长的意见予以肯定。

各地法院的判决基本也遵循这一原则,例如,在孙某、陈某同居关系纠纷案中,法院认为,"关于非婚生子女的抚养权,非婚生子女享有与婚生子女同等的权利,父母对非婚生子女都有抚养教育的义务。孙陈某某为女孩,随母亲生活对其成长较为有利,故孙陈某某由原告直接抚养为宜"。[1] 在黄某丹与林某同居关系子女抚养纠纷案中,法院认为,"非婚生子女与婚生子女享有同等的权利,作为父母,对孩子均有抚养、教育的权利义务。非婚生女黄某尚在哺乳期,且一直由黄某丹抚养,因此,由黄某丹抚养较为适宜。"[2]

回到本案,尽管张某和黄某均主张由自己直接抚养非婚生子更有利于孩子的成长,但由于孩子出生后一直随张某共同生活,而黄某在与张某分手后与他人组建家庭且已另育3名子女,此时贸然改变孩子的生活环境对其健康成长不利。虽然黄某提交了张某在其家外击打房门、哭喊闹事的监控视

---

〔1〕 吉林省洮南市人民法院民事判决书,(2022)吉0881民初2206号。

〔2〕 福建省龙岩市新罗区人民法院民事判决书,(2019)闽0802民初1598号。

频,以此主张张某情绪不稳定、不适宜直接抚养孩子,但法院认为该证据不能证明张某存在不宜与子女共同生活的情形。因此,法院支持了张某直接抚养孩子的诉请。

(二)有关变更抚养权的问题

有关变更孩子抚养权的问题,也应当从有利于子女身心健康的角度出发。例如,有法院判决认为,“诉讼中原告齐某未提供证据证明其不具备无力继续抚养子女等需要变更孩子抚养权的情形,且原、被告也均认可自齐一某出生后至今一直随原告共同生活。本院从有利于子女身心健康,保障子女的合法权益出发,结合父母双方的抚养能力和抚养条件等具体情况认为原告要求变更孩子抚养权的证据不足,对其诉求本院不予支持。”[1]再如,有的法院认为,变更子女抚养关系应当符合法律规定的变更条件。《民法典婚姻家庭编解释(一)》第56条规定,“具有下列情形之一,父母一方要求变更子女抚养关系的,人民法院应予支持:(一)与子女共同生活的一方因患严重疾病或者因伤残无力继续抚养子女;(二)与子女共同生活的一方不尽抚养义务或有虐待子女行为,或者其与子女共同生活对子女身心健康确有不利影响;(三)已满八周岁的子女,愿随另一方生活,该方又有抚养能力;(四)有其他正当理由需要变更。”经审查,该案原告要求变更未成年子女的抚养权,不符合上述法定情形,且没有充分的理由,故对其要求变更未成年子女抚养权的诉讼请求,法院依法不予支持。[2]

在本案中,被告答辩称不同意非婚生子由原告直接抚养,认为综合经济能力、性格理念、家庭环境等基本条件,被告抚养条件优于原告,非婚生子更适合由被告直接抚养。但是,法院综合评估非婚生子出生至今的生活状态,原告、被告双方抚育子女的情况,在被告没有提供原告存在《民法典婚姻家庭编解释(一)》第56条情形的证据的情况下,判决确认非婚生子由原告直接抚养。

三、大数据分析

(一)统计数据情况

笔者共查阅了290份相关判决(检索年份为2020~2022年),其中同居

---

〔1〕 山东省聊城市花平区人民法院民事判决书,(2023)鲁1512民初616号。

〔2〕 参见甘肃省平凉市崆峒区人民法院民事判决书,(2023)甘0802民初2834号。

抚养权纠纷判决共计 103 份，2022 年的就占 70 份，在非婚生子女的抚养案件中占比约为 67%，相较前两年案件数量的总和还高出约 17%。

此外，在所检索案例中，抚养费的支付标准大多以《民法典婚姻家庭编解释（一）》第 46 条的规定结合非婚生子女及父母的具体情形确定。

（二）非婚生子女抚养纠纷所折射的社会现象

1. 同居关系下的非婚生子女抚养问题突出

同居关系，是指男女双方基于恋爱关系持续、稳定地共同居住所形成的关系。合法婚姻关系受法律保护，基于合法婚姻关系产生的夫妻权利义务也有明确的法律规定和约束；而同居关系不受法律保护，即同居男女对同居生活的对方所履行的义务和承担的责任基本靠个人自觉和德行，如果同居期间生育子女，对于非婚生子女的抚养亦基本靠双方的自觉和德行。综观笔者所查阅的判决，同居关系的解除非常任意且随性，可能是由生活中鸡毛蒜皮的小事，一句话、一个词不中听，甚至打游戏中的失误等导致。因为在同居关系中，很多都是年轻人甚至是未成年人，责任与担当对于他们来说可能还显得沉重了些；上述现象不是个例而是群像，是社会经济发展带来的情感多元化现象的投影。

2. 同居关系下非婚生子女往往不被重视

受社会传统观念的影响，与婚生子女相比，非婚生子女往往不被重视，甚至在其成长过程中往往被"区别对待"；有些同居男女错误地认为自己无须对非婚生子女承担抚养责任。然而，我国《民法典》第 1071 条明确规定，非婚生子女享有与婚生子女同等的权利，任何组织或者个人不得加以危害和歧视。

3. "疫情效应"——同居关系下抚养纠纷陡增的原因

从检索的案例数据来看，2022 年同居关系下的抚养纠纷陡然增多，与过去 3 年的"疫情效应"不无关系。3 年疫情下，仅 2022 年离婚率就高达 43.53%，同居关系解除引发的纠纷也有所增长。相较于离婚人群年龄多处于 30～40 岁，同居关系的解除人群更年轻化。如前文所述，同居关系不受法律约束和保护，故同居双方的行为也更随意，同居关系结束时，同居期间所生育子女的利益就往往被一方或双方所忽视。

四、问题解读

(一)问题背景和研究价值

随着社会发展、社会观念逐渐开放化,人们的婚恋观也日趋多元化,由此引发的非婚生子女社会问题也日渐增多。在同居关系不受法律保护的情况下,由同居关系而产生的非婚生子女权益问题应受到更多的关注及保护。

(二)理论界和实践中的主要观点

我国一直遵循最有利于未成年子女利益的原则。未成年子女利益最大化原则最早出现在1959年联合国发表的《日内瓦儿童权利宣言》,以儿童最佳利益作为考量;1979年联合国公布的《消除对妇女一切形式歧视公约》、1989年《儿童权利公约》也都强调该原则。我国将最有利于未成年子女利益的原则规定在《民法典》第1084条中,但规则的实践尚需要社会家庭教育、学校教育、社会监管从上至下全方位发力,法律仅是最后一道防线。

(三)律师观点

虽然我国现行的立法对非婚生子女的一些权利和利益给予了一定的保护,但必须指出的是,我国的立法仍未跟上中国特色社会主义新时代经济、社会的发展。因此,与非婚生子女法律权益保护相关的各项制度还须不断完善,才能使对非婚生子女法律权益进行保护的立法宗旨得以贯彻施行,进而在司法实践中实现对非婚生子女法律权益的切实保护。笔者认为社会应有以下共识。

1. 非婚生子女应拥有与婚生子女同等权利,任何组织和个人不得加以危害和歧视

作为非婚生子女的父母,应坚持从有利于孩子健康成长的角度出发,主动承担更多的抚养义务和责任,尽力避免因家庭不完整、教育缺失等问题对孩子造成的伤害。然而令人遗憾的是,实践中仍然存在部分父母需要等到法院判决,甚至是执行阶段到了逼不得已的境地才履行相关抚养义务。

2. 同居关系不受法律保护,但同居男女对非婚生子女具有法定的抚养义务

很多同居男女认为同居、生育、分手都是个人自由,因为没有法律可以

约束其上述行为;在一定程度上,男女决定在一起或者分开都是自己的选择,但是一旦生育了孩子,即使是非婚生生育,也对孩子具有法定的抚养责任。根据《民法典》第1071条的规定,不直接抚养非婚生子女的生父或者生母,应当负担未成年子女或者不能独立生活的成年子女的抚养费。因此,如果非婚生子女的父或母一方没有履行相关的抚养义务,另一方有权要求其依法履行。

3. 不要让个人不当行为成为对方变更抚养权的理由

在笔者检索的案例中,不乏为了获得抚养费而争取非婚生子女直接抚养权的案例;若仅是利用未成年子女获利而不考虑未成年子女的实际利益,对方可根据《民法典婚姻家庭编解释(一)》的56条规定申请变更抚养权。该条第2项"与子女共同生活的一方不尽抚养义务或有虐待子女行为,或者其与子女共同生活对子女身心健康确有不利影响"的规定,主张变更现有的直接抚养权。此外,实务中还出现过父母一方故意不尽抚养义务并以自己不尽抚养义务为由,主动起诉要求变更抚养关系的情形。究其原因,多为直接抚养子女一方本不愿抚养子女,之所以取得子女直接抚养权,要么是因为父母双方都不愿抚养而由法院直接裁判,要么是为了在解除同居关系时多分得财产。故遇到此情况,法院一般不宜以"不尽抚养义务"为由支持其请求。

4. 应尊重已满8周岁未成年子女本人的意愿

如果父母双方就子女的直接抚养有分歧,未成年子女已年满8周岁的,则应征询未成年子女的意见;因这个年龄段的未成年子女对自己更愿意和谁一起生活已经具备了一定的识别能力,尊重其意愿,更加有利于未成年子女的身心健康。毕竟,解除同居关系已经不能给未成年子女一个完整的家,而尊重未成年子女的意愿让其选择一起生活的人,或许能将伤害降到最低,也是对未成年子女的一种补偿方式。

当涉及非婚生子女的抚养权纠纷时,建议父母尽量通过协商方式解决。协商不成时,当事人也可以通过诉讼方式解决。应当避免采取过激方式或非理性方式。抚养费纠纷对父母的伤害远不及对未成年子女的伤害。虽然法院在判决时以最有利于未成年人成长利益为首要原则,且也有法律规定可以处理同居关系中的未成年人权益问题;但仍希望身处同居关系中的男女谨慎考虑,在自己与对方的关系仍处于未知数的情况下,生育子女更要全面考量，尽量为非婚生子女提供良好的成长环境。

五、律师实务视角

从检索出的案例来看，同居关系中的抚养权纠纷、争取抚养费的案件占比较多，因此笔者将从实务经验角度就获得直接抚养权、争取抚养费等问题进行分析。

（一）获得非婚生子女直接抚养权的考虑因素

1. 提供自己和对方情况的证据

该类证据应包括自己和对方的经济收入状况、工作情况、受教育程度以及对孩子的成长规划等，还应注意考虑对方在未成年子女成长过程中的参与程度，如参与度较低，则在法官的判决过程中会为自己提供有利条件。

2. 提供自己和对方家人情况的证据

在经济能力之外，是否有时间或家人的支持抚养未成年子女，也是法官考虑抚养权分配的重要因素之一。若父母双方抚养未成年子女的条件基本相当，且双方均要求直接抚养未成年子女，如果祖父母或外祖父母在未成年子女的成长中参与更多，则可作为孩子随父亲或母亲生活的优先考虑因素。

3. 孩子现有的生活环境

可以提供有利于孩子成长的环境证据，如居住条件、上学条件、陪伴时间条件等；同等条件下，法官更倾向于维持未成年子女现有的以及一贯的生活状态；这也是从最有利于未成年子女利益的原则出发的体现。例如，笔者此前经办了一个抚养费纠纷案，因为孩子患有先天性脑瘫，女方诉请男方每月支付5000元的抚养费，同时提供了孩子每月的医疗费、康复费单据，男方虽然提供自己的工资流水证明每月工资仅为12000元，但法院考虑孩子的实际开销情况，仍然支持了女方要求男方每月支付5000元的诉请。

（二）主张抚养费数额时应考虑的因素

1. 对方收入情况

对于抚养费的支付标准，除了考虑未成年子女的实际需求外，最重要的是另一方的收入情况，即负担能力。因此诉讼过程中应尽可能收集对方收入情况的证据，如可以向法院申请调取对方名下银行账户流水，或向其所在单位查询工资发放情况，或向税务部门申请调取其纳税记录。在本文“案例呈现”部分介绍的案例中,原告为证明被告的收入情况,提交了网络平台查询到的被告的职务、报酬信息,以证明其负担能力;而被告则提供了自己的收入证明、工资卡流水及婚生子女的户口信息,用以证明自己的经济负担较重。

2. 孩子的实际消费情况

直接抚养孩子一方若有意向另一方主张抚养费,则应注意保存未成年子女日常的吃穿住行所花费的单据,注意多留存照片和视频。如果未成年子女患有一些特殊或严重疾病的,那么未成年子女的医疗费用、康复费用也应计算到另一方应承担的费用之中。

(三)同居关系抚养权纠纷的管辖法院

我国《民事诉讼法》第 22 条规定,“对公民提起的民事诉讼,由被告住所地人民法院管辖”。《民诉法解释》第 10 条规定:“不服指定监护或者变更监护关系的案件,可以由被监护人住所地人民法院管辖。”确认/变更未成年子女抚养权的诉讼案件是民事案件中的一类,因此按照法律的规定,一般由被告所在地的法院对确认/变更未成年子女抚养权的案件进行管辖。

子女抚养关系变更的考量因素和法定情形

一、案例呈现

(一)杨某与王某变更抚养关系纠纷案[1]

1. 基本案情

杨某(男)与王某(女)于2006年4月登记结婚,2007年6月和2017年6月分别生育一子,2020年5月登记离婚。离婚协议约定两个婚生子的抚养权均归男方,抚养费均由男方负责,女方无须支付抚养费。但实际上,离婚后女方承担了更多抚养义务,故女方以实际照顾和陪伴子女更多为由起诉要求变更抚养权并要求男方支付抚养费。

2. 争议焦点

离婚协议中已经约定子女抚养权归属,事后能否变更抚养关系。

3. 法院裁判结果

处理抚养关系变更问题应以最有利于未成年子女利益原则为核心,尊重已满8周岁未成年子女的真实意愿。本案长子表示愿意随母亲生活,且女方提供了充分证据证明其有条件抚养孩子且实际上更关注孩子的成长和教育,并提交了更优的抚养计划。另外考虑到两兄弟共同成长亦可享受手足之情,故法院判决两个孩子均由女方直接抚养。

(二)张某与李某变更抚养关系纠纷案[2]

1. 基本案情

张某(男)与李某(女)于2017年9月登记结婚,2018年1月生育一子。男方以其为公务员存在灰色收入正接受纪委调查为由,要求女方配合“假离

---

〔1〕 因可能涉及当事人隐私,裁判文书号不予披露。

〔2〕 因可能涉及当事人隐私,裁判文书号不予披露。

婚”。女方于2018年3月配合男方协议离婚,离婚协议约定儿子的抚养权归男方所有。之后,女方得知男方“假离婚”后于2018年5月与他人再婚,且于2018年9月另生育一女,女方遂提起诉讼要求变更儿子抚养权。

2. 争议焦点

能否撤销假离婚协议中关于子女抚养权的约定并变更子女抚养关系。

3. 法院裁判结果

一审法院认为,是否变更抚养关系应考虑是否有助于未成年子女的健康成长,着重保护未成年子女的利益,所以暂不考虑离婚协议是否为女方受欺骗所签订,考虑到离婚至今1年多儿子一直由男方抚养,并已建立较为深厚的感情和稳定的生活环境的现状,为避免变动生活环境对儿子健康造成不利影响,判决驳回女方请求,由男方继续抚养。

二审法院认为,女方要求撤销离婚时的抚养权约定,有事实和法律依据,且未超过撤销权行使法定期限,故予以撤销。考虑到女方具备抚养条件,男方已再婚另有生育,儿子年龄尚小,母亲更具呵护照顾未成年子女的优势,且没有不适宜抚养未成年子女的法定情形,故撤销一审判决,改判儿子由女方直接抚养。

二、司法裁判观点

本文所述子女抚养关系的变更是指离婚时已经确定由父母一方单独抚养子女,离婚后父母一方又以协议或诉讼方式变更子女抚养关系。从我国婚姻家庭立法沿革可知,最有利于子女利益原则是处理父母子女关系最基本的原则,故在处理子女抚养关系变更问题时也应始终坚持该原则。

夫妻双方在离婚时达成的离婚协议系双方真实意思表示,对于子女抚养问题亦是双方综合考虑了各自的抚养能力和条件等情况后,从最有利于子女健康成长的角度所作的约定。故原则上,该离婚协议对双方均有约束力,双方均应按照协议的约定履行自己的义务。

但是,由于不同年龄段的未成年子女实际需求、学习生活环境和思想认知能力不同,加之父母对孩子的关照和经济条件等因素的变化,离婚时协商或判决所依据的条件可能在子女成长过程中产生很大变化,继续维持原来的抚养关系可能不再利于未成年子女健康发展。从裁判案例检索情况来看,离婚后父母一方诉至法院要求变更子女抚养关系的情形十分常见。为了便于统一裁判、正确适用法律,《民法典婚姻家庭编解释(一)》第56条[1]、第57条(《子女抚养意见》第16条、第17条)分别就父母双方以协议或父母一方诉讼要求变更子女直接抚养关系的情形进行了规定。司法实践中主要存在以下两种裁判观点。

(1)主流观点认为,离婚时确定的原直接抚养人存在《民法典婚姻家庭编解释(一)》第56条规定的患严重疾病、伤残或不尽抚养义务、尊重已满8周岁子女意愿等法定事由的,必须变更抚养关系。

该种观点的裁判思路及要旨为:只有原告提交的证据足以证明原离婚时确定的抚养人存在法定情形,法院才会在综合考虑子女学习、生活环境稳定性、父母双方抚养能力和条件的基础上判决变更抚养关系。司法实践中主要以该条前三项支持变更子女抚养关系。

(2)非主流观点认为,综合考虑子女生活现状和父母双方的条件,变更抚养关系更有利于未成年子女健康成长或父母双方的利益。

该种观点的裁判思路及要旨为:是否变更子女抚养关系要考虑的因素与离婚时协议或判决确定抚养关系大致相似,只要更有利于未成年子女成长,在兼顾权衡父母利益、综合考虑多方因素后即可变更子女抚养关系。这种情况下可能不存在《民法典婚姻家庭编解释(一)》第56条列举的法定情形,此时裁判依据为《民法典》第1084条第3款之规定。[2]

三、大数据分析

笔者在威科先行法律信息库进行案例检索,将检索案件类型限定为"民事",案由为变更"抚养关系纠纷",搜索关键词为"离婚协议",审判程序包括一审、二审、再审,文书类型囊括判决书、裁定书和调解书,检索时间截至2022年11月1日。在以上条件限制下共检索出10,965件相关案件,由于

---

[1] 《民法典婚姻家庭编解释(一)》第56条规定:"具有下列情形之一,父母一方要求变更子女抚养关系的,人民法院应予支持:(一)与子女共同生活的一方因患严重疾病或者因伤残无力继续抚养子女;(二)与子女共同生活的一方不尽抚养义务或有虐待子女行为,或者其与子女共同生活对子女身心健康确有不利影响;(三)已满八周岁的子女,愿随另一方生活,该方又有抚养能力;(四)有其他正当理由需要变更。"

[2] 《民法典》第1084条第3款规定:"离婚后,不满两周岁的子女,以由母亲直接抚养为原则。已满两周岁的子女,父母双方对抚养问题协议不成的,由人民法院根据双方的具体情况,按照最有利于未成年子女的原则判决。子女已满八周岁的,应当尊重其真实意愿。"

存在文字表述差异、涉及家庭隐私等原因文书未公开，故而存在部分遗漏案件，据此得到的各项数据仅为本文分析提供参考。

在检索出的变更抚养关系纠纷案件样本中，一审驳回起诉和驳回全部诉讼请求的案件占比约为32%，共有约8.34%的案件进入二审和再审，然而改判的比例仅占约1%，可见在离婚时已确定抚养关系，后欲再变更抚养关系存在较大困难。

其后，笔者又以2021年开始实施的《民法典婚姻家庭编解释（一）》第56条处理子女抚养关系变更问题的专门性规定进行检索，共检索出245份裁判文书。检索的案例中有41件为各级法院发布的典型案例，其中最高人民法院14件、最高人民检察院1件、各地方法院26件。

在上述典型案例中，起诉变更子女抚养关系的原因主要包括存在家庭暴力、行使探望权受阻、抚养费给付瑕疵、子女意愿改变等。经统计，直接或间接引用《民法典婚姻家庭编解释（一）》第56条（《子女抚养意见》第16条）所列前三项情形（患疾病或残疾、不尽抚养义务或家暴、考虑已满8周岁子女的意愿）的共有21件，直接论证不存在该三种法定情形而判决不变更子女抚养关系的共有6件，以上共占典型案例总数的约65.9%。此外，除调解结案外，共有8件未引用《民法典婚姻家庭编解释（一）》第56条的规定，其中5件以“维护未成年子女稳定的生活环境”为由未判决变更子女抚养关系，其他3件分别以直接抚养人处于社区戒毒阶段、非直接抚养人绝育、非直接抚养人未婚无子女而对方再婚有子女为由判决变更子女抚养关系。

由此说明，司法实践中法院会优先根据《民法典婚姻家庭编解释（一）》第56条的相关规定作出裁判。

四、问题解读

（一）问题背景和研究价值

虽然《民法典婚姻家庭编解释（一）》第56条对父母一方要求变更子女抚养关系的法定情形进行了规定，但现实生活中，变更理由和情形远不止于此。法院面对各种不同的事实理由，大部分是严格比照《民法典婚姻家庭编解释（一）》第56条规定的三种情形判断，一部分会从最有利于子女角度出发进行个案分析。

由于变更抚养权会涉及子女利益、父母利益、妇女利益等复杂利益，且随着社会生活、婚姻家庭观念的变革，法院对抚养权的认识也在不断深化，所以梳理和研究法院现阶段的裁判思路，明确保护利益和价值追求的位阶，仍然很有必要。

（二）理论界和实践中的主要观点

在早期相关司法解释作出细化规定之前，学者吴洪认为，离婚后如果父母或子女的情况发生了重大变化，并且有变更的正当原因和理由的，在保护子女根本利益的前提下应当可以变更抚养关系。[1] 福建省福州市中级人民法院法官林守霖认为，离婚后抚养一方的条件未发生不利于孩子成长变化的，不能变更抚养关系。[2]《民法典婚姻家庭编解释（一）》第 56 条以同样的规范思路列举了直接抚养人患疾病、残疾、虐待子女等应当变更抚养关系的“重大变化”，增强了司法实践的可操作性。由此可见，理论界的主流观点和立法者倾向于维护原离婚判决或协议中确定的抚养关系，只有发生确实不利于子女健康成长的“变化”才有必要变更。

不过，也有部分法院发布的典型案例直接采用普通离婚纠纷中确定子女抚养关系的裁判思路，适用《民法典婚姻家庭编解释（一）》第 46 条（《子女抚养意见》第 3 条）相关规定变更抚养关系。例如，在福建省高级人民法院发布的洪某诉詹某变更抚养关系纠纷案[3]中，法院以原告无法生育，如果完全丧失对原有 3 个子女的抚养权，必定使其生活缺乏母子亲情，不利于维护妇女合法权益，判决变更次子由原告抚养；又如，在邢台市中级人民法院发布的典型案例李某诉孙某变更抚养关系纠纷案[4]中，法院以被告有其他子女，而原告未再婚、无子女且具有相当经济能力为由，判决变更了抚养关系。

但笔者认为，无论采取哪种规范思路，理论界和司法实践处理子女抚养

---

〔1〕 参见吴洪、金治泉：《对变更子女抚养关系问题的探讨》，载《广西大学学报（哲学社会科学版）》1990 年第 2 期。

〔2〕 参见林守霖：《抚养条件未发生重大恶化的抚养关系不能变更》，载《人民司法》2010 年第 20 期。

〔3〕 参见福建省安溪县人民法院民事判决书，（2014）安民初字第 4048 号。

〔4〕 参见李某诉孙某变更抚养关系纠纷案，2020 年邢台市中级人民法院保护未成年人权益十大典型案例之九。

问题的出发点一直是“最有利于子女利益原则”。我国过去颁布的《民法通则》、《婚姻法》和现今的《民法典》及《未成年人保护法》、相关司法解释均体现了该原则的内涵，这也是本文分析解读的出发点。

（三）律师观点

从类案检索的结果来看，如无明显不利于子女成长的变化发生，为维护子女生活环境的稳定性以及尊重双方离婚时的协议或裁判结果，法院原则上会维持原有的抚养关系。但是如果出现某些情形，变更抚养关系更有利于子女成长或者虽未明显利于子女，但对非直接抚养方有重大利益的，法院亦会考虑变更抚养关系，如本文开头引用的案例二。

不可否认的是，绝大部分案件主要还是依据《民法典婚姻家庭编解释（一）》第56条前三项作出裁判。笔者认为，其原因主要包括两个方面。一方面，我国是成文法国家，在有原则和规则的情况下，法官应当优先适用具体的规则，以便于统一裁判思路，规范法官自由裁量权，增强审判结果的相对确定性和可预见性。另一方面，该条款是基于“子女本位”而确立，是在实践基础上归纳总结出的三种高频、典型情形，已包含客观、主观方面抚养条件的变化，并关注到了子女方的主观意愿。其本身已具有丰富内涵，有相当程度的延展性和解释空间，能够应对大部分情形。

但我们也应当注意到，随着“子女本位”意识的强化，以及儿童权利保障、妇女权利保障的进一步发展，从近年各地发布的典型案例可以看出，越来越多的司法裁判开始重视个案分析，在确实不存在《民法典婚姻家庭编解释（一）》第56条前三项情形时，选择灵活适用第4项兜底条款以及其他关于确定子女抚养关系的相关规定，如《民法典》第1084条、《民法典婚姻家庭编解释（一）》第44条～第48条相关规定，避免因简单、机械地适用《民法典婚姻家庭编解释（一）》第56条法定情形而造成结果上的不公正。

另外，需要特别说明的是，针对《民法典婚姻家庭编解释（一）》第56条前三项的具体情形，也形成了许多更细致的裁判规则，如司法实践中“对子女身心健康确有不利影响”的认定标准就比较严格。在北京市高级人民法院发布的李某诉张某变更抚养关系纠纷案[1]中，原告以被告在日常管教中

---

[1] 参见李某诉张某变更抚养关系纠纷案，2022年北京市高级人民法院发布6起涉未成年人家庭教育指导典型案例之案例3。

过度责罚孩子造成外伤为由要求变更抚养权，法院认为被告已积极接受家庭教育指导且婚生子亦表示愿意继续与被告共同生活，过度责罚孩子不属于对子女身心健康确有不利影响，故没有变更抚养关系。由此可见，司法实践中法院对变更条件设置了较高标准，法官有维持原抚养关系的裁判倾向，在没有明显不利于子女健康成长的情况下，稳定的生活环境具有更高的保护价值。

司法实践中法院也并未完全按照适龄未成年子女的意愿判决变更抚养关系。在最高人民法院发布的庄某玉诉吴某光变更抚养关系案〔1〕中，原告以孩子已满10周岁，多次表示希望和其共同生活为由，请求法院变更抚养关系。法院认为，双方离婚仅8个月，被告的抚养能力和条件并未降低，孩子表达愿意与原告共同生活的同时不排斥与被告共同生活。且孩子目前生活环境稳定、上学便利，如果生活环境发生变化，可能会对孩子健康成长产生不利影响，故一审、二审法院均没有判决变更抚养关系。由此可见，虽然司法解释规定准予变更抚养关系的情形之一包括"已满八周岁的子女，愿随另一方生活，该方又有抚养能力"，但是该规定中未成年子女的意愿仅为衡量是否有利于未成年子女健康成长的重要参考因素而非决定因素，还需要考虑如未成年子女的辨识能力、生活学习现状以及父母经济条件等综合因素。最高人民法院的指导案例充分说明，尊重并非遵从，"最有利于子女利益原则"不等于完全顺应未成年子女的意愿，而是以一种"法律家长主义"〔2〕综合主客观情况判断变更子女抚养关系是否有利于其健康成长。

五、律师实务视角

实践中，法院通常不会绕过父母双方直接就子女抚养问题作出判决。出于维系父母子女亲情的考量，法院一般会先行调解，协议优先，调解不成才进行裁判。

在离婚诉讼中确定子女抚养关系时，父母一方主张抚养权主要围绕己

〔1〕 参见庄某玉诉吴某光变更抚养关系案，2014年最高人民法院通报14起未成年人审判典型案例之案例6。

〔2〕 "法律家长主义"又可被称为"法律父爱主义"，意指法律为了当事人利益而不管、不顾其意志行事乃至限制其自由的一种干预模式。参见郭春镇：《论法律父爱主义的正当性》，载《浙江社会科学》2013年第6期。

方更具优先抚养的条件和存在某些法定情形（如子女不满2周岁等）进行论证。而在变更抚养关系诉讼中，法院更关注是否确实存在与离婚时相比明显不利于子女成长的变化且该变化重要到需要变更已经确定的抚养关系，因为稳定的生活环境也是子女成长的重大利益，也具有很强的保护价值，故变更子女抚养权的难度远远大于离婚时首次确定抚养权。

故笔者建议，离婚时慎重对待子女直接抚养权问题，不要为了迅速离婚或者出于某种利益的权衡，轻易地作出放弃或让步。如果确需走到变更子女抚养关系这一步，笔者建议从正反两个方面进行充分论证：一方面需收集并论证原抚养关系存在《民法典婚姻家庭编解释（一）》第56条列举的法定情形，继续维持对子女存在不利影响；另一方面需收集并论证改变抚养关系有利于子女成长、符合法律规定的优先考虑事项，以加强己方说服力，使法官在裁判上有依据，在内心中形成确信。

针对表现出倾向于机械适用《民法典婚姻家庭编解释（一）》第56条规定的法官以及不存在《民法典婚姻家庭编解释（一）》第56条列举的法定情形的案件，提供类案判决、检索报告分析以及有针对性、说服力的代理意见，有助于达到更好的诉讼效果。

在收集证据方面可以重点关注以下三个方面。

（一）父母双方的基本情况

主观方面，与子女共同生活的一方可能不愿意对子女尽抚养义务，最初之所以争取抚养权要么是因为父母双方都不愿意抚养而由法院判决，要么是为了离婚时多分财产，因此离婚后在生活中存在持续、经常性的家暴、虐待子女等行为，属于不利于子女身心健康，应当变更抚养关系的法定情形。非直接抚养一方在日常探望时一旦发现类似情形，应当及时检查子女身体健康状况并询问生活情况，带子女就医治疗时注意保存病历材料。

客观方面，可以从两个层面举证：第一，直接抚养子女的一方是否具备抚养子女的最基本能力，如父母一方是否患有疾病、伤残等因而无法继续照料子女的日常生活，可以通过日常生活经验、医学鉴定以及居住地的相关组织、人员的证人证言等证据判断。第二，希望抚养孩子的一方是否具有一定的综合条件，如经济收入、教育程度、住房条件、工作方式等是否优于对方。在司法实践中，这些条件的重大变化通常也会被法官认定为《民法典婚姻家庭编解释(一)》第56条第2项规定的“对子女身心健康确有不利影响”,作为变更子女抚养关系的重要考量因素。

此外,还可以根据未成年子女的年龄,相应地举证证明存在《民法典婚姻家庭编解释(一)》第44条、第46条等可以优先考虑的因素,与其他条件互相补强,让法官认定存在其他变更子女抚养关系的正当理由。

(二)子女意愿情况

未成年子女的意愿往往是法院判决变更子女抚养关系的重要因素。然而,考虑到未成年子女年龄尚幼,该意愿只是其简单的情感选择,并且容易受到父母一方的哄骗利诱影响,因此司法实践往往会对子女意愿表达是否真实、是否符合其认知表达能力进行审查。因此,希望变更抚养关系的一方应尽量跟子女建立感情,特别是8周岁以上的未成年子女,以便法官在询问孩子想法时,孩子可以明确、清晰地表达出日后愿意跟随其生活。

(三)子女生活环境情况

生活环境包括客观和主观两个方面,主要体现在居住条件、就读学校、家庭成员之间关系等,除非希望变更抚养子女的一方举证证明自己实际上已经长期与子女生活,或者抚养子女一方的抚养条件和子女生活环境发生严重不利于子女身心健康的变化,否则法院通常会考虑孩子已经形成的生活习惯和对目前环境的依赖性,从而判决维持原有的抚养关系。

另外,随着二孩、三孩政策的落实,针对一个家庭中多个孩子的抚养问题,司法实务界强调“手足原则”,即同胞子女不宜分离。例如,在广州市中级人民法院审理的郑某某与肖某抚养纠纷上诉案[1]中,法院根据肖某提供的双胞胎子女共同学习和生活的日常照片等记录,结合父母双方的经济能力等综合条件后认为该双胞胎子女由同一监护人抚养比分开抚养更有利于他们的健康成长,于是判决变更抚养关系。本文“案例呈现”部分的案例一也是如此。

---

〔1〕 参见广东省广州市中级人民法院民事判决书,(2014)穗中法民一终字第5385号。

实际抚养人如何追偿已实际发生的抚养费

本文旨在探讨父母双方离异后，实际抚养人若与双方离婚协议约定的或离婚调解书、判决书确定的直接抚养权人不一致时，实际抚养人一方应如何向未履行法定抚养义务人请求支付抚养关系变更成立前已实际发生的抚养费的问题。

一、案例呈现[1]

(一)基本案情

原告田某(女方)与被告孙某甲(男方)于2020年5月协议离婚，离婚时约定两名婚生子孙某乙和孙某丙归被告孙某甲直接抚养，被告孙某甲自行负担两名婚生子的抚养费，原告田某可随时探视。离婚后出于对孩子身心健康的考虑，双方仍在一起共同生活。2020年9月，双方分开居住。两名婚生子孙某乙和孙某丙平时寄宿在学校生活，周末放假由原告田某和被告孙某甲的父母轮流接回家中生活。双方分开生活后，两名婚生子每月的住房生活费、教育费、保险费等相关费用均由原告田某承担，被告孙某甲没有支付过抚养费。2021年7月，原告田某向法院提起了诉讼，请求将两名婚生子孙某乙和孙某丙的抚养权判归原告田某，被告孙某甲承担自2020年9月起至两名婚生子年满18周岁的抚养费。

(二)争议焦点

实际抚养人与离婚协议约定的直接抚养权人不一致时，实际抚养人在提起变更抚养关系纠纷时，能否同时主张未履行抚养义务人支付抚养关系变更前已实际发生的抚养费。

---

〔1〕 因可能涉及当事人隐私，裁判文书号不予披露。

(三)法院裁判结果

法院认为,本案属抚养纠纷。根据《民法典》第1084条和第1085条的规定,因孙某乙已年满8周岁,法院询问了孙某乙本人意愿,孙某乙称父母离婚之后其愿意随原告共同生活。同时考虑到原告和被告离婚后,原告对其学习和生活更为关注,法院确认孙某乙变更由原告直接抚养。关于孙某丙的抚养权,结合原告和被告提交的证据及庭审情况,原告能够决定孙某丙就读哪所幼儿园、为孙某丙缴纳学费、报名课外辅导班、购置了较多的学习生活和娱乐用品,与被告的家人也积极沟通,保障了被告及家人与孙某丙的陪伴时间,由此可以认定在照顾和陪伴孙某丙方面,原告扮演了更为主要的角色。庭审结束后,原告根据孙某丙年龄尚幼的特点,调整了孙某丙由周一至周五"寄宿"幼儿园转为全日制走读的做法。考虑到孙某丙年龄尚不足5周岁,母亲的陪伴更为细致、温柔,能够带给其更多关注,且原告在2020年9月之后,尚能与被告家人保持密切来往,确保孙某丙能够获得爷爷奶奶、姑姑的照顾和帮助,尽力减少了因家庭关系变化给孩子带来的影响,且原告名下亦有房产,具有抚养两名子女的收入来源,两名兄弟共同成长亦可享受手足之情,故法院确认孙某丙亦由原告直接抚养。关于抚养费,原告主张两名孩子的学费和其他开支,被告答辩不清楚学费金额,也并未提交相反的证据。结合被告自称的年收入水平以及原告关于两名子女的费用主张、本地生活水平,法院对于原告主张被告支付每名子女5000元/月抚养费至其年满18周岁的诉讼请求予以支持。根据原告和被告的离婚协议,约定抚养费均由男方负责,女方无须支付抚养费。但原告实际承担了较多的抚养义务,故法院对原告要求被告支付自2020年9月起抚养费的诉讼请求予以支持。根据双方证据,可以认定原告对两名子女照顾较多,但被告及家人在周末、暑假期间对两名子女亦有照顾,法院酌定从2020年9月开始,被告按照4000元每人每月的标准支付抚养费,故被告须向原告支付56,400元(4000×2×12个月-39,600)。

二、司法裁判观点

针对实际抚养人在提起变更抚养关系纠纷时,能否同时主张未履行抚养义务人支付抚养关系变更前已实际发生的抚养费这一问题,司法实践中尚有争议，主要存在两种裁判观点。

（一）实际抚养人在变更抚养关系纠纷中可以一并主张抚养关系变更前已实际发生的抚养费

1. 裁判观点

子女抚养费主要用来保证未成年子女基本生存的物质需求。支付抚养费是父母无可逃避的法定责任。父母一方负责直接抚育照顾子女的，不直接抚养的一方则需要承担子女所有或部分的抚养费用。实际抚养人在抚育照顾子女期间所花费的抚养费用，应认定为实际抚养人代为支出的费用，实际抚养人有权追偿。

2. 裁判依据

《民法典》第 1084 条第 1 款、第 2 款[1]，第 1085 条第 1 款[2]。

（二）向法院提起追索抚养费请求的唯一主体是子女，实际抚养人主张抚养费的诉讼主体不适格

1. 裁判观点

父母抚养子女的法定义务不因夫妻离婚而免除。实际抚养人若与双方离婚协议约定的或离婚调解书、判决书确定的直接抚养权人不一致时，子女可以依据法律规定向未及时履行抚养义务人请求支付抚养关系变更成立前已实际发生的抚养费。

2. 裁判依据

《民法典》第 1067 条第 1 款[3]、第 1085 条[4]；《民法典婚姻家庭编解

---

〔1〕《民法典》第 1084 条第 1 款、第 2 款规定："父母与子女间的关系，不因父母离婚而消除。离婚后，子女无论由父或者母直接抚养，仍是父母双方的子女。离婚后，父母对于子女仍有抚养、教育、保护的权利和义务。"

〔2〕《民法典》第 1085 条第 1 款规定："离婚后，子女由一方直接抚养的，另一方应当负担部分或者全部抚养费。负担费用的多少和期限的长短，由双方协议；协议不成的，由人民法院判决。"

〔3〕《民法典》第 1067 条第 1 款规定："父母不履行抚养义务的，未成年子女或者不能独立生活的成年子女，有要求父母给付抚养费的权利。"

〔4〕《民法典》第 1085 条规定："离婚后，子女由一方直接抚养的，另一方应当负担部分或者全部抚养费。负担费用的多少和期限的长短，由双方协议；协议不成的，由人民法院判决。前款规定的协议或者判决，不妨碍子女在必要时向父母任何一方提出超过协议或者判决原定数额的合理要求。"

释(一)》第55条[1]。

三、大数据分析

为了解实际抚养人追索抚养费纠纷的司法实践情况,笔者以"抚养纠纷""抚养费""民事一审、二审、再审"为关键词在威科案例库进行索引,截至2022年11月22日,共检索到279,581件案例,笔者以此为基础对追索抚养案例进行数据分析。

(一)发展趋势

2019~2022年,我国的抚养纠纷案件呈逐年递减的发展趋势。其中,2019年抚养纠纷案件为45,420件,2020年抚养纠纷案件为46,941件,2021年抚养纠纷案件为20,147件,而2022年即递减至2017件。

(二)地区分布

发生的抚养纠纷案件主要集中在四川省、山东省、辽宁省三个省。四川省案件最多为22,133件,占比约为7.92%;山东省案件次之为21,215件,占比约为7.59%;辽宁省案件为17,838件,占比约为6.38%;之后依次为河南省、安徽省、重庆市、吉林省、河北省、江苏省、浙江省。

(三)案由分布

在以抚养纠纷为案由检索到的279,581件案例中,抚养费纠纷案为244,946件,占比约为87.61%;变更抚养关系纠纷案为34,635件,占比约为12.39%。

四、问题解读

(一)问题背景和研究价值

对于实际抚养人如何向未履行抚养义务人请求支付抚养关系变更成立前已实际发生的抚养费这一特殊问题,我国《民法典》未就抚养费诉讼主体的问题作出明确表述。不同的法官对法律条文的理解不同,导致该类抚养纠纷在司法实践中产生了很大的争议。关于类似本文所举案例的起诉路径,司法实践中也出现了不同法院有不同处理意见的现象。在案件的诉讼

---

[1] 《民法典婚姻家庭编解释(一)》第55条规定:"离婚后,父母一方要求变更子女抚养关系的,或者子女要求增加抚养费的,应当另行提起诉讼。"

主体认定上,也出现了不同法院不同认定的情形。子女抚养费案件既涉及社会公序良俗观念,也涉及未成年人生存权利的保障问题。该类案件如果处理不当,容易引发家事矛盾,甚至会导致当事人不断诉讼或者投诉、信访,最终妨碍未成年人的身心健康发展。因此,司法改革实践进程中要形成同案同判的审理制度及方法,这样有利于进一步维护司法公正、妥善保护未成年人的合法利益。

(二)理论界和实践中的主要观点

由于我国立法对抚养费的诉讼主体、诉讼路径等问题缺乏明确的规定,理论界和实务界对实际抚养人如何向未抚养义务人请求支付抚养关系变更前已实际发生的抚养费这一问题存在较大的争议。笔者通过检索相关案例,发现主要存在三种主要观点。

第一种观点认为,实际抚养人在提起变更抚养关系纠纷之诉时还可以同时主张补偿已实际发生的子女抚养费。在案由的选择上,当事人可以选择“抚养纠纷”或者选择“变更抚养关系纠纷”。例如,在贵州省遵义市中级人民法院作出的民事判决书中,对于实际抚养人是否是抚养费的适格原告的问题,法院认为,“官某提起诉讼,主张由陈某甲支付其××××年××月至2021年5月期间的抚养费。父母双方均负有抚养子女的义务,已产生的子女抚养费,应视为官某代陈某甲支出,故其有权要求陈某甲支付××××年××月至2021年5月期间的子女抚养费的一半。……陈某成长、教育所需的费用实际由官某直接调度、支付。现官某就已经产生的抚养费及尚未产生的抚养费一并提起诉讼,为减少当事人诉累、节约司法资源,一审一并处理并无不当”。〔1〕此案例中,法院将变更抚养关系以及已实际发生的抚养费的追偿两个诉讼请求合并审理。这是在为当事人解决子女抚养归属和抚养费纠纷可采取途径中的最优解决方式,既能合理节约司法资源、减少案件当事人的诉讼成本,又能避免未成年子女出现在诉讼中,引发未成年子女与父母之间的冲突。

第二种观点认为,子女是抚养费请求权的主体,实际抚养人可以在变更抚养关系后,再以子女的名义追索抚养关系变更前已实际发生的抚养费。例如,在广东省深圳市中级人民法院作出的民事判决书中,法院认为:“离婚

---

〔1〕贵州省遵义市中级人民法院民事判决书,(2021)黔03民终7964号。

后，一方要求变更子女抚养关系的，或者子女要求增加抚育费的，应另行起诉。本案双方离婚时对于子女抚养已进行处理，离婚后发生争议的，应由子女提出请求，现原告以自己的名义主张抚养费，缺乏事实和法律依据，法院不予支持。"[1]笔者经查阅相关司法判决发现，选择让子女直接起诉的案件在此类追索抚养费案件中数量最多。这种处理方式既解决了诉讼主体问题，也解决了诉讼时效的争议问题。但这类起诉路径的诉讼成本较高，需要经过两起案件的诉讼程序。

第三种观点认为，垫付抚养费的一方可以向法院提起追偿权纠纷，向抚养义务人追偿已实际发生的抚养费。例如，在山东省临沂经济技术开发区人民法院作出的民事判决中，法院认为："根据《中华人民共和国民法典》第一千零八十五条规定：离婚后，子女由一方直接抚养的，另一方应当负担部分或者全部抚养费。负担费用的多少和期限的长短，由双方协议；协议不成的，由人民法院判决。本案中，被告在离婚协议中已明确表示同意在离婚后每月支付两子女抚养费3000元，该协议不违反法律规定，属于有效的民事行为，对双方产生法律约束力，均应按照协议约定履行关于孩子抚养的相关义务。原告抚养婚生子黄某期间，被告未履行支付抚养费义务，现黄某抚养权发生变更，原告向被告追偿其代为支付的抚养费，于法有据，本院予以支持。"[2]

（三）律师观点

笔者认为，未成年子女以及实际抚养人均具有追索抚养费的原告诉讼主体资格。不管当事人是以实际抚养人的名义起诉还是以子女的名义起诉，不管当事人是选择在变更扶养关系纠纷中一并主张已实际发生的抚养费还是单独以子女名义另行起诉追索抚养费，法院在审理该类案件时都应当秉承未成年子女利益最大化原则妥善处理，不宜机械地坚持"程序正当"，反而会忽视对民事主体合法权益的保护。

1. 基于子女与父母之间的身份关系，子女具有向未履行抚养义务人追索抚养费的原告诉讼主体资格

根据《民法典》第1067条第1款以及相关司法解释的规定，获得父母抚

---

〔1〕 因涉及当事人隐私，裁判文书号不予披露。

〔2〕 山东省临沂经济技术开发区人民法院民事判决书，(2021)鲁1392民初1815号。

养是子女的法定权利。未成年人和不能独立生活的子女的抚养费具有基于身份权利产生的债权的请求权。该请求权源自未成年人与父母之间的血亲关系,并不是单纯地具有给付义务的权利,其给付目的在于保护未成年人的生存权,给在某种程度上已经受到伤害的未成年子女一定的经济保障。子女有权依法起诉要求父母一方履行抚养义务,如请求支付抚养费等,且该项请求不受父母双方订立之协议书约定抚养金额和期限的限制,即子女可以在该协议书之外请求给付合理合法的抚养费[1]。因此,未成年子女或不能独立生活的成年子女在父母未履行抚养义务时,有权向法院提起追索抚养费的诉讼,该追索抚养费的请求权合法正当。法院不应当以子女不具备原告诉讼主体资格为由不予立案或驳回起诉。

2. 实际抚养人代抚养义务人支付抚养费而取得追索抚养费的原告诉讼主体资格

离婚协议书约定之权利义务主体是未成年子女的父母。父母离婚时就子女抚养事项所作的安排,是父母之间关于子女抚养的权利义务分配。协议约定不直接抚养的一方实际上进行了抚养,相当于父母双方以实际行为变更了离婚协议关于抚养事项的约定。实际抚养人对期间支付的抚养费的追索,实质是父母两个义务主体之间权益的追偿。另外,根据我国民事诉讼制度,原告必须与本案有利害关系。抚养费的支付,往往直接关系受领抚养费一方能否顺利履行抚养子女的义务,直接影响直接抚养人及其子女的生活状况。实际支配抚养费的是受领抚养费一方,而不是子女,抚养费是否支付势必与其具有利害关系。[2] 因此,实际抚养人可以基于代为履行抚养义务而取得追偿抚养费的请求权,也可以基于与抚养费案件有利害关系来起诉追索抚养费。不管基于哪种法律关系,实际抚养人均应具有原告诉讼主体资格。

3. 关于追索抚养费的诉讼时效问题

虽然目前我国现行《民法典》第 196 条第 3 款明确规定了请求支付抚养费不适用诉讼时效的条款,但从法院目前司法实践的案例来看,请求支付子

---

〔1〕 参见吴晓芳、张军、李军等:《婚姻家庭继承案件裁判要点与观点》,法律出版社 2016 年版,第 231 页。

〔2〕 参见吴晓芳、张军、李军等:《婚姻家庭继承案件裁判要点与观点》,法律出版社 2016 年版,第 231 页。

女抚养费案件并不是绝对地不适用该诉讼时效条款。当追索抚养费的请求权主体为未成年子女时,基于未成年子女不能完全掌握和行使权利的特殊性,所以法律给予他们特殊的保护,故未成年子女依法追索抚养费的案件一般不适用关于诉讼时效限制的有关规定。但当依法需要抚养的子女年满18周岁之后,法律将其确定为具备完全民事行为能力而不需要他人继续抚养的成年人,那么其继续追索抚养义务人给付抚养费的请求权也将同时归于自然消灭。因此,成年子女诉请未履行抚养义务的父母支付未满18周岁之前的抚养费的案件要适用诉讼时效的限制规定,诉讼时效原则上是从子女年满18周岁之日起开始计算。

值得注意的是,以实际抚养人之名义起诉追偿已实际发生的抚养费时,司法实践中一般适用普通债权的诉讼时效规定。例如,江苏省盐城市盐都区人民法院作出的民事判决中,法院认为,"董某2于2012年期间即随原告生活至今,董某2的抚养费亦由原告负担,现原告主张其垫付的抚养费,已非子女向父母索要抚养费,性质上已转化为徐某与董某1之间的普通债权,普通债权当受诉讼时效的限制,故原告主张的2015年10月之前垫付的抚养费已超过诉讼时效"。以实际抚养人名义追偿已实际发生的抚养费的,该请求权为实际抚养人与未抚养义务人之间的普通债权请求权,并非按照抚养费来处理,法院一般适用诉讼时效的限制。[1]

五、律师实务视角

基于我国法律未对实际抚养人如何向未抚养义务人请求支付抚养关系变更前已实际发生的抚养费这一问题的诉讼主体作出明确的规定,故为了避免纠纷中遇到问题,笔者总结以下实务注意要点。

(一)实际抚养关系发生变更时,应当及时与协议抚养人协商变更抚养关系,并形成书面的变更抚养权归属及抚养费承担的协议

一般情形下,父母双方离婚时会通过离婚协议的约定或者法院调解书、判决书的形式确定未成年子女抚养权归属以及子女抚养费承担的事项。因家庭生活的复杂性及子女父母感情的多变性,实际抚养人常常出现与离婚协议约定或离婚调解书、判决书确定的直接抚养权人不一致的情形。当出

〔1〕 参见江苏省盐城市盐都区人民法院民事判决书,(2020)苏0903民初597号。

现此类情况时,为了维护未成年子女的利益,实际抚养人应当及时与协议抚养人协商变更抚养关系,并保留双方协商沟通的书面证明。如果双方能够对子女的抚养权归属达成新的协议,应当形成书面的抚养权归属及抚养费承担协议,避免后续出现争议。

(二)实际抚养人在变更抚养关系时,一并提起追偿已实际发生抚养费的主张

虽然司法实践中对实际抚养人在变更抚养关系纠纷中能否同时提起追偿已实际发生的抚养费的处理方式不同,但这种起诉路径有部分法院认可,且该种方式最为节约司法资源。实际抚养人在变更抚养关系纠纷中同时提出追偿已实际发生抚养费的主张,可以节约当事人处理争议事项的时间和经济成本。另外,即便法院审理后驳回实际抚养人提出的追偿已实际发生的抚养费的诉讼请求,实际抚养人也已通过变更抚养关系纠纷中断了追索已发生抚养费的诉讼时效。后续实际抚养人以追偿权纠纷向未履行抚养义务一方追索已实际发生的抚养费时,变更抚养关系的判决文书可以作为追偿权纠纷诉讼时效中断的证明。

(三)追索抚养费纠纷时要关注诉讼时效,催要抚养费时要保留书面证据

虽然现行法律对以未成年子女名义起诉追索抚养费的案件原则上不适用诉讼时效的限制规定,但子女成年后即起算诉讼时效,因此,如果未履行抚养义务一方存在拖欠抚养费的情形,实际抚养人还是需要及时催要或提起诉讼,避免因诉讼时效经过导致败诉。另外,实际抚养人在面对抚养情况与协议约定不一致的情况时,对于自己垫付的抚养费,要及时向未履行抚养义务人书面催要,并保留书面的催要证据,避免债权请求权的诉讼时效期满。

(四)实际抚养人需要保留实际抚养期间抚养费发生的书面证据

实际抚养人垫付抚养费时,因未有协议约定或法律文书确定具体的抚养费数额,故法院会根据实际抚养人垫付的抚养费相关证据、子女实际生活需要以及未履行抚养义务一方的经济状况等因素来综合认定未履行抚养义务人应偿还的抚养费数额。如果实际抚养人没有提交书面的证据证明实际已发生的抚养费,法院会以证据不足为由不支持实际抚养人追索抚养费的主张。

冷冻胚胎的法律性质及归属、处置权

目前,我国法律对冷冻胚胎的法律属性无明文规定,但随着运用人工辅助生殖技术孕育子女的夫妻逐渐增多,在实施辅助生殖技术期间,如夫妻均遭遇不测离世、一方离世或者双方婚姻关系发生变化等,就亟须确认胚胎的权利归属及对其的处置权问题。

一、案例呈现

(一)高某、米某与某医院医疗服务合同纠纷案[1]

1. 基本案情

米某(女方)因身体欠佳无法继续进行胚胎移植,故高某与米某决定放弃辅助生殖治疗,要求被告某医院返还剩余胚胎,但被告拒绝返还。

2. 争议焦点

(1)冷冻胚胎的权利归属于谁。

(2)高某与米某是否有权要求某医院返还冷冻胚胎。

3. 法院裁判结果

法院判决某医院向高某、米某返还基于医疗服务合同形成的三枚冷冻胚胎,返还方式为高某、米某到某医院自行取回。

第一,夫妻双方在医疗服务合同履行过程中利用辅助生殖技术形成的冷冻胚胎不同于一般法律意义上的物,其特殊性在于冷冻胚胎具有成为生命的潜力,尽管现行法律并未明确冷冻胚胎的权利归属,但由于冷冻胚胎是由夫妻双方精子和卵子结合而成,其中包含了双方的基因,具有特定的人身属性和情感属性,夫妻双方对胚胎天然地享有专属性权利,因此,法院认定

---

[1] 参见北京市海淀区人民法院民事判决书,(2021)京0108民初59820号。

高某、米某有权主张某医院返还三枚冷冻胚胎；第二，现行法律对于冷冻胚胎的返还并无禁止性规定，高某、米某主张取回冷冻胚胎并不违反现行法律规定，亦不违背传统社会伦理道德和公序良俗，而高某、米某取回胚胎后可能存在的伦理风险并不能成为某医院拒绝返还的理由；第三，冷冻胚胎在转运和存储过程中需要特定的技术手段才能保持其生物活性，法院在庭审中进行了释明，高某、米某明确表示由其自行取回冷冻胚胎并自担风险，在此情况下，某医院应予以配合返还。综上所述，高某、米某主张某医院返还三枚冷冻胚胎的诉讼请求具有事实和法律依据，法院依法予以支持。

需特别指出，胚胎不能买卖、赠与和实施代孕，高某、米某在取回冷冻胚胎后应遵循现行法律规定，不得违背公序良俗，且胚胎需要特定技术手段转运和存储，建议高某、米某寻求具有资质的机构予以协助。在冷冻胚胎的转运和存储过程中如发生风险，由高某、米某自行承担。

（二）陈某与徐某人格权纠纷案[1]

1. 基本案情

陈某与徐某原为夫妻，婚后因未能生育双方在医疗机构取卵、取精后进行体外受精，并将受精胚胎进行了冷冻保存。但在成功孕育子女前，双方离婚。离婚后，陈某想要将胚胎移植至体内孕育，但因徐某拒绝签字同意导致陈某无法实施手术，故陈某起诉。

2. 争议焦点

在徐某不同意将陈某的卵子和徐某的精子结合形成的胚胎植入陈某体内孕育的情况下，陈某是否有权将该胚胎植入体内孕育。

3. 法院裁判结果

法院认为，在徐某不同意将胚胎植入陈某体内孕育的情况下，陈某无权将陈某的卵子和徐某的精子结合形成的胚胎植入体内孕育。法院判决驳回陈某的诉讼请求。

公民的生育权是一项基本的人权，公民有生育子女的权利，也有不生育子女的自由。我国公民在法律面前一律平等，故男性当然也与女性一样享有生育权。生育是男女双方的共同行为，不可能只靠单方实现。因此，一方不能强迫另一方实现这个权利，这个权利应以双方协商为基础，需双方共同

---

〔1〕 参见广东省湛江市中级人民法院民事判决书，(2015)湛中法民一终字第583号。

的意愿才能实现。本案中,陈某虽享有生育权,但其生育权的实现,不得侵害徐某不生育的人身自由。徐某作为享有生育权的主体,有支配自己生育或不生育的权利。即便二人未解除婚姻关系,徐某也有权选择不生育子女。因此,当徐某拒绝将其精子与陈某的卵子结合产生的胚胎植入陈某体内孕育时,陈某无权私自将该胚胎植入体内孕育。

(三)杨某诉某医院、朱某、伍某合同纠纷案[1]

1. 基本案情

杨某和朱某1夫妇至被告处进行胚胎培育后,原告杨某因身体原因暂无法进行胚胎移植,于是将冷冻胚胎放至被告处保管。后杨某丈夫朱某1因病去世,杨某欲移植胚胎,被告以杨某系单身妇女为由拒绝移植。第三人朱某、伍某系杨某丈夫的父母,均同意杨某移植胚胎。

2. 争议焦点

(1)杨某的丈夫朱某1去世后,原告杨某要求继续实施胚胎移植手术,是否违反有关伦理道德,是否符合合同约定和法律规定。

(2)医患双方之间的相关医疗服务合同是否应当继续履行。

3. 法院裁判结果

法院认为,被告某医院继续履行与原告杨某之间的体外受精—胚胎移植医疗服务合同,为原告杨某实施胚胎移植手术。

首先,杨某及其丈夫朱某1与某医院订立医疗服务合同的目的就是生育子女,虽然原告丈夫朱某1已经死亡,但在涉案医疗服务中签署了多项知情同意书,并进行培育和冷冻胚胎,这些事实均体现了朱某1明确要求通过人类辅助生殖技术生育子女的意愿,且可推知继续实施胚胎移植手术并不违反朱某1的生前意愿。由于杨某身体原因手术暂时被搁置,既有的医疗服务合同尚未完成。原告杨某作为患方主体之一,单独要求某医院继续履行其夫妻早已与某医院订立的医疗服务合同,并不违反当事人的真实意思表示和知情同意原则。某医院应基于原告的病理因素和目前家庭实际情况,从依法保障生育权和有利于患者的伦理原则考量,不应拘泥于在胚胎移植手术时朱某1未签字这一形式,朱某1未签字,亦不必然对继续履行合同构成妨碍。

---

[1] 参见湖南省衡阳市石鼓区人民法院民事判决书,(2022)湘0407民初229号。

其次,所孕育子女虽无法在完整的家庭环境成长,但并不影响他成长为各方面健全的人,其与正常出生的孩子一样享有同等的法律权利和义务,且杨某也获得了朱某1父母的同意,愿意承担包含道德、伦理在内的法律上的义务。故某医院并未违反保护后代的原则。此外,杨某和朱某1没有生育子女,也没有收养子女,杨某的生育行为并不违反国家相关法律法规。而杨某作为丧偶妇女,有别于规范所说的要求实施人类辅助生殖技术的"单身妇女"的概念,不违反社会公益原则。

最后,最终形成的1枚卵裂胚和2个囊胚均低温冷冻保存于某医院,不存在事实上不能履行的情形。

综上所述,依法成立的合同,对当事人具有法律约束力,双方当事人均应按照合同约定履行各自义务。

(四)林某与某医院医疗服务合同纠纷案[1]

1. 基本案情

林某夫妇在某医院成功移植胚胎并生育一子,后其丈夫因病去世,原告林某欲生育二胎,便再次要求某医院移植胚胎,但遭到拒绝。

2. 争议焦点

(1)冷冻胚胎的所有权归属于谁。

(2)在林某丈夫去世后,林某是否有权要求某医院实施胚胎移植手术。

3. 法院裁判结果

法院认为,林某对其存放于某医院的2枚冷冻胚胎享有监管和处置权;驳回林某其他诉讼请求。

某医院根据服务合同约定为林某夫妇培育胚胎,依约将2枚优质胚胎进行移植,2枚胚胎进行冷冻。林某在接受某辅助生育医疗服务后顺利产下一子,某医院已经履行完该医疗服务合同约定的义务,双方的医疗服务合同关系终止,不存在继续履行问题。林某如要继续使用2枚冷冻的胚胎,需要与某医院达成新的医疗服务协议,而某医院拒绝,故法院驳回林某要求某医院再次移植胚胎的诉讼请求。但法院认为,冷冻胚胎载有林某的遗传物质,与林某具有生命伦理上的密切关联性,林某对冷冻胚胎享有监管和处置权,但其享有的监管和处置权不得违反法律、法规规定及公序良俗。

---

[1] 参见福建省福州市中级人民法院民事判决书,(2021)闽01民终5544号。

(五)沈某、邵某与刘某、胡某、某医院监管权和处置权纠纷上诉案[1]

1. 基本案情

不育夫妇在某医院冷冻胚胎后,遭遇车祸双双死亡,其后不育夫妇的一方父母沈某和邵某起诉另一方父母刘某和胡某,要求继承冷冻胚胎。

2. 争议焦点

涉案胚胎的监管权和处置权的行使主体如何确定。

3. 法院裁判结果

不育夫妇存放于某医院的4枚冷冻胚胎由上诉人沈某、邵某和被上诉人刘某、胡某共同监管和处置。

一审法院认为,施行体外受精—胚胎移植手术过程中产生的受精胚胎为具有发展为生命的潜能、含有未来生命特征的特殊之物,不能像一般之物一样任意转让或继承,故其不能成为继承的标的。[2] 同时,夫妻双方对其权利的行使应受到限制,即必须符合我国人口与计划生育法律法规,不违背社会伦理和道德,并且必须以生育为目的,不能买卖胚胎等。夫妻二人均已死亡,通过手术达到生育的目的已无法实现,故两人对手术过程中留下的胚胎所享有的受限制的权利不能被继承。综上,一审法院驳回了一方父母主张监管处置胚胎的诉讼请求。

二审法院肯定了冷冻胚胎系独特之物,认为胚胎存在于人与物的中间阶段,有成为生命的可能性,完全不同于非生命体,其应受到基本的尊重与理解。涉案胚胎除了拥有不育夫妇的基因,还拥有双方父母两大家族的基因,双方父母与涉案胚胎在生命伦理方面有紧密相关性。若不育夫妇遭遇不测离世,双方父母是世上仅存的与涉案胚胎有连结点的人,因此,他们理应对胚胎享有监管的权利与处置的权利,但是需要在法律允许的范畴里正当地行使。

二、问题解读

(一)冷冻胚胎的法律性质

关于冷冻胚胎的法律性质,我国对此尚未有法律明文规定,国外学术界

---

[1] 参见江苏省无锡市中级人民法院民事判决书,(2014)锡民终字第01235号。

[2] 参见张圣斌、范莉、庄绪龙:《人体冷冻胚胎监管、处置权归属的认识》,载《法律适用》2014年第11期。

对冷冻胚胎的法律性质尚有争议,对冷冻胚胎的性质认定主要分为三种:第一种是主体说,即认为已受精的胚胎与人一样具有主体地位,应视冷冻胚胎为自然人或限定的自然人[1];第二种是客体说,即认为冷冻胚胎是一种物,是一种细胞组织;第三种是中介说,认为冷冻胚胎非人非物,是存在于主体与客体的中间阶段。

我国审判实例中更倾向于第三种说法,认为冷冻胚胎是存在于主体与客体的中间阶段。例如,在我国首例冷冻胚胎继承案中,一对夫妻因车祸双双去世,双方父母起诉至法院请求继承冷冻胚胎,一审法院认为不能随意认定其为继承的标的,因为体外受精—胚胎移植手术中所形成的胚胎有潜力成为生命,应该与人一样具有主体地位;二审法院认为胚胎是存在于主体与客体的中间阶段,有成为生命的可能性,完全不同于非生命体,其应受到基本的尊重与理解。显然一审、二审法院均是采用了第三种说法。[2]

冷冻胚胎是一种有形体,其没有主观意识,理论上来说也具有物的特征,如被占有、使用、处分等。根据《民法典》第1007条[3]及《人类辅助生殖技术管理办法》第3条可知,我国明文规定不允许买卖冷冻胚胎,冷冻胚胎不可被商业化。但冷冻胚胎含有人类基因,具备孕育成为人的潜质,具有特殊的属性和道德地位,故冷冻胚胎应属于一种独特之物,是不融通物且受法律的特殊保护与限制。[4] 现阶段我国法律对冷冻胚胎属于何种性质尚未有明确规定,在实践中亟待立法进行明确。

(二)冷冻胚胎的归属及处置权

随着人工辅助生殖技术的不断发展,越来越多的不孕不育夫妇接受辅助生育技术孕育子女,但由于我国尚未有关于冷冻胚胎的法律规定,故与冷冻胚胎相关的法律纠纷逐年增多。实践中,涉及冷冻胚胎的案例主要为夫妻一方或双方与医疗机构之间的医疗服务合同纠纷,除此之外,还包括有关生育权的人格权纠纷等。

---

[1] 参见杨雪:《浅析冷冻胚胎的法律属性以及法律规制问题》,载《司法实践》2014年第3期。

[2] 参见江苏省无锡市中级人民法院民事判决书,(2014)锡民终字第01235号。

[3] 《民法典》第1007条规定:"禁止以任何形式买卖人体细胞、人体组织、人体器官、遗体。违反前款规定的买卖行为无效。"

[4] 参见李燕,金根林:《冷冻胚胎的权利归属及权利行使规则研究》,载《人民司法》2014年第13期。

1. 冷冻胚胎应归属夫妻双方共同所有，并由双方共同处置，但不得使用胚胎从事违反法律规定、违背伦理道德、损害公共利益的行为

为提升妊娠率，夫妻往往会选择培育多枚胚胎，培育出胚胎后，夫妻一方可能因身体原因，无法继续实施辅助生殖技术，或者已经成功生育孩子，但是还有多余的冷冻胚胎保存在医疗机构中。但因法律法规没有明确规定胚胎的归属以及合同解除或履行完毕后冷冻胚胎的后续处置问题，使夫妻向医疗机构提出归还胚胎时，其可能会以夫妻没有保存胚胎的条件、取回冷冻胚胎后可能存在伦理风险、夫妻可能会作出违反法律法规如进行非法代孕的行为等理由而拒绝返还。

原卫生部发布的《人类辅助生殖技术和人类精子库伦理原则》第 1 条第 1 款第 3 项〔1〕的规定实际上认可实施辅助生殖技术的不育夫妇对冷冻胚胎享有处置权，而冷冻胚胎的基因又来自不育夫妇，与双方在生命伦理上紧密相关，故应归不育夫妇共同所有，如何处置也应由双方达成统一的意思表示。但又根据《民法典》第 1009 条〔2〕以及原卫生部颁布的《人类辅助生殖技术管理办法》第 3 条〔3〕的规定，胚胎不能用于买卖或实施代孕。不育夫妇在取回冷冻胚胎后，应遵守法律、行政法规和国家有关规定，不得使用胚胎从事违反法律规定、违背伦理道德、损害公共利益的行为。

2. 夫妻离异，对冷冻胚胎如何处置也应达成一致意见

冷冻胚胎因含有双方的基因信息，由双方卵子、精子共同孕育而成，故应由夫妻双方共同共有，如何处置也应由双方一致同意。不育夫妻离婚后，共同共有状态依旧持续，但因身份关系发生变化，故对能否继续实施胚胎移植容易产生争议。上述裁判观点认为对于冷冻胚胎的处置需要双方共同的意思表示。根据《人口与计划生育法》第 17 条的规定，不论男性、女性，均有选择是否生育的权利。且不育夫妇在离婚后，不可仅因一方意愿直接实施

---

〔1〕《人类辅助生殖技术和人类精子库伦理原则》第 1 条第 1 款第 3 项规定，"不育夫妇对实施人类辅助生殖技术过程中获得的配子、胚胎拥有其选择处理方式的权利，技术服务机构必须对此有详细的记录，并获得夫、妇或双方的书面知情同意"。

〔2〕《民法典》第 1009 条规定："从事与人体基因、人体胚胎等有关的医学和科研活动，应当遵守法律、行政法规和国家有关规定，不得危害人体健康，不得违背伦理道德，不得损害公共利益。"

〔3〕《人类辅助生殖技术管理办法》第 3 条规定："人类辅助生殖技术的应用应当在医疗机构中进行，以医疗为目的，并符合国家计划生育政策、伦理原则和有关法律规定。禁止以任何形式买卖配子、合子、胚胎。医疗机构和医务人员不得实施任何形式的代孕技术。"

胚胎移植。再者,不育夫妇离婚后,如再移植胚胎至女方体内进行孕育,又将面临亲子关系等问题。虽实践中也有案例认为在女方未征得男方同意擅自移植胚胎生育子女的情况下,男方拥有“不能被迫成为父亲”的基本权利,故在此情况下可将男方仅看作捐精者,其对孕育出的孩子既无任何权利,也不承担任何责任,[1]但笔者认为,男方作为生物学父亲,这又将产生道德、伦理问题,故笔者赞同夫妻离异后,对冷冻胚胎如何处置也应达成一致意见的观点。

3. 夫妻一方死亡,冷冻胚胎的处置权问题

不育夫妇与医疗机构签订医疗服务合同的目的是生育子女,在合同目的尚未实现前,丈夫一方死亡,导致胚胎移植时丈夫一方无法到场签字同意,但丈夫生前已经接受生殖辅助治疗,全程参与体外受精胚胎移植术且签署知情同意书的,可推知继续实施胚胎移植并不违反丈夫一方的意愿,故妻子单独要求医疗机构继续履行合同,并不违反当事人的真实意思表示,亦不存在履行上的障碍,妻子一方对冷冻胚胎享有完全的处置权。在履行合同过程中丧夫,情况有别于《人类辅助生殖技术规范》中所指向的“单身妇女”,故妻子要求医疗机构继续为其移植胚胎并不违反上述规定,而是在行使其合法权利,医疗机构不得基于部门规章的行政管理规定进行对抗。若医疗服务合同业已履行完毕,妻子一方无权要求医疗机构再次移植胚胎,但妻子一方在不违反法律、法规规定及公序良俗的情况下,对冷冻胚胎享有监管及处置权。若妻子一方死亡,无论是否已经履行完毕医疗服务合同,因妻子死亡已经无法进行胚胎移植且我国明确禁止代孕,故丈夫一方虽对冷冻胚胎享有监管及处置权,但无法再要求进行胚胎移植。

4. 夫妻双方均死亡,冷冻胚胎的处置权问题

冷冻胚胎第一案中,二审法院未判决不育夫妇是否享有继承权,而是将案由从继承纠纷改为监管权和处置权纠纷,基于对道德伦理、公序良俗及特殊利益保护等多方面的考虑,判定不育夫妇的父母对冷冻胚胎享有监管与处置的权利,成为情理法兼容的典型判决。笔者认为,其他案例在没有法律明文规定的情况下,亦可参考该案进行处理。

---

[1] 参见王某某诉张某某生育选择权纠纷案,2014 年最高人民法院通报 98 起未成年人审判工作典型案例之案例 27。

三、司法裁判观点

对于冷冻胚胎，司法实践中的常见裁判观点包括以下几点。

（1）认为胚胎是存在于人与物的中间阶段，有成为生命的可能性，完全不同于非生命体，其应受到基本的尊重与理解；

（2）对于冷冻胚胎的处置应由夫妻双方协商一致；

（3）丈夫去世后，妻子对冷冻胚胎享有监管及处置权，可以要求医疗机构继续按医疗服务合同的约定移植胚胎；

（4）妻子去世后，虽然丈夫仍享有对冷冻胚胎的监管及处置权，但由于我国禁止代孕，故丈夫无法要求进行胚胎移植；

（5）夫妻双方均去世的情况下，冷冻胚胎不能作为遗产继承，但是可以从监管权和处置权的角度，就去世夫妇的父母如何处置胚胎作出判决。

四、律师实务视角

冷冻胚胎与人体细胞、器官类似，属于一种独特之物，但其又具有发展成为生命的潜能，更应受到特殊的尊重与保护，笔者期待我国立法明确对冷冻胚胎进行特殊保护。在不违背道德、伦理以及法律法规的前提下，冷冻胚胎的监管与处置权应由与其具有最密切关系的人享有，通常来说应为生育而培育胚胎的不育夫妇共同享有；若一方死亡，另一方应当享有完全的监管与处置权；若双方均死亡，则由不育夫妇的父母或其他近亲属共同享有。

第四章

夫妻财产纠纷

婚内财产分割的多角度解析[1]

一、案例呈现

(一)基本案情

原告刘某与被告熊某于1982年12月登记结婚,但被告于婚内(2017年5月)私自出售婚内共同购买的不动产。原告于2020年7月向深圳某法院起诉,因被告熊某隐藏、转移、变卖夫妻共同财产,请求分家析产,具体为按照原告、被告8∶2的比例分割已经被被告转移、变卖的不动产和现有夫妻共同财产。法院经审理查明原告、被告系夫妻关系,被告婚内未经原告允许也未告知原告,将夫妻共同所有的不动产变卖给案外人,属于隐藏、变卖夫妻共同财产的法定情形,且被告自认夫妻关系存续期间与案外人婚外育有一女,属于婚姻关系中过错一方。

(二)争议焦点

(1)夫妻一方要求婚内分割隐藏、转移、变卖的夫妻共同财产,是否需要法定事实。

(2)夫妻一方存在隐藏、转移、变卖夫妻共同财产的情形,另一方是否有权分割除变卖转移的夫妻共同财产以外的夫妻共同财产。

(3)夫妻一方存在隐藏、转移、变卖夫妻共同财产的情形,另一方能否因对方过错多分财产。

(三)法院裁判结果

夫妻关系存续期间,一方要求分割夫妻共同财产的,要符合《民法典》

---

〔1〕 因可能涉及当事人隐私,本文相关裁判文书号均不予披露。

第 1066 条的法定情形,[1]同时分割的夫妻共同财产范围仅限于一方已经隐藏、转移、变卖、毁损、挥霍的夫妻共同财产;关于分割的比例,本案中法院并未将存在隐藏、转移、变卖、毁损、挥霍夫妻共同财产的情形认定为对方不分或者少分的事实基础,而是认定了被告婚内与案外人育有一女的过错对原告、被告按照 6∶4 的比例分割了已经变卖的夫妻共同财产,同时驳回了原告的其他诉求,认为原告分割其他夫妻共同财产的诉求缺乏法定事由。

二、司法裁判观点

《民法典婚姻家庭编解释(一)》第 38 条规定:"婚姻关系存续期间,除民法典第一千零六十六条规定情形以外,夫妻一方请求分割共同财产的,人民法院不予支持。"该规定进一步明确了夫妻共同财产的婚内分割应当符合法定情形要求。这条法律规定的价值目标是维护夫妻共同财产制度,最终目的是维持夫妻关系和家庭社会的稳定,除非出现了一方财产权利受到损害或者一方急需救治而不得的情形,否则在夫妻共同财产共同共有制度下,婚内不予分割夫妻共同财产。

在诉讼实践中,关于《民法典》第 1066 条夫妻共同财产婚内分割的理解和适用往往隐藏在其他案由之内,有的甚至是杂糅了其他案由,司法裁判标准并不完全统一,诉讼实践中主要存在以下几种裁判观点。

(一)诉求的事实基础要符合法定情形

这种裁判观点严格适用婚内分割夫妻共同财产的法律规定,要求主体和分割情形必须符合法定要求。具体而言,主体符合法定要求,即主体要求是夫或者妻一方,分割情形的证明标准必须达到原告主张分割原因的法定标准。孙某萍诉姜某东、沙某香债权人代位权纠纷案即该裁判观点的典型适用。原告孙某萍为了实现自己对姜某东的债权,代位姜某东诉讼要求分割姜某东与沙某香的夫妻共同财产。

---

[1] 《民法典》第 1066 条规定:"婚姻关系存续期间,有下列情形之一的,夫妻一方可以向人民法院请求分割共同财产:(一)一方有隐藏、转移、变卖、毁损、挥霍夫妻共同财产或者伪造夫妻共同债务等严重损害夫妻共同财产利益的行为;(二)一方负有法定扶养义务的人患重大疾病需要医治,另一方不同意支付相关医疗费用。"

该案的裁判思路是法院审查原告是否具有债权人资格，确认原告在该案由中的主体适格之后，审查二被告的人身法律关系，即二被告是否是夫妻关系，再审查原告诉求分割的目标财产是否属于二被告的夫妻共同财产。在以上事实都确认的基础上，审判法官审查适用《民法典》第1066条的必要性，即本案是否存在分割二被告夫妻共同财产的法定情形，在原告没有举证证明二被告存在上述法定情形的情况下，审判法官认为原告诉求二被告分割夫妻共同财产没有事实和法律依据，依法判决驳回原告的诉求。裁判本案适用的主要法律依据是《民法典》第1066条和《民事诉讼法》第67条。

（二）诉求分割夫妻共同财产的情形推定适用

虽然《民法典》第1066条和《民法典婚姻家庭编解释（一）》第38条都对分割夫妻共同财产的情形作出了限定性的法律规定，但在诉讼实践中，在个案是否存在分割夫妻共同财产的必要性上，仍然存在推定适用的裁判观点。

姜某诉庄某1、庄某2不动产所有权确认纠纷案是典型的复合型夫妻分割财产纠纷案例。为了购买房屋，姜某与庄某2婚内共同出资支付首付款，庄某2在未告知姜某的情况下，以自己和庄某1的名义签订房屋买卖合同，并将不动产登记在庄某2和庄某1的名下，在庄某2向姜某提起两次离婚诉讼的情况下，姜某向法院提起了不动产所有权确认之诉。由于该不动产取得于夫妻关系存续期间，该案本质上也是夫妻分割财产纠纷。

该案法院的裁判思路是审查原被告的人身关系、夫妻关系，确认不动产的取得时间和出资情况，在裁判是否应当登记原告的不动产所有权份额时，以“被告庄某2已经两次向原告提起离婚诉讼”，让原告“难免对其产生转移财产的合理怀疑”，“在该情况下，姜某主张确认对涉案房屋享有的份额，符合法律规定”。虽然该案经过一审、二审、再审，但是二审和再审争议的焦点均在于出资人和出资份额，对于分割财产的必要性在一审法院判定之后，二审和再审中双方当事人以及其他诉讼参与人均未提出异议。

该案并不存在《民法典》第1066条第1款和第2款规定的夫妻分割财产的明确而具体的法定情形，但是基于双方的离婚诉讼和不动产的现有状况，法院推定本案具有分割夫妻共同财产的必要性而予以分割。

该案历经一审、二审、再审，适用的法律规定有《民法典》第1063条、第1066条，《民事诉讼法》第67条、第177条第1款第2项、第214条，《民诉法解释》第 96 条等。

（三）执行案件中的析产诉讼突破了夫妻分割财产的法律适用

下文笔者以两个案例对比阐述。

1. 案例一：张某诉马某婚姻家庭纠纷案

因被告马某负有对案外人的债务，案外人申请强制执行，查封冻结了原告、被告婚内取得、登记在马某一人名下的两套房屋，原告在执行案件中提出执行异议要求解除对两套房屋的查封被裁定驳回，但没有提执行异议之诉。为了维护自己的合法财产权利，原告另行向法院提起婚姻家庭财产之诉，要求分割被查封的两套房屋。

法院审查了原告、被告的夫妻关系和两套房屋属于夫妻共同财产的事实，确认了被告对案外人存在债务及案外人申请强制执行、查封被告名下两套房屋的事实，在判断是否分割被查封的两套房屋时，法院认为本案原告分割夫妻共同财产的诉求不符合《民法典》第 1066 条的法律规定，因此判决驳回原告的诉讼请求。本案严格适用了《民法典》第 1066 条及《民法典婚姻家庭编解释（一）》第 38 条之规定。

2. 案例二：杨某对吴某申请强制执行案

杨某为了实现对吴某的债权，对吴某申请了强制执行。执行法院裁定依法拍卖、变卖吴某与陈某共同共有的不动产属于吴某的份额并扣留提取了吴某在上述房产的租金收入。与此同时，执行法院告知了吴某和陈某在收到通知之日起 10 日内协议分割该不动产并取得杨某同意或者提起析产诉讼，如二人不在上述期限内提起析产诉讼，杨某有在 10 日内提起代位析产诉讼的权利；如吴某和陈某不进行协议分割或者析产，法院将对房产的份额进行强制分割。

陈某对执行法院的该份裁定提起执行异议，执行异议被驳回之后又提起执行异议之诉，以不符合《民法典》第 1066 条法律规定要求为由诉求执行裁定违法，要求停止对两套房屋的执行。一审法院依据最高人民法院《关于人民法院民事执行中查封、扣押、冻结财产的规定》第 12 条的规定，认为查封、扣押、冻结被执行人的财产并保障共有人的财产份额于法有据，况且已告知原告有提起析产诉讼的权利，并以现行法律并没有禁止法院对于共有财产采取强制执行措施的规定，在保证共有人权益的情况下可就共有财产进行处置来保护债权人的合法权益为由驳回了原告陈某的诉讼请求。

陈某上诉后，二审法院根据其上诉请求确定二审争议焦点为陈某对整套房屋是否有足以排除执行的合法权益而停止拍卖、变卖房屋，经查明法院业已释明陈某与吴某均有析产诉讼和协议分割共有财产的权利，其怠于行使合法权利的行为应当自行承担责任。在吴某没有其他财产可供执行、同时拍卖后保证陈某应有份额的情况下，陈某没有阻止共有房屋拍卖的权利。

综合本次执行异议之诉的一审和二审，两级法院首先确认了债权的真实性和合法性，在此基础上，依据债权人的申请，审查确认被执行人可供执行的财产，在被执行人没有其他财产可供执行又向共有人释明其享有析产诉讼权利，同时在拍卖后保障被执行人应有份额的情况下，依法裁定变卖、拍卖被执行人和共有人名下的财产，在优先保障债权人的合法权利的同时，也不侵害共有人的合法权利。本案执行强制分割了被执行人夫妻的共同财产，其依据的是最高人民法院的查冻扣规定，没有考量适用《民法典》第1066条的法律规定。

结合两个案例进行对比，基本是类似的案情，但是由于法院考量保护的价值利益不同、适用的法律规定不同，作出的裁判结果也截然不同，一个是驳回夫妻一方要求分割夫妻共同财产的诉求，另一个是强制分割夫妻共同财产，强制执行夫妻共同共有的财产，该判决突破了《民法典》第1066条的法律规定。

三、大数据分析

以在北大法宝数据库的搜索查询结果为例，以“《民法典》第1066条”为关键词搜索，对应的司法案例有384件，其中典型案例1件、推荐案例89件、普通案例294件，典型案例案情并不复杂，其内容是严格适用《民法典》第1066条的典型代表。民事一审272件、二审80件、审判监督程序4件，上诉率约为29.4%，再审率为5%，这说明七成案件能够在一审阶段案结事了，当事人服判息诉。在地域法院分布上，人数越多、经济越发达的地方，类似纠纷的数量排名也越靠前。《民法典》实施第1年(2021年)审结219件，2022年审结136件，由于案件的审限规定和对外公布均需要时间，因此统计出来的219件案例应该是2021年审结的全部案例，而显示2022年136件案例应该只是2022年审结的部分案例，准确的2022年审结的案例数量应该在

2023年下半年左右查询。

在案由分布上，婚姻家庭、继承纠纷121件，占比约为34.18%，其中婚姻家庭纠纷109件、继承纠纷2件、其他婚姻家庭继承纠纷10件，说明婚姻家庭纠纷仍然是该条法律规定适用的主要纠纷之一。公司、证券、保险、票据等有关的民事纠纷77件，占比约为21.75%；物权纠纷62件，占比约为17.5%，这两类案由与婚内夫妻共同财产分割案由存在大量的杂糅，说明经济发展达到一定的水平，民众经济条件改善显著，夫妻共同财产不但出现了大额的不动产，也出现了标志着经济发达的金融类产品。合同、准合同纠纷34件，占比约为9.6%，这说明夫妻双方经济活动参与度进一步提高。执行案由33件，占比约为9.3%，特殊诉讼程序案件案由即执行异议程序有22件，执行异议之诉占执行案件的约66.67%，这说明部分执行案件涉及侵害被执行人配偶的合法权利，其依法提起了婚内分割夫妻共同财产之诉。除了上述占比比较明显的案由之外，侵权责任纠纷4件、知识产权竞争纠纷1件，说明诉讼实践中其他案由复合适用了《民法典》第1066条。

四、问题解读

（一）问题背景和研究价值

我国实行夫妻共同财产制为原则、分别财产制为例外的家庭财产所有制度，《民法典》第1066条使婚内财产的保护有法可依，积极正向地保护了夫妻共有财产制的基础，加强夫妻之间的信任，稳定家庭关系。研究婚内夫妻共同财产的分割，准确理解和适用法律规定时，不能滥用法律规定过度保护权利，破坏家庭关系，同时又要惩罚破坏夫妻共有财产基础的行为，维护受害者的合法权利，积极修复家庭关系。

（二）理论界和实践中的主要观点

第一种观点认为，《民法典》第1066条以法律的形式确定了婚内析产规则，将《婚姻法司法解释（三）》第4条[1]纳入《民法典》中，使之上升了法律

[1] 《婚姻法司法解释（三）》第4条规定："婚姻关系存续期间，夫妻一方请求分割共同财产的，人民法院不予支持，但有下列重大理由且不损害债权人利益的除外：（一）一方有隐藏、转移、变卖、毁损、挥霍夫妻共同财产或者伪造夫妻共同债务等严重损害夫妻共同财产利益行为的；（二）一方负有法定扶养义务的人患重大疾病需要医治，另一方不同意支付相关医疗费用的。"

位阶，这是由于社会发展快速，经济生活多元化，社会结构更加复杂，因此对于婚姻中的夫妻财产关系也有了新的要求。同时，司法实践中夫妻之间相互侵犯对方权益的案件频发。此时若夫妻之间并不想结束婚姻，但法律只规定离婚时才能分割夫妻共同财产，不仅忽视了夫妻一方的实际诉求，也会对夫妻关系的稳定造成损害。

第二种观点认为，婚后法定夫妻共同财产制的"共同"之强度亦具有特殊性。根据《民法典》第1066条的规定，夫妻共同财产为法定"共同性"，只有在极其有限的个别情形之下，才允许夫或妻"破坏"提议分割。换言之，当前法律下的夫妻共同财产制，是以夫妻协力创造家庭生活为基本前提的，且基于此目的，法律只准许特别情形下夫妻一方请求分割共同财产。概言之，夫妻的共同关系，远超过物权法上的公共共有及债法上的合伙关系。

对于上述观点，笔者认为婚内财产分割有一定的特殊性，既要维护婚姻的稳定，也要考虑夫妻一方有意损害配偶财产权益，另一方分割夫妻共同财产的需求。一般而言，诉讼是解决矛盾纠纷的最后一道防线，若非必要，一般不会轻易进行起诉主张分割共同财产。笔者认为，法院对于一方主张要求分割夫妻共同财产的行为，在查明的事实符合《民法典》第1066条分割情况时，应以分割为原则，不分割为例外，否则将搁置该法条的适用，无法惩罚肆意挥霍夫妻共同财产的行为。

五、律师实务视角

关于婚内财产分割的法律规定（《民法典》第1066条），有的法官会严格依法适用，有的法官会根据实际情况推定适用予以分割夫妻共同财产，有的法官为了家庭和睦稳定而对该条法律模糊适用。结合大量涉及《民法典》第1066条的法律适用和排除适用的情况，笔者以律师实务的视角根据不同的案由提出以下实务建议，供诉讼参考。

夫或者妻一方婚内提起分割夫妻共同财产的，要严格按照《民法典》第1066条的请求权基础规范确定诉讼策略。

根据该条法律规定，提出分割的主体须是夫妻任何一方；诉求是分割符合法定情形的夫妻共同财产，如果同时诉求其他不符合法定分割情形的夫妻共同财产，势必会给当事人造成多交诉讼费等不必要的经济负担和举证负担。在诉求的举证方面，该请求权证明内容之一是首先证明分割的财产属于夫妻共同财产，其次要证明该财产符合《民法典》第 1066 条的法定情形，即存在被对方隐藏、转移、变卖、毁损、挥霍或者伪造夫妻共同债务侵占夫妻共同财产的事实或者一方负有法定扶养义务的人患重大疾病需要医治、另一方不同意支付相关医疗费用的事实。

在符合《民法典》第 1066 条法定情形的举证中，转移、变卖和毁损这种根本改变权属或者存在形态的举证相对较为明确而清晰，其中变卖和毁损不适用"合理解释"降低原告证据证明力的规则，而转移与隐藏、挥霍均适用被告"合理解释"降低原告证据证明力的规则。具体而言，原告证明被告隐藏和挥霍的举证难度更高一些，"隐藏"是形态不发生改变，但须证明原告是否知悉、知悉或者发现时间、被告的故意隐藏行为等；"挥霍"则是相对判断，要结合不同地域不同家庭以及日常生活习惯综合考量并依据诉讼发生地的日常经验和生活法则去判断，法官的自由裁量空间较大。相较前几个法定情形的举证，第 1 项中伪造夫妻共同债务、侵占夫妻共同财产情形的举证难度对原告要求最高，要求证明被告存在与案外人恶意串通、意图或者已经侵占夫妻共同财产的事实。恶意串通在诉讼实践中更多采纳的是推定证明，主要从案外人身份、时间节点、债务的发生可能性、日常家庭经济状况等方面去证明。

在第 2 项符合法定情形的举证中，原告需要举证重大疾病存在的事实、重大疾病需要救治的急迫性、己方没有能力治疗而负有法定扶养义务的一方有能力却拒绝支出医疗费的事实。在该诉求的案例分析中，作为原告的胜诉率较低，主要原因是重大疾病的认定和救治急迫性的认定依赖裁判者主观判断，而被告掌握财产却拒绝支出医疗费这种近乎唯一性和非他不可的证明标准往往很难成立。

如果证据的证明力能够达到法定情形的证明标准，那么诉求多少份额合适呢？经过统计总结发现，婚内分割的，一般按照均等份额析产，除非证明对方存在其他过错，法官会裁判倾斜差额比例。

涉及案外人利益时，请求析产被驳回的可能性较大，建议在执行阶段提起执行异议之诉。

在债权人代位析产、夫或妻在夫妻共同财产存在被执行可能的析产诉讼中，原告在提起诉求时要根据时机确定，不能贸然提起。

在上述案件的析产诉讼中，要求分割夫妻共同财产或者夫妻任何一方要求分割夫妻共同财产，裁判者一般会适用《民法典》第 1066 条，代位诉讼举证达到夫妻任何一方有婚内分割夫妻共同财产的法定情形标准的难度非常之高，而即使是后者，在没有举证证明法定情形成立的情况下，裁判者也很容易依据该条规定判决驳回诉讼。

那么何时提起诉讼？笔者通过总结分析现有的案例可知，在案件的执行阶段提起，或者根据法院的执行裁定、执行异议之诉的判决提起析产诉讼，适用突破《民法典》第 1066 条法定情形分割夫妻共同财产规定的最高人民法院《关于人民法院民事执行中查封、扣押、冻结财产的规定》的第 12 条，这样附有前提条件的诉讼是非法定情形下的析产，是对债权人和非债务人一方的保护，原告的举证责任难度相对于适用《民法典》第 1066 条降低了很多。

值得注意的是，在诉讼实践中存在排除适用《民法典》第 1066 条规定的事实情形，如夫妻关系存续期间，夫或者妻一方向与其有婚外情的一方赠与财产、夫妻另外一方向第三者追索已经赠与的夫妻共同财产，并不适用《民法典》第 1066 条的法律规定。该类型案件为赠与合同纠纷，主要依据违背公序良俗和侵害配偶对夫妻共同财产的共同支配权撤销赠与合同，要求全额退还赠与的财产，而被告不能以法定开支为由抗辩，诉讼实践中多以财产混同为有效抗辩。

综上所述，《民法典》第 1066 条的适用有严格的法定要求，主体法定，诉求法定，财产范围法定，分割情形法定，该条立法的宗旨意在维护夫妻共同财产制的所有权基础，以维护稳定的夫妻家庭关系，进而维护社会稳定。但法律规定总是滞后于鲜活而具体的事实，所以作为专业的法律工作者，在涉及夫妻婚内财产分割的类似案由和诉求时，更需要详加甄别适用，以维护当事人的合法权益，落实法律的正确实施，进一步实现立法价值。

论认定一方转移夫妻共同财产疑难点

受利己主义的影响，一方转移夫妻共同财产的行为在离婚案件中较为常见，本文将围绕一则案例结合我国《民法典》第1092条[1]的规定（为方便论述，该法条所规定的“隐藏、转移、变卖、毁损、挥霍夫妻共同财产，或者伪造夫妻共同债务”以下统称为“转移”）展开探讨离婚时夫妻一方转移财产的认定疑难问题，以期对司法实践有所帮助。

一、案例呈现[2]

（一）基本案情

2015年，原告甲某与被告乙某因夫妻感情不和起诉离婚，同时要求分割高达约2600万元股权及债权转让价款，原告甲某主张被告乙某已经将该部分财产进行了转移，对该部分应当少分或不分，而被告乙某抗辩已将上述款项用于购买理财产品，后用于购买股票和汇往美国供全家人花销和装修、购买家具、车辆、归还按揭款等。

（二）争议焦点

（1）乙某获得的股权及债权转让价款是否属于擅自转移的夫妻共同财产。

（2）是否应进行夫妻共同财产分割并适用少分或不分原则。

（三）法院裁判结果

一审法院认为，虽然被告乙某抗辩取得的转让款已用于炒股和购买理

---

〔1〕《民法典》第1092条规定：“夫妻一方隐藏、转移、变卖、毁损、挥霍夫妻共同财产，或者伪造夫妻共同债务企图侵占另一方财产的，在离婚分割夫妻共同财产时，对该方可以少分或者不分。离婚后，另一方发现有上述行为的，可以向人民法院提起诉讼，请求再次分割夫妻共同财产。”

〔2〕因可能涉及当事人隐私，裁判文书号不予披露。

财,还有部分汇到美国用于家庭消费和装修,但被告乙某提交的股票对账单显示2014年8月8日被告名下的股票市场价值为500万元,未能反映股票购买时间。被告乙某也未提交符合法律规定的证据证明其在美国购买房产的时间和金额,庭审时也未能计算汇往国外用于家庭开支和女儿留学的总金额。法院最终对其抗辩不予采纳,在剔除购置房产、汽车、日常生活所需等因素外,对剩余的2000万元进行了均等分割,但未认定恶意转移。

二审法院认为,二审期间上诉人乙某提交了公证书和公证翻译、美国房产买卖契据。通过上述证据上诉人乙某想证明其与被上诉人甲某在2009～2014年,上诉人乙某与被上诉人甲某在美国汇丰银行联名账户的资金往来,即该账户共收到逾300万美元,折合人民币约2000万元,同时也提交了证券公司的证明,证明2010～2015年上诉人乙某在股票账户资金转入资金约人民币3000万元,另提交了房产还贷偿还明细等其他证据,以此证明债权及股权转让款去向。上诉人在二审提交的证据联名账户、美国房产买卖契据涉及境外证据,但上诉人未依法履行证明手续,且上诉人乙某提交的证据发生在上诉人乙某收到债权和股权转让款之前,法院对此不予采信,维持了原审判决。

再审法院认为,再审申请人乙某在再审期间提交了经美国公证机关公证并经中华人民共和国驻该国使领馆认证的美国汇丰银行联名账户资料,但该资料不能证实上述股权及债权转款转入该银行账户,再审期间乙某亦未提交证据证明其名下股票账户有大额资金从上述款项流入的事实。最后,再审法院以双方涉及夫妻共同财产较多且收支情况较复杂,客观上非经专业机构审计难以查明,询问双方是否委托鉴定机构对家庭主要财产收支情况进行审计,再审申请人乙某明确表示不同意审计,理由是认为美国账户及股票账户资金与股权和债权转账款存在对应关系,再审法院据此认为再审申请人乙某应承担举证不能的不利后果,维持了原一审、二审判决。

二、司法裁判观点

针对上述夫妻一方在离婚时擅自转移财产的认定,目前司法裁判观点存在争议的地方主要有以下两点:

(一)对被转移财产是否计入夫妻共同财产的理解不同

对于被转移的财产在离婚时是否计入夫妻共同财产的范畴,有的法官认为，离婚时分割的财产应以现存的财产为主，[1]而有的法官则认为根据双方分居时间、发生矛盾时间等因素综合判断一方或双方转移的时间段，对已经发生转移部分的财产可以在查明确认的情况下以折价款形式进行分割，[2]这是目前两种不同的司法观点。

对于上述问题，《德国民法典》第1375条第2款中进行了明确："夫妻之一方，于夫妻财产制关系开始后，有下列情形之一，致终结财产减少者，该数额仍应算入终结财产之内：1. 非基于履行道德上之义务，或不合礼仪上所为之考虑，而为无偿给予者。2. 有浪费财产之情事者。3. 故意以损害他方为目的所为之行为者。夫妻一方之终结财产，少于其于分居开始时所告知者，应对他方配偶举证，以说明其减少财产之原因，非出于前款第一项至第三项所定之行为。"由此可见，《德国民法典》是明确将转移的财产计入终结财产之内的，同时该法典以分居为时间点，从程序上赋予减少财产一方的举证义务，若举证不能则承担举证不利的后果，这一点与我国部分法官的看法一致。另外，《德国民法典》第1375条第3款规定了例外情况，即"前款财产之减少，在夫妻财产制关系消灭前已逾十年，或他方配偶对于其无偿给予或浪费财产之情事，已予谅解者，其减少数额不算入终结财产之内"。这是从10年的时间时效和配偶已作出予以谅解的意思表示上规定了例外情况。

（二）对"谁主张谁举证"原则理解不同

有的法官在审理家事案件时严格采取证据裁判主义，适用《民诉法解释》第90条[3]规定的谁主张谁举证的原则，未能依职权主动调查另一方转移财产的相关证据，对于婚姻存续期间的大额支出银行流水视为正常的支出，有的法官要求原告须对被告转移存款的实际用途及具体数额进行相应举证；也有的法官采取相反的方式，在积极调查的同时，由掌控财产的一方进行举证，如未举证或举证不符合常理，应推定为转移，由此所造成的判决

---

〔1〕参见辽宁省大连市中级人民法院民事判决书，(2018)辽02民终1745号。

〔2〕参见河南省周口市中级人民法院民事判决书，(2020)豫16民终4421号；北京市第二中级人民法院民事判决书，(2015)二中民终字第08995号。

〔3〕《民诉法解释》第90条规定："当事人对自己提出的诉讼请求所依据的事实或者反驳对方诉讼请求所依据的事实，应当提供证据加以证明，但法律另有规定的除外。在作出判决前，当事人未能提供证据或者证据不足以证明其事实主张的，由负有举证证明责任的当事人承担不利的后果。"

结果截然不同,这是两种截然不同的举证方式。笔者认为,是由掌控财产的一方来举证还是由主张一方来举证从逻辑上都有一定道理但都有可能会造成误判,这是实务中的疑难点,毕竟离婚案件不同于一般的民事案件,夫妻在婚姻关系存续期间一般也都不会有意保留相关证据。

由此可以看出,虽然关于一方转移夫妻共同财产在实体法律规范中(无论是过去的《婚姻法》还是现在的《民法典》)都有明确的规定,但因程序法上未明确一方的举证程序、案外人诉讼地位等,导致审判实务中法官对"谁主张谁举证的原则"理解不一,自由裁量权过大,裁判标准不统一。

三、大数据分析

笔者通过北大法宝类案检索平台,输入"离婚时""转移"搜索到近50件相关案例,笔者从中选择法官认定一方转移的案例,对判决中法官考虑的因素进行筛选并进行汇总以便接下来的分析探讨。法官认定一方转移考虑因素及认定转移后分割比例汇总见表4-1。

表4-1 法官认定一方转移考虑因素及认定转移后分割比例汇总

案号	转移标的	考虑因素	判决比例
(2012)濮中法民一终字第73号	卖房款及银行存款	在三个月内将其名下的存款全部取出,未提交证据证明存款合理用途	6:4
(2013)深中法民终字第2765号	股票	存在转移股票资金的行为	6:4
(2013)深中法民终字第1795号	房产	在分居期间单方转售房产,无证据证明对方参与出售或知情	7:3
(2013)长民初字第1719号	银行存款	自行取款	7:3
(2014)永中法民再终字第25号	土地使用权转让款	分居期间擅自以低价将土地使用权进行转让	在分割其他财产时予以优先考虑
(2014)虹民一(民)初字第478号	房产	未经同意擅自转让,另一方不知情	在分割其他财产时予以优先考虑

续表

案号	转移标的	考虑因素	判决比例
(2015)浦民一(民)初字第41281号	多份保险及存款情况	故意隐瞒,三次起诉均进行隐瞒	6:4
(2015)津法民初字第00666号	银行存款	诉讼期间较短时间内,以挂失的方式取出了银行存款且未解释合理事由	5.5:4.5
(2015)坛朱民初字第0368号	车辆	在诉讼期间变更、转让三辆车辆,短期内集中转移、变卖车辆,于常理不符	完全不分
(2015)廊民一终字第1385号	转让门店	转让未经同意、转让时间发生在起诉离婚不久、转让给亲属	40万元债务由转移方承担
(2016)鄂0981民初356号	银行存款	集中取走多笔定期存款,金额较大,既未经原告协商同意,也未用于家庭共同生活开支	完全不分
(2016)沪0115民初58237号	公司股权	股权转让给侄女,且前后两次都为无偿转让	5.4:4.6
(2017)苏11民终1743号	银行存款	一次性取款、注销经营个体工商户、聊天短信“我怕你提离婚呀”	5.5:4.5
(2017)苏0205民初2235号	银行存款	分数次取走银行卡中存款且在另案审理中承认取走存款	6:4
(2018)苏0706民初3013号	银行存款	婚姻关系存续期间将银行存款经过多笔转让给案外人	完全不分
(2019)辽1224民初1801号	银行存款	庭审陈述中称尚有存款20余万元,在查证询问时,被告又称现已将共同存款全部花销	完全不分
(2019)辽1224民初1494号	银行存款	庭前调解中称尚有存款5万余元,调解结束后,该存款去向不明	完全不分

续表

案号	转移标的	考虑因素	判决比例
(2019)苏02民终5249号	房屋、车辆	另案民事判决、对家庭贡献	5.5:4.5
(2020)新01民终2188号、(2021)新民申351号	房产、车库	一方在监狱服刑,另一方未经同意擅自出售房产及车库	2/3的比例
(2020)豫16民终4421号	银行存款	存款取出与存款存入其母亲账户为同一张业务办理单据上的两笔业务	5:5
(2021)辽01民终2232号	银行存款	案外人陈述的借款事实不符合交易习惯	6.5:3.5
(2021)黑06民终413号	境外收入	隐瞒境外收入	7.1:2.9
(2021)豫0183民初1561号	轿车	另案确认无效	7.5:2.5
(2021)辽01民终909号	公司资产	对公司的经营状况、股权收益等涉及夫妻共同财产问题不予如实陈述	股权收益按7:3

从表4-1的案例情况可以看出,实务中法官对于认定一方擅自处分、转移夫妻共同财产行为的法律后果“少分或不分”的看法存在分歧,且裁量权存在一定的自由空间,没有一个具体的裁判标准,一般在10%~40%进行增减,也有结合整个案件从维护妇女权益、保护无过错方角度将剩余未分割的财产直接判决归属于另一方或者将夫妻共同债务由转移方承担等,对转移方的法律评价并非仅局限于不分、少分转移的财产分割上,而是更多地综合考虑方方面面的因素进行利益上的平衡。

下面,笔者将介绍我国司法实践中对离婚时一方转移夫妻共同财产的特点及由此存在的问题。

1. 主要以离婚纠纷或离婚后财产纠纷进行起诉

在50件案例中,离婚纠纷26件、离婚后财产纠纷24件,出现这种情况主要由两个因素导致,一是离婚时如涉及财产分割较为复杂的,尤其涉及第三方需要另案确权或者需要审计等因素时,法官更倾向于让双方另案起诉;二是不少人在离婚后才发现对方转移或隐藏夫妻共同财产。

2. 转移标的形式多种多样、复杂且隐匿性强

通过对上述案例的归纳,转移标的形式是多种多样的,我国《民法典》第1062条[1]对夫妻共同财产的范畴进行了界定,转移的标的以该条规定的财产为主,主要是银行存款,同时涉及房产或房产出售款、车辆或车辆出售款、车库、股票或股票账户资金、股权及股权收益、保险基金、土地使用权转让款、转让门店经营权、名贵家私、工资收入、转移侵占公司资产、虚构债务、民事信托、知识产权、购买比特币虚拟货币等,法官审理时会根据不同的转移标的判断一方是否存在转移故意,如对于银行存款,法官一般会根据银行流水取出时间点、笔数、金额、转出对象、用途等进行综合判断,而房产则根据转让价格、转让对象、转让款去向或者经另案起诉的确认转让、赠与无效的判决等进行综合判断。

3. 境外资产认定难,高净值人群离婚难度变大

根据中国招商银行和贝恩公司联合发布的《2021年中国私人财富报告》,2019~2021年中国高净值人群境内外资产配置比例由过去的85%:15%上升至70%:30%,资产类别从传统不动产逐步向多元资产类型和综合服务需求转变,高净值人群的可投资资产规模由2008年的8万亿元增加到2021年预计的96万亿元,可见随着我国高净值人群可投资资产规模的增加,离婚时对境外资产的分割需求也将增多,由此所带来的境外取证也成为实务的一大难题。根据我国现行《民事诉讼法》第271条[2]、最高人民法院《关于民事诉讼证据的若干规定》第16条的规定[3],证据在境外形成

---

[1] 《民法典》第1062条规定:"夫妻在婚姻关系存续期间所得的下列财产,为夫妻的共同财产,归夫妻共同所有:(一)工资、奖金、劳务报酬;(二)生产、经营、投资的收益;(三)知识产权的收益;(四)继承或者受赠的财产,但是本法第一千零六十三条第三项规定的除外;(五)其他应当归共同所有的财产。夫妻对共同财产,有平等的处理权。"

[2] 《民事诉讼法》第271条规定:"在中华人民共和国领域内没有住所的外国人、无国籍人、外国企业和组织委托中华人民共和国律师或者其他人代理诉讼,从中华人民共和国领域外寄交或者托交的授权委托书,应当经所在国公证机关证明,并经中华人民共和国驻该国使领馆认证,或者履行中华人民共和国与该所在国订立的有关条约中规定的证明手续后,才具有效力。"

[3] 最高人民法院《关于民事诉讼证据的若干规定》第16条规定:"当事人提供的公文书证系在中华人民共和国领域外形成的,该证据应当经所在国公证机关证明,或者履行中华人民共和国与该所在国订立的有关条约中规定的证明手续。中华人民共和国领域外形成的涉及身份关系的证据,应当经所在国公证机关证明并经中华人民共和国驻该国使领馆认证,或者履行中华人民共和国与该所在国订立的有关条约中规定的证明手续。当事人向人民法院提供的证据是在香港、澳门、台湾地区形成的,应当履行相关的证明手续。"

的需要履行境外公证手续。笔者前文“案例呈现”部分所介绍的甲某与乙某离婚案，正体现了境外资产认定难的问题，一开始乙某所提交的境外证据并未经美国公证机关公证并经中华人民共和国驻该国使领馆认证，导致一审、二审所提交境外证据未获得法院认可，即使再审阶段提交了经美国公证机关公证并经中华人民共和国驻该国使领馆认证的美国汇丰银行联名账户资料，也因国内外汇管制的问题导致所提交的美国汇丰银行联名账户证明力不够。

4. 适用司法惩戒时裁判尺度不一

司法实务中，在适用《婚姻法》第 47 条及最高人民法院《关于人民法院审理离婚案件处理财产分割问题的若干具体意见》[1]第 21 条的规定时，法官的裁判尺度不一。当认定一方存在转移行为时，有的法官适用 6∶4、5.5∶4.5 或其他比例，也有的法官直接认定归一方所有，有的法官也会综合整个案件其他因素进行考量，如在转移的现金或存款或房产已经不存在的情况下，在分割剩下的财产时基于公平原则优先考虑给无过错方，这在实务中存在一定的争议，不少观点认为应当仅局限于对转移部分财产进行少分或不分，当然也有不少判决法官倾向于以家庭作为一个整体从公平角度出发进行裁判，对此法律并未进行明确。

5. 以合理事由抗辩法官的裁量权比较大

在审理一方转移夫妻共同财产时，存在资金用途合理事由抗辩，合理事由抗辩可以分为夫妻共同生活期间的日常生活消费支出和夫妻共同生活期间公司生产经营支出，前者因一般日常生活中大家很少有保留证据的意识，举证一般较为困难，这也是有些法官倾向于不认定转移的考虑因素，后者一般会有财务记账凭证，举证较为容易，法官要认定为转移难度较大。[2]

有的法官对于一方仅是抗辩合理消费且另一方知情或在原离婚诉讼案件中不予处理后一方转移抗辩合理消耗的，一般不予认定转移，仅在合理性与否上再进行判断，更多法官倾向于对在庭审中存在虚假陈述甚至隐瞒有关财产不报的行为认定为转移。

---

〔1〕 该意见已失效。

〔2〕 参见广东省深圳市中级人民法院民事判决书，(2021)粤 03 民申 525 号；山东省沂水县人民法院民事判决书，(2021)鲁 1323 民初 571 号。

6. 认定转移需考虑的因素

考虑因素包括分居时间、主张转移一方是否知情(离婚时未处理离婚后擅自转让的不认定为转移)、资金大额的界定、是否具有侵占故意、转移的目的和用途等,通过对以上因素的分析最终确定转移的时间点、转移的标的金额、转移的恶意程度,最终确定财产分割方案。其中转移时间点的确定在实务中存在比较大的争议,有的法官主张依据《婚姻法》第47条的规定,转移时间点应界定为"离婚时",对于离婚诉讼前的不应随意界定为恶意,对此最高人民法院发布了第14批第66号指导案例雷某某诉宋某某离婚纠纷案,将"离婚时"解释为"一方在离婚诉讼期间或离婚诉讼前",而且目前我国现行《民法典》第1092条规定也已将"离婚时"删除,扩大了认定转移的时间范围。笔者认为认定转移时间点需结合夫妻双方感情不和等时间节点,本着实事求是的原则,对于婚姻存续期间一方瞒着另一方转移夫妻共同财产的行为进行规制。

四、律师实务视角

婚姻家事法学者冉克平教授在其著作《夫妻团体法法理与规范》一书中论述,"由于婚姻关系的存在,夫或妻一方对于超越日常家事代理权范围的事项,均不得随意处分夫妻共同财产。因为夫妻共同财产属于建立在身份关系之上的共同共有,任何一方的处分均属于无权处分,该处分行为全部无效,除非第三人构成善意取得"[1],关于夫妻一方擅自处分夫妻共同财产,笔者从实务角度提供以下建议供读者参考。

(一)婚内发现一方擅自转移的需及时以提起诉讼等方式保护自己

在笔者搜索的上述案例中,不少案例承办法官以财产转移发生在离婚前且一方知情为由而推断不属于转移,这一点有别于前述所提到的德国采用的10年的时效及配偶的谅解意思表示标准。因此,在婚内若一方发现另一方擅自转移、挥霍夫妻共同财产(包括但不限于房产抵押、股权转让、资金

〔1〕 冉克平:《夫妻团体法法理与规范》,北京大学出版社2022年版,第46~47页。

给予等），需及时根据我国《民法典》第1066条第1项[1]提出财产分割及时进行维权，以免离婚时被法官认为长期默认且知情从而推定不属于转移。另外一旦发现对方有转移财产的迹象，应及时报警，报警记录、笔录、居委会证言都会成为法庭上有力的证据。

（二）积极向法院申请调查取证，为法院认定转移提供有力证据

在没有民事诉讼法对一方转移夫妻共同财产的举证程序作出详细规定前，对有转移财产争执的离婚案件，法院普遍适用民事诉讼举证规则“谁主张谁举证”，仍然按照严格的证据裁判主义规则来要求主张方进行举证。对此，笔者认为，作为代理人应尽可能与承办法官沟通，在新的《妇女权益保障法》实施背景下，劝说承办法官依职权进行主动调查或者开具调查令委托律师进行调查，通过银行、社保、证券公司、基金公司等多种渠道调查夫妻双方的共同财产。

因此，笔者认为有必要结合夫妻双方感情不和的时间点、双方财产数额、分布情况、支付票据等进行综合考量，从方便举证的角度，应优先要求由掌控财产的一方进行举证，但不宜因此就推定其应承担举证不能的不利后果，不妨从民事证据高度盖然性的标准对案件事实作出认定。

（三）利用财产申报制度推定一方的主观故意

财产申报在国外是认定一方故意隐瞒财产的依据，甚至可以以此为由进行刑事立案，但在国内离婚时以前并没有在法律层面上对夫妻财产申报制度进行明确规定，只有部分地区如深圳市中级人民法院实行的《关于实行离婚案件财产申报制度的工作指引》、广东省高级人民法院发布的《广东法院审理离婚案件程序指引》。随着《妇女权益保障法》2022年修订，该法要求离婚双方有如实申报财产的义务，如未如实申报，法院可以结合该申报制度推定当事人存在主观故意从而认定为转移将有法可依。作为代理律师可以利用对方的财产申报表推定一方存在隐瞒、转移夫妻共同财产的主观故意。

---

[1] 《民法典》第1066条规定：“婚姻关系存续期间，有下列情形之一的，夫妻一方可以向人民法院请求分割共同财产：（一）一方有隐藏、转移、变卖、毁损、挥霍夫妻共同财产或者伪造夫妻共同债务等严重损害夫妻共同财产利益的行为……”

（四）必要时通过司法审计的方式证明转移的事实

在本文提及的甲某与乙某离婚纠纷一案中，再审时法官以案件非经审计无法查明案件事实为由，要求申请人申请审计，最后因申请人未申请审计推定其承担举证不利的法律后果，由此可见，如非特殊情况，在遇到涉及金额较大且流水较多的情况时，建议向法院申请对银行多笔支出流水进行审计，以免承担举证不利的后果。

（五）涉及第三方因素，需另案提起确认之诉或者无效之诉

在夫妻一方转移共同财产的案例中，有不少案例需事先另案提起夫妻共同财产确权之诉或转让、赠与无效之诉，以便为认定擅自转移提供有力证据，虽然这在某种程度上增加了当事人的负担，但若未及时提起，一方面将影响后面离婚诉讼法官对对方转移的认定，另一方面在离婚诉讼或离婚后财产纠纷不倾向追加第三方的情况下，另案提起诉讼也有利于法院查明案件事实并及时固定证据。

五、律师实务观点

要从根本上解决此类问题，需通过立法赋予配偶对夫妻财产权的知情权，虽然目前我国并未正式立法赋予配偶对财产的知情权，但我国已在于2022年修订的《妇女权益保障法》中赋予离婚时一方查询配偶财产的权利，根据该法第67条[1]的规定，法院在审理离婚案件过程中，对于一方因客观原因无法自行收集的，法院应依职权主动进行调查，有关部门和单位应当予以协助。这样的立法初衷明显是为了保障妇女弱势一方的财产权益。对于配偶的财产知情权，笔者认为应赋予一方对配偶财产的查询权，而非需通过法院诉讼才允许查询。这是预防一方转移夫妻共同财产最基本的措施保障，如一定要通过法院诉讼才能查询存在一定的滞后性。

---

[1] 《妇女权益保障法》第67条规定："离婚诉讼期间，夫妻一方申请查询登记在对方名下财产状况且确因客观原因不能自行收集的，人民法院应当进行调查取证，有关部门和单位应当予以协助。离婚诉讼期间，夫妻双方均有向人民法院申报全部夫妻共同财产的义务。一方隐藏、转移、变卖、损毁、挥霍夫妻共同财产，或者伪造夫妻共同债务企图侵占另一方财产的，在离婚分割夫妻共同财产时，对该方可以少分或者不分财产。"

夫妻财产协议的法律效力

一、案例呈现[1]

(一)陈某某与李某离婚财产纠纷案

1. 基本案情

1992年9月,陈某某与李某登记结婚,婚后用陈某某于1992年6月购得的土地使用权建设涉案房屋。陈某某以曾用名"陈某生"的名字办理了土地使用的有关登记。2010年6月,为缓解家庭矛盾,且基于之后双方会办理复婚的考虑,双方签订了离婚协议,约定涉案房产归李某所有,"陈某生"对该房产二楼有居住权。离婚后双方仍然以夫妻名义共同生活,但没有复婚。2014年2月,双方又签订了补充协议书,约定对婚姻存续期间共同财产再次进行分割,涉案房产由双方平分。2019年1月李某在《深圳侨报》刊登声明撤销上述补充协议书中关于财产再次分割的约定。

后双方矛盾不可调和,陈某某提起离婚后财产纠纷诉讼,主张补充协议书属于对夫妻共同财产的重新分割,应根据协议确定其对涉案房产享有50%的产权等,李某主张涉案补充协议书是被胁迫所签故而无效,同时主张该协议财产约定性质属离婚后赠与协议,可以行使任意撤销权。

2. 争议焦点

如何认定男女离婚后进行财产分割约定的效力。

3. 法院裁判结果

一审法院以陈某某提交证据不足以证明其别名为陈某生,因此不足以证明对涉案房屋享有权利为由,判决驳回陈某某的诉讼请求。

二审法院经审理认为:(1)李某自行处分权利,确认涉案房产相关登记

---

〔1〕 因可能涉及当事人隐私,相关案例裁判文书号均不予披露。

署名“陈某生”即为陈某某,且户籍所在地派出所出具“陈某生”即陈某某的证明原件。因一审未对上述事实进行审查,在李某未对“陈某生”是否为陈某某同一人提出异议的情况下,直接以该理由驳回陈某某的诉求,显属不当。(2)李某并未提交足够证据证明其在受胁迫的情况下签订补充协议,事后未报警,且当时有其女儿和哥哥见证,该二人未有阻止。李某虽登报撤销,但已过5年有余,早已过了1年除斥期间,并且补充协议内容为平分涉案房产,不存在显著失衡,认定该补充协议有效。遂二审法院判决撤销一审判决,最终支持了陈某某的诉求,认定陈某某和李某对涉案房产各享有50%的财产权益。

(二)梁某诉刘某某离婚后财产纠纷案

1. 基本案情

梁某在协议离婚前表明自己要净身出户,民政局备案的离婚协议写明“共同财产5万元,5万元归刘某某所有”。办理离婚手续当天,双方还签订了一份协议书,约定刘某某将婚内一处房产和一台车转让给梁某。其后,刘某某又手写了一份《财产分配方案》,对夫妻关系存续期间所得的上千万家庭财产进行了分配,并写明“你说过净身出户,我也于心不忍,答应给你的一定会给你”,之后,刘某某部分履行了《财产分配方案》的给付义务,但中途反悔,对于《财产分配方案》中约定要过户给梁某的房、车不再过户,现金余款不再支付。

2. 争议焦点

如何认定男女双方离婚后进行财产分割约定的效力。

3. 法院裁判结果

其后梁某提起离婚后财产纠纷诉讼,主张《财产分配方案》的性质属于夫妻财产分割协议,不能反悔,刘某某主张《财产分配方案》的性质属于离婚后的赠与协议,可以行使任意撤销权,两审法院经审理,均支持了梁某的诉请。

二、司法裁判观点

前述第一个案例发生在《民法典》生效前,第二个案例发生在《民法典》生效后,均涉及夫妻双方在离婚后签订的对财产重新进行分割约定效力的认定，目前对该类协议效力的认定，无论是在《民法典》生效前，还是生效后，司法实践中的裁判观点均较为统一。从目前裁判观点看，离婚后重新达成的分割约定，在不涉及损害第三方权益、不存在恶意规避法律、逃避债务或违反公序良俗等情形下，对于夫妻双方而言应当有效，应当按双方在离婚后重新签订的财产分割协议来认定夫妻离婚后财产的分配情况。

三、问题解读

婚姻关系存续期间获得的共同财产以夫妻双方同时管理为原则，基于这一原则，夫妻双方都可以平等地管理及处理共同财产，并可通过书面协议对共同财产的归属进行约定。

另外，《民法典》第 1065 条规定〔1〕了 4 种可以约定的夫妻财产制，夫妻双方可以对婚姻关系存续期间所得的共同财产及个人的婚前财产进行约定，充分体现了夫妻之间财产约定的契约自由原则。

（一）夫妻共同财产的获得

关于夫妻共同财产的范畴，《民法典》第 1062 条〔2〕已经进行了明确，夫妻共同财产的获得，一般从婚姻关系建立时开始，此外，婚后夫妻双方也可以通过书面协议将一方的婚前财产约定为双方的共同财产。

（二）关于夫妻约定财产与物权登记效力的适用问题

根据《民法典》第 209 条第 1 款〔3〕的规定，不动产权属只有登记才产生法律效力，那么在夫妻双方针对婚前个人财产或婚后共同财产签订的协议中，对相关房产等不动产权属的约定，是否可以对抗不动产的登记这一问题

---

〔1〕《民法典》第 1065 条规定："男女双方可以约定婚姻关系存续期间所得的财产以及婚前财产归各自所有、共同所有或者部分各自所有、部分共同所有。约定应当采用书面形式。没有约定或者约定不明确的，适用本法第一千零六十二条、第一千零六十三条的规定。夫妻对婚姻关系存续期间所得的财产以及婚前财产的约定，对双方具有法律约束力。夫妻对婚姻关系存续期间所得的财产约定归各自所有，夫或者妻一方对外所负的债务，相对人知道该约定的，以夫或者妻一方的个人财产清偿。"

〔2〕《民法典》第 1062 条规定："夫妻在婚姻关系存续期间所得的下列财产，为夫妻的共同财产，归夫妻共同所有：（一）工资、奖金、劳务报酬；（二）生产、经营、投资的收益；（三）知识产权的收益；（四）继承或者受赠的财产，但是本法第一千零六十三条第三项规定的除外；（五）其他应当归共同所有的财产。夫妻对共同财产，有平等的处理权。"

〔3〕《民法典》第 209 条第 1 款规定："不动产物权的设立、变更、转让和消灭，经依法登记，发生效力；未经登记，不发生效力，但是法律另有规定的除外。"

上，应视具体情况而定。

一般认为，《民法典》中物权编是为调整平等民事主体之间物的归属和利用所产生的民事关系，该编重点关注民事主体对物的关系，而对于其中不动产的登记原则，其立法宗旨是依据登记的对外公开方式，以便达到保护民事主体之间交易安全的目的。而《民法典》中婚姻家庭编作为身份关系的法律，旨在调整因婚姻家庭产生的民事关系，其中婚姻关系中的财产关系建立在人身关系的基础上，不体现直接的经济目的，因此，婚姻关系中的财产更倾向于家庭成员间共同生活和家庭职能的要求。

从而，《民法典》中婚姻家庭编更多体现的为婚姻家庭中家庭成员之间的关系，不可能只考虑其中的个人，必须更多地考虑夫妻双方、家庭成员间的利益，这与《民法典》中物权编突出个人对物的权属不同。在调整夫妻财产关系领域，《民法典》中物权编应该适当让步，给予《民法典》中婚姻家庭编以充足的适用空间，特别是涉及夫妻之间通过签署书面协议对具体财产进行约定时，更应当优先适用《民法典》中婚姻家庭编的相关规定，而不宜由《民法典》中物权编进行过度的限制。

故在不涉及第三人利益，仅涉及夫妻内部对于财产的约定时，《民法典》中的婚姻编相对于物权编来讲属于特别规定，应当优先适用《民法典》中婚姻编的相关规定，直接认定夫妻对财产约定的法律效力。

（三）关于夫妻财产约定协议的效力问题

1. 关于婚内财产约定协议的效力问题

在婚姻关系存续期间，夫妻双方签订的《婚内财产约定协议》只要符合《民法典》婚姻家庭编的规定，对夫妻双方应有效。但双方达成的以协议离婚或者到人民法院调解离婚为条件的财产以及债务处理协议，根据《民法典婚姻家庭编解释（一）》第 69 条的规定可知，前述关于离婚的协议以实际办理离婚登记或调解离婚为生效条件。

2. 关于离婚后签订财产分割协议的效力问题

笔者认为，离婚后夫妻双方签订的财产分割协议是针对原有离婚协议的补充协议，而非离婚后的赠与行为，应当认定合法有效。

结合前面的两个案例，离婚后夫妻双方签订的补充协议并无赠与的意思表示，系财产分割的补充协议。在已办理离婚登记的协议离婚案件中，如果双方另行签订了补充协议,其和之前的离婚协议书往往被视为是一体的、不可分割的,两者的效力相辅相成,共同构成离婚协议整体,应适用《民法典》婚姻家庭编调整,不应适用《民法典》合同编中关于赠与合同的相关规定。

再加上离婚后补充协议的签订时间,在离婚协议签订之后,应认定为双方对夫妻共同财产的重新分配,且因其签订时间在后,按《民法典》合同编的相关规定,就同一内容有不同约定的,应以签订在后的合同为准,故在离婚后的补充协议不存在胁迫、重大误解等情况下,应当认定离婚后签订的补充协议合法有效,从而按最后签订的补充协议来确定夫妻双方离婚的最终财产分配方案。

3. 关于夫妻财产约定对抗第三人的判断

一般认为,夫妻关系存续期间,名下登记财产的一方在没有经过对方同意的情况下私自处理共同财产,如果购买人一方属于善意第三人,一般法院会支持第三人的善意取得。但批评的观点认为,支持善意取得虽然保护了与第三人交易的安全,但却是以牺牲夫妻中另一方的财产利益为代价,故必须得到严格的限制。例如,如果一方所转让的房屋是夫妻关系存续期间共同生活的唯一房产,那就必须经过夫妻另一方的同意或追认,否则无论登记在谁的名下,无论第三人是善意还是恶意,另一方的财产权益都应当优先于交易安全而受到保护,未经夫妻另一方同意或追认的,不应当适用善意取得。

在夫妻一方提出的案外人执行异议之诉中,对于不动产中没有登记名字的夫妻一方的财产权益是否能对抗登记一方债权人债权的强制执行问题,一般认为可以参照适用最高人民法院《关于人民法院办理执行异议和复议案件若干问题的规定》第 25 条的规定。但笔者认为,在与夫妻一方债权人的对抗关系上,只要双方关于夫妻财产归属约定早于债权发生,且不存在恶意规避法律、逃避债务或违反公序良俗等导致合同无效情形的,夫妻双方关于财产归属的约定应当认定为合法有效,且其效力应优先于普通债权人。

《民法典》婚姻家庭编中所规定的"夫妻"有着很强的人身属性及伦理属性,该种特性应该成为我国夫妻财产法的司法裁判和制度完善的基准。而基于婚姻家庭中的伦理特性,夫妻财产约定的解释规则就应当首先以《民法典》中婚姻家庭编的相关条文为中心来构建,而不应适用物权编的一般性规则，更应注重夫妻双方的合意。

四、律师实务视角

结合前述两个案例，因都是在离婚后对婚内财产重新进行分配，属于双方离婚后对财产产生的争议，故在选择案由时，笔者认为应当选择离婚后财产纠纷。

因在办案过程中都涉及夫妻双方离婚后财产约定协议签订的背景、签订协议后是否会导致双方对婚内财产分配的失衡、是否存在实际履行过新签订的协议等问题，故在实际办理这类案件的过程中除了相关的法律分析，举证说理显得尤其重要，特别是举证，建议在提供双方离婚后签订协议及婚内财产状况等证据的前提下，再提供充分的证据证明离婚后签订协议的背景及协议签订后双方按协议履行的相关证据更为妥当。

在诉讼中，有充分证据证明签订协议的合理性及双方之后按离婚后签订的协议确实在履行，将更容易获得法院的认可与支持。另外，离婚后新签订的关于财产分配的协议也应当相对合理，且不应存在规避法律、损害第三方利益或违反公序良俗原则等情况，否则仍有可能不被认可。

当然，鉴于婚姻关系的特殊性，除了涉及财产外，很多时候还涉及子女的抚养与探视问题，为了后续的履行及子女考虑，可以在充分了解案件起因的情况下，尽量促成发生争议的男女双方和解，将更利于化解双方的矛盾，更好地履行后续财产分割及子女抚养的约定。

最后，笔者在此提醒：离婚是一件涉及个人人身的重大事项，在作出离婚决定时一定要慎之又慎。男女双方离婚的行为一旦达成离婚协议并在民政部门办理了离婚证，离婚协议中关于财产与子女的约定都会生效，对双方均具有约束力。现实中一旦办理了离婚证，就不存在所谓的"假离婚"情况。

另外，离婚后夫妻双方如需对财产重新分割或对遗漏财产进行分割，基于婚姻关系的特殊性，在一定情况下仍可通过协议对婚内财产再次进行约定分割。

离婚协议赠与子女房产条款争议的诉讼困境与应对策略

一、案例呈现[1]

(一)基本案情

刘某与樊某于1990年2月8日登记结婚,双方于1992年10月18日生育儿子樊某1,双方于2012年7月20日协议离婚,签订的离婚协议中约定将登记在樊某一人名下的某房产归樊某和樊某1平均拥有,各占50%的份额,剩余按揭贷款由樊某承担。

因樊某离婚后反悔,刘某作为原告提起诉讼,请求法院判令被告樊某将涉案房产50%的份额过户给第三人樊某1或将250万元交付给第三人。

(二)争议焦点

(1)刘某作为原告,主体是否适格;

(2)樊某在赠与房产过户给子女之前是否有权反悔。

(三)法院裁判结果

该案在一审调解过程中,法官曾经持原告主体不适格的观点,认为本案应当驳回起诉,并以此为由劝说原告撤诉。但原告在律师的支持下坚持既有的诉讼策略,坚持不撤诉,最终一审判决以"因离婚协议的履行而发生的纠纷,离婚协议当事人当然有权提起诉讼"为由,认定原告刘某是案件的适格主体,并且支持了她提出的诉讼请求,判令樊某将涉案房产50%的产权变更登记至第三人樊某1名下。樊某不服一审判决提起上诉,二审判决驳回上诉,维持原判。

---

[1] 参见广东省深圳市中级人民法院民事判决书,(2020)粤03民终1657号。

父母协议离婚时，在离婚协议中约定将自己的房产赠与子女，在生活中并不鲜见。但签完这样的离婚协议，父母双方办完离婚手续后，也不乏一方反悔的情况，反悔方通常表现为不愿配合办理将赠与房产过户给子女的手续，甚至擅自处置赠与房产并将售房款据为己有，或侵占赠与房产的拆迁补偿款等。在这种情况下，受赠子女的权益往往要通过诉讼进行主张。而在目前的司法实践中，对于父母一方反悔（以下简称反悔方），另一方父母（以下简称支持方）或子女主张继续履行离婚协议中的赠与子女房产条款这类案件（以下简称同类案件）的受理和审判，在原告主体适格、法律适用及是否支持反悔方单方撤销赠与或不再履行赠与义务等方面，仍然存在相异甚至冲突的裁判观点。

司法实践中相互矛盾的裁判观点和案例的存在，给同类案件维权的诉讼策略制定带来了不确定性和风险。本文旨在梳理和总结近年同类案件生效裁判文书中就前述争议焦点所持不同的裁判观点，与同行一起观察、研习，以便在制定同类案件诉讼策略时趋利避害。但笔者同时提醒读者，本文所呈现的案例并非指导性案例，对同类案件的审判并无拘束力，作为类案援引尚需多方甄别。

二、司法裁判观点

（一）谁是适格的原告主体？是离婚协议当事人（父母）还是受赠子女？

针对此争议焦点，适格原告争议裁判观点整理见表4－2。

表4－2　适格原告争议裁判观点整理

案号	案由	一审法院观点	二审法院观点	裁判观点
（2020）鄂28民终1569号	离婚后财产纠纷	父母在离婚时将涉案房产赠与其子，其权利由儿子享有，母亲作为原告主张过户以及交付房屋，主体不适格。据此法院裁定驳回原告起诉	父母在离婚时就双方的财产分割达成协议，一方起诉要求另一方履行该协议内容，人民法院应当受理。据此法院裁定撤销一审裁定，指令重审	离婚协议当事人是适格原告主体

续表

案号	案由	一审法院观点	二审法院观点	裁判观点
(2021)闽01民终3997号	赠与合同纠纷	受赠子女并非离婚协议的一方,对涉案房产的权属问题无独立请求权,其作为原告提起诉讼,主体不适格。故法院裁定驳回起诉	父母已按离婚协议登记离婚,则离婚协议中的财产赠与条款已生效,子女作为赠与合同的相对方当然享有诉权。据此法院撤销一审裁定,指令重审	受赠子女是适格原告主体

(二)应适用婚姻家庭法及司法解释相关规定[1]还是合同法相关规定?[2]抑或结合两个领域的法律及司法解释的相关规定进行适用?

针对此争议焦点,法律适用争议裁判观点整理见表4-3。

表4-3　法律适用争议裁判观点整理

案号	案由	一审法院观点	二审法院观点	裁判观点
(2022)鲁02民终5909号	赠与合同纠纷	不能将离婚协议中的财产分割条款直接比照赠与合同处理,在衡量是否公平的问题上,应当适用《民法典》中关于婚姻家庭篇的相关规定。据此判令反悔方配合将涉案房产变更产权至受赠子女名下	一审适用法律正确	适用婚姻家庭法及司法解释相关规定
(2022)吉06民终371号	赠与合同纠纷	根据《民法典》第657条、第658条,支持反悔方行使任意撤销权	依据《民法典》第658条的规定,认定离婚协议赠与条款具有一定的道德义务性质,一审法院认定反悔方可以行使任意撤销权属适用法律不当,二审法院予以纠正	适用合同法相关规定

[1] 即《民法典》婚姻家庭编及《民法典婚姻家庭编解释(一)》(或《婚姻法》及其司法解释)相关规定。

[2] 即《民法典》合同编(或《合同法》)相关规定。

续表

案号	案由	一审法院观点	二审法院观点	裁判观点
(2021)闽01民终10285号	赠与合同纠纷	依照《民法典》第464条第2款、第1076条、第1078条,《民法典婚姻家庭编解释(一)》第69条、第72条规定,判令父母协助将涉案房产的产权转移登记至受赠子女名下	一审适用法律正确	适用合同法、婚姻家庭法及司法解释相关规定

(三)能否支持反悔方在离婚后就离婚协议赠与子女房产条款单方行使撤销权或请求不再履行赠与义务?

针对此争议焦点,离婚后撤销赠与子女房产条款争议裁判观点整理见表4-4。

表4-4　离婚后撤销赠与子女房产条款争议裁判观点整理

案号	案由	一审法院观点	二审法院观点	裁判观点
(2022)浙10民终647号	赠与合同纠纷	离婚协议中财产赠与约定不同于一般赠与行为,是离婚当事人理性处理离婚事宜,在同意离婚的基础上,综合衡平自身及子女利益达成的一致意见。赠与房屋的行为应与解除婚姻关系、子女抚养等内容互为前提、互为结果,一起构成离婚协议的有机整体,因此,该约定内容非经双方共同同意,不得撤销或变更。据此判令父母协助办理涉案房屋所有权转移登记至受赠子女名下的手续	离婚协议各项内容既相对独立,又相互依存,其中一项财产分割内容的变化,很可能引起其他财产分割、子女抚养问题的变化。因此,离婚协议中涉及的财产赠与,单方不能任意撤销,除非双方达成新的财产处理协议。据此判决维持原判	不支持单方撤销赠与,判令过户

续表

案号	案由	一审法院观点	二审法院观点	裁判观点
(2022)辽01民终3859号	赠与合同纠纷	赠与条款不可撤销,但考虑被告经济情况恶化,且原告(受赠子女)不同意被告(反悔方)继续居住,判决立即履行有违社会最基本的伦理道德。据此判决驳回原告诉讼请求	涉案房产贷款未偿清,抵押尚未解除,故现在办理房屋所有权转移登记仍存现实障碍,变更登记尚不具备相关完备事实条件。据此判决维持原判	不支持单方撤销赠与,但认定过户存在现实障碍,判决驳回诉讼请求
(2021)陕07民终1426号	赠与合同纠纷	离婚协议除约定房屋归女儿,还约定需支付抚养费,因此该赠与不具有道德义务性质。反悔方长期下岗,无收入,身体患有疾病致使劳动能力受限,又无其他住房,依法可以不再履行赠与义务。据此,判决驳回原告(受赠子女)的诉讼请求	反悔方可以不再履行赠与义务,但支持方的赠与有效,改判支持方配合受赠子女办理涉案房屋的变更登记手续,增加受赠子女为该涉案房屋共同共有产权人	认定反悔方经济状况显著恶化,依法可以不再履行赠与义务,判令配合将支持方的房产份额过户给子女

三、大数据分析

2022年11月29日,笔者在威科先行法律信息库中,就近一年我国中级以上人民法院的生效裁判文书进行了同类案件的检索。

(一)案由:离婚后财产纠纷

检索关键词:离婚协议、房产、赠与、子女、离婚后财产纠纷、最近一年、最高人民法院、高级人民法院、中级人民法院。

笔者检索出裁判文书共计64份,经筛选,确定与本文主题相关联的生效裁判文书4份(同类案件4件)。从诉讼主体统计数据来看:(1)支持方作为原告,反悔方作为被告的案件2件(占比为50%);(2)支持方作为原告,反悔方作为被告,受赠子女作为第三人的案件1件(占比为25%);(3)受赠子女作为原告,反悔方作为被告的案件1件(占比为25%)。从适用法律统计数据来看,4件案件均适用了婚姻家庭法及其司法解释相关规定。从裁判结果统计数据来看,4件案件均认定赠与条款不得反悔,支持过户或确权涉案房产(份额)给受赠子女或支持返还涉案房产(份额)给受赠子女或支持返还涉案房产(份额)相应售卖价款或拆迁补偿金额给受赠子女。

(二)案由:赠与合同纠纷

检索关键词:离婚协议、房产、赠与、子女、赠与合同纠纷、最近1年、最高人民法院、高级人民法院、中级人民法院。

笔者检索出裁判文书共计48份,经筛选,确定与本文主题相关联的生效裁判文书18份(同类案件18件)。从诉讼主体统计数据来看:(1)受赠子女作为原告,反悔方作为被告的案件5件(占比约为28%);(2)受赠子女作为原告,父母双方作为被告的案件5件(占比约为28%);(3)受赠子女与支持方作为原告,反悔方作为被告的案件4件(占比约为22%);(4)受赠子女作为原告,反悔方作为被告,支持方作为第三人的案件3件(占比约为17%);(5)支持方作为原告,反悔方作为被告的案件1件(占比约为5%)。从适用法律统计数据来看:(1)同时适用合同法、婚姻家庭法及其司法解释相关规定的案件8件(占比约为44%);(2)适用合同法及其司法解释相关规定的案件7件(占比约为39%);(3)适用婚姻家庭法及其司法解释相关规定的案件3件(占比约为17%)。从裁判结果统计数据来看:(1)认定赠与条款应当履行,支持过户或确权涉案房产(份额)给受赠子女或支持返还涉案房产(份额)给受赠子女或支持返还涉案房产(份额)相应售卖价款或拆迁补偿金额给受赠子女的案件12件(占比约为67%);(2)认定子女并非适格原告,驳回起诉的案件3件(占比约为17%);(3)认定赠与条款应当履行,但以过户存在现实障碍为由驳回子女诉讼请求的案件2件(占比约为11%);(4)支持反悔方撤销赠与份额,判令过户支持方赠与份额给受赠子女的案件1件(占比约为5%)。

四、问题解读

之所以选择近一年的相关案例生效裁判文书,是因为想了解《民法典》实施之后司法实践中裁判观点是否更趋统一,这一选择导致大数据统计样本不足,但也足以管中窥豹。

(一)对相关案例的分析研读

对检索出的裁判文书所涉案例,笔者以“继续履行离婚协议赠与子女房产条款”(以下简称继续履行)的诉讼请求作为关联性筛选标准,未将反悔方以“撤销离婚协议赠与子女房产条款”(以下简称撤销赠与)为诉讼请求的案例纳入,亦未将检索出的以第三人撤销之诉、执行异议之诉等其他案由的案例纳入。通过对相关联案例的研习,笔者有如下分析解读。

1. 以原告主体不适格驳回起诉的案例占比不大,无论支持方还是受赠子女作为原告起诉的大多数案例,均得到了实体审判

(1)在离婚后财产纠纷案由下,本文筛选出的中级人民法院终审裁判的关联案件总计为 4 件,其中 3 件以支持方为原告、1 件以受赠子女作为原告,4 件案件均得到了实体审判。

(2)在赠与合同纠纷的案由下,本文筛选出的高级人民法院和中级人民法院终审裁判的关联案件总计为 18 件,其中 17 件均以受赠子女作为原告,仅有 3 件以主体不适格被驳回起诉(其中 1 件是因未成年子女当庭确认不愿提起诉讼),其他都得到了实体审判;18 件案例里有 1 件是以支持方作为原告、反悔方作为被告,该案亦得到了实体审判。这说明不同原告主体、不同案由下的维权路径并非相互排斥,而是可资选择。

2. 适用法律方面,司法实践中的分歧较为突出,且显示出势均力敌的态势

(1)在离婚后财产纠纷案由下,本文筛选出的中级人民法院终审裁判的关联案件总计为 4 件,4 件无一例外地均选择了仅适用婚姻家庭法及其司法解释的相关规定。

(2)在赠与合同纠纷的案由下,本文筛选出的高级人民法院和中级人民法院终审裁判的关联案件总计为 18 件,其中选择同时适用合同法、婚姻家庭法及其司法解释相关规定的案件为 8 件,选择仅适用合同法相关规定的案例为 7 件,选择仅适用婚姻家庭法及其司法解释相关规定的案例为 3 件。

(3)两种案由下的相关案例相加共计 22 件,其中仅适用合同法相关规定的案例为 7 件,仅适用婚姻家庭法及司法解释相关规定的案例为 7 件,同时适用前两类相关法律规定的案例为 8 件。在同时适用的案例中,存在部分通过《民法典》第 464 条第 2 款(《合同法》第 2 条第 2 款)导向实际适用婚姻家庭法及司法解释相关规定的情形,也有部分虽然通过婚姻家庭法及司法解释的相关规定确认了赠与条款的效力,但却实际适用了合同法赠与合同的相关规定支持撤销赠与或不再履行赠与义务。可见,同类案件的法律适用未能形成主流观点。

3. 不支持单方撤销,支持继续履行,是同类案件中较为主流的裁判观点(最高人民法院民一庭亦持该观点[1])

(1)在离婚后财产纠纷案由下,本文筛选出的中级人民法院终审裁判的关联案件总计为4件,4件均被认定离婚协议赠与条款应当履行,支持过户或确权涉案房产(份额)给受赠子女或支持返还涉案房产(份额)相应售卖价款或拆迁补偿金额给受赠子女,而这4件案件均适用了婚姻家庭法及司法解释的相关规定,尤其是依据《民法典婚姻家庭编解释(一)》第69条第2款(或《婚姻法司法解释(二)》第8条)的规定,认定父母双方在协议离婚时所签离婚协议中关于财产以及债务处理的条款,对男女双方具有法律约束力。

(2)在赠与合同纠纷案由下,本文筛选出的高级人民法院和中级人民法院终审裁判的关联案件总计为18件,除3件案例驳回起诉之外,其中12件案例的判决结果为认定离婚协议赠与条款应当履行(被告以单方行使撤销权抗辩的,均未得到支持),支持过户或确权涉案房产(份额)给受赠子女或支持返还涉案房产(份额)相应售卖价款或拆迁补偿金额给受赠子女;2件案例被法院认定离婚协议赠与条款应当履行,不支持单方行使撤销权,但以过户存在现实障碍(涉案房产贷款未清偿完毕、反悔方基本居住生活权利未得到保障等)、不具备履行条件(涉案房产被查封、反悔方身体和经济条件恶化、受赠子女应承担赡养义务等)为由,驳回了子女的诉讼请求,其中1份判决书载明待"条件具备后,相关当事人可另行主张履行案涉合同";1件依《民法典》第666条的规定,以赠与人的经济状况显著恶化,严重影响其生产经营或者家庭生活为由,支持反悔方可以不再履行赠与义务。

在12件被法院判决支持继续履行的案例中,其中8件均适用了婚姻家庭法及其司法解释的相关规定,特别是依据《民法典婚姻家庭编解释(一)》第69条第2款的规定,认定离婚协议赠与房产条款对男女双方具有法律约束力;依据《民法典婚姻家庭编解释(一)》第70条(或《婚姻法司法解释(二)》第9条)的规定,认定涉案离婚协议在订立时不存在欺诈、胁迫等情形,不支持单方撤销;在4件适用合同法相关规定但最终判决支持继续履行

---

[1] 参见最高人民法院民事审判第一庭编著:《民事审判实务问答》,法律出版社2021年版,第126~128页。

的案例中，均适用了《民法典》第658条（或《合同法》第186条），认定离婚协议赠与房产条款具有道德义务性质，因此不支持任意撤销权。

（二）统一法律适用思路探索

从同类案件的大数据统计及分析来看，我国法院近年来在处理离婚协议赠与子女房产条款争议的纠纷时，仍然存在同案不同审、不同判的情况。这种混乱的状况，导致相关争议不能得到及时化解或因判决结果不能服人而导致再审申请、申诉和信访，其根本原因还在于对同类案件离婚协议与赠与行为的关系及性质、应适用的法律没有形成一致的定性和共识。

笔者在此尝试从同类案件原告典型权利请求入手，以《民法典》的相关规定作为请求权的基础规范，做一次厘清该类案件法律适用思路的探索。

1. 离婚后财产纠纷案由下的诉讼主体及其典型权利请求的基础规范确定

离婚后财产纠纷案由下，同类案件多以支持方作为原告、以反悔方作为被告，原告依据在民政部门办理离婚登记时夫妻双方自愿签署的离婚协议提起诉讼，请求继续履行赠与子女房产（份额）条款，配合将涉案房产过户给受赠子女。

该诉讼请求源于受赠子女之父母在离婚协议中的约定。离婚协议虽然具有合同性质，但属于《民法典》第464条第2款特指的“身份关系协议”，其对于夫妻身份关系和夫妻财产关系的处置，既具有财产性也具有人身性，而离婚协议中赠与子女房产的条款，也并非父母与子女之间单纯的赠与行为，不构成独立的赠与合同关系。正如浙江省台州市中级人民法院所作民事判决书中阐述，“该约定不同于一般赠与行为，是离婚当事人理性处理离婚事宜，在同意离婚的基础上，综合衡平自身及子女利益达成的一致意见。赠与房屋的行为应与解除婚姻关系、子女抚养等内容互为前提、互为结果，一起构成离婚协议的有机整体”[1]。因此，离婚协议的双方当事人在办理完毕离婚手续后，与该赠与条款相关联的其他条款都已得到了不同程度的履行，尤其是双方当事人身份关系已解除，赠与条款的撤销或变更，如果不经双方当事人达成一致意见，都会导致与离婚协议相关的利益不可计量地失去平衡。正因为如此，这种涉及身份关系的协议，不能直接适用合同法的相关规定，

---

〔1〕 浙江省台州市中级人民法院民事判决书，（2022）浙10民终647号。

尤其是不能适用赠与合同单方撤销或不再履行赠与义务的相关法律规定，而应适用与离婚相关的婚姻家庭法的有关规定，只有在没有相关规定的时候，才可以根据其性质参照适用合同法相关规定。

因此，同类案件典型的诉讼请求应当到《民法典》婚姻家庭编中寻找基础规范，而《民法典婚姻家庭编解释(一)》第69条第2款正好提供了相应的基础规范："当事人依照民法典第一千零七十六条签订的离婚协议中关于财产以及债务处理的条款，对男女双方具有法律约束力。登记离婚后当事人因履行上述协议发生纠纷提起诉讼的，人民法院应当受理。"

可以说，根据相关法律条文的互相解释，足以使《民法典婚姻家庭编解释(一)》第69条第2款单独构成离婚后财产纠纷案由下父母一方请求另一方继续履行离婚协议中的赠与子女房产条款的基础规范，不仅能够适用于确定父母作为原告、被告主体，也能适用于实体审判。因此，也就不难理解大数据检索出离婚后财产纠纷案由下的4件同类案件，均适用了婚姻家庭法及司法解释的相关规定对案件进行审判，最终均支持了将涉案房产过户给受赠子女的诉讼请求。

2. 赠与合同纠纷案由下的诉讼主体及其典型权利请求的基础规范确定

赠与合同纠纷案由下，同类案件多以受赠子女(或与支持方一起)作为原告、以反悔方(或父母双方)作为被告，依据父母双方在民政部门办理离婚登记时自愿签署的离婚协议提起诉讼，请求反悔方继续履行赠与房产(份额)条款，配合其将涉案房产过户至自己名下。

该案由往往导致请求权基础规范的不确定，循着合同法的方向而去，在赠与合同的相关条款中逡巡，陷入赠与合同的定义、履行、任意撤销权、法定撤销权、可以不再履行等条款之中，因而出现了：(1)个别案例支持任意撤销权、认定赠与条款可以不再履行的裁判结果；(2)部分案例在合同法的方向上寻找基础规范时，承办法官适用了《民法典》第660条(《合同法》第188条、第189条)，将离婚协议中的赠与子女房产条款视为"具有道德义务性质的赠与合同"，根据该基础规范"赠与人不交付赠与财产的，受赠人可以请求交付"之规定，既能支持离婚协议赠与条款继续履行，也能支持受赠子女作为适格原告；(3)部分案例在合同法方向上寻找基础规范时，承办法官适用了《民法典》第522条(《合同法》第64条)，将离婚协议中的赠与子女房产条款界定为"当事人约定由债务人向第三人履行债务"的行为，在债务人未向第三人履行债务的情况下，支持第三人（子女）请求债务人（父母）承担违约责任；（4）也有部分案例在合同法方向上寻找基础规范时，注意到了《民法典》第464条第2款，并在该条款的指引下最终选择了与离婚相关的《民法典婚姻家庭编解释（一）》第69条第2款作为基础规范，并据此支持继续履行赠与条款的诉讼请求。

关于上述寻找请求权基础规范的路径，前两种割裂了赠与条款与离婚协议的关系，没有充分考虑赠与条款源于离婚协议且与离婚协议其他条款作为一个整体并已经部分得到履行的事实，也忽略了《民法典》合同编第464条规定的"身份关系协议"的特别法律适用问题，存在重大偏差；第二种路径虽然有利于实现实体裁判结果的公平，但在《合同法》赠与合同相关规定的范畴内适用法律，难以避免"道德义务性质"定义不清[1]、在某些情形下法院支持反悔方行使法定撤销权或认定反悔方可以不再履行赠与义务等情形，从而侵害离婚协议另一方当事人及受赠子女的合法权益；第三种路径是选择《民法典》第522条作为基础规范，既考虑到赠与行为的源头——离婚协议的约定，也理顺了相关法律关系中各方的权利义务，即父母双方约定互负义务为第三人（子女）设定权益，并共同向第三人承担债务。但这条规定对于子女作为原告主张赠与房产（份额）的权益来说，尚有前提条件"法律规定或当事人约定第三人可以直接请求债务人向其履行债务，第三人未在合理期限内明确拒绝"。在同类案件中，除非离婚协议写明子女有权直接请求父母向其过户受赠房产，否则还是会构成子女诉权方面的障碍；而最后一种路径，则导向与身份关系协议（离婚协议）相关的基础规范，即《民法典婚姻家庭编解释（一）》第69条第2款，但适用该条基础规范，在赠与合同纠纷案由下，可能会导致诉讼主体的适格问题成为争议焦点，也可能导致案由的改变。

五、律师实务视角

（一）关于离婚协议赠与子女条款拟定的建议

（1）事先确定拟赠与的房产是否存在权属不清的问题，如有，先厘清权属争议，并在离婚协议中写明因赠与房产的权属不明导致不能如期完成交

---

[1] 参见陕西省汉中市中级人民法院民事判决书，（2021）陕07民终1426号。

付、过户的责任归属及承担方式。

（2）事先了解赠与的房产过户给子女是否受限购等政策的影响，存在有碍过户的情形。

（3）在产权清晰、过户条件具备的情况下，明确约定赠与房产过户给子女的时间点，以及房产过户前的占有、使用、管理主体和/或收益归属。

（4）约定赠与房产的交付时间与离婚手续办理的时间尽量靠近。

（5）约定任何一方不得就赠与子女房产条款行使任意撤销权、法定撤销权或请求不再履行。

（6）赠与房产若存在贷款未还清的情形，应明确约定还贷的义务主体。

（7）明确约定赠与房产过户相关税费的承担主体及承担方式。

（8）赠与房产的表述勿与房产使用权安排、房产继承等表述相混淆。

（9）明确约定在一方违约的情况下，守约方或受赠子女均有权直接请求违约方履行过户等合同义务及承担其他违约责任。

（10）建议约定违约金及违约方应承担守约方和子女维权所支出的诉讼费、律师费、保全费等合理费用。

（二）代理同类案件原告请求继续履行的诉讼策略建议

（1）在全国法院系统对于同类案件裁判观点暂未统一的情况下，起诉前先检索诉讼管辖地近年来同类案件的裁判观点趋向，以便诉讼策略上趋利避害。

（2）根据诉讼请求意向、离婚协议表述及证据状况，评估确定案由和原告主体。根据前文所述，离婚协议赠与子女房产条款争议在离婚后财产纠纷或赠与合同纠纷两种案由、以父母一方作为原告或以受赠子女作为原告的路径上，都有得到解决的可能，但也都有因被认定为主体不适格而行不通的可能。

两种案由及两种原告主体确定的策略各有利弊，但笔者主张尽量选择离婚后财产纠纷案由，以父母双方作为原告、被告，受赠子女作为第三人。在这种策略下，其利在于：第一，将承办法官适用法律的思路导向婚姻家庭法方向，不至于割裂离婚协议与赠与关系事实联系而选择单纯适用赠与合同相关法律规定作为请求权基础规范；第二，父母作为原告、被告，更有利于查明签署离婚协议过程的相关事实及双方当事人的真实意思表示；第三，尽量不以子女作为原告起诉父母,避免破坏血缘亲情,给两代人造成心理伤害。其弊端在于如果离婚协议对赠与子女房产条款未约定违约责任,则在此案由下难以主张损失赔偿。而在赠与合同纠纷案由下,选择由受赠子女作为原告提起诉讼,其利弊正好相反。所以,针对个案应综合各方面情况作出趋利避害的策略选择。

(3)诉讼请求应聚焦于判令被告配合办理赠与房产(份额)的产权过户手续。在赠与房产已被出售给善意第三人或已被拆迁的情况下,则应依据《民法典》第577条的规定请求判令被告向受赠子女支付赠与房产(份额)相应的售房款或拆迁补偿款予以补救。例如,在被告的违约行为造成了受赠子女的损失,受赠子女作为原告或离婚协议约定一方有权请求违约方承担违约责任的情形下,可请求判令被告赔偿损失。

避免将确认赠与房产所有权归受赠子女作为诉讼请求,因赠与行为不产生物权变动效力,因此要求确认所有权的诉讼请求,正常情况下得不到法院的支持。

(4)在同类案件能否适用法定撤销权的问题尚无明确裁判观点的情况下(笔者倾向于认为不能适用),受赠子女无论与父母(或其中任意一方)有任何恩怨,都应尽自己所能承担起赡养义务,更不能侵害其合法权益,否则反悔父母一方可以以相关事实作为行使法定撤销权的抗辩事由。

婚姻案件中的夫妻财产申报

一、案例呈现[1]

(一)基本案情

2015年初,张某与李某经人介绍相识,2个月后登记结婚,2016年生育一子张小某。李某怀孕后辞职在家调养身体、照顾孩子。张某系深圳某公司职员,每月转账2000元给李某作为家用。李某对张某的收入情况不了解,仅知其月收入应该在1万元以上。两人婚内未购置房产、车辆等资产。孩子两岁时,因生活费不够用,李某重新回公司上班。2018年1月,两人因琐事争吵,李某将孩子带回老家由父母照顾,后与张某分居。张某多次与家人上门想要带走孩子,两家人矛盾逐渐加深。2019年初,张某在深圳提起诉讼,要求离婚,并主张孩子的抚养权。李某同意离婚,同时以张某有条件却拒不履行抚养义务为由主张孩子的抚养权并要求查明张某的收入和名下财产情况,依法分割夫妻共同财产。

(二)争议焦点

诉讼中,李某根据法院的《夫妻共同财产申报告知书》,填写了《夫妻共同财产申报表》,主动申报了自己的工资收入和名下存款情况。张某在举证期限届满前未如实申报财产。法院依李某的申请为代理律师开具调查令,向张某的工作单位、银行、社保局、公积金管理局等单位和机构调取了张某婚姻关系存续期间的工资收入、银行流水和社保、公积金余额等财产情况。法院审理查明,张某平均月收入为3万元,在夫妻感情出现问题后曾向其父兄等案外人转账40余万元。

---

〔1〕 因可能涉及当事人隐私,裁判文书号不予披露。

(三)法院裁判结果

因张某无法对其大额转账作出合理说明,为避免不利诉讼后果,张某主动寻求和解,向法院申请撤诉。李某考虑到在深圳抚养孩子花费较高,张某的收入可以为孩子的成长提供更好的保障,经慎重考虑,接受了张某的和解请求,法院据此作出准予张某撤诉的裁定。

二、司法裁判观点

近年来,随着家事审判改革的逐步深化,各试点法院总结的行之有效的审判实务经验逐步推向全国。针对离婚纠纷、离婚后财产纠纷、抚养费纠纷、继承纠纷等案件中的夫妻财产查明问题,司法审判实践中逐渐由法院依职权调查向当事人主动申报加律师协助调查的方向发展,逐步减轻了法院的取证压力。针对查明财产后如何认定夫妻一方是否存在转移、隐藏夫妻财产的行为,目前审判实践的观点基本趋于一致:对于不动产、车辆等需要登记、备案的财产,如果涉及第三人,在离婚诉讼中一般不予处理,当事人需要另案诉讼;对于银行存款则重点审查夫妻一方名下账户是否存在存款余额较大幅度减少的情形,同时结合夫妻双方的工资收入水平、支付方式等因素进行综合判断,不能将所有大额转账均认定为转移、隐瞒夫妻共同财产。

(一)离婚财产申报时发现一方私自将夫妻共有的不动产转让,另一方可另案提起合同无效之诉[1]

1. 裁判要旨

女方起诉离婚,男方收到法院发来的女方提交的财产申报表及其附件,审查发现女方在男方毫不知情的情况下,将登记在其名下的夫妻共有房产擅自过户到两人的婚生女名下。女儿一直站在女方一方,支持母亲离婚,在明知父母要离婚的情况下,依然将本属于父母共同财产的房产过户到自己名下,造成女方转移夫妻共同财产的后果,损害了男方的合法利益。男方另案提起确认合同效力纠纷之诉。一审法院判决确认女方与女儿签订的二手房买卖合同无效,二审法院维持原判。

---

[1] 参见凌某、郑某之确认合同效力纠纷案,广东省深圳市中级人民法院民事判决书,(2020)粤03民终5292号。

2. 裁判依据

《物权法》第106条[1],《合同法》第52条[2]。

(二)对于婚姻关系存续期间一方已经支出的款项,除能够被证明是恶意转移/隐匿的,均应视为已被用于正常的家庭开支[3]

也就是说原则上离婚案件中所应分割处理的是离婚时现存的财产。夫妻一方是否恶意转移/隐匿财产,应重点审查是否存在银行存款余额较大幅度减少的情形,同时结合夫妻双方的工资收入水平、支付方式等因素综合判断。

1. 裁判要旨

原告姚某诉请分割离婚诉讼中未分割的被告陈某名下所有银行存款,主张对被告恶意转移的财产总额70余万元由原告和被告按7∶3比例分割。法院经审理认为:婚姻关系存续期间,夫妻双方均有在合理范围、合理用途内处分、使用夫妻共同财产的权利;家庭日常支出较为琐碎,项目繁杂,加上家庭生活领域并非商业领域,不宜苛求当事人对每一笔支出都保留证据以用于日后离婚诉讼之用。因此,对于婚姻关系存续期间一方已经支出的款项,除能够被证明是恶意转移/隐藏的,均应视为已被用于正常的家庭开支,也就是说,原则上离婚案件中所应分割处理的是离婚时现存的财产。夫妻一方是否恶意转移/隐藏财产,应重点审查是否存在银行存款余额较大幅度减少的情形,同时结合夫妻双方的工资收入水平、支付方式等因素综合判断,结合本市经济收入情况及消费水平,认定每日1万元以下的支出属于正常生活开支,不予审查处理。原告主张分割被告名下账户大额不合理资金支出要求作为夫妻共同财产由原告和被告各按7∶3比例分割,而被告已就账户资金用途的合理性进行解释,均为被告本人日常生活及消费、支付律师费、与女儿之间正常资金往来等,具有一定的规律性及连贯性,亦不存在突发转移大额资金的现象,同时亦要指出原告在统计大额资金支出时将日常单笔未超过10,000元的资金亦作为大额资金支出予以计算明显不合理,因

[1] 相关规定参见《民法典》第311条。

[2] 相关规定参见《民法典》第148条、第150条。

[3] 参见姚某、陈某离婚后财产纠纷案,广东省广州市越秀区人民法院民事判决书,(2021)粤0104民初10910号。

此原告主张被告转移资金的依据不足,法院不予接纳。

2. 裁判依据

《民法典》第 1092 条。

三、大数据分析

2020 年 4 月 14 日,深圳市中级人民法院发布了《家事审判改革白皮书》。根据该白皮书的分析,自 2017 年 1 月起至 2019 年 12 月止,深圳两级法院的家事案件呈持续增长趋势。其中离婚后财产纠纷案件数量逐年上升,主要集中在当事人双方对离婚协议的履行、对离婚协议约定的财产分配内容等存在争议,或者一方主张对方存在隐瞒、转移财产等情形。数据显示,离婚后财产纠纷中,一方明确主张对方存在转移财产的应当行为,少分或者不分的案件占比达到 21%。形成纠纷的主要原因为:(1)一方或双方急于签订离婚协议,对财产分割未考虑成熟,事后反悔;(2)不具备相关法律知识,离婚时未咨询专业人士,履行协议过程中出现纷争;(3)财产形态多元化,一方隐瞒或转移财产,对小产权房、军产房、理财产品、虚拟产品等不申报,另一方不容易发现等;(4)部分财产未书面约定分割,双方通过默认或口头约定的方式进行处理,情势发生变化后一方反悔;(5)"假离婚"变真离婚,一方反悔。"假离婚"情形发生的原因主要是房产价格上涨快,投资房产有利可图却被限购、限贷政策限制,当事人双方用"假离婚"来争取购房指标以及较低的首付款,结果事后"假离婚"变真离婚。"假离婚"案件当事人的诉求一般为请求法院重新分割离婚协议中已经处理的房产以及离婚后同居期间购买的房产。"假离婚"这一现象高发于前几年,导致近几年该类案件增多。

针对以上现象,深圳两级法院不断强化家事审判权益保障功能,增强改革厚度,其中 2019 年 3 月 14 日经深圳市中级人民法院审判委员会讨论通过的离婚案件财产申报制度,要求双方当事人在举证期限届满前主动申报夫妻共同财产、共同债务,对财产申报制度的适用范围、财产申报表的送达时间、填报截止期限、应申报的财产范围、财产申报的具体程序、未如实申报财产的法律后果等进行了详细规定。该制度为认定隐藏、转移夫妻共同财产行为提供了客观标准,其全面推行有效解决了离婚案件中的财产查明难题。

四、问题解读

2013年，广东省中山市第一人民法院作为广东省首批家事审判改革7个试点法院之一，在全国首创离婚财产申报制度。2015年，最高人民法院杜万华专委对该项制度予以肯定，后逐步在全国进行推广。自该制度实施以后，中山市第一人民法院在审判过程中，基本上能够一次性确定夫妻共同财产的范围，极大地减少了因财产分割问题形成的新矛盾，也减少了由此引发二次诉讼的可能性。初期，该院曾对1例未如实申报财产的当事人进行处罚，对1例隐瞒债权的当事人少分财产，并且加大宣传力度，后截至2020年9月再未出现隐瞒财产的行为，离婚涉财产案件调解率大幅提升，服判率、发改率大幅降低，收到良好的社会效果。[1]

2018年7月18日，最高人民法院出台《家事审判方式和工作机制改革意见》，其中第44条明确规定，对于涉及财产分割问题的离婚纠纷案件，法院应当向当事人送达《家事案件当事人财产申报表》，当事人应当在举证期限届满前填写表格，全面、准确地申报夫妻共同财产和个人财产的有关状况。对拒不申报或者故意不如实申报共同财产的当事人，除了在分割夫妻财产时可以依法对其少分或者不分外，还可以对其予以训诫；情节严重的，可以记入其征信记录；构成妨碍民事诉讼的，可以采取罚款、拘留等措施。

同年7月16日，广东省高级人民法院发布《广东法院审理离婚案件程序指引》，对离婚财产申报进行了明确细致的规定。根据该指引，离婚诉讼中出现双方请求处理的财产范围不一致等情形的，法院可以要求当事人进行财产申报。财产申报包括全面申报、专项申报和补充申报。法院可以根据需要，要求当事人进行一种或多种申报。离婚财产申报表和相关证据材料应当在法庭上出示并由双方当事人互相质证。当事人拒绝进行申报或者补充申报的，应当对超出其请求范围的共同财产予以不分或少分；对故意不如实申报的，对其未如实申报的共同财产予以不分或少分。

2019年3月14日，深圳市中级人民法院审判委员会民事执行专业委员会第3次会议讨论通过《关于实行离婚案件财产申报制度的工作指引》，明

---

〔1〕参见王念、钟劲松：《家事审判改革的“中山模式”》，载中山法院网2020年9月10日，http://www.zsfy.gov.cn/Article/view/cateid/7370/id/44346.html。

确在辖区法院实施离婚案件财产申报制度。指引第2条规定，离婚诉讼当事人应如实填写《离婚案件当事人夫妻共同财产申报表》，并提供自己持有的财产凭证、初步证据或证据线索。第3条详细列明了应当申报的财产内容，包括婚后取得的所有财产和财产性权益、婚内产生的债权债务、婚前购买但是婚后有还贷的动产或者不动产以及其他登记在夫妻一方名下或者由一方持有或者保管的，双方对于是否属于共同财产有争议的财产或者财产性权益。对于未申报或拒绝补充申报、未如实申报、财产分割诉讼结束后发现未申报财产的情况，分别确定了认定规则和处罚规定。其中未如实填写申报表，构成妨害民事诉讼的，法院可以根据民事诉讼法及其司法解释的相关规定，对该当事人予以罚款、拘留，构成犯罪的，依法追究刑事责任。该指引同时适用于抚养权纠纷、离婚后财产纠纷等需要明确夫妻财产范围的诉讼。该指引在最高人民法院的相关意见和广东省高级人民法院相关指引的基础上强化了对未如实申报财产的当事人的惩罚力度，明确了对于妨害民事诉讼构成犯罪的当事人，办案法官可以将相关案件材料移送公安或检察机关追究刑事责任，对试图转移、隐瞒夫妻财产的当事人震慑力加大，对于查明案件事实、保护弱势一方当事人的合法权益具有良好的推动效果，依此作出的裁判往往能够达成服判息讼的法律效果，有望达成减少转移、隐藏夫妻财产行为的良好社会效果。

2022年10月30日，第十三届全国人民代表大会常务委员会第三十七次会议修订通过《妇女权益保障法》，自2023年1月1日起施行。新修订的《妇女权益保障法》第67条第2款规定："离婚诉讼期间，夫妻双方均有向人民法院申报全部夫妻共同财产的义务。一方隐藏、转移、变卖、损毁、挥霍夫妻共同财产，或者伪造夫妻共同债务企图侵占另一方财产的，在离婚分割夫妻共同财产时，对该方可以少分或者不分财产。"该条规定意味着我国在立法层面上正式确立了离婚诉讼财产申报制度。自此，财产申报将成为离婚纠纷案件的当然组成部分，势必对司法审判工作和律师实务产生深远影响。

五、律师实务视角

一直以来，在离婚纠纷、离婚后财产纠纷和抚养费纠纷等与夫妻经济收入和财产情况相关的案件中，夫妻财产的查明都是律师代理案件考虑工作量和收费标准的重中之重。通常来讲，律师在接案时需要详细了解当事人掌握的夫妻财产线索，对于没有掌握线索但又确实存在的财产或者不知是否存在的财产，需要考虑是否有取得线索或调查取证的途径，其中存在较大的不确定性，极大地影响律师的报价。而当事人在询价之初也未必愿意或者有能力向律师提供太过详细的信息。这种双方对案件的发展都无法作出确定性评估的现实，往往导致律师无法精准报价，当事人也缺乏付费意愿，或者心存犹疑，这就使律师报价时往往面临两难困境。

对于如前述李某诉张某的离婚案件，女方对男方的工资收入不知情、不了解，在以前的办案过程中，律师可能需要与当事人进行细致的沟通和引导，通过过往的转账记录、聊天记录或者其他蛛丝马迹来推导男方的财产线索，再在诉讼过程中向法院申请律师调查令，持调查令前往男方的工作单位、不动产登记中心、车管所、中国证券登记结算有限责任公司深圳或上海分公司、银行、社保局、公积金管理局、支付宝、财付通、腾安基金公司等机构和单位查询财产信息，法官是否愿意配合出具调查令，会极大地影响案件的进展。许多案件中，法官可能会根据当事人提供的财产线索出一次调查令，如果代理律师根据该次调取的证据推导出其他财产线索，要求补充调查，不一定会获得支持。

这种局面，在夫妻财产申报制度确立后可能会出现较大变化。目前来讲，深圳各法院已正式实施财产申报制度，包括案前的全面申报和案中的专项申报，均取得了较好的成效。结合律师调查令制度，婚姻家事律师的办案效率和便利性都较往年有了较大幅度的提升，在谈案的过程中，往往只需要尽可能多地了解当事人掌握的基本财产线索，如对方的工作单位，名下是否有房产、车辆，在哪些银行开立了账户以及微信、支付宝的实名认证信息等，便可以通过协助当事人填写财产申报表的方式迫使对方不得不主动申报财产并提供相关凭证，接下来便可以进行质证和进一步申报财产或调查取证了。

基于以上工作方式的变化，律师可以更加准确地评估案件的工作量，从而精准报价，更好地为当事人提供法律服务。

父母为子女婚后购房出资款项性质之探讨

一、案例呈现[1]

(一)基本案情

2015年张某与陈某登记结婚,婚后购买了一套房屋,房产登记各持50%。后来张某起诉陈某离婚,在庭审过程中,关于该房屋的出资情况双方出现了分歧,张某主张其母亲为购房出资110万元,陈某主张其母亲为购房出资20万元,而且双方都主张自己母亲的购房出资款是借款,对方母亲的出资款是赠与。张某同时出具标示时间为2017年的借据,证明向母亲的借贷关系,并申请母亲出庭作证,陈某对张某及其母亲的说辞不予认可,并申请对借据签字的形成时间进行鉴定,鉴定机构出具鉴定意见认为签名不是形成于标示时间。

(二)争议焦点

若出资性质未约定或者约定不明,父母为子女婚后购房出资款项的性质应当如何认定。

(三)法院裁判结果

一审法院认为,若对相关出资款没有约定或者约定不明时,婚后父母相应的出资行为应视为对双方的赠与。而本案张某及其母亲对涉案的110万元出资行为均应认为是民间借贷关系,张某为此提供了借据及相应款项交付凭证,其母亲对借据及交付凭证均予以认可,本案借贷关系的事实清楚,证据确实充分,虽然借据系事后出具,但不影响双方借贷的真实意思表示。陈某认为该出资行为并非借款而是赠与,但并未提交充足的反驳证据予以证实,法院不予采信。此外,张某、李某二人在购买房产之时已经成年且具

---

〔1〕 因可能涉及当事人隐私,裁判文书号不予披露。

有稳定的工作收入。而张某的母亲已经60多岁,对张某买房不负有出资义务。其向张某提供买房款项更多的是一种对自己子女的临时资助,而不应当理所当然地视为赠与,否则将损害父母的权益,甚至有可能会使年老的父母因此陷入经济窘境。因此在张某的母亲没有明确表示出资是赠与的情况下,应将该笔出资款认定为对张某和李某的临时性资金出借。

二审法院认为,双方当事人的母亲均在双方购房时有出资行为,但该出资在性质上均属于债,与涉案房产的物权分割没有关系。张某虽然出具了其向母亲出具的借款凭证,但该凭证系事后出具,真实性存疑,且难以反推其母亲出资之时的真实意愿是借款还是赠与。在陈某对该款项的借款性质不予认可的情况下,不足以认定该出资为借款,根据《民法典婚姻家庭编解释(一)》第29条之规定,认定张某母亲出资款项性质为赠与。

二、司法裁判观点

《民法典》施行后,不同法院关于父母出资款项性质的争议主要表现为在父母为子女婚后购房出资时未约定或者未明确约定的情形下,该款项性质应认定为借款还是赠与,司法实践中,关于父母为子女婚后购房出资款项性质认定的分歧主要表现在举证责任的分配上。孙若军教授认为,父母为子女购房出资的性质认定是事实判断的问题,法官在无法查清事实的情况下,根据经验法则与举证责任分配的一般规定,由主张赠与法律关系存在的当事人承担赠与关系存在的举证证明责任是较为妥当的。[1] 广东省珠海市中级人民法院在一则民事判决书中亦认为,对赠与事实的认定标准是"确信该待证事实存在的可能性能够排除合理怀疑",高于一般事实"具有高度可能性的"证明标准。[2] 因此,一般情况下,若父母未对出资做出明确的赠与意思表示且子女也无法证明出资款项为赠与性质的,宜认定为民间借贷关系。

三、大数据分析

笔者在阿尔法法律智能系统上,以《民法典婚姻家庭编解释(一)》第29

---

〔1〕 参见李凯文:《"父母出资购房"问题的类案检索与裁判规则研究—一个老问题、一种新方法》,载搜狐网2021年6月6日,https://www.sohu.com/a/470714588_121123711。

〔2〕 参见广东省珠海市中级人民法院民事判决书,(2021)粤04民终87号。

条第 2 款作为关联法条，以“父母出资”为关键词，共检索到 2021 年 1 月 1 日之后的判决书 111 份。剔除父母为子女婚前购房出资、夫妻双方共同出具的借条、另一方认可出资方子女出具的借条等无争议的案例，共找到符合条件的案例 82 件。

最终筛选结果显示，案例样本的案由主要集中为民间借贷纠纷，共计 62 件，另外，离婚后财产纠纷 13 件，离婚纠纷 4 件，所有权确认纠纷、共有物纠纷以及合同纠纷各 1 件。在审理程序上，样本案例中有 33 件是一审终审，有 49 件进入二审程序。

笔者认为，公布的案例中，主案由集中在民间借贷纠纷，而离婚纠纷中仅占少数案件的原因在于离婚诉讼案件涉及当事人个人隐私，故鲜有判决文书公开，此外，在离婚诉讼中，法官主要围绕双方的感情是否破裂、子女抚养问题、夫妻共同财产等与夫妻双方关系密切的问题进行审理，而对于涉及第三方的债务承担问题，法院一般不予处理，需要当事人另案起诉。按照我国婚嫁传统，父母出资为子女购买房产具有一定的普遍性，故相关案件涉及的法律问题在司法实践中也一直备受关注。

经过统计分析，笔者发现该类案件具有以下特点：

1. 案件多发生在夫妻双方感情破裂后

该类案件大多数发生在夫妻双方离婚后或者虽然尚未离婚但感情也已经出现破裂时。在现实生活中，夫妻双方一旦（拟）进入离婚程序而且对于财产分割无法达成一致意见，那么往往会寻求通过司法程序多分一点财产或让对方少分点财产。在此情形下，如果父母为双方婚后购房进行过资助，那么关于该款项的性质便成为双方争议的焦点。出资方子女要么在离婚诉讼或离婚后财产纠纷诉讼中主张己方父母的出资款项为借款，从而要求对方承担夫妻共同债务；要么通过其父母提起民间借贷之诉，从而要求对方承担归还借款。

2. 案件上诉率较高

该类案件一半以上进入二审程序，一方面是因为该类纠纷与个人、家庭利益息息相关，而一审法院的判决结果不可能令双方都满意；另一方面则是与当前我国司法裁判规则不统一有关，当事人寄希望于通过二审改判或者发回重审来实现自己的利益诉求。

四、分析解读

(一)问题背景和研究价值

我国房价居高不下,尤其是一线、二线城市的房价更是逐年在上涨,这就导致很多年轻人在结婚买房时不得不依靠自身父母的资助。对于这类群体来说,一旦夫妻双方的感情破裂,关于婚后买房时父母出资款项性质的争议便会变得尖锐起来。

《民法典》以及《民法典婚姻家庭编解释(一)》为这一争议的解决提供了一定的法律指引,但是由于各方所代表的立场、对法条的理解与适用以及个人价值观等方面存在差异,对于该问题的讨论仍然无法达成比较统一的意见。因此,笔者将以《民法典》及《民法典婚姻家庭编解释(一)》为基础,通过对比《民法典》施行前后对于这一问题的不同法律规定,分析理论界及司法实践中对于父母出资款项性质的不同观点,对该问题提出一些个人见解。

(二)理论界和实践中的主要观点

1.《民法典》施行前后关于父母为子女婚后购房出资款项性质的相关法律规定

《民法典》颁布施行前,关于父母为子女婚后购房出资款性质的规定主要体现在《婚姻法》及其相关司法解释。依据《婚姻法》第 17 条第 1 款第 4 项及第 18 条第 3 款之规定,夫妻在婚姻关系存续期间因赠与所取得的财产归双方共同所有,除非赠与合同中确定该赠与财产只归夫或妻一方所有。《婚姻法司法解释(二)》第 22 条第 2 款[1]对婚后父母为双方出资购房款项性质进行了规定。2011 年,最高人民法院出台了《婚姻法司法解释(三)》,该解释第 7 条[2]一度引发学界热议,对于该问题,杜万华大法官认为上述

[1] 《婚姻法司法解释(二)》第 22 条第 2 款规定:"当事人结婚后,父母为双方购置房屋出资的,该出资应当认定为对夫妻双方的赠与,但父母明确表示赠与一方的除外。"

[2] 《婚姻法司法解释(三)》第 7 条规定:"婚后由一方父母出资为子女购买的不动产,产权登记在出资人子女名下的,可按照婚姻法第十八条第(三)项的规定,视为只对自己子女一方的赠与,该不动产应认定为夫妻一方的个人财产。由双方父母出资购买的不动产,产权登记在一方子女名下的,该不动产可认定为双方按照各自父母的出资份额按份共有,但当事人另有约定的除外。"

第7条适用的情形为一方父母全额出资且产权登记在己方子女名下,并且该出资是为了子女本身,不存在借名买房的真实意图。

《民法典》第1062条第1款第4项及第1063条第3项对夫妻在婚姻关系存续期间受赠的财产性质进行了规定,总体上与《婚姻法》保持一致。《民法典婚姻家庭编解释(一)》第29条[1]沿用《婚姻法司法解释(二)》第22条第2款的规定,关于父母购房出资款项的认定首先遵循尊重约定及意思自治原则,在没有约定或者约定不明的情况下,再依据《民法典》第1062条第1款第4项的规定处理。

2. 理论界关于父母为子女婚后购房出资款项性质的主要观点

关于父母为子女婚后购房出资款项的性质,理论界主要存在"赠与说"和"民间借贷说"两种不同的观点。

"赠与说"认为,父母为子女出资的法律事实发生于婚姻关系存续期间,如果出资时没有达成借贷合意,在子女离婚后以民间借贷纠纷起诉要求返还出资款的,是随着客观条件变化而改变自己的意思表示,对相对人是不公平的。此外,父母为子女婚后购房出资具有别于一般民间借贷的特殊性,在此类案件中如果相关当事人主张出资款项为借贷的,应承担相较于一般民间借贷中债权人更高的证明责任。[2] 进一步来说,结合父母出资房产产权登记的情况,若房产仅登记在出资方子女名下,应认定为是父母将出资赠与给自己的子女;若登记在夫妻双方名下的,对非子女一方则应视为附条件赠与。

而"民间借贷说"则基于保障父母利益以及公序良俗的原则,认为父母为子女购房出资对应的是子女履行赡养父母的义务。

(三)律师观点

父母为子女婚后购房出资款项性质之认定不仅关系到夫妻之间的财产分配,而且关系到父母与子女之间的家庭伦理关系。在认定父母出资款项性质时,不宜陷入非此即彼的两种极端判断,而应当结合举证责任的分配、

[1] 《民法典婚姻家庭编解释(一)》第29条第1款规定:"当事人结婚后,父母为双方购置房屋出资的,依照约定处理;没有约定或者约定不明确的,按照民法典第一千零六十二条第一款第四项规定的原则处理。"

[2] 参见刘婷婷、井维颜:《"父母为婚后子女购房出资性质"的类案分析——以中国裁判文书网158件案例为样本》,载《天津法学》2022年第1期。

父母与非子女方利益的平衡以及公序良俗原则来进行综合认定。

1. 举证责任的分配

一个有效的民事法律行为需要具备以下三个要件:一是行为人具有相应的民事行为能力;二是意思表示真实;三是不存在违反法律、行政法规的强制性规定,违背公序良俗,损害国家和他人合法权益等无效情形。在未约定或者未明确约定出资款项性质的情况下,往往难以通过证据确定父母在出资时的真实意思表示,此时双方当事人的举证责任分配可能就决定了法院关于涉案款项性质的认定。该类案件举证责任的分配主要体现为应由出资父母或者出资方子女举证证明出资款项为借款,还是应由非子女一方的配偶举证证明出资款项为赠与。

笔者认为,对于该问题的讨论,应当回归到《民事诉讼法》关于举证责任的分配上。我国《民事诉讼法》关于举证责任的分配遵循"谁主张谁举证"的原则,即由原告和被告对各自所主张的事实提供相应的证据,否则应当承担举证不利的后果。更进一步地,不同案件中诉讼当事人之间基础法律关系的差异可能也会导致举证责任分配的区别。

(1)在父母为原告、子女及其配偶为被告的民间借贷案件中关于父母出资款项性质的举证责任分配

根据最高人民法院《关于审理民间借贷案件适用法律若干问题的规定》第16条〔1〕的规定,民间借贷纠纷案件的原告虽然无法提交借款合同等直接证据,但如果其能够提交已经实际支付款项的相应证据,在举证责任上应认定原告已经对双方存在借贷事实完成了初步举证。此时,被告如果提出双方之间款项支付的其他事实基础,则需要对其主张予以举证证明。因此,在出资方父母为原告、子女及其配偶为被告的民间借贷案件中,即使父母方无法提供借条、欠条等借款凭证,但能够提交银行交易流水等金融机构转账凭证证明款项交付的事实,仍应当认定父母已经完成了关于借贷关系存在的初步举证。此时,如果子女的配偶主张出资款项为赠与性质,那么举证责

〔1〕 最高人民法院《关于审理民间借贷案件适用法律若干问题的规定》第16条规定:"原告仅依据金融机构的转账凭证提起民间借贷诉讼,被告抗辩转账系偿还双方之前借款或者其他债务的,被告应当对其主张提供证据证明。被告提供相应证据证明其主张后,原告仍应就借贷关系的成立承担举证责任。"

任就转移到子女的配偶一方。同时结合《民诉法解释》第109条[1]的规定，对赠与事实的证明标准为“能够排除合理怀疑”，高于一般事实的“具有高度可能性”的证明标准，因此如果作为主张赠与一方的子女配偶无法证明赠与事实的存在，应承担举证不利的后果。

(2)父母出资款项性质举证责任该如何分配的问题

在离婚诉讼中，父母并非诉讼参与人，如果案件审理仅涉及夫妻共同债务的认定问题，这属于债务在夫妻双方的内部划分，不影响父母作为债权人的权益；但如果涉及债务是否客观真实，则会对作为债权人的父母的权益产生根本影响，[2]此时不宜在离婚诉讼中进行审理，债权人可以通过另行起诉的方式来实现和保护自己的权益。[3] 因此，当离婚诉讼涉及父母出资款项性质认定时，应遵循夫妻共同债务认定的规则，由主张出资款项为借款/夫妻共同债务的一方承担存在举债事实及举债合意的证明责任，否则应承担举证不能的后果。

(3)认定父母出资款项性质的关键

根据《民法典婚姻家庭编解释(一)》第29条的规定，父母为双方购置房屋出资的，依照约定处理，该约定应当限定为出资人与子女在出资前后的合理期限内，为双方的真实意思表示。如果在出资时并未有明确约定，在子女婚姻出现问题后再主张借贷关系，则因有悖于诚实信用原则而不应得到支持。

2. 父母与子女配偶利益的平衡

对于父母出资款项性质的认定常常会涉及对父母方和子女的配偶方二者利益的博弈。虽然父母在法律上没有义务为成年子女买房出资，但是大多数父母在子女需要资金帮助的时候，还是会主动为自己的子女提供资金帮助，甚至不惜为了满足子女的需要而进行举债，而且基于亲情关系，父母在为子女提供资金时往往不会要求子女写借条。因此，如果在父母无法提

---

[1] 《民诉法解释》第109条规定：“当事人对欺诈、胁迫、恶意串通事实的证明，以及对口头遗嘱或者赠与事实的证明，人民法院确信该待证事实存在的可能性能够排除合理怀疑的，应当认定该事实存在。”

[2] 参见周记南：《离婚诉讼中夫妻共同债务处理的审判分析》，载《法制博览》2020年第6期。

[3] 参见周重庆：《离婚诉讼中夫妻共同债务处理的审判实践思考》，载《法制与经济·实务探索》2014年第11期。

供借条证明存在借款关系的情况下，一律将父母的出资款项认定为赠与，将严重侵害父母的利益。而站在配偶的角度，特别是女性配偶，很多女性在婚后将大部分精力投入家庭照顾中，让男性有更多的精力发展自己的职业，这也导致了男女两性之间在职业市场上的价值逐渐失衡。[1] 如果在子女感情破裂出现纠纷时一概将父母的出资定义为借贷，父母的出资便会变成挟制子女配偶的手段，这不仅会侵害配偶一方的利益，而且也与婚姻家庭法保障婚姻关系和谐稳定的初衷相悖。因此，就司法实践中存在的争议及司法裁判标准不统一的情形，还有待在日后的立法中进一步完善。

3. 公序良俗

我国有敬老慈幼的传统，在法律上相应地表现为父母负有抚养未成年子女的义务以及成年子女负有赡养年老父母的义务。但不管是道德上还是法律上，父母对于成年子女均没有进行无偿资金资助的义务。因此，在无法查明父母出资性质时，将父母的出资直接推定为赠与会纵容不劳而获的不良思想，而且可能会让父母陷入经济窘境，违背社会的公序良俗。

五、律师实务视角

综上所述，关于父母为子女婚后购房出资款项性质的认定，不仅取决于双方举证责任的分配，而且也会受到法官价值取向等主观因素的影响。那么作为案件当事人及其代理律师，应当通过举证尽量向法官还原我们希望呈现出来的事实“真相”。比如，在离婚诉讼中，作为主张自己父母出资款项为借款的一方，需要尽量收集父母出资的证据以及父母出资时表现出借款意思表示的证据；在没有借条等直接证据的情况下，需要尽量收集书面聊天记录、录音等可以证明父母出资是借款或者配偶一方对借款性质予以确认的证据；此外，也可以通过提交父母收入来源、家庭开支等证明父母经济情况比较困难的证据来侧面帮助法官作出对于父母出资款项性质的认定。

当然，“斗而铸兵”不如“未雨绸缪”。《民法典婚姻家庭编解释(一)》第29条第2款的立法本意也是意在指引父母和子女双方在购房出资时通过约定的方式将出资款项的性质明确下来。因此作为出资方的父母在出资时不

---

〔1〕 参见张振华：《〈民法典〉视阈下婚后父母出资购房性质研究》，载《中共郑州市委党校学报》2021年第3期。

妨考虑清楚是赠与还是借贷,是赠与子女一方还是赠与双方,然后通过书面约定的方式进行固定,这对于父母一方是一种保护,对于配偶一方也是一种保护。

离婚时“小产权房”分割方式探讨

自1980年设立深圳经济特区以来，经济高速发展，大量外商投资者及外地人口涌入，导致住房需求飞速增加，房价及房屋租金也快速增长。为此，大量深圳本地原村民在旧宅基地上超出原批准建设面积加建或扩建房屋用于出租或转让获利，大量的外商投资者及外地人口向原村民或村委会非法购买土地建设厂房、住宅用于经营或出租获利。此外，随着房价的持续走高，在深圳购买“小产权房”也逐渐成为不少人选择的投资途径。然而，随着深圳房价的不断上涨，城市更新拆迁补偿收益巨大，包括夫妻离婚时“小产权房”分割纠纷在内的“小产权房”引发的争议也层出不穷。本文结合“小产权房”的不同形态、相关法律规定、法院审判案例及实践中的做法对离婚中“小产权房”的分割方式进行简要探讨。

一、案例呈现[1]

（一）基本案情

余某和彭某2012年登记结婚，两人婚前共同出资购买了位于大冶市金井路×号×室的小产权住房一套，房屋总价款20.1万元。婚后，双方共同生育一女儿余某2，女儿由女方彭某照顾较多。2016年起双方搬至该住房共同居住生活。2018年彭某以夫妻感情破裂为由起诉离婚，法院判决不准许后，夫妻感情仍未好转，2019年彭某再次起诉离婚，诉请主张女儿的抚养权和抚养费，同时要求判决大冶市金井路×号×室住房归自己所有。该住房在判决时仍未取得房屋所有权证。

（二）争议焦点

（1）双方均主张婚生女的抚养权，婚生女应由谁抚养。

---

〔1〕 因可能涉及当事人隐私，裁判文书号不予披露。

(2)对于大冶市金井路×号×室住房,原被告均主张房屋所有权,房屋所有权能否分割?如不能分割应如何处理。

(三)法院裁判结果

一审法院认为,关于双方女儿余某2的抚养问题,结合二人的工作性质及余某2年龄较小,彭某对其日常生活照料较多等因素,由彭某直接抚养女儿余某2更有利于其健康成长。关于双方共同购买的大冶市金井路×号×室住房,双方均主张该房屋的所有权,因双方尚未取得该房屋的所有权,且双方对房屋的处理协议不成,对该房屋所有权的归属不予处理,但对房屋的使用权应予确定。根据上述房屋的具体情况,同时考虑双方女儿余某2居住环境和生活条件的实际情况,本着适当照顾子女和女方权益的原则,上述房屋由彭某使用,给予余某适当的补偿。根据双方陈述的该房屋购买、装修价款和双方婚前各自出资款项,法院酌定彭某补偿余某12万元。

二审法院认为,关于诉争房屋,该房屋系"小产权房",不宜判定房屋所有权的归属,而仅能就房屋使用权进行处理。一审判决结合双方房屋出资情况,考虑未来由彭某抚养女儿余某2,故其对诉争房屋有更为必要的客观需求,在判令彭某给予12万元补偿的同时,确认诉争房屋由彭某和女儿余某2使用更符合情理,亦与法律并行不悖,法院对此亦予维持。

二、司法裁判观点

法院处理"小产权房"使用权的先决条件一般会关注以下三部分内容。

(一)"小产权房"没有被行政机关认定为违法建筑

根据我国《土地管理法》第74条、第77条和第78条第1款[1]的规定,对违反土地利用规划建造的建筑物,行政机关有权拆除或者没收。另外,根

---

[1] 《土地管理法》第74条规定:"……对违反土地利用总体规划擅自将农用地改为建设用地的,限期拆除在非法转让的土地上新建的建筑物和其他设施,恢复土地原状,对符合土地利用总体规划的,没收在非法转让的土地上新建的建筑物和其他设施……"

第77条规定:"……对违反土地利用总体规划擅自将农用地改为建设用地的,限期拆除在非法占用的土地上新建的建筑物和其他设施,恢复土地原状,对符合土地利用总体规划的,没收在非法占用的土地上新建的建筑物和其他设施……"

第78条第1款规定:"农村村民未经批准或者采取欺骗手段骗取批准,非法占用土地建住宅的,由县级以上人民政府农业农村主管部门责令退还非法占用的土地,限期拆除在非法占用的土地上新建的房屋。"

据我国《城乡规划法》第 64 条和第 65 条的规定，对违反建设工程规划的建筑物，行政机关也有权拆迁或者没收。因此，“小产权房”如因前述情形被行政机关责令拆除或没收，在离婚纠纷中法院是不予处理的，否则就会跟行政机关的拆除或没收决定相冲突。

虽然深圳大量的“小产权房”都属于前述违反土地利用规划或建设工程规划而建造的违法建筑，但是“小产权房”的产生具有特殊的历史因素，且这些小产权房解决了大量外来人口的生产、生活及居住问题，所以行政机关并没有对这些历史遗留的“小产权房”作出责令拆除或没收的处罚。因此，对于此类长期存在且没有被处罚的“小产权房”，在离婚纠纷中法院一般会对使用权进行分割。

（二）“小产权房”为夫妻共同财产

同所有的离婚财产分割一样，只有当“小产权房”是夫妻共同财产时，才能在离婚时主张分割。司法实践中，当事人可以通过以下材料来证明“小产权房”是夫妻共同财产。

（1）已进行历史遗留违法建筑申报的房屋，提供申报登记回执，根据申报回执上记载的权利人来证明属于夫妻共同财产；

（2）如果“小产权房”是向村委会或股份合作公司购买的统建房，则法院会根据认购合同及支付凭证来判决是否属于夫妻共同财产；

（3）根据建房的村镇住宅建筑许可证、开工许可证及村委会或股份合作公司出具的证明来认定；

（4）在少数的案件中，夫妻双方没有前述 3 方面的证明材料，则只有通过“小产权房”所在的村委会或股份合作公司出具的房屋实际由夫妻双方长期占有使用的证明来认定。

但是，需要注意的是前述证据材料尤其是历史遗留申报回执、认购合同、支付凭证、村镇住宅建筑许可证等证据材料上一定要能够体现夫妻双方的名字，或虽然是一方的名字但有证据证明房屋是夫妻婚姻关系存续期间取得或建造的，法院才会认定为夫妻共同财产并进行处理。

（三）没有第三方争议

由于“小产权房”没有房屋产权管理部门发放的“不动产权证”，没有在房产登记部门进行登记，因此其权属是不清晰的，法院在离婚分割时将其作为夫妻共同财产处理时尤为关注是否涉及第三方权益，一旦“小产权房”争议涉及第三方权益，如出现下列情况：历史遗留违法建筑收件回执、购房合同或者村镇住宅建筑许可证等证明房屋来源或权利的相关凭证上并不是夫妻双方或一方的名字，法院通常都会不予分割。

1. 案例一

夫妻双方以一方父母的名字向股份合作公司购买了集资房，购房合同及股份合作公司权利证明上写的是父母的名字，在离婚纠纷案中另一方虽然能够证明夫妻双方出资且房屋一直由夫妻双方同父母居住，但因房屋涉及被告父母的利益，法院没有支持原告分割使用权的请求。[1]

2. 案例二

夫妻离婚要求分割 4 栋“小产权房”，但是其中有 3 栋已经分别以子女的名义进行了历史遗留违法建筑申报，最终法院也认为涉及第三人利益，不予支持该 3 栋以子女进行申报的房屋使用权分割请求。

3. 案例三

原告提交了以被告的名义购买的一栋“小产权房”的购房合同及付款凭证，但由于历史遗留违法建筑申报回执上不是被告的名字而是原卖方的名字，法院也认为房屋涉及第三方利益不予处理。但因被告主张房屋已经售出，法院支持了原告主张按照购买价格予以补偿的请求。[2]

现将法院处理“小产权房”的规则介绍如下：

（1）相关凭证上是夫妻一方与案外人的名字，房产可能涉及案外人的财产权利，在离婚纠纷中法院不予处理。

例如，在检索到的深圳市中级人民法院办理的一起案件中，法院认为“小产权房”在历史遗留违法建筑的普查活动中由夫妻一方和案外第三人的名字进行了共同申报，该房产可能涉及案外人的财产权利，因此没有支持原告分割使用权请求。

如果出现这种情况，当事人可以提起离婚后财产纠纷，把案外人作为共同被告或者列为第三人参加诉讼，在审理过程中法院依法查明原夫妻双方

---

〔1〕 参见广东省深圳市宝安区人民法院民事判决书，（2020）粤 0306 民初 9660 号；广东省深圳市宝安区人民法院民事判决书，（2020）粤 0306 民初 10726 号。

〔2〕 参见广东省深圳市中级人民法院民事判决书，（2019）粤 03 民终 5376 号。

与第三人各自的财产份额后依法分割使用权。例如,在检索到的深圳市宝安区人民法院作出的一个判决中,妻子在判决离婚后,另行起诉分割"小产权房",将前夫和历史遗留申报回执上的案外第三人作为共同被告起诉,法院经审理认为"小产权房"50%的份额属于原告与前夫的夫妻共同财产,并最终判决一部分使用权归原告。

(2)房屋来源或权利证明的凭证上虽然是夫妻双方或一方的名字,但其中一方主张或第三方向法院主张涉案房屋是与第三方共同购买或建造并能提供证据证明,就会使法院对"小产权房"是否是离婚夫妻的共同财产产生合理怀疑,法院则通常会认为该"小产权房"涉及第三方权益而不予处理。

例如,在赖某与李某1离婚后财产纠纷中,"小产权房"虽然以被告的名义申报了历史遗留回执,但是被告主张房屋是父母出资建设并提交建造房屋时自己刚参加工作没有经济能力的证据,以及房屋建造好后一直是父母收取租金管理使用的证据,因此法院也认为房屋涉及被告父母的利益没有支持原告分割"小产权房"的请求。[1]

(3)虽然相关房屋来源或权利的相关凭证上是夫妻双方或一方的名字或者其中一方或第三方向法院主张涉案房屋已经出售并交付给第三方并能提供证据证明,此时法院也会认为该"小产权房"涉及第三方权益而不予处理。但如果另一方将诉讼请求变更为分割"小产权房"出售价款,法院一般会予以支持。

三、问题分析

(一)"小产权"房概念及历史成因分析

"小产权房"不是一个法定的概念,实践中通常所说的"小产权房"是对没有经规划国土部门批准,违反规划、土地等有关法律法规规定非法占用的房屋,或虽有合法土地来源但没有办理建设工程规划手续或违反建设工程规划手续建造的房屋的一种统一俗称。这类房屋都有一个共同特征——无法办理房产登记取得不动产权证,所以俗称"小产权房"。

深圳自20世纪80年代以来随着经济的高速发展、住房需求的日益增长,产生了大量的"小产权房"。这些历史遗留的"小产权房"为深圳的发展

---

[1] 参见广东省深圳市宝安区人民法院民事判决书,(2019)粤0306民初13357号。

作出了一定贡献,但是为了更加健康合理地发展,深圳将这些“小产权房”分为经营性违法建筑和违法私房两类,分别出台了不同规定[1]进行确权登记,并发放不动产权证。该部分已确权并发放不动产权证书的房产,已不属于“小产权房”的范畴,不纳入本文探讨范围。但是,毕竟经确权发放不动产权证书的房屋占少数,绝大部分历史遗留违法建筑只停留在进行历史遗留违法建筑申报登记阶段。此外,还有一些违法建筑不符合条件没有进行申报登记。例如,原村民委员会或股份合作公司违法建造的统建楼(也存在少量办理了相关用地规划许可证并依法建造的情况),统建楼建好后通过与原村民、购房者签订合作建房协议或购房协议,有的还会以原村民委员会或股份合作公司的名义向购房者发放《房屋使用权证明》,分配给原村民或对外出售。前述只进行了历史遗留违法建筑申报登记及无法申报历史遗留违法建筑的房屋属于本文探讨的“小产权房”范畴。

(二)法律规定及司法参考意见中涉及离婚“小产权房”分割的规定

“小产权房”在物理属性上具有“房屋”使用功能,但我国实行不动产物权登记主义,“小产权房”在未经确权并依法进行产权登记之前,其权属是不明确、不合法的。而违建的“小产权房”还存在被行政机关责令拆除的风险。因此,“小产权房”的所有权归属在离婚分割夫妻共同财产时是不能处理的。但离婚纠纷中的“小产权房”使用权可由法院处理,因为“小产权房”与合法登记的房屋在使用功能上并无区别,具有使用价值和经济利益价值。

根据《民法典婚姻家庭编解释(一)》第77条的规定,未取得所有权的房屋,如果当事人无法协商一致的,法院虽然不能就房屋所有权归属进行处理,但是可以判决房屋由当事人使用。该规定沿袭了《婚姻法司法解释(二)》中的规定。前述司法解释中未取得或未完全取得所有权的房屋主要是指经济适用房、按照成本价或标准价购买的福利房以及还没有办证的商品房等。但司法审判实践中很多法院在离婚纠纷中对“小产权房”也参照适用前述规定处理,根据实际情况判决分割“小产权房”的使用权。

此外,北京市高级人民法院民一庭2016年8月4日发布实施的《关于审

---

[1] 具体为《深圳经济特区处理历史遗留生产经营性违法建筑若干规定》及《深圳经济特区处理历史遗留违法私房若干规定》等规定。

理婚姻纠纷案件若干疑难问题的参考意见》第35条[1]对小产权房在离婚时的处理,分不处理、可以处理所有权、可以处理使用权三种情况作了更为详细的规定。北京市高级人民法院的前述参考意见为解决离婚中“小产权房”分割问题提供了切实的处理方法,尤其是明确了可以对实践中虽没有合法行政报建手续但又长期未受到行政处罚的“小产权房”的使用权分割处理方式,这对于离婚纠纷中“小产权房”的分割很有借鉴意义。深圳的司法审判实践对离婚时“小产权房”的处理方式也基本与北京市高级人民法院的参考意见一致,对未被有权机关认定为违法建筑的“小产权房”,如有证据证明是夫妻共同财产的,使用权可以分割。

(三)“小产权房”使用权的具体处理方式

1.“小产权房”可以分割

如果“小产权房”有多个楼层,或者有多个独立的使用空间(从建筑构造上已经分为多个独立的单元房),这种情况下可以直接分割使用,法院可以判决夫妻双方各自使用一部分楼层或单元房。笔者代理的某离婚案件中的“小产权房”共6层,法院判决1、3、5层归男方使用,2、4、6层则归女方使用。也有些判决书中直接判决夫妻双方分别使用“小产权房”中的哪些单元。如果“小产权房”只有一个独立单元,由于夫妻离婚,为避免发生争议法院通常不会判决夫妻双方共同使用,除非夫妻双方均同意。

但是在直接分割使用权时,往往会因为不同楼层、不同单元的面积不一致存在一定的面积差,故而很难做到平均分割。这时法院会根据照顾女方或未成年子女等原则进行判决,如一方提出面积差价补偿,法院通常不会支持。

此外,如果“小产权房”虽然是可以直接分割使用,但是一方不主张使用权而要求补偿,这时法院会怎么处理呢?一般情况下,除非双方均同意该处

---

[1] 北京市高级人民法院民一庭《关于审理婚姻纠纷案件若干疑难问题的参考意见》第35条“小产权房分割”中规定:“对于已被有权机关认定为违法建筑的小产权房,不予处理;但违法建筑已经行政程序合法化的,可以对其所有权归属做出处理。对于虽未经行政准建,但长期存在且未受到行政处罚的房屋,可以对其使用做出处理。在处理使用时,人民法院应向当事人释明变更相关诉讼请求。在处理相关房屋的使用归属时,能分割的进行分割,不能分割的可采用协商、竞价、询价等方式进行给予适当补偿。在涉小产权房分割案件中,应在判决论理部分中明确使用处理的判决内容不代表对小产权房合法性的认定,不能以此对抗行政处罚、不能作为产权归属证明或拆迁依据等。”

理方式，且对补偿金额能够协商一致或同意由第三方评估机构进行评估，否则法院一般仍会直接分割使用权。

2.“小产权房”不宜分割

(1)第一种情况：夫妻双方一方要求使用权，另一方要求经济补偿

法院通常会询问双方对“小产权房”价值的意见，由双方自行协商确定价值，如果双方协商达成一致，法院直接根据协商一致的价格来确定应补偿另一方的金额；如果双方不能协商达成一致，但均同意委托第三方评估机构或咨询机构对“小产权房”价值进行评估或咨询，则法院会按照评估或咨询报告中确定的“小产权房”价值明确经济补偿金额。但如果主张补偿一方不同意评估，法院则很难处理，在个别案件中法院参考“小产权房”的租金收益情况判决先给付其适当补偿，待其可以评估后再另行解决。

(2)第二种情况：夫妻双方均主张使用权

该种情形下，除了可以协商确定价值、委托第三方评估价值外，还可以由双方进行竞价，即出价高的一方取得房屋使用权，法院按照其所出的价格作为“小产权房”的价值来依法补偿另一方。

(3)第三种情况：夫妻双方均不主张使用权

“小产权房”无法合法交易，近年来法院也不对“小产权房”进行拍卖或变卖，如果夫妻双方离婚时均不主张使用权，法院应行使释明权告知其只能分割使用权，并尽量促成双方就使用权分割达成合意，或者促使一方愿意分割使用权，否则法院很可能驳回双方要求分割的主张而暂不处理“小产权房”。在深圳这种情况比较少见，因为深圳的房价不断攀升，近年来随着城市更新项目的不断推进，很多当事人更看重的是房屋在城市更新中的拆迁赔偿利益，一般都会主张使用权。

四、律师实务视角

(一)如何确定“小产权房”价值

如前所述，如果无法分割“小产权房”的使用楼面、单元或面积，取得“小产权房”使用权一方则需要对另一方进行经济补偿，因此需要确定“小产权房”的价值。在双方不同意采取协商或竞价的方式时，“小产权房”的价值该怎么确定呢？

如果双方均同意法院委托房地产评估机构出具咨询报告，并以咨询报告中的咨询结果为依据进行补偿，则法院会委托第三方机构对“小产权房”的价值进行评估或咨询。但需注意，由于历史遗留违法建筑转让交易的数据难以采集，评估公司通常不采用市场比较法进行评估，而是认为此类房屋可以通过出租获取收益且租赁市场较为成熟，所以会选取收益法来确定其价值。当然，如果“小产权房”是向村委会或股份合作公司购买的集资房，此类房屋买卖交易可能会较为活跃，评估公司比较容易搜集买卖交易案例，所以通常会采用比较法确定其价值。

此外，实践中很多的当事人在意的并不是“小产权房”的现时价值，更多考虑的是未来拆迁时可能会产生数倍于现时价值的收益。但是，在争议的“小产权房”会不会拆迁、何时拆迁都不确定的情况下，除非双方能够协商搁置争议待“小产权房”实际拆迁时再分割拆迁收益，否则法院仍会按照“小产权房”的现时价值进行处理。

（二）其他争议难点

法院在离婚纠纷中分割“小产权房”的使用权，是基于夫妻双方婚姻身份关系解除需解决因离婚在夫妻双方之间产生的财产归属分割问题，法院在离婚判决中对“小产权房”进行处理的法律效力应限于离婚的夫妻之间，不能在与第三人就房屋权属发生争议时用于对抗，也不能在行政机构对房屋是否合法进行认定或处理时用于对抗。

北京市高级人民法院民一庭《关于审理婚姻纠纷案件若干疑难问题的参考意见》第 35 条就明确规定在判决书中应当明确使用权处理的判决内容，不能用来对抗行政处罚、不能用来作为所有权归属认定的依据、不是对“小产权房”合法性的认定。实践中深圳很多法院在判决书中也会明确载明对“小产权房”使用权的处理内容不代表对“小产权房”合法性的认定。

对于“小产权房”的处理，既要保护相关权利人的利益，也要考虑维护社会稳定，在解决争议时无论是法院、代理人还是当事人都应当灵活创新，找到切实可行的解决方案。

虚拟股在离婚诉讼中的认定与分割

虚拟股作为一种员工激励方式在实践中广泛适用，是公司对特定员工的激励制度，通过该制度促使公司与员工之间互利共赢、互相成就。在离婚诉讼中，不同于其他具有明确价值的财产的易于分割性，虚拟股的价值及收益均具有不确定性。那么，虚拟股在什么情况下能够被认定为夫妻共同财产？本文将以华为公司的虚拟受限股为例进行论述。

一、案例呈现

（一）何某与陈某婚前借钱买股、婚后共同还贷离婚后财产纠纷案[1]

1. 基本案情

原告陈某与被告何某在2001年经人介绍相识、相恋，于2004年1月29日登记结婚，2017年双方经法院调解离婚。陈某原系华为公司员工，婚前持有华为公司虚拟受限股配股160,000股，其中70,000股的购股本金系陈某婚前向中国建设银行贷款所得，该笔贷款本金在婚后陆续偿还；此外，陈某婚内持有华为公司配股58,000股。2011年，陈某离开华为公司，华为公司对其名下全部虚拟受限股配股进行回购，陈某共获得现金1,099,934.53元。

2. 争议焦点

陈某在婚前持有的160,000虚拟受限股配股是否为其婚前个人财产。

3. 法院裁判结果

陈某持有的华为公司160,000虚拟受限股配股系与何某婚前所购，且需华为公司员工的特定身份才能购得该配股，故应属于其婚前财产；但陈某于婚前向华为公司购得的70,000配股的款项源于婚前向银行贷款所得，并于

---

〔1〕 参见重庆市第五中级人民法院民事判决书，(2019)渝05民终7480号。

婚后用双方夫妻共同财产清偿该贷款，则双方婚后偿还的部分应属于夫妻共同财产。

（二）胡某与李某婚内持有虚拟股离婚后财产纠纷案〔1〕

1. 基本案情

原告胡某与被告李某系夫妻关系，在婚姻关系存续期间，李某名下持有华为公司虚拟受限股的股数为81,950股，其股值税后为594,764.32元。胡某认为李某持有的华为公司虚拟受限股属于夫妻共同财产，请求分割。

2. 争议焦点

原告胡某在离婚诉讼中可以分得的是虚拟股本身还是股值的税后价值。

3. 法院裁判结果

因华为公司规定此虚拟受限股仅为华为公司正式员工有资格持有，李某的配偶胡某并非华为公司正式员工，故对李某持有的虚拟受限股的股值进行分割，李某继续持有虚拟股，由李某按照虚拟股的股值对胡某进行补偿。最后法院裁判结果为被告李某在婚姻存续期间持有的深圳华为技术有限公司虚拟受限股的股数81,950股，由原告李某持有，其股值为税后594,764.32元，由被告李某向原告胡某支付297,382.16元。

（三）陈某与盛某离婚后获得婚内分红的财产分割纠纷案〔2〕

1. 基本案情

原告陈某与被告盛某系夫妻关系，后双方因感情不和经法院判决于2017年12月28日解除婚姻关系。经法院查明，盛某持有的华为公司的内部虚拟受限股68,000股已经在离婚案件中处理，但是陈某认为，盛某于双方婚姻关系解除后即2018年到账的在华为公司工作所获得的2017年度奖金及分红也属于夫妻共同财产，主张分割2017年度的虚拟受限股分红税后为55,488.1元、2017年TUP收益合计113,362.2元、2017年度奖金202,642.8元。

2. 争议焦点

被告盛某于2018年离婚后获得华为公司发放的2017年双方婚姻关系存续期间的分红、奖金等是否属于夫妻共同财产。

---

〔1〕 参见四川省广安市广安区人民法院民事判决书，(2019)川1602民初7763号。

〔2〕 参见四川省成都市中级人民法院民事判决书，(2020)川01民终7781号。

3. 法院裁判结果

盛某婚前所取得的7000股虚拟受限股的股权分红属于个人财产的孳息,不属于夫妻共同财产。陈某要求分割该7000股虚拟受限股所对应的股权分红于法无据;但在双方婚姻关系存续期间所取得的61,000股在2017年度的分红属于夫妻共同财产所产生的孳息,仍然属于夫妻共同财产。经计算2017年度盛某持有的61,000股虚拟受限股对应的分红为49,776元。该部分分红49,776元、2017年奖金202,642.8元、TUP收益113,362.2元属于夫妻关系存续期间取得的财产,依法应当予以分割,上述财产由陈某分得182,890.5元。

(四)刘某与张某夫妻分居后虚拟股收益的离婚纠纷案[1]

1. 基本案情

原告刘某与被告张某2011年相识后恋爱,于2013年6月13日登记结婚。结婚初期夫妻感情尚可,后双方因为家庭生活琐事等方面产生矛盾,并自2017年2月起分居生活。2017年5月,原告刘某向法院起诉离婚并要求分割夫妻共同财产。经法院查明,关于原告刘某的工资收入及持有股票等情况,华为公司回函:(1)自2013年6月13日至2017年10月原告的工资、补贴及税后工资实发明细;(2)自2013年6月13日至2017年原告的税后奖金发放明细,2017年度发放奖金183,750元(税后);(3)自2013年6月13日以来原告在华为公司的虚拟受限股的分红情况明细。截至2013年6月13日,原告的虚拟受限股为零股;截至2017年11月,原告的虚拟受限股为18,000股,当前的股值为132,792元(税后)。

2. 争议焦点

原告刘某与被告张某因夫妻感情不和分居之后所产生的华为虚拟股收益是否属于夫妻共同财产。

3. 法院裁判结果

根据华为公司提供的原告的工资等情况,原告刘某自2017年3月至2017年10月的工资共计131,685.66元(税后),2017年度奖金发放金额为183,750元(税后),该两笔款项合计315,435.66元,在扣除双方分居期间原告刘某必要的日常生活支出后,法院酌定可以分割的原告刘某工资及奖金

[1] 参见上海市浦东新区人民法院民事判决书,(2017)沪0115民初34055号。

为259,435.66元,该款作为夫妻共同财产进行分割,由原告刘某支付给被告张某。

(五)李某1与李某2婚内借款购股离婚后财产纠纷案[1]

1.基本案情

原告李某1与被告李某2于2014年12月26日登记结婚,2020年1月20日经法院判决离婚并发生法律效力。经法院调查,截至2014年12月26日,原告持有华为公司的虚拟受限股数为15,000股,股值为84,180元(税后);截至2020年10月31日,原告持有华为公司的虚拟受限股数为420,528股,股值为3,074,913.84元(税后)。审理中,原告陈述其于2017年支付的购买华为公司虚拟股的股本金737,900元中的590,000元系向华为信托有限责任公司借款,并提供其与该公司签订的《薪酬收益权转让及回购合同》;原告另陈述其于2018年11月18日向案外人杭某宝借款549,500元,用以支付2018年购买华为公司虚拟股的股本金549,500元,并提供其向杭某宝出具的借条及原告名下工商银行尾号为4616的账户流水,该账户流水显示2018年11月18日10时43分收到杭某宝549,500元,同日16时33分向华为公司工会委员会转账549,500元。原告就此主张若被告要求分割原告的华为公司虚拟股价值,则也需负担前述两笔债务的一半。

2.争议焦点

李某2婚内借钱购买华为公司虚拟股,李某1要求分割虚拟股的同时是否要一并分担因购买股票产生的债务。

3.法院裁判结果

本案所涉两笔借款虽然涉及案外人,但考虑原告取得虚拟受限股确实需要支付相应的对价,为避免讼累,法院一并予以处理。现被告既分得相应的虚拟股对价,根据权利义务相对应的原则,其亦理应负担相应的对价,故就原告要求被告负担590,000元、549,500元债务一半的意见,法院予以准许。经折抵,被告可取得的虚拟股价值为925,616.92元。

---

〔1〕 参见上海市杨浦区人民法院民事判决书,(2020)沪0110民初14610号。

二、司法裁判观点

（一）一方婚前持有的虚拟股如何分割

1. 关于婚前持股、婚后增值和收益如何分割

根据《民法典》相关司法解释，婚前财产婚后产生的收益除了孳息和自然增值以外均属于夫妻共同财产。虚拟股所产生的收益离不开持股人在该阶段的劳动成果、考核目标及员工身份属性等，与付出劳动之后的价值体现正相关。因此，婚前持股、婚后增值和收益，对于收益及增值部分应当认定为夫妻共同财产，在离婚诉讼中可予以分割。

实务中，按照华为公司惯例，每年分红一次，该分红以工资形式发放至员工的个人银行账户。该分红一经发放，便以银行存款的形式存在，或用于储存、或用于消费，最后可以分割就是银行存款。

2. 关于婚前借款买股、婚后共同还贷如何分割

婚前购买的虚拟受限股通常属于婚前个人财产，除非能够证明是共有财产的除外，这是司法实务中普遍存在的观点。然后婚前借款购股、婚后共同还贷的情形就是婚前购股的例外情形。虽然购股行为发生在婚前，但实际资金来源于夫妻共同财产，法院通常会将虚拟股对应的实际价值按照夫妻共同财产处理。

（二）一方婚内持有的虚拟股如何分割

1. 关于具有人身属性的虚拟股的分割办法

华为公司对虚拟股的持有作出了明确的限制，即仅华为公司正式员工有资格持有华为公司虚拟受限股，受限股不得转让，也不可分割，非华为公司员工不能持有华为公司虚拟受限股，但华为公司可协助法院对税后股值进行分割，并依法扣缴个人所得税。法院通常会充分考虑公司制度，尊重公司的人合性，既不违背公司制度也能合理保障夫妻的财产权益。因此，法院在分割华为公司虚拟受限股时不会直接分割虚拟股本身，而是分割虚拟股对应的股值，由持股方对非持股方进行补偿。

2. 关于持股方离婚后所获得的分红如何分割

根据中国人民银行、中国证券监督管理委员会颁布的《证券公司股权质押贷款管理办法》第 33 条“质押物在质押期间所产生的孳息（包括送股、分

红、派息等)随质押物一起质押”的规定,股份的红利收益属于孳息。此办法虽已失效,但相关规定在实务中仍有参考意义、《民法典婚姻家庭编解释(一)》第26条规定,“夫妻一方个人财产在婚后产生的收益,除孳息和自然增值外,应认定为夫妻共同财产”。因此,即使在离婚后获得的收益,但收益源于离婚前的劳动所得,仍然应当认定为夫妻共同财产。

3. 关于夫妻分居后虚拟股收益如何分割

分居是夫妻关系存续期间的一种特别的存在形式,没有离婚,但财务也没有共享,各自的收入可能也没有用于家庭生活,在夫妻双方因感情破裂分居之后,华为公司员工获得的工资收入、分红、奖金未用于夫妻共同生活的情况下,法院通常会酌定扣除分居期间双方必要的日常生活支出之后再进行分割。也就是说,产生收益一方需要对自己的收入与支出进行合理解释,无法做出合理解释的支出仍然可能被依法分割。

4. 关于婚内借款购股债务如何处理

对于部分公司来说,虚拟股的增值及收益都是非常可观的,在实务中也存在借款购股的情况。通常虚拟股的价值在离婚诉讼中会进行分割,但因为购买虚拟股而产生的债务法院会如何处理呢?司法实践中,婚内夫妻借款购买虚拟股,离婚分割股权时对于债权债务明确的,法院可能会依据权利义务相对应原则酌定夫妻双方一并负担夫妻共同债务。但法院通常以不处理为原则,处理为例外。债权债务关系通常涉及夫妻以外的第三人,由于离婚案件无法追加被告及第三人,法院无法通过案外人了解债权债务的真实情况,所以对于债权债务问题,法院多半会建议当事人另案诉讼予以解决。

三、分析解读

(一)虚拟股的概念

虚拟股是一种根据合同约定赋予员工获得企业利润分红或约定增值收益的权利,是一种长期激励机制,既适用于上市公司也适用于非上市公司,上市公司成功的代表包括上海贝岭、华工科技等,非上市公司则以华为公司为代表。其之所以被称为“虚拟股”,是因为员工实际上不持有实际股票或股份,而仅享有与股票、股份价值相关的收益。虚拟股未经工商部门登记不影响公司股权结构，持有虚拟股的员工并非公司法意义上的股东。从现行法律规定和司法实践来看，虚拟股仅能认定为因虚拟股权协议而产生的合同之债。

虚拟股作为广义股权激励的一种形式，虽与股票期权等其他激励机制有类似之处，但也存在本质的不同。就股票期权而言，其本质是赋予员工在订立股票买卖合同上的选择权，以约定的较低价格从企业获得股票，并通过二级市场交易获得差额收益。股票期权只有在行权之后才有经济价值，收益源于行权价与市场价的差额，没有企业的分红，也不具有持续性。而虚拟股的本质是员工通过持有虚拟股获得的经济利益，是一种可持续的分红或升值收益，由公司直接发放。

(二)虚拟股的属性

1. 虚拟股具有人身属性

虚拟股是针对企业员工的激励机制，为公司吸引留住人才并为公司创造价值，该制度将公司利益与员工利益捆绑且紧密联系在一起。为实现利益最大化，公司对授予虚拟股的对象具有严格限制，公司会以制定规章制度、签订合同等方式综合考量员工对公司的忠诚价值，如考虑员工的工作年限、工作能力、工作业绩及员工为公司作出贡献程度等。虚拟股的身份属性，意味着虚拟股只能由具备身份特征的人享有，若员工离职、辞退、退休或因为其他原因解除劳动关系的，虚拟股一般由公司回购或无偿归公司所有；此外，虚拟股依附于员工个人人力资本价值，通常公司与员工约定虚拟股不得私自转让。因此，虚拟股的获得与收益在很大程度上依附于激励对象的人身属性。

2. 虚拟股具有财产属性

笔者认为，虚拟股本质上是一种合同之债，不是公司法意义上的股权，而是属于债权。在虚拟股计划的实施过程中，双方通过协议确定虚拟股持有者及公司的权利义务，在达到协议约定的绩点、时间或其他兑换标准时，虚拟股持有者可以向公司请求支付相关经济利益，即虚拟股持有者对公司享有基于合同产生的盈余分配请求权。虚拟股本身及盈余分配请求权所产生的价值不仅与公司的经营行为、市场波动有关，还与持股者的职位、考核目标密切相关。因此，虚拟股本身是一种债权。

四、律师实务视角

股权激励制度无疑是促进公司发展、激发员工价值的方式之一,公司与员工的利益共存无疑会推动社会发展。而在婚姻家庭领域,虚拟股系家庭的重要资产之一,无论是在离婚诉讼还是在继承纠纷中,虚拟股也将作为重要的析产对象之一。夫妻本是利益共同体,任何能够被法律认定为夫妻共同财产的部分都离不开夫妻双方共同的努力,或直接或间接地影响共同财产的价值。从平衡及保护婚姻家庭各方利益的角度考虑,对虚拟股属性、夫妻共同财产的认定、离婚诉讼的分割进行分析,本文主要以华为公司作为虚拟股的典型进行探讨,其他公司的虚拟股制度分割方式也可以进行参考。希望虚拟股激励制度在被公司广泛应用的同时,也能使婚姻家庭法域在社会主义法治的大背景下平等、和谐地发展。

虚拟股具有人身和财产的双重属性,在婚姻家庭关系中,基于对公平正义的追求,对夫妻一方持有的虚拟股是否能够被认定为夫妻共同财产具有重要的意义。

现行《民法典》及司法解释在《婚姻法》的基础上,对个人婚前财产及夫妻共同财产具有明确的规定,是我国目前司法实践中认定夫妻共同财产权利归属的主要依据。从夫妻共同财产制蕴含的立法精神来看,判断某项财产是否属于夫妻共同财产的标准主要有两点:取得该财产的"时间"与夫妻一方或双方为取得该财产作出的"贡献"。登记结婚或离婚的时间均是固定的,凡在结婚前或离婚后取得的财产,可推定为一方个人财产;若是在婚姻关系存续期间取得的财产,一般视为夫妻共同所有的财产。所谓"贡献",则为通过夫妻一方或双方努力获得了财产,是衡量是否属于夫妻共同财产的实质标准。若仅凭"时间"条件一刀切地评判夫妻共同财产权属,则对需要持续付出时间才能获得的财产的权属认定显失公平;若仅凭作出的"贡献"程度来评判夫妻共同财产权属,则夫妻又何以通过婚姻登记来获得法律保护?换言之,一方婚前或离婚后取得的不一定是个人财产,一方或双方婚姻关系存续期间取得的也并非一定是夫妻共同财产,需要结合"时间"与"贡献"因素予以综合考量。因此,以财产的取得时间作为形式标准,以家庭贡献作为实质标准,二者相辅相成,方可相得益彰。对于虚拟股是否属于夫妻共同财产的认定也是基于此,需结合取得时间、贡献程度等因素综合考量。

取得“时间”在婚内或作出贡献在婚内的虚拟股是能够被认定为夫妻共同财产的关键。

那么虚拟股是属于《民法典》第1062条规定的“工资、奖金、劳务报酬”，还是属于“投资收益”呢？《民法典》生效后，夫妻共同财产的范畴新增了“劳务报酬”与“投资收益”。在婚姻家庭编的理解与适用中，“劳务报酬”是通过非固定工作获得的报酬，如咨询费、讲课费、稿费等；股票、证券、期货等则列为“投资收益”，但对于虚拟股并未列举，且根据司法解释的规定也不符合“其他应当归共同所有的财产”。

鉴于虚拟股是员工基于身份的权益，笔者认为应将虚拟股认定为“工资类收益”。理由包括以下三个方面。其一，工资与虚拟股均基于员工与公司的雇佣身份关系产生。其二，员工需要以付出持续劳动时间为前提、实现业绩为目标等才能获得虚拟股及盈余收益。这是公司对员工的一种考核制度，是公司对能够顺利通过考核的员工的一种奖励。其三，公司通过激励计划，将公司的前途与员工的收入紧密联系在一起，形成命运共同体，员工只能通过劳动且为公司创造价值后，方可获得正向的收益，这是一种新型薪酬模式，员工行权且变现后也需要按照工资收入缴纳个人所得税。

第五章

夫妻共同债务纠纷

夫妻一方因利用婚前财产投资所产生的债务是否属于夫妻共同债务

一、案例呈现

(一)刘某与张某离婚案[1]

1. 基本案情

2014 年,刘某与张某登记结婚。刘某拥有 10 万元现金(婚前个人财产)。2015 年,刘某将该笔现金存入股票账户用于炒股。在双方的离婚诉讼中,刘某举证证明该股票账户内资金余额仅 3 万余元。刘某认为股票账户内的余额属于婚前个人财产,应当归其个人所有。此外,因股票亏损系在刘某与张某婚姻关系存续期间产生的,应由作为夫妻关系的另一方(张某)承担股票亏损一半的责任。同时,法院查明,张某知晓刘某炒股并亏损一事,但未参与股票买卖决策。

2. 争议焦点

夫妻一方以个人财产投资产生的本金亏损是否属于夫妻共同债务。

3. 法院裁判结果

法院认为,刘某使用其个人财产炒股所产生的亏损实际是其个人财产的贬损,而并未对外形成债务。该投资行为系其个人投资事务,相应的亏损也应当由其个人自行承担。

---

〔1〕 参见刘子薇:《婚前个人财产婚后投资产生的亏损由谁承担》,载新余市渝水区人民法院网,http://ysqfy.jxfy.gov.cn/article/detail/2019/05/id/3889787.shtml。

（二）李某与康某离婚纠纷案[1]

1. 基本案情

2002年，李某与康某登记结婚，康某婚前借款炒股，于婚后多次买卖股票，收益达18万元。康某将收益用于家庭生活。但随后遭遇金融危机，康某用信用卡借款13万元以弥补股票亏损。康某认为，股票收益属于夫妻共同财产，那么13万元的信用卡借款系用于填补股票亏损而产生的负债，应当属于夫妻共同债务。

2. 争议焦点

夫妻一方以个人财产投资，对外举债弥补亏损，前述债务是否属于夫妻共同债务。

3. 法院裁判结果

康某是以个人名义通过信用卡借款以弥补股票亏损，但实际上康某已经将炒股所得收益用于夫妻共同生活，故康某通过信用卡借款弥补亏损所负的债务也应当认定为夫妻共同债务。

（三）刘某与某公司、蔡某、王某民间借贷纠纷案[2]

1. 基本案情

蔡某与王某系夫妻关系。婚姻期间，蔡某以其个人财产设立一人有限公司，因经营不善，该公司对外负债120万元。现债权人刘某起诉公司还款并要求蔡某和王某一同承担还款责任。诉讼中，蔡某未能证明其个人财产独立于公司财产。

2. 争议焦点

夫妻一方以个人财产投资设立一人公司，公司经营不善而产生的亏损，是否属于夫妻共同债务。

3. 法院裁判结果

法院认为，蔡某在婚内以个人财产投资取得的收益属于夫妻共同财产，故因个人财产投资所负债务也应为投资人的夫妻共同债务，鉴于此，王某应对该笔债务的清偿承担连带责任。

---

〔1〕 参见广西壮族自治区南宁市中级人民法院民事判决书，(2015)南市民再字第22号。

〔2〕 参见陕西省定边县人民法院民事判决书，(2022)陕0825民初4250号。

(四)邹某、于某、刘某合伙合同纠纷案[1]

1. 基本案情

郑某和邹某系夫妻关系。婚姻期间,郑某以其个人财产设立合伙企业,但因经营不善,郑某的合伙企业对外负债10万元。然而,在双方夫妻关系存续期间,邹某并无个人收入。现债权人于某、刘某起诉合伙企业及郑某,并要求邹某一同承担还款责任。

2. 争议焦点

夫妻一方以个人财产投资设立合伙企业,合伙企业因经营不善而产生的亏损是否属于夫妻共同债务。

3. 法院裁判结果

法院认为,郑某以其个人财产设立合伙企业于婚后亏损,而在另一方无收入的情况下,郑某运营合伙企业的收益必然用于夫妻共同生活,故合伙企业债务应由郑某与邹某共同承担。

(五)某公司与蒋某等房屋租赁合同纠纷案[2]

1. 基本案情

赵某和蒋某系夫妻关系。婚前,蒋某租赁店铺用于开设餐饮店,并与租赁公司签订租赁合同。因经营不善,蒋某于婚后拖欠租赁公司2万元费用。现租赁公司起诉蒋某并要求赵某共同承担还款责任。

2. 争议焦点

夫妻一方以个人财产投资设立个体工商户,因经营不善而产生的亏损是否属于夫妻共同债务。

3. 法院裁判结果

法院认为,赵某与蒋某是夫妻关系,虽然蒋某于婚前以其个人财产投资,但蒋某系于婚姻期间对外欠款。且根据双方短信、微信的沟通情况,赵某均以承租方的身份与租赁公司的工作人员就涉案租赁合同的履行事宜做日常的沟通,可以合理采信赵某参与了涉案商铺的经营管理及涉案商铺的经营所得用于夫妻共同生活,故该2万元的经营债务应由赵某与蒋某共同承担。

---

[1] 参见辽宁省本溪市中级人民法院民事判决书,(2021)辽05民终2049号。

[2] 参见广东省广州市中级人民法院民事判决书,(2021)粤01民终23544号。

二、司法裁判观点

上述五个案例中，在投资形式和要求承担责任的主体上，案件争议焦点略有不同，但核心问题均在于：一方用婚前个人财产投资，婚后产生亏损时，另一方是否需要对亏损部分负责？

对于该问题，司法实践中主要有以下三种不同的观点。

（一）个人投资收益属于夫妻共同财产，个人投资亏损也应属于夫妻共同债务

夫妻一方在婚内以个人财产进行投资所取得的收益属于《民法典》规定的“其他应当归共同所有的财产”[1]。基于权利与义务相对等的原则，既已确认投资收益属于共有，那么个人财产投资产生的亏损也应当由双方共同承担。夫妻一方将个人投资所生收益让渡于夫妻另一方，相应地，基于对等原则要求夫妻另一方承担亏损也具有一定合理性。

（二）若个人财产投资收益被用于夫妻共同生活，且能够举证证明的，可以要求配偶对投资所负的债务承担还款责任

依据《民法典》第1064条第2款的规定，夫妻一方在婚内以个人名义所负债务，其中超出家庭日常生活需要的部分并不会被认定为夫妻共同债务。[2]然而，该规定也保留了相应的但书。如果是用于夫妻共同生活、共同生产经营，或基于夫妻双方共同意思表示而产生的债务，那么该债务将会被认定为夫妻共同债务。据此，如一方在有证据证明其个人财产投资产生的收益实际用于夫妻共同生活的情况下，则该债务属于共同债务，夫妻应当共同承担投资亏损。

（三）如投资本金的亏损并未对外形成债务，该亏损由投资一方自行承担

所谓债务，应当存在债权人出借资金而债务人获得资金的相对状态。

---

〔1〕《民法典婚姻家庭编解释（一）》第25条规定：“婚姻关系存续期间，下列财产属于民法典第一千零六十二条规定的‘其他应当归共同所有的财产’：（一）一方以个人财产投资取得的收益；（二）男女双方实际取得或者应当取得的住房补贴、住房公积金；（三）男女双方实际取得或者应当取得的基本养老金、破产安置补偿费。”

〔2〕《民法典》第1064条第2款规定：“夫妻一方在婚姻关系存续期间以个人名义超出家庭日常生活需要所负的债务，不属于夫妻共同债务；但是，债权人能够证明该债务用于夫妻共同生活、共同生产经营或者基于夫妻双方共同意思表示的除外。”

如果一方投资但并未与第三方形成债务,投资亏损损失的仅系作为投资本金的其个人婚前财产,即该损失是个人财产的价值贬损。这种情形下并不存在所谓的债务,相应地也就无须讨论共同承担债务的问题。

三、大数据分析

通过检索关键词"个人财产投资""亏损/债务""结婚/婚姻/夫妻",在确定符合本文主题"夫妻一方婚前财产投资所产生的债务或亏损"的前提下,最终得到的案例检索结果约为 120 件。从地域分布来看,案件主要集中在广东省、浙江省、重庆市等地区。从判决具体结果来看,使用夫妻一方婚前财产进行投资所产生的债务或亏损被认定为夫妻共同债务的比例较高,具体表现为:一审法院全部或部分支持原告诉讼请求的比例约为 40.34%,上诉后二审法院维持原判的占比约为 31.93%,二审及再审改判的仅占约 16.81%。法院主要援引的法条包括《婚姻法》第 17 条、第 18 条、第 32 条、第 39 条及《婚姻法司法解释(二)》第 11 条等。

结合上述案例、法院观点和数据情况进行分析,使用一方婚前个人财产进行投资,婚后产生亏损,首先需要确定何为"亏损"。法律并未规定"亏损"的实际含义,通常需要结合案例的情况具体分析。结合案例 1、案例 2,我们不难发现当事人主张的亏损可以是投资本金的减少,也可以是投资后的对外负债。从判决结果来看,法院往往认为,本金的减少并非夫妻一方对外负债,也因此不存在所谓的债务,故夫妻另一方无须对该价值贬损或减少承担责任。然而,有部分法院认为,夫妻一方投资亏损虽然是由其婚前个人财产投资所造成的,但一方负债系因借款或采用其他方式弥补亏损。此时所谓"亏损"不再是本金的减少,而是个人对外负债。换言之,此时的关键不再是"负债系因个人投资产生",而是婚姻期间夫妻一方对外负债,另一方是否需要共同承担还款责任的问题。结合案例 3、案例 4、案例 5,若举债方的投资收益已经用于夫妻的共同生活或者非举债方实际参与夫妻共同经营事项的,投资行为所产生的债务也应属于夫妻共同债务,由夫妻共同承担。

四、问题解读

(一)问题背景

夫妻一方在婚内以个人财产进行投资所取得的收益属于《民法典》"其

他应当归共同所有的财产”。相应地,有人提出既然夫妻一方个人财产于婚后投资所产生的收益属于夫妻共同财产,那么投资后的亏损是否属于夫妻共同债务？要回答这一问题,首先需要明确何为夫妻共同债务。

《民法典》第 1064 条规定了三种夫妻对外共同承担债务的情形,明确了夫妻共同债务的认定需要考虑债务的形成原因,具体包括是否系因“夫妻共同意思表示”、一方为“家庭日常生活需要”或“债权人证明”而负债。

1. 夫妻合意之债

《民法典》第 1064 条第 1 款仅规定了形成共同意思表示的方式,包括双方共同签字、事后追认等,但并未限制当事人举债之目的。换言之,不论双方当事人系因共同生活还是共同经营而对外负债,只要双方达成了共同举债的意思表示,就应当认定该债务由夫妻共同承担。同时该条款也未将达成一致意思表示的形式限定为共同签字和事后追认两种情形,也可以是非举债方对负债知情但未提出异议。当然就意思表示而言,其应当满足《民法典》第 143 条有关民事法律行为有效的要件,进而排除了一方因另一方从事赌博、吸毒等违法行为所负债务的情形。

2. 家事代理之债

《民法典》第 1064 条还规定,以夫妻一方个人名义对外举债的,如该债务系出于家庭日常生活的基本需要,属于夫妻共同债务。该条款明确夫妻一方未与配偶形成合意却单独对外举债被认定为夫妻共同债务应当满足的要求,即将一方的代理权限限定在“家庭日常生活需要”的范围内。依照江苏省高级人民法院的裁判指南,家庭生活中的常见且必需的衣食住行、通信、医疗、教育、文娱及其他基础服务等,属于“家庭日常生活需要”[1]。此外,考量债务是否系因家庭日常生活需要所负应当结合多种因素进行综合

[1] 江苏省高级人民法院《家事纠纷案件审理指南(婚姻家庭部分)》第 47 条规定:“如何界定夫妻一方在婚姻关系存续期间以个人名义为‘家庭日常生活需要’所负的债务？‘家庭日常生活需要’是指家庭日常生活中的必要支出,包括衣食住行、医疗保健、交通通信、文娱教育及服务等。认定是否为‘家庭日常生活需要’所负的债务,应当结合债务金额、举债次数、债务用途、家庭收入状况、消费水平、当地经济水平和一般社会生活习惯等予以综合判断。以下情形可以作为认定超出‘家庭日常生活需要’所负债务的考量因素:(1)债务金额明显超出债务人或者当地普通居民家庭日常消费水平的;(2)债权人明知或者应知债务人从事赌博、吸毒等违法犯罪活动仍出借款项的;(3)债权人明知或者应知债务人已大额负债无法偿还,仍继续出借款项的。”

全面判断,具体可参考的因素包括但不限于债务的用途及金额、举债次数、债务人的家庭收入和支出的日常水平、当地的消费水平和经济发展情况、一般社会生活习惯等。[1]

3. 债权人善意之债

《民法典》第 1064 条但书规定,如果债权人有足够证据证明夫妻一方所负担的债务被用于夫妻共同生产生活或者基于夫妻双方合意的,即使该债务超出日常生活需要,夫妻双方也应当共同承担债务。该规定为债权人保留了当夫妻一方举债超出了日常生活需要但可由配偶共同承担还款责任的救济途径。这一救济方式符合民事诉讼中"谁主张谁举证"的举证责任分配原则,也减轻了夫妻关系中经济上弱势的一方所需承担的责任。

(二)夫妻共同债务认定之局限

基于上述现行规定,法律在婚姻、夫妻、债权人三方利益的平衡中,偏向于选择保护夫妻中经济上相对弱势的一方。其实质是在夫妻这一特殊社会关系与债权人的交易关系的碰撞中,平衡内部交易的隐秘性、外部交易的自由性和对外责任的自限性。[2] 为了保障对外交易时交易者无须每次交易都征求配偶意愿的贸易自由,同时减少基于该交易的隐秘性可能附加于婚姻中经济弱势一方过重的责任,法律选择了加重债权人的举证责任。但此种"利益平衡"也必然产生相应的问题。

一方面,债权人通常难以探索和知悉债务人与其配偶之间的生活状况或经营合作状况,在一般交易中要求债权人开展尽职调查,考察债务人用款情况及其生活情况显然不符合交易逻辑,故让债权人承担证明责任明显有欠公平。即使夫妻一方于对外交易过程中明确了举债系用于夫妻共同生活,债权人也难以直接以此要求非举债方配偶共同承担债务。[3]

---

[1] 《天津法院民间借贷案件审理指南(试行)》第 16 条规定:"【家庭日常生活需要所负债务的审查重点】认定借贷款项是否属于家庭日常生活需要所负债务,重点审查以下几个方面:(1)家庭日常生活需要应当考虑夫妻双方的职业、身份、资产、收入、兴趣、习惯、家庭人口等情况进行判断;(2)借贷款项是否用于食品、衣着、家庭设备用品、维修服务、医疗保健、交通通信、文娱教育及服务、居住、其他商品和服务等八类家庭消费支出;(3)家庭日常生活需要是否超过上一年度天津居民人均消费支出三倍;(4)其他因家庭日常生活需要所负的债务。"

[2] 参见薛启明:《夫妻财产和债务关系的解构与重构——以〈民法典〉第 1062—1065 条的解释论为中心》,载《法学论坛》2022 年第 1 期。

[3] 参见冉克平:《夫妻团体债务的认定及清偿》,载《中国法学》2017 年第 5 期。

另一方面，鉴于“共同生活、共同生产经营”的模糊性，[1]法院在实践中难以客观普适标准要求夫妻共同承担债务，这导致法院不得不扩张解释“夫妻合意”，进而导致债权人难以清晰明确其保护权利的途径。

（三）律师观点

结合前述对夫妻共同债务法律规定的分析，不难发现共同债务的认定标准中并不包含“共同债务应符合夫妻一方以个人财产投资”这一行为形式，而是将重点放在夫妻双方是否达成合意或债务是否用于家庭日常生活需要，进而明确非举债方是否需要承担还款责任的问题。

在排除了投资亏损不构成对外负债的情形下（见案例1），若认定非举债方是否就举债方个人财产投资负债而承担责任这一问题，关键是认定该债务是否系夫妻合意或一方行使日常家事代理权的结果。

结合上述案例（除案例1），举债方的负债原因（买卖股票、设立一人公司或个体工商户）并不影响夫妻共同债务的认定。法院考量的因素仍是“非举债方有无参与企业生产经营”“举债方是否将所负债款及其收益用于夫妻共同生活”“夫妻双方是否就举债达成合意”等。

五、律师实务视角

现行制度之下，证明责任已然分配于债权人，而在裁判标准不明晰的情况下，笔者通过以下整理，希望聚焦夫妻共同债务的认定因素。

（一）“家庭日常生活需要”的认定

考虑到我国人口众多、地域辽阔、经济多元，在认定对外举债是否超出“家庭日常生活需要”时，首先需要判断何为“家庭需要”。从消费的类型来看，可以参照国家统计局发布的城镇居民家庭消费的种类，即食品烟酒、衣着、居住、生活用品及服务、交通和通信、教育、文化、娱乐、医疗保健、其他用品和服务，[2]同时结合一般人常理行为、社会生活常识、当地习惯、当地经济发展水平等因素进行综合而全面地判断。具体可以参考以下四个因素认定个人举债是否属于“家庭日常生活需要”。

---

〔1〕 参见陈凌云：《夫妻共同债务认定规则中的伪命题：共同生产经营》，载《当代法学》2020年第2期。

〔2〕 参见国家统计局公告2013年第1号《关于公布居民消费支出分类（2013）的公告》。

(1)债务人负债金额是否明显超出债务人自身消费水平或者明显超出当地普通居民家庭日常消费水平;

(2)举债之目的是夫妻实际收益还是可能收益;

(3)债权人是否在明知或者应当知道负债系从事赌博、吸毒等违法犯罪活动的情况下,仍借出款项的;

(4)债权人是否在明知或应当知道债务人已大额负债无法偿还的情况下,仍出借款项的。[1]

(二)"夫妻共同生活、共同生产经营"的认定

"夫妻共同生活",是指夫妻为履行经济扶养、生活照顾、精神抚慰义务而进行共同消费或者积累夫妻共同财产。[2] "夫妻共同生活"与"家庭日常生活"从文义上存在交叉甚至是一方涵盖另一方的可能,但在现行制度上,两者属于并列关系,故在判断属于"夫妻共同生活"时应当将其限制于"家庭日常生活"之外的其他情形。

"夫妻共同生产经营",是指夫妻共同决定生产经营事项或者一方授权另一方决定生产经营事项或者夫妻另一方在生产经营中受益的情形。[3] 在判断举债行为属于"夫妻共同生活"或"夫妻共同生产经营"时,可以结合以下因素进行考量。

(1)举债期间存在大宗资金支出(如购买住房、车辆、教育培训、医疗服务),且无法解释资金来源的;

(2)夫妻一方举债是用于双方共同从事的生产经营事项,而非从事赌博、吸毒等违法犯罪活动的;

(3)夫妻一方举债用于单方从事的生产经营事项,但配偶从生产中获益的。

综上所述,"夫妻一方婚前财产投资所产生的债务是否属于夫妻共同债

---

〔1〕 参见冉克平:《论因"家庭日常生活需要"引起的夫妻共同债务》,载《江汉论坛》2018 年第7 期。

〔2〕 江苏省高级人民法院《家事纠纷案件审理指南(婚姻家庭部分)》第 48 条第 1 款规定:"'夫妻共同生活'是指夫妻为履行经济扶养、生活照顾、精神抚慰义务而进行共同消费或者积累夫妻共同财产的情形……"

〔3〕 江苏省高级人民法院《家事纠纷案件审理指南(婚姻家庭部分)》第 48 条第 1 款规定:"……'夫妻共同生产经营'是指夫妻共同决定生产经营事项或者一方授权另一方决定生产经营事项或者夫妻另一方在生产经营中受益的情形。"

务”实际上是相对于“夫妻一方婚前财产投资收益属于夫妻共同财产”所提出的命题。在判断是否属于夫妻共同债务时,应当先判断“投资的亏损”是本金的减少还是对外举债,若为对外举债,则又需通过判断是否属于“夫妻合意之债”“家事代理之债”“债权人善意之债”进而综合评判,以最终明确该债务是否由夫妻共同承担。

夫妻一方以股东身份向公司借款是否属于夫妻共同债务

一、案例呈现[1]

(一)基本案情

被告陶某、还某系原告上海某建设工程有限公司股东。2019年6月5日,被告陶某与案外人李某签订协议,约定由李某负责××村××号房屋拆除及建造的部分工程,双方结算确认工程款为52万余元。2020年1月14日,被告陶某向原告借款100万元用于支付自建房材料及人工费。2020年1月15日,原告向被告陶某于建设银行开立的账户转账100万元,并备注为借款,随后被告陶某向案外人李某转账50万元,附言"材料款"。次日,案外人李某出具收条,载明"今收到××村××号房东陶某支付工程款银行卡转账(不开票)伍拾万元"。经与案外人李某核实,李某确认其承接了××村××号房屋拆除及建造的部分工程量,被告陶某2020年1月15日向其转账的50万元系用于支付上述房屋的工程款。

另查明,二被告于2001年结婚,2021年7月通过法院调解离婚,调解书载明陶某与还某自愿离婚,××村××号房屋归陶某所有。

原告上海某建设工程有限公司提起诉讼,要求二被告归还原告借款100万元及借款利息87,049.8元。庭审中,二被告对××村××号房屋修建于夫妻关系存续期间的事实进行了确认,同时确认该房屋已于2019年年底建造完工并入住。原告确认涉案借款由被告陶某出面所借,借款时还某未签名确认,本案起诉前原告也未向还某催讨过。但原告亦表示因为当时知道被告家庭建造房屋的事实,所以认为借款是用于夫妻共同生活。

---

[1] 因可能涉及当事人隐私,裁判文书号不予披露。

(二)争议焦点

被告还某是否需要对涉案借款承担还款责任,即涉案借款是否属于夫妻共同债务。

(三)法院裁判结果

法院经审理认为,本案借款是否属于被告陶某、还某的夫妻共同债务关键在于债权人所提供的证据是否足以证明该借款实际用于被告陶某、还某共同生活、共同生产经营或者基于双方共同意思表示产生。

本案中,根据查明的事实及被告陶某的银行账户流水,被告陶某在收到涉案借款当天便向案外人李某转账50万元,附言"材料款"。结合被告陶某与案外人李某之间的协议、结算清单及收条等,可以认定该50万元系用于支付建造××村××号房屋的工程款。该房屋系在二被告夫妻关系存续期间建造,且二被告在离婚时亦对该建造的房屋进行了分割,因此,该笔欠款符合夫妻共同债务的认定标准,还某和陶某对此项债务需共同承担清偿责任。被告还某虽对借款及被告陶某提交的与案外人李某之间的协议及收条等证据不予认可,但并未提供任何反证,无法证明自己的主张,而被告陶某举证证明的事实环环相扣,已形成完整的证据链条,虽被告还某在庭审中辩称建造房屋的具体资金来源不清楚,但确认工程款均是由被告陶某对外支付,故不采纳其抗辩意见。另外,由于原告及被告陶某均未提供充分证据证明剩余借款符合《民法典》中关于夫妻共同债务的认定标准,无法确认剩余借款的性质为夫妻共同债务,因此还某对剩余借款并无偿还义务。

二、司法裁判观点

我国婚姻家事纠纷领域的重要研究课题之一便是夫妻共同债务的认定及处理。随着经济发展,"夫妻档"越来越多,许多人以家庭为单位参与经济活动,针对这一新形势,夫妻共同债务的认定及处理也面临新挑战,受到越来越多的关注。

公司作为法律上拟制的"人",股东向公司出资并依法享有股东权利,禁止股东抽逃出资、虚假出资,股东更不得占用公司资产,如果股东没有办理相关手续而从公司取得借款很可能构成违法犯罪,但目前我国没有关于股东向公司借款的禁止性规定,故只要公司的出借义务实际履行并满足一定的程序和条件,合法的借贷关系便受法律保护。而当夫妻双方均为公司(非上市公司)股东时,一方向公司借贷未还,是否会构成夫妻共同债务的问题,在实务中仍须依据《民法典》第1064条进行认定,具体包括以下内容。

1. 共同意思表示

《民法典》第1064条第1款明确规定了两种夫妻共同意思表示的形式,一种是夫妻二人共同签字举债,另一种则是在配偶一方对外举债后另一方事后追认,但司法实践中对于夫妻共同意思表示的情形认定不限于此,只有恰当把握好夫妻共同意思表示的认定范围才可以更好地维护债权人利益。

(1)共债共签

法院普遍认为,只要夫妻双方在文件上进行基于共同举债的真实意思表示的签章,该债务就为夫妻共同债务。

虽"共债共签"是在目前争议最小的一种夫妻共同债务的认定形式,但仍有如下三点需要特别注意:第一,必须夫妻双方共同签字,如果只有一方签字,尽管文件上称债务系夫妻共同使用,也不属于"共债共签";第二,"共债共签"的前提是夫妻双方的真实签章,签章如果是伪造的亦无法认定为"共债共签";第三,需要双方有共同举债的意思表示,债务人的配偶如果仅在文件上表示"同意""认可"借款及类似意思的,无法构成"共债共签"。

(2)事后追认

事后追认一般指在债务发生后,债务人的配偶向债权人表达对债务的认可与还款的意愿。构成事后追认需要该笔债务存在属于夫妻共同债务的明确意思表示,或承诺与债务人共同承担还款义务,或确认该笔借款用于夫妻共同生活、生产经营,事后追认的主要形式包括:口头追认,签订还款承诺书、还款计划,以短信、微信、电子邮件等形式进行事后追认等。

但在此需要强调如下两个注意事项:其一,债务人的配偶向债权人归还借款本金及利息的行为仅能够证明其知悉债权债务的存在且愿意协助债务人还款,但不能认定债务人的配偶以此作出了与债务人共同还债的意思表示;其二,在债务人的配偶知晓此项债务存在且不反对其存在,或债务人的配偶以书面形式对由债务人还款进行确认及类似情形下也无法构成债务人的配偶对举债的事后追认。

(3)其他的共同意思表示

对于《民法典》第1064条所称的"共同意思表示"应参照《民法典》第

140 条做广义理解，除以上夫妻二人共同签字举债和配偶一方对外举债后另一方事后追认的情形之外，还存在其他“共同意思表示”的情形，但目前在法律文本方面并没有对“共同意思表示”的穷尽列举或者判别标准的阐释，还需要在司法实践中进行摸索以构建共识。

2. 家庭日常生活需要

“家庭日常生活需要”是一个十分宽泛的概念，需要实践中具体界定，总体来看，我国法院在判定时主要考虑以下几个方面。

第一，主体方面。除了已办理结婚登记的合法夫妻，还包括构成事实婚姻的夫妻。

第二，债务用途方面。由于“家庭日常生活需要”的概念较为笼统和抽象，对此，最高人民法院认为，衣食住行基本费用、赡养费、抚养费、家人的医院诊疗费用等均属“家庭日常生活需要”，具体可以参照国家统计局关于城镇居民家庭消费进行的 8 种分类。同时，地方法院也提出了指导意见，如由浙江省高级人民法院出台的《关于妥善审理涉夫妻债务纠纷案件的通知》载明夫妻二人及未成年子女的日常生活必要开支，如日常必需的衣食住行和日用品消费支出费用、医疗及保健支出费用、子女教育支出费用、赡养费用、文化生活支出费用等都属于家庭日常生活需要范畴。

第三，债务数额方面。因各地的经济水平与各个家庭的收入消费水平不同，债务数额上难以形成统一的标准，因此地方法院在大量实务案件的基础上给出了针对本地区的一些标准。例如，浙江省高级人民法院则以 20 万元作为区分界线，如单次借款或向同一人借款金额在 20 万元以上的，原则上不应当认定为在家庭日常生活需要的范畴内，亦不属于夫妻共同债务。再如，天津市高级人民法院以“上一年度天津居民人均消费支出的三倍”为标准，若夫妻一方对外举债数额超出前述标准将可能被认定为债务人的个人债务。以 2021 年的数据为例，如举债超出 99，564 元（33，188 元 × 3 = 99，564元），可能较难被天津市高级人民法院认定为“该债务用于家庭日常生活需要的范畴内”。

第四，其他因素。对于“家庭日常生活需要”，在判定时认定标准不是绝对的，应因地制宜、因时制宜，债务用途与债务数额只是最重要的两个条件，此外，当地的经济水平、债务人一家的职业与收入、债务人家庭资产都可纳入考虑范围。

实践中,有的法院会仅根据涉案债务数额进行判断,也有的法院会综合考虑债务人对外举债的次数、用途等多重因素更加谨慎地予以判定。

三、大数据分析

通过检索关键词“夫妻”“股东”“向公司借款”在“威科先行·法律信息库”初步筛选出165份近三年的裁判文书,按照裁判文书与核心关键词的关联度,摘取前100份文书作为研究样本,其中相关文书80份、无关文书20份,80份相关文书中,有3份未确认债务、3份当事人自认、20份认定为夫妻共同债务、剩余54份未认定为夫妻共同债务。法院主要援引的法条包括《合同法》第8条、第60条、第107条、第206条、第207条及最高人民法院《关于审理涉及夫妻债务纠纷案件适用法律有关问题的解释》(已失效)第3条。

结合上述案例、法院观点和数据情况分析,此类案件的案由多为合同纠纷,极少数为离婚纠纷。另外,法院会以“原告未提交证据证实此债务为夫妻共同债务”“案涉借款未用于家庭日常生活所需”“涉案金额过大,已明显超出家庭日常生活需要所负债务”为理由而不认定此类借款为夫妻共同债务。关于法院认定为夫妻共同债务的理由,如上述案例中有明确证据证明转款,或夫妻二人无法提供其他收入来源但却在婚姻存续期间有大额支出。综上,证据还是案件认定的核心,在证据不足时,债权人可以采取相应的推定方式及让夫妻二人提供其余收入来源,来反推该类巨额借款用于夫妻日常生活。

四、问题解读

在本文“案例呈现”部分所引用的案例中,被告陶某以其个人名义向原告公司借款100万元,因数额较大明显超出家庭日常生活消费开支,该债务原则上属于被告陶某个人债务,但由于原告公司提供证据证明其中50万元已用于被告陶某、还某家庭生活,法院最终认定该借款中的50万元系夫妻共同债务,需由夫妻双方共同偿还。

那么,在夫妻一方以个人名义超出家庭日常生活负债的情形下,债权人的证明重点在哪?如何可以证明该债务属于夫妻共同债务?

笔者认为,具体可以从如下两个方向进行举证。

（一）债务用于夫妻共同生活

首先，就概念与特点而言，此处讨论的债务用于夫妻共同生活，故该债务也应当由夫妻双方共同承担责任，但是用于夫妻共同生活的债务用途比较广泛，主要是购房、购车、投资等非家庭日常生活需要的用途，债务数额较大、在家庭日常生活需要范畴之外。

其次，“夫妻共同生活需要”是“家庭日常生活需要”的上位概念，即“夫妻共同生活需要”的概念中包含“家庭日常生活需要”的概念，两者存在许多相似的地方。第一，在金额上，由于包含的范畴大小不同，故“家庭日常生活需要”的数额较小，但用于夫妻共同生活的举债金额则较高，有的是几十万元，有的甚至是几百万元。第二，在用途上，用于夫妻共同生活的债务用途十分广泛，包括房产、车辆、古董文玩等，债务用途不具有日常性。第三，在举证责任上，对于用于夫妻共同生活的举债，债权人除了需要证明存在该笔债务，更重要的是需要证明该笔债务实际用于夫妻共同生活；对于家庭日常生活需要的债务，依照最高人民法院的裁判观点，只要债务满足纠纷发生当地家庭日常生活的一般概念。第四，在判定逻辑上，首先应当判断该债务是否基于“家庭日常生活需要”，其次再判断该债务是否用于夫妻共同生活。

最后，通过对检索案件的整理，笔者发现了三个值得注意的判定要点。第一，一方仅以购房、购车等夫妻共同生活所需的理由向他人借款，但非债务人不予确认，且债权人所提供证据未能充分证明该笔借款用于夫妻共同生活的事实的，则该借款不属于夫妻共同债务。第二，债务存续期间，借款人将极小数目的钱款转账给其配偶使用并不能代表借款整体的用途，也不能因此认定该债务全部是夫妻共同债务，实践中一般将债务的性质进行具体分割，对“家庭日常生活需要”的部分与超出的部分进行区分，再进一步认定是否应当由夫妻双方共同承担还款责任。第三，举债后，在夫妻之间存在频繁和较大额转账的情况下，即便借款没有明确指向夫妻共同生活的用途，也可以认为双方共同使用了借款，属于夫妻共同债务。

（二）债务用于夫妻共同生产经营

这一种情形涉及商事经营，具体认定较为复杂，笔者将根据不同的经营形式展开分析。

1. 有限责任公司与股份有限公司

当债务涉及有限公司和股份公司时,可将债务分为“公司经营中的债务”与“个人借款用于投资公司所负的债务”。就前者而言,原则上,公司作为独立的法人,由其自身承担对债务的清偿责任,但是实践中也有例外。首先,如果股东滥用公司法人的独立地位,构成《公司法》第 20 条的情形,需要否定公司的法人人格,则此时滥用权力的股东需承担连带责任,如果该股东的配偶在这个过程中获利,则该债务属于夫妻共同债务。其次,若公司经营不善无法就债务进行清偿,则此时仍未缴清出资的股东需承担补缴责任,那么该股东的配偶也可能承担连带责任。最后,若债务人的配偶因为债务人以个人名义为公司提供担保而获利的,该担保之债属于夫妻共同债务。就后者而言,用于投资公司的个人借款属于自然人债务,债务人的配偶如因此获利,债务亦属于夫妻共同债务。

通过总结实践经验,可以发现以下情形常被认定为夫妻共同经营:其一,夫妻双方承认共同经营公司;其二,非债务人担任公司的法定代表人、董事/董事长、监事等重要和关键的职务;其三,非债务人为公司大股东,对公司发展会产生较大影响;其四,非债务人与公司无涉,但间接分享债务人的经营收益,甚至家庭全部生活来源就是债务人的公司收益。

2. 农村承包经营与个体工商户

这两种情形在夫妻共同债务的认定中极为特殊,发生了举证责任的倒置。

《民法典》第 56 条对农村承包经营和个体工商户经营进行了特殊规定,由于农村承包经营和个体工商户多以家庭共同经营的形式出现,在这一情况下将导致产生紧密的财产混同情形,此时,债权人可以依照法律规定请求以农户的家庭财产对债务进行清偿,此时债权人仅需就经营事实予以举证,如果债务人的配偶无法证明其没有参与经营,则需要承担举证责任,共同承担债务。

3. 合伙企业与个人独资企业

依据《合伙企业法》《公司法》及相关法律法规,合伙企业中的普通合伙人、个人独资企业的设立人需要对企业债务承担无限连带责任。例如,企业经营过程中夫妻一方对外举债,且债务人的配偶亦实际参与生产经营及决策、有明确授权、共同获利的,则应认定借款属于夫妻共同债务。

此外,债权人在不同情形下承担不同的举证责任。

(1)夫妻共同意思表示。在借款合同、借条借据由夫妻双方一同签署,或夫妻一方曾经以电话、短信等电子通信方式表明与其配偶共同借款的合意或事后追认的情形下,一般可以直接认定为夫妻共同债务,此时债权人的举证责任较小,仅需证明债务存在即可。

(2)日常生活需要。针对符合家庭日常生活需要范畴内的债务,债权人同样也仅需要证明债务的存在即可,此时如果非举债方否认前述债务的,则需要提供证据证明债务并未用于家庭日常生活。

(3)超额债务。对超出家庭日常生活所需且仅以夫妻一方名义所负的债务是否属于夫妻共同债务的认定,对债权人而言有较高的举证难度,需要由债权人提供证据证明此笔债务符合《民法典》第 1064 条的但书情形。

五、律师实务视角

根据我国现行法律法规,结合司法实践的状况,在涉及夫妻共同债务认定的民间借贷中,出借方有较重的举证责任,在没有书面文件的情形下,举证证明债务用于夫妻共同生活、共同经营的难度很大。故作为出借方,建议出借签订文件时可要求借款方提供担保或夫妻双方共同签订借款协议。而对于借款方,应保管好个人名下的银行卡、支付宝、微信等日常支付手段,以免被配偶恶意使用导致承担本不属于自己的债务。

单方举债型夫妻经营性债务的认定

一、案例呈现

(一)李某诉陈某、曹某民间借贷纠纷案[1]

1. 基本案情

2014 年,陈某与曹某离婚。2016 年 11 月、2017 年 4 月,曹某以个人名义向李某分别借款 100 万元及 20 万元。2018 年 8 月,陈某与曹某复婚。前述两笔债务均未发生在陈某与曹某婚姻关系存续期间。李某主张两笔债务均用于陈某与曹某共同经营的美发店,以此请求陈某承担共同还款的责任。

2. 争议焦点

120 万元借款是否属于陈某与曹某的夫妻共同债务。

3. 法院裁判结果

法院认为,虽涉案债务并未发生在陈某与曹某的婚姻期间,但因陈某离婚后、复婚前仍与曹某共同经营美发店,且陈某一直负责店内的财务事项,且陈某名下的账户也曾用于店内的经营周转及借款归还,具有共同参与的外观及共同意思表示。基于此,120 万元借款系陈某与曹某的夫妻共同债务,陈某与曹某向李某承担共同还款的责任。

(二)丁某诉刘某、李某民间借贷纠纷案[2]

1. 基本案情

2011 年 11 月,刘某与李某离婚。2013 年 8 月、2014 年 10 月,李某以个人名义向丁某借款。刘某与李某离婚后,仍然来往密切,刘某仍然是李某与刘某共同经营的公司的实际控制人及法定代表人,且刘某未曾告知丁某其

---

[1] 参见北京市第三中级人民法院民事判决书,(2022)京 03 民终 1768 号。

[2] 参见福建省福州市中级人民法院民事判决书,(2021)闽 01 民终 3517 号。

已与李某离婚。丁某认为,依照《人民司法》刊载的指导性案例的观点(夫妻离婚后生活交往及经济往来仍较为密切的,一方举债不宜认定仅由该方承担,而应认定为共同之债,由双方共同承担),涉案借款应属于刘某与李某的夫妻共同债务。[1]

2. 争议焦点

涉案借款是否属于刘某与李某的夫妻共同债务。

3. 法院裁判结果

法院认为,涉案借款发生在刘某与李某离婚之后,刘某并未对该债务进行事后追认,现有证据亦不能证明该借款系基于李某和刘某的共同意思表示,故不支持丁某要求刘某承担共同还款责任的主张。

二、司法裁判观点

"单方举债型夫妻经营性共同债务"是指夫妻一方以个人名义举债而产生的超出日常家事代理权范围的经营性债务,具体包含以下三类:(1)夫妻一方以个人名义举债,事后获得非举债方配偶追认的经营性债务(排除共签情形);(2)夫妻一方以个人名义举债,用于双方共同生产经营活动的债务;(3)夫妻一方以个人名义举债,用于举债方个人经营活动,但由非举债方配偶共享利益的债务。

针对如何认定单方举债型夫妻经营性共同债务这一问题,司法实践的认定标准不甚明晰,主要存在以下三种裁判观点。

(一)时间推定观点

1. 裁判要旨

如不存在除外情形,一方在婚姻关系存续期间内以个人名义举债的,该债务推定为夫妻共同债务。学者冉克平认为,该种时间推定论的逻辑基础,是婚后所得共同制所带来的财产混同。[2] 既然无法区分夫妻共同财产与个人财产,那么即使一方举债,也应由夫妻双方共同承担。反之,如债务形成时双方已离婚,即法定的婚后所得共同制已结束,则债权人无法要求非举债

---

〔1〕 参见天津市高级人民法院民事判决书,(2016)津民申 526 号。

〔2〕 冉克平:《论夫妻共同债务的类型与清偿——兼析法释〔2018〕2 号》,载《国家社科基金项目成果专栏(法学版)》2018 年第 6 期。

方配偶承担共同还款的责任。本文“案例呈现”部分的第二个案例中，裁判法官采用的就是时间推定的观点。

2. 裁判依据

《婚姻法司法解释(二)》第24条。

(二)事后追认观点

1. 裁判要旨

如一方以个人名义举债，虽未在事前取得配偶同意，但事后配偶代为还款或向债权人作出共同还款的意思表示的(签署共同还款承诺书或签署借条等方式)，视为事后追认。

2. 裁判依据

《民法典》第1064条。

(三)共同生产经营观点

1. 裁判要旨

一方以个人名义举债用于夫妻共同生产经营活动的，即便未取得配偶的事前同意或事后追认，亦属于夫妻共同债务。共同生产经营的形式包括举债方与配偶共同投资公司、配偶在举债方公司中担任股东、法定代表人或实际控制人等角色。

2. 裁判依据

《民法典》第1064条。

三、大数据分析

为研究司法实践领域对“单方举债型夫妻经营性债务”的认定，笔者以“一方举债”“经营”“近三年”为检索条件，通过“威科先行法律信息库”初步筛选出了181份裁判文书，同时按照顺序原则，摘取出前100份文书作为研究样本。以夫妻共同债务的认定标准为核心，按照裁判文书与核心问题的相关性，笔者共筛选出相关文书83份、无关文书17份。83份相关文书中，其中的40份文书，法院认定成立夫妻共同债务；另外42份文书，法院认定非举债方配偶不承担共同还款责任；剩余的1份文书中，法院并未对夫妻共同债务进行认定，仅在判决理由中提及认定标准。从认定比例来看，各地各级法院对夫妻共同债务的成立与否相对审慎。这可能是基于对债权人与非举债方配偶利益平衡的考量：一方面，法院惧怕夫妻双方以离婚（特指离婚后仍共同生活或存在密切往来）或分居等形式逃避债务损害债权人的利益；另一方面，法院担忧其判决可能损害非举债方配偶的利益，如举债方恶意将真实的个人债务转化为夫妻共同债务，或举债方与债权人合谋虚构债务，致使婚后无工作收入的配偶背上巨额债务。

进一步而言，在83份相关文书中，因"事前共债共签"并不符合本文研究的"单方举债"这一特点，笔者先行排除法院以"事前共债共签"为标准认定共债成立的6份文书。在剩余的77份文书中，笔者发现，法院主要运用以下五类标准对单方举债型的夫妻经营性债务进行认定：(1)事后追认型共同意思表示的有14份；(2)单方举债用于共同生产经营活动中的"共同参与标准"的有7份；(3)单方举债用于单方经营活动但非举债方配偶分享经营收入的"利益共享"标准的有14份；(4)婚前个人债务、分居或离婚后一方举债的"时间推定论"的有5份；(5)既存在共同意思表示又有共同参与外观或利益共享情形的"综合认定论"的有22份。余下15份裁判文书中，因债权人未举证而未涉及认定标准的论述。除第4类标准外，法院基本遵循现有的法条框架对夫妻共同债务进行认定，通过判断非举债方是否事后追认、是否共同参与经营或是否与举债方分享利益来确认是否成立夫妻经营性债务。当债权人能够通过多方面的证据同时证明共同意思与共同参与经营存在时，债权人的诉请更能得到支持。

值得注意的是，虽然《婚姻法司法解释（二）》所确立的"时间推定论"已逐渐被《民法典》第1064条的框架所取代，但我们似乎得以窥见"时间推定论"在婚前、婚姻敏感期以及离婚时期这类特殊节点的作用。当举债方与非举债方临近结婚，或举债方与非举债方分居（处于婚姻不安宁状态）以及举债方与非举债方离婚后仍密切来往时，法定共同所得制往往尚未开始或已结束，或夫妻信任连带关系已大幅减弱，那么此时债权人若想主张夫妻共同债务的成立，势必承担更高的举证责任，而该种举证责任所需要达到的标准往往是债权人是否仍能对该债务属于夫妻双方的共同意思表示具有合理的信赖。例如，在罗某某、石某某等民间借贷纠纷一案中，[1]因该债务并未形成于夫妻关系存续期间，而是双方离婚之后，基于此，主张同居期间（双方离

---

〔1〕 参见广东省茂名市中级人民法院民事判决书，(2021)粤09民终1886号。

婚后仍共同生活)债务的债权人需要证明以下两个事项:(1)双方离婚后财产仍未独立;(2)该债务用于同居期间的生产或生活所需。而基于婚姻生活的私密性和资金流向的复杂性,债权人往往举证不能进而承担不利后果,丧失对非举债方承担共同还款责任的请求权。

需要提醒的是,虽然法院系遵循现有的认定框架对夫妻经营性债务进行判断,但各地各级法院对认定框架中的三个标准(事后追认的共同意思、共同参与、利益共享)的理解并不一致。

四、问题解读

(一)问题背景和研究价值

《民法典》第1064条施行后,关于夫妻共同债务的法条框架发生了如下转变:(1)夫妻共签的债务为共同债务;(2)日常家事代理权范围内的债务为夫妻共同债务;(3)超出日常家庭所需的债务,除非基于夫妻共同意思表示、债务用于夫妻共同生活或共同生产经营,其余债务均为举债方个人债务。换言之,债权人在出借时,为保证债权能够完整顺利地实现,最保险的方法是在确认举债方的已婚状况后,让举债方与非举债方配偶"共债共签"(如配偶在共同贷款申请书或共同还款承诺书中签字确认),或是仔细衡量债务人夫妻的生活水平以及当地社会经济状况,以确认该债务"未超出日常家庭生活所需"。

然而,现实往往错综复杂,非金融机构一类的债权人往往无法享有便利条件要求共债共签,更何况金融机构一类的债权人也时常因未尽到此种注意义务而举证不能,[1]进而丧失对非举债方配偶共同偿还债务的请求权。与此同时,考虑到婚姻生活的私密性,债权人无法持续追踪债务的资金流向,通常只能凭借举债方举债时所告知的借贷原因来判断资金的走向及流转,尤其是当涉及一方为经营活动而举债的情形时,该类债务的复杂性更甚。比如,一方举债用于夫妻共同生产经营的,夫妻双方是否需要形成"共同参与的外观"?需要达到何种参与程度才能认定"夫妻共同生产经营"?非举债方配偶以其名下账户向债权人转账是否意味着夫妻双方具有借贷的"共同意思表示"?是否成立对债务的事后追认?事实上,司法实践中存在

---

[1] 参见浙江省杭州市中级人民法院民事判决书,(2021)浙01民终1216号;广东省韶关市中级人民法院民事判决书,(2020)粤02民终2049号。

“同案不同判”的情况恰恰印证了法院对夫妻共同债务认定标准的认识不一致性。

(二)理论界和实践中的主要观点

1. 共同意思表示:非举债方知情是否等于事前同意? 非举债方向债权人转账是否意味着事后追认?

如前文所述,共同意思表示包含两类,一是事前同意,二是事后追认。事前同意型的共同意思表示往往体现在“共债共签”或“非举债方授权举债方代为管理”的情形中,此类共同意思表示通常具有明显的合理信赖外观,且出借方更易于留存证据,举证充分,法院在认定共同债务时较少出现“同案不同判”的情形。但法院容易在以下场景中出现理解的不一致:非举债方配偶知晓债务的存在以及债务的真实用途,但对此保持缄默,那么此时的“知情且不作为”是否可以被认定为“事前同意”? 法院在冯某某、王某1等民间借贷纠纷案,[1]袁某某、吉某某等民间借贷纠纷案[2]以及程某甲与程某乙、熊某某民间借贷纠纷案[3]中作出了截然不同的判决,这便可体现实务中对该要件认识的模糊性。笔者认为,非举债方配偶仅知情但并未作出积极表示时,不可被认定为“事前同意”。我们不妨同时把视角转到普通法系法域下的“合意论”。普通法系的学者认为,不当影响制度(Undue Influence System)会导致具有“事前同意”外观的意思表示被否定(Vitiated consensus ad idem),换言之,该意思表示因受到不当影响而不真实且不自由,致使受支配或影响的一方可以此作为事由主张意思表示可撤销。学者吴至诚对该制度作出以下阐释:“基于特定的信赖关系,一方对另一方的财务决策有较强影响时,推定存在不当影响。”[4]在巴克莱银行诉奥布莱恩案件[5]中,前述观点是显而易见的。然而,想要主张撤销的非举债方配偶往往需要提供充分的证据解释说明其签订“明显不利于己方合同”的原因。法官康希尔勋爵(Lord Bingham of Cornhill)在其判决书中阐释如下:主张贷款是非夫

---

〔1〕 河南省许昌市中级人民法院民事判决书,(2021)豫10民再39号。

〔2〕 陕西省渭南市中级人民法院民事判决书,(2021)陕05民终826号。

〔3〕 湖北省鄂州市鄂城区人民法院民事判决书,(2020)鄂0704民初2514号。

〔4〕 吴至诚:《夫妻债务的英美法系功能比较研究——以不采行夫妻共同财产制的模式为中心》,载《华东政法大学学报》2021年第1期。

〔5〕 Barclays Bank Plc *v.* O' Brien [1994] 1 AC 180.

妻共同债务的妻子,必须详细阐释"为什么她会同意接受一个只让她丈夫受益的贷款",这个合同明显不利于妻子。[1] 法官康希尔勋爵在苏格兰皇家银行有限公司诉埃特里奇(第2号)[2]这一经典案例中的论述便体现了不当影响制度在非举债方举证责任上所施加的高标准。

与此同时,就"事后追认型的共同意思表示"而言,该类意思表示往往体现在如下情形中:非举债方配偶与债务担保人或金融担保机构签订反担保合同,视为非举债方配偶对举债方借贷行为的认可及愿意共同偿还的意思表示。[3] 同样,这类意思表示因具有明显的合理信赖外观,债权人通常能够充分举证,并以此主张非举债方配偶承担共同还款的责任。我国各地各级法院对配偶一方事后转款的行为,如非举债方配偶以其名下的银行账户向债权人偿还部分借款的行为是否可以被视作是"事后追认"尚未有清晰统一的认定。湖南省长沙市中级人民法院在刘某、周某玲民间借贷纠纷案[4]中认为,因非举债方配偶曾通过自己名下的账户向债权人转账10万元,该行为本质上体现了"一方举债后,另一方主动归还借款"的意思表示,足以证明另一方对债务明知又自愿承担,可以认定为其已作出追认。自该判决作出后的两个月内,湖南省常德市中级人民法院在皇某某、黄某某民间借贷纠纷案[5]中,对于"事后转账行为"的认定,认为非举债方配偶向债权人转账2万元,但因钱款为种类物,该笔转账并不能被直接认定为"偿还借款",且债权人未对该笔转账的用途进行举证,因此该行为不能被直接推定为事后追认。

另外一个有趣的案例是徐某某、陈某某建设工程分包合同纠纷案件,在该案中法院认为,即使非举债方配偶在汇款单上签字,该笔转账发生在举债方与债权人的账户之间,也不能将"签字确认"的行为视作追认。

2. 共同生产经营:共同参与外观

有的观点认为,共同生产经营的债务是指夫妻一方为生产、经营、投资

---

〔1〕 The claim of manifest disadvantage should be replaced by the milder "calls for explanation" type of requirement, e. g. , why a wife would agree to a loan solely benefiting her husband.

〔2〕 Royal Bank of Scotland Plc v Etridge (No. 2) [2002] UKHL 44.

〔3〕 参见广西壮族自治区宾阳县人民法院民事判决书,(2021)桂0126民初1122号。

〔4〕 参见湖南省长沙市中级人民法院民事判决书,(2021)湘01民终1944号。

〔5〕 参见湖南省常德市中级人民法院民事判决书,(2021)湘07民终786号。

等营利性活动所负,而夫妻从中共同分享了利益的债务。[1] 笔者不赞同此种观点,因获益性本身并不能论证出"夫妻共同生产经营"这一事实。在单方经营活动中,为兼顾债权人与非举债方配偶的利益,立法机关在考量到法定婚后所得共同制的逻辑基础上,另外设定了"利益共享"这一标准,以补足夫妻共同债务的认定标准,但这并不意味着夫妻在共同生产经营这一事项上达成了充分的合意。换言之,笔者不认为利益共享标准可以适用到"夫妻共同生产经营活动"中。

与目前学术主流观点不同的是,现有的司法实践更注重对"共同生产经营"外观的审查,即"共同参与"标准,当举债方将借款投入到公司中用于生意周转,且举债方与非举债方在公司内共同担任股东时,尤其是当非举债方配偶为公司的实际控制人或法定代表人时,这一情况往往会对法院在夫妻经营性债务的认定上起到关键作用,不仅会对债权人形成强有力的信赖外观,对法院而言也是如此。如学者刘杰勇所说,之所以法院通常以此为由自由心证,内在的逻辑是"非举债方配偶所持股权背后代表的决策权和利益分配请求权"。换言之,非举债方配偶在担任重要职位时,对公司的发展以及未来前景是具有实质的决定性作用的。冯某某、何某某等民间借贷纠纷案[2]及刘某某、陈某某等民间借贷纠纷案[3]便是"共同参与标准"的典型体现。当债权人充分举证此种"共同参与"的外观,非举债方配偶若希望通过主张"被冒名"的情形来对抗债权人时,往往面临更重的举证责任。在刘某借贷纠纷案件中,非举债方配偶主张其被冒名,且股东决议中的签名并非其亲笔所签,但因债权人一般没有能力且不具备条件核实此种冒名事实,法院往往会认定夫妻经营性共同债务成立。

有意思的是,有观点认为,如举债方与非举债方配偶所共同经营的公司规模较小(家庭经营型的公司),可以尝试优先利用人格否认制度刺破法人面纱,直接让具有股东身份或董监高身份的配偶对公司债务承担清偿责任。[4] 该种策略事实上是可行的,尤其是在配偶一方出资不足的情况下更

---

〔1〕 参见李梅琼:《夫妻共同生产经营债务研究》,苏州大学 2020 年硕士学位论文,第 15 页。

〔2〕 参见广东省深圳市宝安区人民法院民事判决书,(2021)粤 0306 民初 11650 号。

〔3〕 参见山东省潍坊高新技术产业开发区人民法院民事判决书,(2020)鲁 0791 民再 19 号。

〔4〕 参见王炜炫:《商法视域下夫妻共同生产经营的司法适用》,载《保定学院学报》2022 年 7 月第 4 期。

易举证成功,且对于债权人而言,可以更完整、便利地实现债权。香港中文大学法学院的黄辉教授通过研究得出,以资本不足作为混同理由时,面纱刺破率高达75%〔1〕。

3. 利益共享:单方经营时非举债方获得增益

在单方举债用于一方经营活动的情形中,有以下两种可能使夫妻经营性共同债务成立:(1)单方举债后,该债务用于经营活动并转化成经营收入,使非举债方配偶因此增益;(2)单方举债后,该债务用于购买经营活动中所使用的大宗资产(高精尖机器、房产、车辆等),并转化为夫妻共同财产。换言之,该债务以较为隐秘的方式转变成了责任财产。学者冉克平认为,在单方经营活动中证成利益共享标准的关键在于,探究该举债行为"客观上是否有利于家庭利益的增加"〔2〕,且其进一步论述了家庭利益的两个界定原则(有偿行为及家庭利益负债的正当性)。

然而,在司法实践中,法院更侧重于采用"利益共享"的外在表现形式,且如非举债方配偶满足以下任一条件,法院通常倾向于认定共同债务成立:(1)非举债方配偶无工作且无收入,即非举债方配偶无法支撑家庭开支,那么就推定其分享了举债方债务的利益;(2)债权人出借后,举债方据此购入了大宗资产形成夫妻共同财产。如果举债方与非举债方配偶在此时离婚,但并未对共同债务进行约定的,那么此种逃避共同债务的嫌疑可能会使法院偏向债权人,即使债权人无法对资金走向作出充分举证,法院也更倾向于认定夫妻共同债务成立。同样的论证逻辑可参见以下三个案件:李某某、罗某某等民间借贷纠纷案,〔3〕薛某某、王某某等民间借贷纠纷案〔4〕以及何某某、江某某等民间借贷纠纷案〔5〕。

五、律师实务视角

关于夫妻经营性债务的成立与否这一问题,笔者认为,重点在于认定标

〔1〕 参见黄辉:《公司集团背景下的法人格否认:一个实证研究》,载《中外法学》2020年第2期。

〔2〕 冉克平:《夫妻团体债务的认定及清偿》,2017年国家社科基金"夫妻团体行为的法理分析与规范研究"(项目批准号:17BFX135)的阶段性成果。

〔3〕 参见广东省广州市中级人民法院民事判决书,(2021)粤01民终31256号。

〔4〕 参见辽宁省辽阳市白塔区人民法院民事判决书,(2021)辽1002民初2545号。

〔5〕 参见广东省深圳市中级人民法院民事判决书,(2020)粤03民终18760号。

准的理解与适用,不能一概而论,应当采用“类型化观点”,将单方举债型的夫妻经营性债务按照经营活动的特征分成三类:事后追认型的单方举债夫妻经营性债务、单方举债但用于共同生产的夫妻经营性债务以及单方举债用于单方经营活动但利益共享的夫妻债务。并按照对认定标准的理解,结合案件的事实及特殊情形进行相应的匹配。

夫妻共同债务责任财产范围辨析

一、案例呈现〔1〕

（一）基本案情

刘某与张某系夫妻，在婚姻关系存续期间，刘某向李某借款但逾期未还款。后李某起诉刘某要求清偿其借款，法院裁判认可李某的债权。进入执行阶段后，李某追加张某为共同被执行人。张某提出执行异议申请，被驳回后提起执行异议之诉，请求判决张某对刘某所负债务不承担清偿责任。

（二）争议焦点

刘某与张某夫妻共同债务的责任财产范围。

（三）法院裁判结果

该案经过了两级法院审理，法院的主要分歧在于夫妻共同债务的责任财产范围。一审法院认为由刘某与张某承担连带清偿责任，责任财产范围为二人共同财产及个人财产；二审法院认为张某无须以个人财产对案涉债务承担清偿责任，即使是夫妻共同债务，其责任财产范围仅限于夫妻共同财产及举债方个人财产。

二、司法裁判观点

实践中法院大多并不直接对夫妻共同债务进行定性，而是讨论夫妻共同债务的清偿规则，前述裁判路径的背后体现了法院对夫妻共同债务清偿背后的不同价值衡量。对此，虽然实践中的裁判依据均为《民法典》第1089条（《婚姻法》第41条），即"离婚时，夫妻共同债务应当共同偿还。共同财产不足清偿或者财产归各自所有的，由双方协议清偿；协议不成的，由人民法

〔1〕 因可能涉及当事人隐私，裁判文书号不予披露。

院判决”,但在实际理解和适用上,各裁判观点存在一定分歧。

1. 夫妻共同债务的责任财产范围包括夫妻共同财产及各自所有的财产,夫妻双方应对夫妻共同债务承担连带清偿责任〔1〕

此裁判意见认为,夫妻法定共同财产制下,夫妻双方因共同债务共同获益,其义务亦应当对等,故夫妻共同债务应当由夫妻双方承担连带清偿责任。虽然此类裁判文书中未明确清偿顺序,但连带责任在清偿顺序上的应有之义即债权人有权要求夫妻任何一方履行债务,其以夫妻共同财产或是个人财产清偿则在所不论。

2. 夫妻共同债务的责任财产范围应当以夫妻共同财产为限,而不应及于任一方个人财产〔2〕

此裁判意见认为,夫妻共同债务使夫妻双方从中受益,但其受益的范围限于夫妻共同生活,夫妻双方的个人财产与夫妻共同生活并无关联,因此夫妻双方个人财产不应作为偿还夫妻共同债务的责任财产。

3. 夫妻共同债务的责任财产范围以夫妻共同财产及举债方个人财产为限〔3〕

此裁判意见认为,夫妻共同债务的认定基础在于法定夫妻共同财产制,据此未举债一方虽应承担夫妻共同债务,但其责任财产范围应与财产制相对应,应当将与夫妻共同生活无关的财产排除在外。

另外,实践中亦有少数法院以举债人配偶是否参与举债有关联的事务、是否实际获益为标准来区分讨论,认为合意型夫妻共同债务由夫妻双方承担连带清偿责任;对于单方举债的夫妻共同债务,责任财产范围限于夫妻共同财产及举债方个人财产,但若举债方配偶从共同债务中获益的,则责任财产范围亦及于其个人财产。〔4〕

---

〔1〕 参见重庆市第一中级人民法院民事判决书,(2016)渝01民终7119号;江苏省常州市中级人民法院民事判决书,(2016)苏04民终3079号。

〔2〕 参见江苏省南京市江宁区人民法院民事判决书,(2015)江宁民初字第5072号。

〔3〕 参见最高人民法院民事裁定书,(2019)最高法民申2302号;江苏省高级人民法院民事判决书,(2014)苏民再提字第0057号;山东省寿光市人民法院民事判决书,(2022)鲁0783民初3527号。

〔4〕 参见福建省福州市中级人民法院民事判决书,(2017)闽01民终3401号;江苏省常州市金坛区人民法院(原江苏省金坛市人民法院)民事判决书,(2017)苏0482民初50号。

三、大数据分析

（一）数据呈现

笔者通过“威科先行”数据库，以“夫妻共同债务”“责任财产范围”“清偿”为检索条件，检索到509件相关案例，其案由多见于民间借贷纠纷、合同纠纷以及执行案件。相关判决虽均适用《婚姻法》第41条，但其裁判结果却有所不同：绝大多数法院以夫妻间承担连带清偿责任为前提，却不明确定性夫妻共同债务，而是直接讨论夫妻共同债务的责任承担主体及责任财产范围；部分法院则完全不讨论夫妻共同债务的性质，直接认定其责任财产范围；另有少部分法院在明确认定夫妻共同债务的性质后，再分析其清偿规则。

（二）数据分析

伴随市场经济的发展，民间借贷纠纷、合同纠纷日益增多，夫妻双方与第三人产生的债权债务纠纷更是不胜枚举。然而在夫妻共同债务责任财产范围的认定上，司法裁判中仍存在一定程度的混乱：一方面，其多发于执行异议案件中，在夫妻共同债务的审查和认定标准上尺度不一；另一方面，极少数法院会以严谨的“夫妻共同债务性质认定→夫妻共同债务的责任财产范围确认→夫妻共同债务责任财产”清偿顺序对夫妻共同债务进行分析。

各地法院裁判标准混乱的原因主要包括两个方面。一方面，在债权人与夫妻双方债权债务纠纷中，争议焦点往往为对夫妻共同债务的认定，就其清偿一般不作讨论，甚至有法院明确认为关于夫妻共同债务的责任财产范围的问题不应在债权债务纠纷中审理，而应在执行异议中提出。另一方面，《婚姻法》及《民法典》并未对夫妻共同债务的清偿予以明确定性，相关司法解释中更是规定模糊且不一致，仅简单规定离婚时的共债共偿、内部协议清偿等内容。这导致实践中大多法院对夫妻共同债务性质认定及责任财产范围问题的回避，即使是对前述问题作出一定回应，也存在观点不一的情况。

四、问题解读

（一）问题背景和研究价值

1. 问题背景

夫妻共同债务一直是婚姻家事领域的热门话题，然而其争议焦点多集中于夫妻共同债务的认定及类型化方面,对此相关立法及司法解释积极回应实务困境,规定日臻完善。相较于此,对夫妻共同债务清偿的讨论虽然不多,但也引起了立法的重视。其实早在1980年《婚姻法》中便已对此问题作出过规定,此后虽然《婚姻法》有所修订,但直至《民法典》婚姻家庭编,均采取"优先共同财产—协议清偿—判决清偿"这一解决路径,但该规定并不完备,无法应对实践中责任财产范围及清偿顺序的争议。故司法解释不断更新,对责任财产范围的规定经历了"共同财产→'共同财产+个人财产'→不明确财产范围"不断反复的过程,使司法裁判中产生了对"连带债务"与"共同债务"相关概念的混用。

2. 研究价值

现行法律及司法解释对夫妻共同债务责任财产范围的回避,导致不同法律关系主体从事法律行为标准不一、司法裁判标准不一,实际上加重了债权人、债务人及债务人配偶的注意义务,不仅不利于维护婚姻家庭的和谐,也导致交易关系的不稳定。对夫妻共同债务责任财产范围的正确认定,体现对不同法律关系及相应主体的合法保护,不仅能够回归夫妻共同债务认定规则与类型化的本质目的,也有利于司法公正与裁判标准的统一,在理论和实务上都具有较大的研究价值。

(二)理论界主要观点

对于以夫妻双方名义举债形成的夫妻共同债务,学界并无争议,夫妻双方因共同意志与利益共享而承担连带责任,责任财产范围亦应及于夫妻双方的全部财产。[1] 而对于以夫妻一方名义举债而形成的夫妻共同债务,责任财产范围是否及于非举债方个人财产,在理论上具有较大争议。

1. 连带债务说

连带债务说立足于《民法典》立法体系中对于多数人之债的二分体系,在此体系下,多数人之债不是连带之债就是按份之债,据此,夫妻共同债务的性质应当为连带债务。连带债务说中又分为无限连带说与有限连带说,具体如下。

---

〔1〕 参见汪洋:《夫妻债务的基本类型、责任基础与责任财产——最高人民法院〈夫妻债务解释〉实体法评析》,载《当代法学》2019年第3期;朱虎:《夫妻债务的具体类型和责任承担》,载《法学评论》2019年第5期。

(1)无限连带说

无限连带说考虑夫妻共同债务往往基于夫妻间主观意思、夫妻间共同利益而认定。双方具有共同的经济目的,共同负债作为连带债务,其责任财产范围理所当然包括夫妻共同财产以及举债方及其配偶各自的个人财产。[1] 债权人可向任一方要求其承担全部债务,各责任财产间无清偿顺序要求,但一方清偿超出责任份额的,对另一方享有追偿权。

(2)有限连带说

有限连带说认为,债务人的配偶因债务人举债所受益的范围限于夫妻共同财产,因此夫妻共同债务虽为连带债务,但其责任财产范围应当限缩至举债方个人财产及夫妻共同财产,此时债务人的配偶承担的是有限连带责任。[2] 此时对责任财产间的清偿顺序并无要求,但针对共同财产部分,只要一方在其应承担份额外履行债务的,即对另一方享有追偿权。

2. 共同债务说

共同债务说将夫妻作为债务共同体考虑,认为夫妻共同债务应当由夫妻共同履行。[3] 与连带债务说中债权人行使债权对象的可选择性不同,此观点下夫妻共同债务的债权人只能向夫妻双方共同请求给付。[4] 此时以夫妻共同财产为第一清偿顺位自然没有疑问,然而对于夫妻共同财产不足清偿的部分,此观点内部尚无定论:有观点认为个人财产兼具补充性与连带性,未清偿债务的责任财产仍包括夫妻任一方的个人财产;[5]还有观点认为不足部分由双方协商或法院判决确定责任财产范围,原则上为按份责任。[6]

3. 类型区分说

类型区分说为学界通说观点,此观点认为应以家庭日常生活需要为界,

---

〔1〕 参见夏吟兰:《我国夫妻共同债务推定规则之检讨》,载《西南政法大学学报》2011 年第 1 期;孙若军:《论夫妻共同债务"时间"推定规则》,载《法学家》2017 年第 1 期;裴烨:《夫妻财产制与财产法规则的冲突与协调》,载《法学研究》2017 年第 4 期。

〔2〕 参见贺剑:《论婚姻法回归民法的基本思路——以法定夫妻财产制为重点》,载《中外法学》2014 年第 6 期;龙俊:《夫妻共同财产的潜在共有》,载《法学研究》2017 年第 4 期。

〔3〕 参见曲超彦:《夫妻共同债务清偿规则探析》,载《法律适用》2016 年第 11 期。

〔4〕 参见黄茂荣:《债法通则之三:债之保全、转移及消灭》,厦门大学出版社 2014 年版,第 64 页。

〔5〕 参见张驰、翟冠慧:《我国夫妻共同债务的界定与清偿论》,载《政治与法律》2012 年第 6 期。

〔6〕 参见夏江皓:《论中国民法典夫妻共同债务界定与轻颤规则至构建》,载《妇女研究论丛》2018 年第 4 期。

区分家庭日常生活之债与共同生活、生产经营之债的性质，从而区分两种清偿规则。[1] 家庭日常生活之债因基于夫妻间家事代理权而具有连带性，其性质应为连带债务，适用连带之债的清偿规则；超越家庭日常生活需要的共同生活之债与共同生产经营之债，其并无夫妻合意或是家事代理权之连带基础，而是以夫妻共同生产、生活为正当性基础，故在责任财产范围中除举债方个人财产之外，即为夫妻共同财产。[2]

（三）律师观点

笔者认为，类型区分说为解决实务分歧、减少讼累的最佳选择。(1)对于夫妻双方合意形成的债务与夫妻双方无合意但用于家庭日常生活的共同债务，首先应当以夫妻双方与第三人的约定为准来确定责任承担主体及责任财产范围，若无约定的，夫妻双方应当承担连带责任，责任财产范围及于夫妻共同财产及双方个人财产，无清偿顺序要求。(2)夫妻双方无合意且超出家庭日常生活所需，但用于夫妻共同生产经营及共同生活的，此债务性质为共同债务而非连带，责任财产范围除夫妻共同财产之外，仅及于举债一方个人财产，在责任财产范围内不区分清偿顺序。

1. 应当充分理解夫妻共同债务清偿的责任基础及其背后的价值取向

夫妻共同债务横跨婚姻家庭法领域与合同法领域，需同时考虑家庭伦理价值与交易安全、效率价值。现行法律体系下夫妻共同债务的类型划分及认定规则已较为合理地平衡了“共富贵、共患难”的家庭伦理要求及夫妻双方对外交易的效率与安全价值，故夫妻共同债务清偿规则的构建亦应回应夫妻共同债务认定规则在价值取向上的期待，并予以完善。

关于合意型夫妻共同债务，因双方共同作出意思表示或共同作出借款行为，其可将夫妻视为共同体，其共同作为合同一方与债权人产生债权债务关系。基于合同相对性原则，债务人为夫妻双方的债权债务关系与一般债权债务关系无异，若夫妻双方举债时对债务清偿无约定的，则双方对债权人承担连带责任。只是基于债务人之间的夫妻关系，夫妻双方清偿的责任财

---

〔1〕 参见汪洋：《夫妻债务的基本类型、责任基础与责任财产——最高人民法院〈夫妻债务解释〉实体法评析》，载《当代法学》2019年第3期。

〔2〕 参见李洪祥：《夫妻一方以个人名义所负债务清偿规则之结构》，载《政法论丛》2015年第2期；朱虎：《夫妻债务的具体类型和责任承担》，载《法学评论》2019年第5期；李心悦：《论夫妻共同债务的类型与清偿》，载《东南大学学报(哲学社会科学版)》2022年第24期。

产范围还应包括夫妻共同财产,但其清偿顺序并无先后之分。

关于“因家庭日常生活需要而产生的债务”,即使夫妻间并无合意,亦属于夫妻共同债务,其认定基础为日常家事代理权。虽此种家事代理权突破了合同的相对性,但夫妻作为生活共同体具有紧密联系,一方面,使债权人更有可能推定夫妻双方对债务的知情与同意,因要求债权人“深入了解针对小额的、家庭日常生活所需的事项是否经债务人配偶同意”难免增加债权人的风险控制成本;另一方面,行使家事代理权产生的共同债务势必使夫妻双方均从中较为平等地获益。因此,因日常生活需要而形成的共同债务亦由夫妻双方以全部共同财产及个人财产予以清偿,双方承担连带清偿责任,最能平衡保护债权人利益与举债方配偶利益及交易的便利性与夫妻共同生活的稳定性。

认定夫妻共同债务时要求配偶“共富贵、共患难”,体现夫妻共同体间的同舟共济,因此对于即使双方无合意、亦无家事代理权的情况,只要借款用于夫妻共同生活或共同生产经营的,也被认定为夫妻共同债务。然而此时,一方面,债务金额过大理应导致债权人对举债方配偶的知情与同意产生怀疑,债权人对风险应当具有一定的把控能力;另一方面,借款可能违背举债方配偶对共同生产经营与生活的决定权,不符合其真意,且因配偶的不知情而增加举债方存在隐秘的个人利益的可能性,使举债方配偶从借款中获得的利益其实更为有限。故在此种类型的夫妻共同债务中,应当为没有举债的配偶一方提供能够切割风险、开启新生活的可能,方能平衡夫妻共同体之间的利益。

2. 对夫妻共同债务清偿规则的确定应当回应实践需求

实践中确定夫妻共同债务清偿规则的呼声渐大,反映了债权债务关系当事人与婚姻关系当事人在不同层面的困扰。债权债务关系中,债权人往往考虑交易的效率与安全,如强行要求债权人全面考虑夫妻共同债务的认定之后还要另外考虑适用不同规则的清偿问题,难免影响交易的效率,也让交易的风险变得难以预测。在婚姻关系中,举债方较为在意的是其借款是否处处受其配偶限制以及是否影响其与配偶间的关系,对此如区分合意之债、家庭生活所需之债与共同生产经营及共同生活之债,在不同表意行为及不同利益归属标准下确定不同的清偿要求,可避免恶化夫妻间关系,防止道德风险;而举债方配偶则多考虑其个人风险,即对其不知情的债务是否仍须以个人财产负债的问题。若一律要求配偶以个人财产全部清偿,则可能引发夫妻关系紧张的婚姻破裂风险或夫妻双方恶意串通损害债权人利益的风险。只有跟随夫妻共同债务的类型认定、设计夫妻共同债务的清偿规则,方能够满足不同法律关系当事人的不同期待。

五、律师实务视角

(一)正确区分不同债务类型是预见夫妻共同债务清偿规则的重要基础

首先,对于合意型债务,合意的表现方式多样,包括共同签名、事后追认等明确的意思表示内容,也包括举债方配偶默示同意的情况。需重点注意举债方配偶默示同意的表现形式:一是举债方配偶以个人名义部分偿还借款或利息的,二是借款实际由举债方配偶控制的,三是举债方配偶以其个人财产设立担保的,四是举债方配偶在离婚协议中确认该债务系夫妻共同债务的。

其次,对于家事代理型债务,对家庭日常生活需要的理解系认定此类债务的重点。家庭日常生活需要指夫妻双方及与之共同生活所需要赡养的老人、需要抚养的未成年子女在日常生活中的必要开支,一般包括衣食住行、子女抚养教育、老人赡养、医疗保健、娱乐文化等消费支出。在具体认定上,需结合夫妻感情状况、家庭日常消费水平、当地经济发展水平及社会生活习惯、债务金额、借款用途等方面综合判断。

最后,对于夫妻共同生活与共同生产经营之债,该类型债务系非因夫妻合意产生且超出家庭日常生活需要,但夫妻共同受益的债务。其重点在于债权人的举证难度,债权人需深入了解相关债务的实际用途以证明夫妻双方均因该借款而获益。在举证方面,债权人可尝试从夫妻关系、家庭经济状况方面入手,如关注举债方配偶工作收入状况、举债方及其配偶婚姻关系及居住情况、举债方及其配偶借款期限内有无大额开支、举债方名下公司经营相关信息等方面,从而佐证举债方借款用于夫妻共同生活或夫妻共同生产经营。

(二)当事人可尝试通过多种渠道隔离夫妻共同债务的清偿风险

对当事人而言,事前风险防范往往比事后解决纠纷更为重要,且由于在本文所确定夫妻共同债务清偿的类型区分模式下，其注意义务与夫妻共同债务认定阶段的注意义务相同，故事前防范对于债权人而言更具可行性。

在合意型债务中，合意内容对债务清偿的责任范围至关重要，债权人与债务人配偶方均应对其责任承担的范围作出明确的约定；在“家事代理型债务”中，家事代理权的行使范围同样影响对其清偿的认定，债权人应当关注债务人及其配偶的感情、借款的金额、借款的用途等，并对相关事宜作出明确约定，而债务人配偶则可应注意加强对家庭经济状况的把握，包括家庭日常支出情况、家庭财产是否增加、债务人经济水平等，以加强预见及隔离风险的能力；而在夫妻共同生活、生产经营债务中，债权人在债权债务关系成立时则需重点考量借款的用途、债务人夫妻关系以及其配偶是否知悉借款或参与实际经营等相关事实，并保留证据。债务人配偶则应当重视债务人的生产经营状况及收益流向、明确自己在经营活动中的地位及获益范围等。

在纠纷产生的事中及事后阶段，对于债权人而言，其有效且可行的救济途径较为有限，与一般债权债务关系相当，如整理、收集证据并以催告、诉讼方式要求债务人及债务人配偶还款。对于债务人配偶而言，一方面可通过诉讼、执行异议、执行异议之诉的方式抗辩债务清偿的责任财产范围排除非举债一方的个人财产；另一方面可在以夫妻共同财产或者以个人财产清偿债务后，对于超出份额的部分向举债方行使追偿权。

另外，法定婚后共同财产制对夫妻共同财产的认定标准趋松，导致夫妻双方个人财产与共同财产混同，实践中往往难以将举债方配偶的个人财产准确从责任财产中划分出来，据此，为隔离债务风险，夫妻间可明确约定夫妻财产如何处理和分配，或在日常生活中注意明确个人财产范围，避免混同。

综上所述，在我国现有法律体系及语境下，夫妻共同债务的认定标准已逐渐明晰，实践中亦有不少裁判规范，然而就其清偿问题，因法律规定不明导致实务分歧较大，其中责任财产范围为共同债务清偿规则确定的基础，故本文对此问题着重讨论。但即使确定了责任财产范围，其责任性质、清偿顺序、追偿权、在婚姻关系存续和解除婚姻关系的不同情况下的处理方式等问题，在实践中仍有深入讨论的空间，有待继续探索与实践。

第六章

继承纠纷

公序良俗原则在继承纠纷中的适用

2021年1月13日，深圳市中级人民法院作出了一份涉及被继承人将其三套房产遗赠给保姆的民事判决书。对于该案中所涉遗嘱的效力，一审及二审法院作出了截然不同的认定，并以深圳市中级人民法院认定的遗嘱违反公序良俗，保姆不享有遗嘱继承权的意见结案息讼。然而，随着该案在中国裁判文书网的公布，引发了法律界对于“公序良俗原则”在遗嘱继承纠纷中的适用热议。本文拟通过对该案的分析，并结合《民法典》实施以来公序良俗原则在继承纠纷司法实践中的适用数据，简析公序良俗原则在继承纠纷中的适用重点。

一、案例呈现

被继承人刘某发与陈某（一审被告）系夫妻关系，育有5名子女。2015年7月3日，刘某发第一次就双方的离婚纠纷向深圳市南山区人民法院提起诉讼。在此次离婚诉讼中，法院未准予二人离婚。该判决生效半年后，被继承人刘某发基于双方已分居十几年，感情确已破裂之事实，于2016年8月9日再次提起离婚诉讼。此次离婚诉讼一审虽判决准予双方离婚，但因陈某不服一审判决提起上诉，且因刘某发在二审审理期间因病死亡（死亡时间为2017年8月27日），二审法院裁定终结诉讼。至此，刘某发与陈某之婚姻关系并未通过法院生效裁判文书解除。被继承人刘某发去世前一直与杨某（一审原告）共同生活。

被继承人刘某发于2016年8月4日自书遗嘱一份，表明基于杨某对其十几年的关心照顾，将其因政府旧村改造所分得之大冲房产300平方米及其所享有的股份公司股权份额赠与杨某，以表心意。

2017年6月19日，被继承人刘某发再次立下遗嘱。该份遗嘱中刘某发就其与杨某、陈某的关系表述如下："刘某发与陈某于××××年结婚之后，在婚姻存续期间，因陈某长期扑在麻将台上，为了打麻将而没有把家庭照顾好，导致夫妻常常吵架，引发夫妻感情破裂。约在1981年，陈某有婚外恋，因而导致夫妻感情完全破裂，最终因情感不合而分居生活。在夫妻分居生活若干年后，2001年因刘某发生活需要，聘请了杨某作为保姆，由其照顾刘某发的日常生活，后来随着时间的推移，彼此间产生了感情，因而发展为同床共枕，共同生活至今已时过十七年之久，彼此间感情浓厚，不是妻子胜于妻子，两者已成为不离不弃、形影不离的老伙伴……"[1]该遗嘱再次阐明了对大冲300平方米房产及股份公司股权份额的处理，即归杨某所有。遗赠纠纷案情况梳理如图6-1所示。

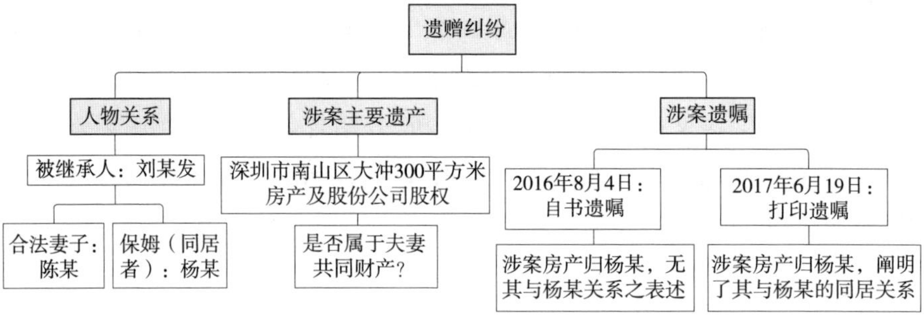

图6-1　遗赠纠纷案情况梳理

二、司法裁判观点

如前所述，关于遗赠保姆案所涉遗嘱的效力，一审法院及二审法院的认定恰好反映了在当前司法实践中，对于在先民事行为违反公序良俗是否必然导致后遗嘱行为无效的两种不同司法观点。

一种观点认为，在先民事行为违反公序良俗，并不必然导致在后的遗嘱行为无效。该观点的核心在于在先民事行为虽然存在不法性，但遗嘱行为系独立之法律行为，应当依据具体法律规定对其效力进行独立判断，即在遗嘱符合法定主客观要件的情况下，遗嘱行为应当认定为有效，以充分尊重立遗嘱人的意思自治。如本案一审法院即认为虽然杨某与刘某发的同居行为

[1] 广东省深圳市中级人民法院民事判决书，(2019)粤03民终21725号。

背俗,系法律所禁止的行为,但是遗赠是刘某发的单方意思表示,亦受法律保护,法律未对受遗赠人的身份和主体资格进行限制性规定,自然人有自由设立遗嘱的权利。

另一种观点认为,因为立遗嘱人及遗嘱受益人的在先民事行为违反公序良俗,而立遗嘱人之所以通过遗嘱将遗产确认归属于该受益人,恰恰是因为该不法行为而产生,故该遗嘱内容应属无效。例如,本案二审法院即认为刘某发与杨某的同居行为违反了《民法典》第 1042 条关于"禁止有配偶者与他人同居"及第 1043 条"夫妻应当互相忠实,互相尊重"的规定;刘某发未经其配偶同意,单独将大额夫妻共同财产赠与他人,剥夺并侵害了陈某对夫妻共同财产所享有的平等处理权和陈某的合法继承权;而杨某因其知晓刘某发有配偶却与其长期同居,进而接受大额财产的赠与,其非善意第三人;故而法院最终认定刘某发的遗嘱因违反公序良俗而无效。[1] 该观点与公序良俗第一案——"泸州遗赠纠纷案"的判决观点一致。[2]

三、大数据分析

"公序良俗"为一项法律原则,关于其在具体个案中的适用,司法机关应当遵从更加审慎之义务。通过在阿尔法数据库中的检索,就《民法典》实施以来,涉遗嘱类继承纠纷案件中公序良俗原则的适用数据进行分析可知,司法机关在遗嘱继承纠纷中适用公序良俗原则时更加慎重,即便案件当事人以该原则进行抗辩,法院亦只是简要回应,不做过多阐释;而在遗赠纠纷中,特别是涉及受遗赠方与被继承人存在不正当男女关系案件时,法院更容易主动援引该原则审理案件。经梳理,笔者现就相关数据分析说明如下。

本文所收集之数据均源于阿尔法数据库,检索关键词依次为:案由遗嘱继承纠纷/遗赠纠纷、公序良俗、裁判年份(2021 年 1 月 1 日 ~2023 年 3 月 8 日)。

根据对数据的梳理,自《民法典》实施以来至 2023 年 3 月 8 日止,涉及遗嘱的继承案件总计为 7185 件,其中,遗嘱继承纠纷 6367 件,约占总件数的

---

〔1〕 参见广东省深圳市中级人民法院民事判决书,(2019)粤 03 民终 21725 号。

〔2〕 参见四川省泸州市中级人民法院民事判决书,(2001)泸民一终字第 621 号。在该案中,被继承人黄某某通过遗嘱的形式,将其遗产赠与给了婚外第三者。四川省泸州市中级人民法院认定其遗嘱无效的原因之一为婚外同居行为违反公序良俗,婚外第三者不得因婚外同居之违法行为而获益。该案判决已逾 20 年,但对该案的观点争议却从未平息。

89%;遗赠纠纷818件,约占总件数的11%。

而在这7185件涉遗嘱的继承案件中,涉及公序良俗原则的案件为121件,占比约为2%。而此121件中,遗嘱继承纠纷共95件、遗赠纠纷共26件。当事人主张适用该原则的遗嘱继承纠纷案件为90件、遗赠纠纷案件为26件;法院援引适用该原则的遗嘱继承纠纷案件为8件、遗赠纠纷为7件。

同时根据检索的判决文书进行分析,在遗嘱继承纠纷案中法院援引公序良俗原则旨在释明继承人之行为的合法性,援引该原则阐释遗嘱无效的案件为0件;而在遗赠纠纷案中法院援引公序良俗原则旨在释明遗嘱行为的合法性,据该原则认定遗嘱(遗赠)无效的案件有4件。

在遗赠纠纷案中,法院认定遗嘱无效的理由多为被继承人与遗嘱受益人之间存在违反公序良俗的不正当男女关系或婚外同居行为。比如,在孙某、安某遗赠纠纷案中,山东省烟台市中级人民法院即认为孙某与有配偶的被继承人王某明同居生活十几年,该行为系法律禁止之行为,属于违背公序良俗的民事法律行为,即为无效,故被继承人王某明将个人合法财产遗赠给孙某之遗嘱亦无效。[1] 在韩某与王某等遗赠纠纷案[2]中,北京市高级人民法院认定遗嘱无效时的论证、说理部分与山东省烟台市中级人民法院一致。

而在遗赠纠纷中,法院未依公序良俗原则认定遗嘱无效的原因主要是当事人未能举证证明被继承人与受遗赠人之间存在不正当男女关系或婚外同居行为。例如,上海市第一中级人民法院在李某1与陈某遗赠纠纷案、新疆维吾尔自治区乌鲁木齐市中级人民法院田某与李某1、张某等遗赠纠纷案及广东省茂名市中级人民法院在朱某、高某1等遗赠纠纷案中,均认为案件现有证据不足以证明受遗赠人与遗嘱人存在婚外情,不足以证明存在违反公序良俗的情形。

四、问题解读

(一)何谓公序良俗

公序良俗之概念起源于罗马法,其内涵极为广泛,且处于不断变化之

---

〔1〕 参见山东省烟台市中级人民法院民事判决书,(2021)鲁06民终2050号。

〔2〕 参见北京市高级人民法院民事判决书,(2022)京民申3020号。

中,与日革新。但其又有对私法自治的限制性,即公序良俗原则的援引适用,通常会导致民事法律行为无效,对民事行为的效力有一定的抑制作用。

然而一个人的道德观,常常与其所处的社会环境、家庭教育、学识及经历息息相关。在具体个案中,如何界定公序良俗对案件结果的"影响深远",应如何在审理过程中避免以自己的道德价值观来审视及判断案件当事人的法律行为,如何避免以个人意识解读他人行为后"以德入法",又如何避免以个人的好恶影响司法审判,对于司法审判人员而言,是一项极大的挑战。那么,到底什么是公序良俗?

王利明先生在其《民法总论》一书中指出,一个国家的安全及其人民的根本利益是为公序,包含社会公共秩序及生活秩序;社会成员均认可且遵循的道德准则是为良俗。[1] 而于飞教授认为,公序良俗是法律评价标准,其与道德不同;"善良风俗"所涵盖的道德秩序不能直接成为法律秩序,而是需要司法裁判人员通过一定的释法与适法行为使其烙上法律的印记,进而转化为可供适用的法律标准。[2] 于飞教授认为,如果将公序良俗简单理解为与道德或一般道德观念相一致,则易导致道德准则法律化,有"以德入法"之重大风险,也是善良风俗在司法实践中被滥用的主要原因。司法审判人员在具体适用时,不应将整套的其他规范照搬适用,应当避免将个人的价值判断嵌入司法审判实践,应当准确理解并掌握公序良俗条款在适用上的劣后性,且应当完成"底线论证"和"超过论证"。[3]

笔者认为,于飞教授在上文所援引的文章中对公序良俗内涵的剖析及对审判人员适用公序良俗提出的"底线论证"与"超过论证"要求,对于维持基本的法律秩序而言,更具积极意义。审判人员只有在论证了法律行为违反了"底线性标准",且"案涉秩序伦理因素的分量超过维持私法自治结果的分量"[4]时,公序良俗原则适用才能真正发挥其法律价值,避免其成为审判

〔1〕 参见王利明:《民法总论》,中国人民大学出版社 2012 年版,第 57~58 页。

〔2〕 参见于飞:《〈民法典〉公序良俗概括条款司法适用的谦抑性》,载《中国法律评论》2022 年第 4 期。

〔3〕 参见于飞:《〈民法典〉公序良俗概括条款司法适用的谦抑性》,载《中国法律评论》2022 年第 4 期。

〔4〕 于飞:《〈民法典〉公序良俗概括条款司法适用的谦抑性》,载《中国法律评论》2022 年第4 期。

人员个人道德标准的司法化工具。

（二）公序良俗原则在遗嘱继承纠纷中的适用

回归到本文的主旨，在遗嘱继承纠纷案中，公序良俗作为原则性规定，在存在判定遗嘱效力的具体规则的情况下，审判人员是否可直接适用公序良俗原则？

从前述数据分析中可以看出，在审理遗嘱继承案件时，审判人员对公序良俗原则的适用已是十分谨慎，遗嘱受益人在立遗嘱人之法定继承人范围内或为其亲属时，一般不轻易适用该原则否认遗嘱的效力。但若遗嘱受益人为其亲属范围外，审判人员则更倾向于审查该遗嘱受益人与立遗嘱人之间的关系是否正当，双方之间的关系是否符合道德准则。如证据足以证明双方关系不正当（如婚外同居关系），审判人员则一般根据《民法典》第 8 条的规定，认定遗嘱因违反公序良俗而无效。也就是说，立遗嘱人与受遗赠人之间的关系，一般是遗赠案件中判定遗嘱效力的重要事实。受遗赠人与立遗嘱人之间如若存在婚外同居或婚外情等事实时，大多数法院出于对社会价值观导向及社会风化的引导进行考虑，更倾向于对遗嘱的效力给予否定性评价。

婚外同居行为或婚外情关系违反了《民法典》第 1043 条的规定，亦违反了公序良俗原则，不应倡导。但是立遗嘱人设立遗嘱的自由、处分财产的自由也应当给予充分的保护或尊重。从法律关系上来分析，婚外同居行为或婚外情关系与遗嘱继承法律关系分属不同的法律关系，应适用不同的法律规范。

就遗嘱行为而言，其属于死因行为，通常而言，遗嘱在满足法定的主客观要件的基础上，于立遗嘱人死亡后生效，是为其合法财产所作出的处分安排。在刘某发遗赠保姆一案中，二审法院认定刘某发的遗嘱无效的原因之一是其遗嘱行为剥夺了其配偶陈某对夫妻共同财产的平等处理权和陈某对刘某发的合法财产继承权，有混淆遗嘱行为与婚外赠与行为之嫌。订立遗嘱对个人合法财产进行处分，是自然人的合法权利。遗嘱生效时，刘某发与配偶陈某的夫妻关系已经因一方死亡而终止，共同共有的基础关系已经不复存在，故而并不涉及剥夺其配偶对夫妻共同财产的平等处理权。二审法院的上述逻辑与《民法典》第1133条[1]的规定的逻辑有所不同，笔者认为，遗嘱行为无须也不应仅因配偶方不认可而无效。

法院认定涉案遗嘱无效的第二个原因，即认为遗嘱行为违反了公序良俗，应属无效，其也系此类案件中认定遗嘱无效的主要原因。在此语境下，从于飞教授提出的“底线论证”与“超越论证”两个角度来看，就“底线性标准”而言，立遗嘱人将个人合法财产通过遗嘱进行处分，为其合法权利，遗嘱受益人之范围亦无明确的禁止性法律规定；就订立遗嘱的目的而言，仅为处分个人合法财产，亦未侵害他人权益，即便处分了他人财产，也仅是与之对应的部分无效；从订立遗嘱的动机来看，出于对遗嘱受益人的信任、基于恩情或其他情感因素，将个人财产通过遗嘱形式赠与或指定由其继承。笔者认为，遗嘱行为的底线性标准，应当是立遗嘱人在订立遗嘱时未损害其他人的合法权益。一般来看，立遗嘱人指定了遗嘱受益人且并未损害他人的合法权益，不应判定遗嘱无效。从“超过论证”的角度来看，即从公序良俗是否超越立遗嘱人的遗嘱自由（私法自治）、超越遗嘱具体法律规则来看，笔者认为，首先，《民法典》对于遗嘱的订立有着明确、具体的要式规定，具体规则的适用应当优先于公序良俗这一概括性、原则性规定，现有的法律规定中并无对遗嘱受益人范围进行限制的规定；其次，立遗嘱人与他人婚外同居的行为或与他人之婚外情关系，为独立于其遗嘱行为之法律关系或行为。其遗嘱行为的效力应当在独立于前述法律关系或行为的基础上，依据具体的法律规则进行判断。婚外情或婚外同居行为背俗，不能直接推导出遗嘱行为背俗；再次，通过遗嘱处分个人合法财产的行为，不能简单地归因于立遗嘱人系出于维系不当法律关系的目的而订立遗嘱。遗嘱不因订立行为而生效，其仅因立遗嘱人的死亡事实而生效。立遗嘱人在遗嘱生效前，可以通过其他法律行为或再立遗嘱的方式改变其处分意愿，遗嘱最终得以生效有赖于立遗嘱人处分财产的真实意愿。从遗嘱受益人的角度而言，亦不能简单地归因于其系通过与立遗嘱人之不法关系而获益或有意从不法关系中获益；最后，在此类案件中，关于认可遗嘱的效力是否有不正确的社会价值导向，

---

[1] 《民法典》第1133条规定：“自然人可以依照本法规定立遗嘱处分个人财产，并可以指定遗嘱执行人。自然人可以立遗嘱将个人财产指定由法定继承人中的一人或者数人继承。自然人可以立遗嘱将个人财产赠与国家、集体或者法定继承人以外的组织、个人。自然人可以依法设立遗嘱信托。”

笔者认为,在一些具体案件中,认可遗嘱的效力不意味着司法机关认可或提倡“婚外情”或“婚外同居行为”。作为审判人员,更应警惕“一刀切”式地给一些案件贴上社会化标签,而应就立遗嘱人的真实意愿与第三者受益的真实原因进行分析。相较于机械地适用法律,情、理、法相结合并且说理充分的判决,对社会秩序、法律秩序、价值观等更加有益。

五、律师实务视角

公序良俗作为原则性条款,其适用并不具有优先性,即在适用顺序上,司法审判人员应当优先适用具体规则、习惯法或类推适用规则,以上均无法在个案中适用时,方可论证并援引适用公序良俗原则。在遗嘱继承案件中,遗嘱的效力应当依据具体的规则进行判定,遗嘱自由在本质上属于自然人处分个人合法财产的自由,在不侵害他人合法权益的情况下,即便立遗嘱人生前存在违反公序良俗的行为,其遗嘱自由也应当受到法律的保护。

打印遗嘱的效力认定

计算机、打印机的普及,使得日常工作生活中的文件打印已几乎全面替代文字书写,打印遗嘱也随之越来越普及。在《民法典》颁布实施之前,并无对要式打印遗嘱的明确规定,司法实践对于打印遗嘱属于自书遗嘱还是代书遗嘱亦存在分歧。《民法典》新增了打印遗嘱这一类型,并对打印遗嘱的形式要件进行了明确规定。本文拟在案例分析的基础上就打印遗嘱的效力认定问题进行分析。

一、案例呈现

(一)张某1、张某2遗嘱继承纠纷案[1]

1. 基本案情

张某1、张某2系凌某的两个儿子,凌某于2017年9月12日立下遗嘱,指定妻子范某为遗嘱执行人,遗产由外孙郑某继承,赖某、黄某两位律师见证,遗嘱的主文部分全部是打印完成。但被继承人凌某没有在遗嘱上签名,立遗嘱人处的"凌某(代)"和"2017.9.12"均系范某签署。且记录遗嘱签署过程的视频中未出现任何见证人,也没有显示见证人在凌某按指模前向其宣读遗嘱的过程。

2. 争议焦点

遗嘱的法定形式是否符合规定。

3. 法院裁判结果

一审法院并未对涉案遗嘱的类别进行分析,而是以该遗嘱系立遗嘱人的真实意思表示,从而认定其合法有效。

---

[1] 参见广东省深圳市中级人民法院民事判决书,(2020)粤03民终21174号。

二审法院首先对遗嘱类别进行了认定，将其归于打印遗嘱。在前述案件中，两名见证人并未分别书写具体日期，不符合法律规定的见证人须“在场见证”的要求。因此，二审法院以该份遗嘱在形式上存在瑕疵而认定其无效。

（二）张某、肖某1等继承纠纷案〔1〕

1. 基本案情

立遗嘱人肖某2与李某系夫妻，肖某1系其婚生女，张某系肖某2的母亲且健在，肖某2、肖某3、肖某4系同胞兄弟姐妹。肖某2于2019年4月8日立下遗嘱，将自己所有的个人财产交由女儿肖某1继承，该意思表示经确认后形成打印件，并在王某、黄某见证下向肖某2宣读确认后由其本人签名按指模，其后见证人王某、黄某签名按指模确认。后各当事人因继承遗嘱发生争议，肖某1、李某向法院起诉要求继承肖某2的遗产。

2. 争议焦点

两名见证人是否需要同时出现做见证。

3. 法院裁判结果

一审法院对立遗嘱人的民事行为能力、立遗嘱人的签名是否真实、有无两名以上无利害关系人的见证等三方面事实进行审查，认定涉案遗嘱符合法定形式要件，对涉案遗嘱作出有效认定。

二审法院没有将遗嘱效力拘泥于形式要件上，法官认为，两名见证人王某、黄某先后到场见证可以视为法律规定的在场见证。由于遗嘱人系在医院重症监护病房内订立遗嘱，属于法定意义上的危急情况，且当事人提供了遗嘱签署过程的视频，该视频录像在危急情况下，亦可视作肖某2本人的口头遗嘱。同时，根据医院限定每次只能两名家属进入重症监护病房的规定，见证人黄某与王某分批由亲属陪同进入重症监护病房是符合当时危急情形下的特殊要求的，具有合理性。关于遗嘱人民事行为能力的认定，根据肖某1出具的视频、见证人的证人证言、医生的签字确认，均可认定遗嘱人在订立遗嘱时神志清醒，遗嘱人具备订立遗嘱的民事行为能力，认定一份遗嘱是否具备效力更应当关注立遗嘱人当时的真实意思表示，认定涉案遗嘱有效。

---

〔1〕 参见广东省广州市中级人民法院民事判决书，（2022）粤01民终6153号。

（三）黄某、李某1等遗嘱继承纠纷案[1]

1. 基本案情

本案中，被继承人李某与黄某系夫妻关系，二人育有三个孩子：李某1、李某2、李某3。李某于2016年4月25日去世，生前留有《声明书》，《声明书》系李某于2013年4月25日出具，内容为打印件。《声明书》载明其名下所有财产由妻子黄某全部承继。后各继承人发生争议，诉至法院。

2. 争议焦点

《声明书》是否属于合法有效的遗嘱。

3. 法院裁判结果

一审法院认定《声明书》不符合代书遗嘱的形式而应将其视为自书遗嘱，认为《声明书》能够体现被继承人的真实意思表示，合法有效。

李某1不服一审判决，认为《声明书》的打印件文字不清楚，故否定其符合法律规定的遗嘱形式要件。二审法院支持了李某1的上诉请求，否定了《声明书》的遗嘱效力。对于涉案《声明书》是否具备遗嘱效力，黄某提出再审申请。

再审法院认为，不能仅以立遗嘱人未手写日期而否定遗嘱的效力，是否体现立遗嘱人的真实意思才是遗嘱的核心要件。因此，法院判定《声明书》具有遗嘱效力。

二、打印遗嘱的概念及效力认定

（一）打印遗嘱的概念

打印遗嘱伴随着计算机技术而广泛出现，《民法典》第1136条[2]对打印遗嘱的形式要件做了规定，但并没有明确对其概念予以界定。从理论分析而言，打印遗嘱是行为人通过操作计算机来记载遗嘱内容，然后将内容储存在系统里并将其打印出来的材料。[3] 而后，立遗嘱人在该打印文件上签名并记载日期。

---

[1] 参见广东省深圳市中级人民法院民事判决书，(2021)粤03民再58号。

[2] 《民法典》第1136条规定："打印遗嘱应当有两个以上见证人在场见证。遗嘱人和见证人应当在遗嘱每一页签名，注明年、月、日。"

[3] 参见梁分、刘文革：《打印遗嘱效力探究》，载《人民司法》2010年第11期。

根据打印主体的不同,一般将打印遗嘱分为两类:(1)立遗嘱人亲自打印的遗嘱;(2)他人代为打印的遗嘱。很显然,第一种情况不需要考虑立遗嘱人对遗嘱内容的认知和理解,但第二种在实践中往往会产生遗嘱效力瑕疵的问题。对此,笔者赞同前述案例三中的裁判观点,认为打印遗嘱应重点关注立遗嘱人对打印遗嘱的具体内容是否知悉并理解,见证人是否当场见证立遗嘱人对遗嘱内容的确认并目睹立遗嘱人签名。

(二)打印遗嘱的构成及效力认定

1. 形式要件

通过了解打印遗嘱的定义,结合司法实践中的案例,可以将其构成要件分为形式要件和实质要件。一份合法有效的打印遗嘱应当在形式上满足以下几个条件。

(1)见证人。在订立打印遗嘱时,应当有两名以上见证人在场。一方面,见证人必须具备法律规定的见证人资格[1];另一方面,见证人需符合不少于两名的人数要求,主要是为避免出现一人做虚假证明、串通损害其他人合法权益的目的。

(2)签字确认。立遗嘱人、见证人需要在遗嘱的每一页进行签名。立遗嘱人的签名不仅能够表示出其对遗嘱内容的知悉情况,也能够反映出该遗嘱内容系其真实意思表示。在时空一致的情况下,见证人的签字能够有效证明立遗嘱人订立遗嘱行为的真实性以及其订立遗嘱时的精神状态、行为能力等外观表现。

另外,由于遗嘱内容常常会存在多页的情况,仅在一页签名无法保证其余内容的真实性,且无法避免遗嘱内容被篡改或者被替换,因此为了保证遗嘱的真实性,立遗嘱人和见证人均应当对遗嘱的每一页都仔细审阅后进行签名确认。

(3)确定具体日期。订立遗嘱的时间是判断遗嘱有效性的重要因素,当继承人因遗嘱内容发生争议时,可以通过订立遗嘱的时间来判断立遗嘱人是否具有完全民事行为能力以及该遗嘱是否为最后一份遗嘱。所以,未注

---

〔1〕《民法典》第1140条:“下列人员不能作为遗嘱见证人:(一)无民事行为能力人、限制民事行为能力人以及其他不具有见证能力的人;(二)继承人、受遗赠人;(三)与继承人、受遗赠人有利害关系的人。”

明具体日期的打印遗嘱原则上应当认定为无效。

2. 实质要件

截至2022年12月4日，笔者在中国裁判文书网以“遗嘱继承”和“打印遗嘱”为关键词，共检索出195份裁判文书。笔者以此为基础，总结出打印遗嘱的实质要件，具体包括以下几方面。

（1）主体要件。行为人需要在具有完全民事行为能力的情况下进行遗嘱行为，[1]否则该份遗嘱将会被认定为无效。

（2）意思表示真实。立遗嘱人应当在身体健康、意识清晰时立下遗嘱，且遗嘱必须是立遗嘱人的真实意思表示，在受胁迫情况下所立遗嘱无效。此外，遗嘱是典型的要式行为，同时也是单方法律行为。[2] 而通过打印形式体现的遗嘱，由于不具备亲笔书写即可直接体现立遗嘱人意思表示的形式要件，所以审查立遗嘱人真实意思表示格外重要。

（3）遗产要求。根据现行法律规定，遗产是立遗嘱人个人的合法财产，立遗嘱人无权处置他人所有的财产。

（4）立遗嘱时应当特别注意必留份安排。对于缺乏劳动能力又没有生活来源的继承人，立遗嘱人在分配财产时应为其保留必要的份额。

通过检索案例可以发现，上述第一、第二点涉及的纠纷比较多。在实践中，继承人往往会以立遗嘱人缺乏完全民事行为能力、遗嘱内容不能体现立遗嘱人真实意思等为由，请求法院在审理案件时确认遗嘱无效。所以在打印遗嘱的形式、内容或流程存在瑕疵时，如何判断遗嘱效力尤为重要。

《民法典》第1136条对打印遗嘱的形式要件作出了明确规定，但在司法实践中，当打印遗嘱仅是形式上存在轻微瑕疵时，法官更多的是根据实际案情进行自由裁量。综合来说，对于形式上存在轻微瑕疵的打印遗嘱，若有其他证据对瑕疵之处予以补强且能够证明该遗嘱确为立遗嘱人的真实意思表示，实务中也有可能会被认定为有效。

---

〔1〕《民法典》第1143条规定：“无民事行为能力人或者限制民事行为能力人所立的遗嘱无效。遗嘱必须表示遗嘱人的真实意思，受欺诈、胁迫所立的遗嘱无效。伪造的遗嘱无效。遗嘱被篡改的，篡改的内容无效。”

〔2〕参见四川省高级人民法院民事判决书，(2020)川民再153号。

三、问题解读

(一)域外法律之规定

针对有形式瑕疵的打印遗嘱的效力问题,域外法律主要存在以下两种观点:无效说、有效说。

其中,以法国为代表,包括瑞士、意大利等国家的民法典认为其无效。《法国民法典》第1001条[1]及《意大利民法典》第606条[2]均规定,若遗嘱不符合法律规定的形式要件,则为无效遗嘱;《瑞士民法典》第520条第1款[3]规定,如果遗嘱在法定形式上存在缺陷,那么可以向法院认定其无效。

《德国民法典》持有效说观点。《德国民法典》第2249条第6款[4]规定,在制作遗嘱时,若出现形式上的瑕疵,并不影响其生效。该种观点很大程度上体现了遗嘱自由的原则,强调重视立遗嘱人的意思表示,不应仅局限于外在形式的表现,弱化形式在遗嘱效力确认上的作用。

(二)我国理论界及司法实践中的主要观点

我国《民法典》未对瑕疵遗嘱的效力进行明确规定,司法实践中遇到的打印遗嘱存在瑕疵的情形也多种多样,如打印遗嘱未注明日期、见证人未全程参与、见证人数量不足、立遗嘱人或见证人未签字、立遗嘱人或见证人签名存在瑕疵等,在遗嘱形式的认定和效力认定时,也尚未形成统一的裁判观点。

遗嘱形成过程的差异导致实务中对遗嘱类型的认定也有所不同。一种观点认为由立遗嘱人自己操作计算机、录入文字并打印出来的为自书遗嘱,而由他人根据立遗嘱人的意愿制作打印出来的为代书遗嘱;另有观点将两

---

〔1〕《法国民法典》第1001条规定:"本目及前目规定的各种遗嘱方式,必须遵守,否则遗嘱无效。"

〔2〕《意大利民法典》第606条规定:"【因欠缺形式要件无效的遗嘱】:自书遗嘱因非亲笔书写或者签名而无效。由公证人制作的遗嘱因欠缺公证人本人制作的笔录、遗嘱人的声明或者公证人、遗嘱人的签名而无效。对于欠缺其他形式要件的遗嘱,可以根据任一利害关系人的请求撤销。"

〔3〕《瑞士民法典》第520条第1款规定:"【因形式的缺陷】:如遗嘱在法定形式方面有缺陷,得申请法院宣告其无效。"

〔4〕《德国民法典》第2249条第6款规定:"在制作关于前五款所规定的遗嘱记录时,出现形式上的瑕疵,但可有把握地认为遗嘱包含被继承人的表示的可靠复述的,形式上的违规与证书做成之生效不相抵触。"

种方式均认定为打印遗嘱。《民法典》将打印遗嘱确定为独立的遗嘱形式,与自书遗嘱、代书遗嘱并列作为我国法律规定的遗嘱形式之一,故应当依照其特点,确定其效力。[1] 在上述案例三中,一审、二审和再审法院对涉案遗嘱形式的不同认定就是典型的例子。

四、律师实务视角

笔者认为,作为经由《民法典》以单列形式作出法律规定的打印遗嘱,其效力的认定从此有法可依,该新增规定也是对因社会进步而新出现的民事行为的进一步规范,意义重大。而为了避免打印遗嘱出现瑕疵导致其无效,由律师进行审查,甚至作为遗嘱见证人,对于保障立遗嘱人的意愿得以实现更有利。特别是在取消了公证遗嘱的优先效力认定后,律师为当事人提供遗嘱见证方面业务的空间更加广阔。

实务中,在对打印遗嘱的效力认定方面,还出现了比法律规定更加严格的认定标准。笔者接触最多的是由原村民集体经济组织变更而来的村股份合作公司的股权继承纠纷。例如,笔者曾代理了一件股权遗嘱继承纠纷案[2],立遗嘱人钟某在2007年立下遗嘱,死亡之后将自己持有的股份公司个人股股权转移到次女儿官某2名下,并在公证处办理了公证。后钟某去世,在继承人官某2提出继承股权的时候,受到了其他继承人的阻拦。官某1等其他继承人以涉案遗嘱未进行录音录像、内容存在瑕疵为由,主张否认遗嘱的效力。法院在审理该案时,除了对遗嘱形式进行了审查,同时也结合立遗嘱人的实际生活情况进行了认定。法院认为,虽然立遗嘱人陈述的家庭情况与事实不符,但并不能以此认定遗嘱并非遗嘱人的真实意思表示,且结合股份公司的相关章程规定,认定该份遗嘱合法有效。

这表明,对于处分此类股权的打印遗嘱的效力问题,除应当符合法律规定外,还应当符合该股份合作公司的章程规定,否则该遗嘱也可能会被认定为无效。司法实践中,法院在审理此类案件时,也会充分考虑股份合作公司的章程对涉及股权继承的打印遗嘱的特殊程序要求。法院一般会在适用法律规定的基础上,以“村规民约”的特殊规定对具体民事法律行为进行效力

---

〔1〕 参见张萱、陶海荣:《打印遗嘱的法律性质与效力》,载《法学》2007年第9期。

〔2〕 参见广东省深圳市龙岗区人民法院民事判决书,(2022)粤0307民初1262号。

认定，以保障法院的判决能够得到切实执行。根据《深圳经济特区股份合作公司条例》的规定，股份合作公司的章程对作为股东的村民有效，且是村民的基本行为准则，涉及村民股权的变更，特别是涉及股权继承的股权变更，有一套完整的程序需要遵守。因此，律师在协助订立此类涉及股份合作公司股权的遗嘱时，应当对其对应的股份合作公司的章程进行了解，以免出现遗嘱可能被认定为无效的情形。此外，在办理诉讼案件的过程中，律师也要协助法院查明股份公司章程的相关规定，避免出现判决难以执行的情况。

随着中国经济实力的日益增强，自然人持有的财产也在逐渐增加，加上人们法律意识的逐步提高，遗嘱作为自然人自主处分个人财产的形式，将会被越来越多的人所接受，打印遗嘱因其便利性将被广泛应用，对应的法律服务需求量同样会加大。这是一个相当广阔的法律服务市场，有待大家的积极参与。

继承纠纷中涉商业保险的处理规则

一、案例呈现

(一)基本案情[1]

李某于2023年2月不幸去世,且未留任何遗嘱。去世前李某除了有房产、存款,还有自己作为被保险人的若干人寿保险。其去世前结过两次婚,前妻为张某,现妻为王某,其还有一个女儿叫李某女、一个儿子叫李某男。李某生前为自己购买了四份人寿保险,分别为A保险、B保险、C保险和D保险。其中,A保险指定受益人为李某女,B保险约定受益人为“法定”,C保险受益人显示为配偶但无姓名,D保险受益人显示为张某且身份关系显示为配偶,C保险和D保险都是李某在与前妻张某婚姻存续期间购买。此外,A保险是有收益的人寿保险,被保险人可定期分得红利。

对于该四份保险,李某的两任妻子张某和王某以及两个子女李某女和李某男均有不同认识。对于A保险,李某女认为自己是指定的受益人,父亲的身故理赔款和分红均应直接给付给自己一人,但其他人持不同意见,尤其是李某男认为李某已去世,理赔款和分红均应该作为李某的遗产由所有继承人分割。对于B保险,大家没太大争议,认为所有法定继承人均可以等额继承。对于C保险,张某认为该保险系自己与李某婚姻存续期间购买,受益人显示的配偶应为自己,因此该笔理赔款应由自己取得,而王某则认为李某早已和张某离婚,李某去世时的现任妻子是自己,因此自己才有权领取该笔理赔款。对于D保险,张某依然认为受益人写的是自己,该笔理赔款应归属自己,但是王某却认为虽然受益人显示的是张某但身份关系显示的是配偶,而李某去世时张某的配偶身份已不存在,因此不应将该笔理赔款给付张某,

[1] 因可能涉及当事人隐私,裁判文书号不予披露。

而应该视为没有指定受益人,故应由所有法定继承人继承,与张某无关。

(二)争议焦点

(1)A 保险已指定受益人李某女,那么该理赔款应该给付李某女还是由所有法定继承人继承?分红的性质是什么?应该如何分配。

(2)C 保险的理赔款到底应该给付购买保险时的前妻张某,还是给付现配偶王某?抑或是由所有法定继承人继承。

(3)D 保险的理赔款到底应该给付张某,还是按照法定继承的规定由所有法定继承人继承。

(三)法院裁判结果

(1)对于 A 保险,理赔款由受益人李某女一人取得;分红属于夫妻共同财产,分红中的一半作为李某的遗产由三位法定继承人均等继承。

(2)对于 B 保险,由三位法定继承人均等取得。

(3)对于 C 保险,由现任妻子王某一人取得。

(4)对于 D 保险,由三位法定继承人均等继承。

二、司法裁判观点

众所周知,保险分为社会保险和商业保险。而商业保险分为财产保险和人身保险,其中财产保险不存在被保险人和受益人的概念,财产保险的保险金是可以作为投保人的遗产被继承的,而人身保险存在被保险人和受益人,其身故保险金是否作为被保险人的遗产取决于保险合同中是否指定明确的受益人。

《保险法》第 18 条第 3 款规定,受益人是指人身保险合同中由被保险人或者投保人指定的享有保险金请求权的人。《保险法》第 23 条第 3 款规定,任何单位和个人不得非法干预保险人履行赔偿或者给付保险金的义务,也不得限制被保险人或者受益人取得保险金的权利。《保险法》第 42 条规定,被保险人死亡后,有下列情形之一的,保险金作为被保险人的遗产,由保险人按照《民法典》继承编的规定履行给付保险金的义务:(1)没有指定受益人,或者受益人指定不明无法确定的;(2)受益人先于被保险人死亡,没有其他受益人的;(3)受益人依法丧失受益权或者放弃受益权,没有其他受益人的。

由上述法律规定可以看出，保险金是否属于遗产，要根据保险合同的具体情况确定：第一，若指定了受益人，被保险人死亡后，其人身保险金应给付指定的受益人，由该受益人直接取得，而不属于被保险人的遗产；第二，只有在投保人或被保险人没有指定受益人、受益人指定不明无法确定、受益人先于被保险人死亡、受益人依法丧失受益权或者放弃受益权等的情况下，被保险人死亡的，其人身保险金才作为其遗产处理。

司法实践中对保险指定受益人存在争议，这是引发涉保险金继承纠纷的主要原因之一。根据最高人民法院《关于适用〈中华人民共和国保险法〉若干问题的解释（三）》第9条第2款的规定，当事人对保险合同约定的受益人存在争议，除投保人、被保险人在保险合同之外另有约定的，按以下情形分别处理。

（1）受益人约定为"法定"或者"法定继承人"的，以《民法典》规定的法定继承人为受益人。

（2）受益人仅约定为身份关系，当投保人与被保险人为同一主体时，根据保险事故发生时与被保险人的身份关系确定受益人；投保人与被保险人为不同主体时，根据保险合同成立时与被保险人的身份关系确定受益人。

（3）约定的受益人包括姓名和身份关系，保险事故发生时身份关系发生变化的，认定为未指定受益人。

由上述法律规定可以看出：第一，受益人约定为"法定"或者"法定继承人"的，也属于指定了受益人，只是该受益人并非特定的某个人，而是被保险人的法定继承人，该受益人一般称为法定受益人。故该保险金无须按照遗产来处理，也不需要按照继承的流程来办理。第二，受益人仅约定了身份关系，如妻子、配偶、子女，若投保人与被保险人为同一人，则根据保险事故发生时与被保险人的身份关系确定受益人。本案中，C保险即该种情形，保险事故发生时与李某身份关系为配偶的是现任妻子王某而并非张某，因此王某应确定为受益人而取得该笔保险金。第三，约定的受益人包括姓名和身份关系，若保险事故发生时身份关系已经发生变化，则认定为未指定受益人，本案中，D保险即属于该种情形，当时约定的受益人为张某，身份关系为妻子，但是李某去世时，张某已不是李某的妻子，因此，根据该法律规定应认定为未指定受益人。故只能将身故保证金作为遗产由所有法定继承人继承。

对于有收益的人寿保险，虽然保险金要么直接给付受益人，要么作为遗产由继承人继承,但是被保险人分取的红利应属于被保险人与其配偶的夫妻共同财产。因此,本案 A 保险中红利的 50% 才属于李某的遗产,可由三位法定继承人予以继承。

三、大数据分析

根据对大量涉及商业保险的继承纠纷案例进行统计,笔者发现指定特定受益人的保险占比约为 42%,未指定受益人的保险占比约为 28%,指定受益人为"法定"的占比约为 14%,约定受益人和身份关系的占比约为 14%。

对此,笔者认为,在投保人购买保险时,是否会指定受益人以及指定的具体方式之所以会有所不同,很可能与投保人或被保险人未能清楚了解指定受益人及不同指定方式可能产生的法律后果或理赔方式有关。但从上述统计数据可见,大多数投保人和被保险人在购买保险时已有极强的风险和财富传承意识,通过指定受益人的方式使出现保险事故后的受益人能直接取得保险金,而无须将保险金作为遗产继承,毕竟作为遗产继承可能会涉及承担被继承人(被保险人)债务的问题。当然,也有很多人并没有指定受益人或者笼统地将法定受益人约定为法定,出现该情形除了是因为投保人对指定受益人可能产生的法律后果不是很清楚,也与投保人和被保险人的意愿有关。

四、问题解读

(一)问题背景和研究价值

如今,保险已经成为规避风险或进行财富传承的有力工具,很多人在生活中会购买多份不同的保险,而身故保险金也成为被保险人去世后其亲属争相抢夺的财产之一。实践当中,涉商业保险的类别和情形的继承纠纷也比较多,且死者的亲属对其认识不一,因此为达到定分止争、家庭和谐的效果既需要有明确的法律依据也需要均衡各方利益,故而对此问题的研究具有较高的社会价值和深远意义。

(二)理论界和实践中的主要观点

1. 学术界普遍观点:保险法现有规定虽存在理论上的障碍,但也有一定的合理性

根据《保险法》第 42 条的规定,在投保人或被保险人没有指定受益人、

受益人指定不明无法确定、受益人先于被保险人死亡、受益人依法丧失受益权或者放弃受益权等情况下,保险金作为被保险人的遗产。而根据《民法典》第1122条的规定,遗产是自然人死亡时遗留的个人合法财产,似乎只有先将保险金作为被保险人死亡时既已享有的个人合法财产,如此方能符合遗产的法律性质。

然而身故保险金系以死亡作为给付条件,在法学理论上与遗产的特性明显相悖,即遗产本应是被继承人(被保险人)死亡时遗留的个人合法财产,但身故保险金是在被保险人身故后,保险机构根据保险合同约定给付之费用,即其获取时间在被保险人因死亡而丧失民事权利能力之后。而《保险法》规定在没有受益人的情况下,保险金作为被保险人的遗产,实际上系将保险金的给付对象确定为已故被保险人,而后由被保险人之继承人继承,或由被保险人的继承人继承其所享有的保险金给付请求权。笔者认为,在保险合同无受益人的情况下,被保险人的继承人系基于对保险金请求权这一债权的继承,进而继承保险金,保险金继承是保险金请求权实现的最终状态。

综上所述,目前以死亡为保险金给付条件的人身保险,采取以受益人直接取得保险金的非遗产形式为原则,以保险金作为被保险人的遗产由继承人予以继承为例外的方式。

2. 实务界的统一做法

(1)指定受益人的情形:保险金请求权归属于受益人,则保险金由受益人直接依合同取得

例如,保险合同明确指定受益人,当保险事故发生后,受益人提出领取保险金的申请,保险公司将保险金直接给付受益人即可。这种情况下,保险金不属于遗产,因此不涉及继承问题。受益人也不需要出示继承权公证书,而直接凭身份证明等材料向保险公司领取保险金即可。同时,保险金也无须向其他继承人分配,更无须将其用于清偿被继承人即被保险人的债务。

目前保险公司的实际操作为在签订保险合同时,一般要求投保人指定的受益人必须系其近亲属,即父母、配偶、子女。而在保险合同签订之后,若要申请将受益人变更为非亲属,需提供相关身份证明材料,并向保险公司说明原因,经保险公司审核同意才可以变更受益人为非亲属。

(2)未指定受益人但有遗嘱的情形

若保险合同未指定受益人,但被保险人生前立有遗嘱涉及保险金处置事宜的,则被保险人死亡后,该保险金按其生前所立遗嘱中对身故保险金的处置方式进行处置。

需要注意的是,遗嘱的设立必须符合法律规定的形式才具有法律效力,否则很可能会被认定为无效。《民法典》中关于遗嘱的法定形式有自书遗嘱、代书遗嘱、录音录像遗嘱、打印遗嘱、口头遗嘱和公证遗嘱。若立有数份遗嘱,均为遗嘱人真实意思表示且内容相抵触的,应以最后所立遗嘱内容为准。一般情况下,保险公司很难确定当事人持有的遗嘱是否为最后一份有效遗嘱,因此一般不会直接根据当事人持有的遗嘱给付保险金,而是需要当事人提供继承公证或法院生效的裁判文书才办理保险金给付。

(3)未指定受益人且无有效遗嘱的情形

实践中,对于在保险合同未指定受益人且无有效遗嘱的情况下提出的保险金给付请求,因为保险公司很难确定被保险人的法定继承人及具体继承份额,因此继承人若要领取保险金,通常有两种方式:第一,到公证处办理保险金的法定继承权公证;第二,到法院进行继承诉讼,并取得法院生效的裁判文书。保险公司将根据有效的公证书或生效的裁判文书中载明的分配方案给付保险金。

五、律师实务视角

保险的功能在于风险规划、提供保障、弥补损失,被保险人指定受益人,并由受益人领取保险金可以弥补其因被保险人丧失生命所遭受的损失。可以说,在人身保险中之所以建议指定明确的受益人主要有两个方面的原因:一是在人身保险中,经常以被保险人死亡为身故保险金领取的条件,因此指定受益人就非常有必要;二是保险具有对抗风险的功能,一旦被保险人不幸身故死亡,受益人不至于因被保险人的离世而陷入生活困难,且此时保险金直接作为受益人个人所有的财产,无须用该保险金偿还被保险人生前债务,使受益人得以切实享有保险金的支配、使用权。也就是说,在保险合同中明确受益人,有利于人身保险保障受益人生活,对抗被保险人死亡风险。

综上,建议投保人在购买保险时,尽量指定受益人,且可根据情况指定多名受益人,对于受益人的顺位和比例亦可以根据自己的意愿确定。

遗嘱信托制度的功能与应用

一、案例呈现[1]

(一)基本案情

梁某基与潘某某为夫妻关系,婚后先后生育梁某庭、梁某桑,梁某朗为梁某庭婚生子。2016年12月,梁某基因病去世。2016年11月,梁某基出具一份《嘱咐计划如下》交由梁某豪保管,主要内容为:“……由于本人病重、家庭存在问题太多、不得不作以下安排:一、把上海操作户口是安信946梁某豪户口、按原来的本金500W预留利润100W20%作风险承受、本金监管交梁某豪与其兄弟俩共同管理、只作交上海朋友帮忙投资、所产生的利润分配如下:上海的操盘占劳务费30%,余利润梁某朗孙占35%、补充供他名校学习费用,另35%利润交王某所有、维持她日后的生活费用,股票户口由王某监管操作、王某要努力跟踪看盘。二、每次分成由上海的与利益共有人或监管人协商分成的时间提取分配、这里明确的是梁某豪负责帮忙资金的出入、分配利润后户口确保不能低于600W、特殊情况下可利益共有人商议……六、资金监管人可能要受到一定的外界压力、要是外界蛮不讲理、可以有权全权处理这款项、所有权与户口名是梁某豪的,除上面有权受益的人外、本金可以按梁某豪意愿自行分配、或者全额做善事。七、本计划由二〇一六年十二月一号起实施……”《嘱咐计划如下》为打印件,该文件中除尾部“委托人梁某基亲笔名:”处有一“梁某基”的手写签名外,其余部分均为打印的文字内容。潘某某、梁某庭、梁某桑向法院起诉,要求判令梁某豪立即归还500万元。

---

[1] 参见广东省佛山市中级人民法院民事判决书,(2020)粤06民终1609号。

（二）争议焦点

上述《嘱咐计划如下》的法律性质及本案案由为何？该《嘱咐计划如下》是否具备法律效力。

（三）法院裁判结果

梁某基订立的《嘱咐计划如下》兼具遗嘱和信托的法律特征，符合上述法律规定的"以遗嘱方式设立信托"即"遗嘱信托"的法律形式，《嘱咐计划如下》属于遗嘱信托的法律性质。《嘱咐计划如下》为打印件，不符合《民法典》所规定的打印遗嘱的法定形式要件，因此无效。

二、司法裁判观点

针对上述《嘱咐计划如下》等涉及信托的文书的法律性质，司法实践中尚有争议，主要存在两种裁判观点。

1. 法律性质为委托合同，案由为委托合同纠纷

《嘱咐计划如下》是当事人真实的意思表示，内容明晰，不存在歧义，具有委托理财属性，委托理财是指个人或公司接受客户的委托，通过投资行为对客户资金进行有效管理和运作，在严格遵守客户委托意愿的前提下，在尽可能确保客户委托资金安全的基础上实现资产保值增值的业务。当事人通过生前将其资金、证券账户等委托他人管理、投资，约定盈利分成，故双方之间形成民间委托理财合同法律关系。

2. 法律性质为遗嘱信托，案由为遗嘱继承纠纷

当事人在明确知悉自己病重的情形下，有意通过订立《嘱咐计划如下》的方式将其自有财产作出日后安排，是对其死亡后的遗产所作的特定处理，故其具有遗嘱的法律属性。同时，当事人在该遗嘱中将本金委托他人监管和处分，并通过一定的财产管理方式使该部分财产保值增值，将增值部分分配给各受益人。根据《信托法》的规定，该《嘱咐计划如下》兼具遗嘱和信托的法律特征，符合上述法律规定的"以遗嘱方式设立信托"即"遗嘱信托"的法律形式，故属于遗嘱信托，案由为遗嘱继承纠纷，此时要根据《民法典》关于设立遗嘱的法定形式要件来认定该遗嘱信托是否有效。

三、大数据分析

通过在中国裁判文书网上搜索，选择案件类型为"民事案件"，文书类型

为“判决书”，选择“理由部分”的检索关键词为“遗嘱信托”，共检索到34份裁判文书。其中2020年有4份、2021年有14份、2022年有15份、2023年有1份，且34份文书中有25件案例为继承纠纷，其中9件为遗嘱继承纠纷。而选择“事实部分”的检索关键词为“遗嘱信托”，共检索到397份文书，其中2023年有98份、2022年有114份、2021年有175份、2020年有4份、2019年有2份、2015年有3份、2013年有1份；这397份中，有353份为继承纠纷，其中177份为遗嘱继承纠纷。

通过以上检索的数据可知，遗嘱信托案件数量相对较少，基本发生于近几年内，特别是《民法典》施行以来涉及遗嘱信托的案件才逐渐增加，且涉及遗嘱信托的案件大部分为遗嘱继承纠纷。究其原因，《民法典》明确规定了自然人可以依法设立遗嘱信托，但遗嘱信托这一制度源于英美法系，我国目前在立法上尚未构建形成完善的遗嘱信托制度，对该项制度的相关法律规定仍不够全面系统。由于缺乏细化、可操作性的法律和制度规定，导致在司法实践中遗嘱信托的应用还是相对较少。

《民法典》实施以前，我国最早关于遗嘱信托的规定是2001年施行的《信托法》，该法律中涉及遗嘱信托的条文很少且相关规定较为概括。2021年施行的《民法典》第1133条规定自然人可以依法通过遗嘱设立信托。而《民法典》是一部社会生活的“百科全书”，随着各界普法活动的开展，遗嘱信托作为一项财产安排制度逐渐被社会公众所认可和接受。尤其是对于具有财富传承需求的家庭而言，遗嘱信托更有利于财富的妥善传承与规划。然而，遗嘱信托的设立与成立不仅需要符合《民法典》中关于遗嘱效力的规定，还需要符合《信托法》关于信托设立与成立的规定，双重规制使遗嘱信托的设立与成立规则更加复杂，进而导致近几年遗嘱信托案件有所增加。

四、问题解读

随着人民生活水平的不断提高以及财富的不断累积，如何更好地实现财富管理与传承，避免家族内部因遗产产生纷争，已成为人们越来越关注的话题。《民法典》为顺应时代的发展，满足人们的实际需求，明确赋予了自然人设立遗嘱信托的权利，因此遗嘱信托在法律层面上已成为遗产处理的一种方式，其作为将遗嘱和信托打通的一种财富传承工具，随着相关法律法规的不断完善必将深受大家关注，也将成为律师新的业务方向，值得律师深入研究。

1. 遗嘱信托的概念

根据《信托法》第2条以及《民法典》第1133条的规定，笔者认为遗嘱信托是指遗嘱人作为委托人通过生前订立遗嘱的形式设立信托，由受托人依其意愿管理和处分委托人的信托财产以便财富得以传承的法律行为。根据该定义，我们可以看出遗嘱信托结合了继承法律制度和信托制度，受到《信托法》和《民法典》两部法律的双重规制，故此在设立遗嘱信托时既要考虑《信托法》的要求，同时也要遵守《民法典》关于遗嘱法定形式及效力的规定，避免遗嘱信托因不符合法律规定的要件而被认定为无效。

2. 遗嘱信托的作用

遗嘱信托作为自然人实现财富传承的一种工具，是按照其意愿所设立的，可实现其关于荫庇子孙保障其物质生活无忧、保护遗嘱信托财产以及划分部分财产用于公益以实现自我社会价值的三大愿景。

(1)荫庇子孙的"树"

遗嘱信托由委托人按照自己的意愿对遗产作出妥善安排，主要目的在于保障受益人无钱财之忧而长久富足地生活，亦可避免家族争产、兄弟阋墙，还可以利用遗嘱信托规划父母子女或隔代人的未来生活。前者如知名港星沈殿霞将名下的银行账户资产、市值7000万港元的花园公寓、投资资产和首饰以信托基金方式运作，给遗嘱信托财产指定了资金用途的大致方向，有效保障了其女的未来生活；梅艳芳离世前因考虑到其母不善理财且有挥霍的习惯，而家中兄长和胞姐均没有理财能力，故为家人设立家族信托，还规定遗嘱信托中供养完家人后的剩余财产捐献给妙境佛学会，实现供养家人与用于公益的两大目的。后者如船王许爱舟创建周兴置业公司，并将其名下重要资产置入旗下，通过家族信托基金持有资产，由其三个儿子管理家族资产，家族成员不能直接分得遗产而是按月领取基金分红，以保障资金的可持续利用及家族成员的物质生活长期富足，并且此后其儿子许世勋同样选择立下遗嘱将420亿港元遗产托付给信托基金。可见，财富拥有者之所以热衷于遗嘱信托，是由于遗嘱信托不仅可以避免家族纷争，也可以荫庇子孙，实现财富增值，为后人留下更多的资产。

此外，遗嘱信托成立生效后，受托人可以依照与委托人的约定以自己的名义进行遗产收集和管理运营，将财产登记于自己名下。同时，若受托人在收集遗产过程中遇到障碍，无法及时收集并有效管理遗产时，其有权以自己的名义对相关民事主体提起民事诉讼以保证遗产安全。信托作为一项将财产所有权与受益人相分离的财产管理制度，使信托的受益人免去了对遗产（信托财产）的保管义务，同时也能够更便捷、安全地享受财产权益。

（2）资产保护的"墙"

根据《信托法》第15条、第16条、第17条和第52条的规定，遗嘱信托成立后，该信托财产在法律上具有独立性，该财产既不属于委托人，也不直接归属于受托人或受益人，除法定情形之外，各方的债权人均不能直接对该信托财产主张债权，因此不易被法院强制执行。由此可见，遗嘱信托有效成立后，便为遗嘱信托财产的风险隔离筑起了一面"防火墙"。

（3）用于公益事业，实现公益目的

古语有云："穷则善其身，达则济天下。"在我国，越来越多的财富拥有者在财富积累的过程中，思索着为他人以及社会奉献自己的力量，实现自我价值。据此，根据《信托法》第60条的规定，委托人基于公共利益目的，可以从遗嘱信托财产中划出一部分专门用于公益，如救济贫困、救助灾民等社会公益事业，即使该遗嘱信托由于特殊原因无法实现，该部分信托财产也将用于类似公益项目中，确保不会辜负委托人的良苦用心。

3. 遗嘱信托的实务阻碍

虽然遗嘱信托有其自身的诸多优势，已为财富拥有者所迫切需要，但由于我国信托登记制度尚不完善，遗嘱信托在实务运用中也存在两大阻碍。

（1）未进行信托登记而设立的不动产信托不产生法律效力

《信托法》第10条规定，根据有关法律、行政法规规定，应当办理登记手续的信托财产若未登记，则信托不产生效力，经补办登记方可生效。根据该规定，未进行信托登记而设立的不动产信托不产生法律效力。而遗嘱信托是一种死因行为，在委托人死亡时生效。这就导致在设立遗嘱信托的时候遗嘱还未正式生效，此时委托人可能无法依据该遗嘱信托进行信托登记，而根据继承法律的规定，遗嘱生效后，委托人作为遗嘱订立人已经死亡，受托人能否依据生效的遗嘱信托对所涉不动产进行登记在实践中也障碍重重，这在很大程度上阻碍了遗嘱信托在实践中的适用性。

（2）遗嘱信托受托人的资信限制

根据《信托公司管理办法》第7条的规定，要设立信托公司，必须经原中国银监会(现由国家金融监督管理总局行使职权)批准。而遗嘱信托作为一种民事信托,委托人有时是出于对自然人而非信托公司的信任才选择将财产托付,但自然人作为受托人能否严格遵守守信义务、善管义务、忠实义务等仍是需要面对的难题。究竟是选择具有资质的信托公司,还是选择自己信任的自然人作为受托人,在一定程度上可能会与委托人通过设立遗嘱信托实现财富传承的意愿和目的存在冲突。

五、律师实务视角

遗嘱信托作为当事人处理遗产的一种方式,在实务中为越来越多的财富拥有者所迫切需要。但基于遗嘱信托的特性以及现存法律制度上的障碍,使有需求者不敢轻易操作。一是由于遗嘱信托生效时,委托人已经死亡,可能存在受托人未依约管理信托财产和处理信托事务从而侵害受益人权益的情况,尤其是受益人为未成年人或是缺乏财产管理技能时。二是我国目前经营信托业务的只能是经批准成立的信托公司,而遗嘱信托中的委托人对信托公司有着天然的不信任;而自然人作为受托人是否能够勤勉尽责地履行受托义务,也非委托人所能预见。为了消弭这种不信任、不确定性及适用上的障碍,在信托中设立负有监督职责的"监察者"角色是一项可行的措施。在现行法律制度下,无论是遗嘱信托计划的综合制定,抑或担当遗嘱信托中的"监察者",律师均可尽其所能为委托人排忧解难,保障受益人权益,以实现遗嘱信托的功能,使遗产按照委托人的意愿得以升值、分配和传承。

(一)律师可被指定为遗嘱执行人,协助委托人成立遗嘱信托,并成为遗嘱信托中的"监察者"

根据《民法典》第1133条和第1145条的规定,自然人设立遗嘱时可指定遗嘱执行人,遗嘱执行人为遗产管理人。法律虽尚未明文规定遗产管理人的任职条件,但无疑遗产管理人应具备完全民事行为能力、具有良好的人品和信誉、具备较高的沟通能力与一定的财产管理能力等利于履行遗产管理人职责的素养与能力,而受《律师法》与职业道德双重约束的律师,在办理不同类型的民商事案件中,积累了各行各业的知识与从业技能,契合了遗产管理人的任职条件。纵观国内外关于遗嘱信托的实操,律师均是不可缺席的角色。结合《民法典》中关于遗产管理人的规定,律师在遗嘱信托中不仅能够在委托人订立遗嘱、通过遗嘱设立信托的过程中提供法律顾问服务，而且能够在提供法律服务过程中获取委托人的信任，进而成为遗嘱执行人或成为遗嘱信托中的“监察者”，在协助成立遗嘱信托的过程中及信托成立后发挥更大的作用。

例如，委托人可在遗嘱中指定律师为遗嘱执行人，同时与受托人、律师签订书面委托合同，明确各方的权利与义务、职责等以及根据实际情况需要约定的特别事项。律师可以根据委托人拟置入遗嘱信托的财产制作清单，并结合财产性质选择多家合适的信托公司，并对相关的信托公司进行尽职调查后形成书面报告以供委托人确定受托的信托公司。在委托人确定信托公司后，除协助订立遗嘱之外，还可同步协助委托人与信托公司签署书面信托合同，并就合同的生效条件及信托财产的交付等进行明确约定。

遗嘱信托成立且生效后，律师可依据信托合同的相关约定，监督和督促信托公司为受益人的最大利益去管理信托财产和处理信托事务，履行诚实、信用、谨慎、有效管理的义务。一方面，律师可以按季度或者年度主持召开会议，受益人、信托公司与律师三方列席，由信托公司汇报信托财产的状况，保障受益人的知情权。若出现信托公司违约处理信托财产、侵害受益人权益的情况，律师可协助受益人提起诉讼，解任受托人，并要求信托公司承担相关民事责任，同时根据信托合同或受益人委托重新选任受托人。另一方面，为防止受益人成为挥霍无度的纨绔子弟，可根据委托人意见在遗嘱信托合同中设置防挥霍条款，设定受益人领取大额财产的条件，对受益人的受益权进行限制，如按月领取生活费以便维持子女正常生活，同时还可划定财产用途，如医疗、教育等。

信托文件中还可约定，律师作为遗嘱信托的“监察者”，拥有一定的审核权，即审核受益人领用大额资金的原因及用途，避免受益人因处世不深被外人蒙骗或利用而过早消耗完遗嘱信托财产。对于遗嘱信托中用于公益的财产部分，律师可根据有关约定与公益事业管理机构对接，监督该部分财产去向，以保障委托人公益目的的实现。

（二）由律师为委托人“量体裁衣”，制定遗嘱信托计划

现实中除却成立家族信托这样的大工程，亦存在委托人仅需要设立一个简单的遗嘱信托计划的情况。例如，委托人身患重症，将不久于人世，离

异但独自育有一双未成年子女,担心其逝世后年幼子女无法持续享有他的遗产。在此情况下,委托人即使不一定会将律师指定为其遗嘱执行人,但为解委托人后顾之忧,律师仍可根据委托人的自身、家庭成员及财产情况制定综合的遗嘱信托计划。遗嘱信托计划可涵盖制定监护、居住权、不动产等资产变现条款及其他保障受益人物质生活需求的条款。

例如,根据《民法典》第 29 条的规定,建议委托人通过指定监护方式来指定其信任的亲友在其逝世后担任年幼子女的监护人,以免监护权落入意图侵占委托人遗产的近亲属手中,通过掌控未成年子女而实际上占用委托人的遗产。根据《民法典》第 1144 条的规定,建议委托人通过公证遗嘱的方式将不动产遗赠给信托公司,并在其逝世后,由公证处监管信托公司将不动产变现后按委托人生前的指示将该等资金划入其设立的信托。根据《民法典》第 369 条和第 371 条的规定,建议委托人将某处或某几处房产为受益人设立居住权,保障受益人生活居住的需要,但限制受益人转让的权利,避免消费观念出现偏差的受益人挥霍甚至透支遗嘱信托财产。

此外,在制定遗嘱信托计划时,律师亦可建议委托人将遗嘱信托财产划分成不同用途的几部分,如教育基金、创业基金、置产基金、婚嫁基金、养老基金、备用金等,受益人仅在根据各部分资金用途,且满足特定领取条件的情况下方可行使受益权,以此防止未成年子女滥用遗嘱信托财产,致使信托财产不能依委托人意愿得到妥善应用。

继承案件中非婚生子女亲缘关系认定

一、案例呈现[1]

(一)基本案情

季某1去世后未留下任何遗嘱,非婚生子季某2向法院起诉季某1的配偶付某、婚生子季某3,主张其也是被继承人季某1的第一顺位法定继承人之一,但被告付某在季某1去世后,一直封锁消息,在明知季某2有权继承季某1遗产的情况下,故意不通知季某2,并暗中隐瞒、转移大部分遗产,故季某2为维护自身合法权益,向法院请求按比例继承被继承人季某1的遗产。因为没有直接证据证明与被继承人季某1之间的亲子关系,季某2提交本人出生医学证明、常住人口基本信息、母亲王某与被继承人季某1的短信记录、微信聊天记录用以佐证亲子关系的存在,同时还申请与被继承人季某1的婚生子季某3做亲缘关系鉴定,但遭到婚生子季某3的拒绝。亲缘关系鉴定申请被拒绝后,季某2要求适用《婚姻法司法解释(三)》第2条第2款的规定,推定自己与被继承人季某1存在亲子关系。

(二)争议焦点

(1)原告季某2是否与季某1存在亲子关系,并因此而获得对季某1遗产的继承权。

(2)婚生子季某3是否有配合季某2进行亲缘关系鉴定的义务。

(3)若婚生子季某3不配合,将会产生何种法律后果。

(三)法院裁判结果

季某2的证据不足以证明其与季某1之间存在亲子关系,也不足以证明季某1在生前认可了双方的亲子关系,且在继承纠纷中,申请通过鉴定确认

---

〔1〕 因可能涉及当事人隐私,裁判文书号不予披露。

亲子关系的一方,往往有意无意破坏了被继承人家族秩序的稳定性和亲缘关系的安定性,给法定继承人带来情感上的强烈冲击和伤害,与继承权的来源机理相悖。故而《婚姻法司法解释(三)》第 2 条第 2 款的规定不能直接适用于继承纠纷,判决驳回了季某 2 的诉讼请求。

二、司法裁判观点

《婚姻法司法解释(三)》第 2 条第 2 款专门就亲子鉴定作出规定,确立了"亲子关系推定原则",《民法典婚姻家庭编解释(一)》第 39 条在此基础上对亲子关系诉讼中启动亲子鉴定的主体做了进一步限缩,将"当事人一方"修改为"父或者母以及成年子女",这一立法倾向反映了最高人民法院对于亲子关系认定的审慎态度。从当然解释的角度出发,法院依职权或依当事人申请启动亲缘关系鉴定更应慎之又慎。

为了进一步探究亲缘关系鉴定的法律适用和证明责任分配等司法实践难点,厘清司法实践中普遍适用的裁判规则,笔者以"非婚生子""亲子关系""半同胞关系鉴定"等为关键词,在北大法宝、阿尔法、威科先行等法律检索平台共检索到 256 件相关案例并选出其中具有代表性的 47 件案例进行研究分析。

(一)司法倾向

笔者通过查阅裁判文书,发现针对"法定继承纠纷中亲缘关系鉴定"这一问题,司法实践中主要存在两种裁判观点。大多数法院都认为亲缘关系鉴定可以适用亲子关系推定原则,主要的法律依据为《婚姻法司法解释(三)》第 2 条(现为《民法典婚姻家庭编解释(一)》第 39 条)关于不利推定的规定。即在一方提供出生证明、与生父或生母聊天记录、户籍证明等必要证据且证明力达到高度盖然性时,另一方当事人若无法提供相反证据又拒绝进行亲缘关系鉴定的,法院则认定双方具有亲缘关系。

在地方司法实践中,也有少部分法院持相反意见,认为亲缘关系鉴定不能适用《民法典婚姻家庭编解释(一)》第 39 条。如上述案件判决书指出,在继承纠纷中,申请通过鉴定确认亲子关系的一方,往往有意无意破坏了被继承人家族制度的稳定性和亲缘关系的安定性,给法定继承人带来情感上的强烈冲击和伤害,与继承权的来源机理相悖。因此在继承纠纷案件的审理中，不能直接采纳上述法律条文的规定。重庆市第五中级人民法院认为血亲关系不等同于亲子关系，不能因为支持原告诉求而损害被继承人婚生子女人身自由、隐私权等合法权益，血亲关系鉴定不适用《婚姻法司法解释（三）》。[1] 江苏省高级人民法院于2019年度发布了江苏法院婚姻家庭十大典型案例，对《婚姻法司法解释（三）》第2条作出文义解释，明确指出该条确定的亲子推定原则仅限定在父母子女之间，不适用于兄弟姐妹之间，婚生子女无配合非婚生子女进行亲子鉴定的义务，并以指导案例形式确立同代疑似血亲不适用亲子关系推定原则。[2] 还有法院认为亲缘关系鉴定具有局限性，准确性尚且存疑，因此不宜采纳原告提出的亲缘关系鉴定申请。[3]

通过总结上述两类司法观点，可以看出亲缘关系鉴定并不是确定当事人与被继承人是否存在亲子关系的充分证据。如果当事人提出其他可以形成高度盖然性或内心确信的证据，在司法实践中会起到两种效果：（1）启动亲缘关系鉴定，被其他法定继承人拒绝后直接适用《民法典婚姻家庭编解释（一）》第39条，法院根据现有完整证据链认定与被继承人存在亲子关系；（2）法院依据当事人在案件审理过程中提交的各类证据，结合案件审理情况，直接作出与被继承人存在亲子关系的认定。

（二）亲子关系推定原则中的“必要证据”

在案件审理过程中，适用亲子关系推定原则的前提，是申请启动亲缘关系鉴定的一方必须要向法院提供可初步证明亲子关系存在的“必要证据”。而司法实践中申请鉴定方提供的证据种类较为固定，大致可以分为三类，包括：（1）出生医学证明、疫苗预防接种表、户籍、派出所和居（村）委会提供的相关书面证明；（2）家庭照片和录音、生父或生母与被继承人之间的转账记录、微信聊天记录、短信聊天记录、存在同居关系的证据；（3）邻居和近亲属等重要证人出具的证言。

依照我国原卫生部《出生医学证明管理办法》第3条、第14条的规定，

---

〔1〕 参见重庆市第五中级人民法院民事判决书，（2012）渝五中法民终字第04474号。

〔2〕 参见江苏省高级人民法院、江苏省妇女联合会：《江苏省高院、省妇联联合发布2019年度江苏法院婚姻家庭十大典型案例之六：张乙诉黄甲等继承纠纷案——同代疑似血亲不适用亲子关系推定规则》，载北大法宝2020年3月5日，https://szlx.pkulaw.com/pfnl/a6bdb3332ec0adc4ff1f375966894a7e125c06749b611b5ebdfb.html。

〔3〕 参见北京市第三中级人民法院民事判决书，（2020）京03民终14672号。

《出生医学证明》是由经批准开展助产技术服务并依法取得《母婴保健技术服务许可证》的医疗机构依据《母婴保健法》出具的，证明新生儿出生时状态、血亲关系以及申报国籍、户籍，取得公民身份的法定医学证明。在没有充分证据证明《出生医学证明》属于违法出具及所记载内容为虚假、失实的情况下，应对《出生医学证明》的合法性与真实性予以确认。但是在生活中，《出生医学证明》上登记的父亲与生物学上的父亲不一致的情况很多。在继承权纠纷案件中，《出生医学证明》不能单独作为认定亲子关系存在的直接证据。例如，在耿某霞、刘某倩不当得利纠纷案中，法官指出，“《出生医学证明》对于身份问题不具有排他性，该证明仅表明王某系王某1、王某2医学上载明的父亲，而非生理学上的父亲”[1]。

此外，办理程序存在瑕疵的《出生医学证明》同样也不被法院所采纳，就如本文开篇所提及的季某法定继承纠纷案中，被告季某3与付某委托代理律师调取的户口档案信息中原告季某2的医学证明副页出生证编码与正本的证件编码不一致；同时，原告季某2提交的2004年的《出生医学证明》中季某1身份证号码应为升级前的15位，而非2005年升级后的18位。在庭审中，双方当事人及其法定代理人对于《出生医学证明》应当进行重点质证，排除出生证明系伪造的可能。

通过归纳公开的裁判文书，对《出生医学证明》的审核重点包括：出生医学证明的记载事项与其所载生父或生母的身份证号、签发日期是否能够对应；与签发医院核实当事人提供的出生证明是否为其签发；记载在《出生医学证明》上的生父或者生母与当事人的主张是否存在出入等。

关于居（村）委会出具的书面证明，法院也持有不同观点。有法院认为，被继承人住所地的村委会与被继承人有最直接的联系，最清楚被继承人的生活情况，村委会出具的亲子关系书面证据与案件有直接关联性，符合有效证据的形式要件，因此法院予以采信。然而也有些法院认为，亲子关系的认定需要更加审慎，证明标准应更高，不能仅凭村委会的书面证明认定亲子关系存在。

站在律师角度，若作为非婚生子女一方的代理人，应当在尊重客观事实的基础上开具居（村）委会的书面证明，与其他证据相互印证，形成完整证

---

[1] 山东省东营市中级人民法院民事判决书，(2018)鲁05民终1586号。

据链。

在司法实践中,也有部分法院将丧葬礼仪作为认定亲子关系的依据。在一起非婚生子起诉要求参与遗产分配的法定继承纠纷案中,浙江某基层法院的办案法官就指出,被继承人去世后,在葬礼上,作为非婚生子的原告与作为婚生子的被告均披麻戴孝。墓碑作为生者对死者表达缅怀情意的载物,在被继承人父母墓碑中有部分原告及原告母亲以孙子、孙女、儿媳的身份作为立碑人,在被继承人墓碑处亦有四子六女作为立碑人署名,符合我国的传统丧葬礼仪和当地风俗习惯〔1〕。而在徐某1与王某1遗嘱继承纠纷上诉案中,法官亦认为,在徐某2去世后,在其葬礼中由王某1怀抱徐某2遗像,按照我国社会的传统习俗,葬礼中一般由逝者的子女怀抱遗像,包括徐某1在内的徐某2家人未就王某1上述行为提出反对,亦佐证了徐某2与王某1以父女相称相待。〔2〕

三、问题解读

在审理亲子关系纠纷案件中,当法院认为有必要启动亲缘关系鉴定时,其他法定继承人无正当理由拒不配合的,应当被界定为对法院职权探知与对方当事人证明权的双重侵害,属于证明妨碍行为。〔3〕在理论界,针对证明妨碍行为具体如何应对和处理,存在“证明责任转换说”“自由心证说”“经验法则说”“拟制真实说”几种主流学说。〔4〕学者毕玉谦认为,法院在审判实务中应当优先采用“拟制真实说”,因DNA血缘鉴定具有高度的社会信任度,对无正当理由拒绝履行正当协助义务的行为,进行否定性评价以维护法律的严肃性和司法的权威性;在审判机关使用依职权查明的方法,仍然无法查清案件真相时,可以视实际案件情况采用“证明责任转换说”,将举证责任转由对方承担;例外情况如存在其他可替代性的证据方法时,也可采用“自由心证说”。

〔1〕参见浙江省宁波市鄞州区人民法院民事判决书,(2018)浙0212民初1096号。

〔2〕参见北京市第三中级人民法院民事判决书,(2020)京03民终14672号。

〔3〕参见毕玉谦:《对我国法院采用证明妨碍制度审理亲子关系纠纷案件的基本思考》,载《法律适用》2010年第9期。

〔4〕参见祝兴栋、屠育、李政:《继承纠纷中亲子关系的证明责任和认定标准》,载《法律适用·司法案例》2019年第16期。

而祝兴栋等学者则强调适用证明妨碍制度，必须是在按照一般举证规则的情况下，以不负担举证证明责任的当事人对案件事实的证明负有配合义务为基础。[1] 然而在亲缘关系鉴定中，婚生子女是否存在协助配合义务，在学术界及司法实践中是存疑的态度。换言之，证明妨碍制度在继承关系纠纷中的适用存在实施障碍，具体原因有以下几点。首先，在继承纠纷中，亲缘鉴定的目的是获取遗产，而非为了达成承担丧葬义务等的目的。若非婚生子女与被继承人之间未形成抚养或扶养关系，生而未养，亲子关系仅作为获取财产的手段在伦理层面将面临更大的争议。其次，在继承纠纷中，非婚生子女身份的认定将会给现有法定继承人带来经济上的不利和情感上的伤害，因此婚生子出于本能拒绝协助亲缘鉴定合情合理；且非婚生子女本可在被继承人生前进行亲子鉴定，应当自行承担怠于行使权利的责任。最后，被继承人既然生前选择不向家庭以及亲朋好友公布非婚生子女的存在这一事实，也不专门立遗嘱对其遗产进行预先安排，可以推测断定被继承人是认可并接受现存的家庭关系，默认并许可依照法律认可的亲缘关系来继承和分配自己的遗产。

四、律师实务视角

由于科技的高速发展，DNA 亲子鉴定对于亲子关系的确定产生了极其深刻的变革。但由于 DNA 的载体为人身，仅根据一方当事人申请便启动亲缘关系鉴定，不仅可能会侵犯被继承人的隐私权，还会给现存的家庭秩序带来冲击和破坏，对被继承人家庭成员造成情感上的伤害。根据实践中普遍存在的裁判规则，婚生子女没有配合非婚生子女进行亲缘鉴定的义务。

亲缘关系鉴定是鉴别亲子关系的一种有效的技术手段，但并非唯一方法，在未进行亲缘关系鉴定的情形下同样可通过其他证据综合分析，作出判断。在非婚生子女提供完整的、具有高度盖然性的证据时，婚生子女很难提供相反的有力证据予以辩驳。此外，“法律不保护躺在权利上睡觉的人”，怠于维权的消极不作为行为导致无法认定亲子关系，则非婚生子女应当承担不利的法律后果。非婚生子女及其法定代理人应当尽早通过亲子关系鉴定

---

〔1〕 参见祝兴栋、屠育、李政：《继承纠纷中亲子关系的证明责任和认定标准》，载《法律适用·司法案例》2019 年第 16 期。

确认亲子关系，避免生父或生母去世后无法确定亲子关系，在法定继承纠纷中处于被动地位，面临无法继承遗产的风险。

在担任非婚生子女一方的代理律师时，要求婚生子女配合做亲缘鉴定几乎不可能实现。此时代理律师应当尽可能全面收集包括委托人的出生医学证明、入学登记表、疫苗接种表及被继承人人事档案、投保单、微信聊天记录等证据，重点考察上述证据中关于婚史及子女的相关记录，形成完整的证据链以增强法官的内心确信。此外，出于情感上的考量，代理律师可以转而请求被继承人的父母、兄弟姐妹等血亲配合己方委托人进行亲缘关系鉴定。

历史遗留违法建筑在继承纠纷中的处理规则

随着城市的发展，违法建筑具有使用、收益的现实价值，同时，城市更新通过合法拆迁程序将违法建筑转化为可进入市场流通的商品房，其价值也今非昔比。与此同时，家庭成员之间因违法建筑的继承分割产生的争议也越来越多。历史遗留违法建筑没有房产证，也可能没有任何报批报建手续或者报批报建手续并非关于现状房屋的。对于该类房屋在继承纠纷案件中如何处理，实务中并未形成统一的裁判观点。对此，笔者将结合实务中以及学术界的一些观点，对该类房屋的继承处理规则进行分析讨论。

一、案例呈现[1]

(一)基本案情

在原告郑某清、郑某玲、郑某霞、郑某带、郑某阳、郑某东、郑某红、郑某梅、郑某思与被告郑某光、第三人郑某芳法定继承纠纷一案中，被继承人张某娇系郑某清、郑某玲、郑某霞、郑某带(以下简称郑某清等四人)、郑某光、郑某富的母亲，郑某清等四人与郑某光同父同母，与郑某富异父同母，郑某富系张某娇与其前夫所生。郑某富先于张某娇去世，其子女郑某阳、郑某东、郑某红、郑某梅、郑某思(以下简称郑某阳等五人)代位继承，参与诉讼。第三人郑某芳称其系郑某富的配偶，但未查询到二人的婚姻登记。2014 年 7 月 4 日，被继承人张某娇去世，没有留下遗嘱或遗赠扶养协议。张某娇的配偶郑某某先于张某娇去世。

---

〔1〕 因可能涉及当事人隐私，裁判文书号不予披露。

诉争继承财产为28栋房屋楼梯右侧1～9层05～08号房产，共32间（以下简称28栋房屋）。28栋房屋原为2层半，系张某娇在1984年将分得的150平方米宅基地与郑某光分得的宅基地合并报建，建筑面积总计300平方米，有建筑许可证。多年后，28栋房屋拆除后重建建造为9层房屋，楼梯左侧系郑某光所有。

郑某清等四人提交了2009年12月的《深圳市农村城市化历史遗留建筑普查申报表》，该申报表由股份公司、社区工作站、街道办盖章确认，以证明28栋房屋楼梯右侧每层的05～08房间系张某娇的遗产。

郑某芳提交一份《申请书》及《证明》，系2010年郑某富为申报纳税，申请股份公司确认28栋房屋楼梯右侧每层05～06房属于郑某富的房产。《证明》有股份公司及居委会盖章。郑某富去世后，郑某芳为申报纳税，再次向股份公司申请确认28栋房屋楼梯右侧每层05～06房产为郑某富的房产，股份公司再次盖章确认。郑某芳据此主张28栋房屋楼梯右侧每层的05～06房产系郑某富的遗产，不属于张某娇的遗产。

（二）争议焦点

郑某富去世前是否取得了28栋房产各层05、06号房产的使用权。

（三）法院裁判结果

一审法院依据郑某芳提交的股份公司及社区居委会盖章的《证明》确认郑某富生前取得诉争房产的使用权，认定诉争房产不属于张某娇的遗产。

二审法院认为，股份公司及社区居委会均非法定的房产所有权和使用权的确权机关，且股份公司亦未出具郑某富取得诉争房产使用权的备案档案及相关证据，同时也没有证据证明张某娇将诉争房产的使用权转移给郑某富的意思表示，故诉争房产作为张某娇的遗产继承。

二、司法裁判观点

结合“两规”，即《深圳经济特区处理历史遗留违法私房若干规定》《深圳经济特区处理历史遗留生产经营性违法建筑若干规定》的相关规定，历史遗留违法建筑一般指未经国土部门批准，未依法取得建筑规划许可证或者未按照建设规划许可证的要求进行建设的私房或者经营性用房。[1] 因违法建筑尚未有统一的登记公示制度，房屋权益的归属往往难以判断，针对历史遗留违法建筑在继承纠纷中的处理问题，司法实践中裁判观点并不统一，主要存在四种观点。

第一，根据物权法定原则，不动产物权未经登记不发生效力，故历史遗留违法建筑产权并不明确，应待国土部门完成确权后另行解决。

《民法典》第 116 条及第 208 条规定了物权法定原则。基于该规定，此观点认为，违法建筑尚未取得房屋产权证明，产权尚不明确，不属于法院处理的范畴，而是行政机关的职权范围，应待国土部门确权后再另循法律途径解决，并据此裁定驳回当事人的起诉。即使违法建筑已经根据"两规"的规定进行了申报，当事人也能够提供申报历史遗留违法建筑的相关证明，但是法院仍然可能以涉案房屋虽已进行了深圳城市化历史遗留违法建筑申报，但相关行政主管部门以尚未对涉案房屋权属及房屋占地土地使用权的权属作出处理为由，驳回起诉。

第二，在房产无房产证的情况下，在行政主管部门未对涉案房屋的合法性进行审查并作出处理决定前，涉案房屋的合法性不能确定，故不属于法院的处理范围。

《民法典》第 1122 条对自然人遗产在合法性上进行了限定。此观点认为，基于该规定，违法建筑无房产证，在行政主管部门对涉案房屋的合法性

---

〔1〕《深圳经济特区处理历史遗留违法私房若干规定》第 2 条规定："本规定所称历史遗留违法私房（以下简称违法私房），是指《深圳市人民代表大会常务委员会关于坚决查处违法建筑的决定》公布实施以前，即 1999 年 3 月 5 日以前违反法律、法规所建的下列私房：（一）原村民非法占用国家所有的土地或者原农村用地红线外其他土地新建、改建、扩建的私房；（二）原村民未经镇级以上人民政府批准在原农村用地红线内新建、改建、扩建的私房；（三）原村民超出批准文件规定的用地面积、建筑面积所建的私房；（四）原村民违反一户一栋原则所建的私房；（五）非原村民未经县级以上人民政府批准单独或合作兴建的私房。本规定所称原村民，是指原特区内截止 1993 年 1 月 1 日公安机关登记在册并参加本村劳动分红的农村集体经济组织成员。本规定所称一户一栋原则中的一户，是指原特区内截止 1993 年 1 月 1 日公安机关登记在册并参加农村集体经济组织劳动分红的户籍单位。"

《深圳经济特区处理历史遗留生产经营性违法建筑若干规定》第 2 条规定："本规定所称历史遗留生产经营性违法建筑（以下简称违法建筑），是指《深圳市人民代表大会常务委员会关于坚决查处违法建筑的决定》公布实施以前，即 1999 年 3 月 5 日以前违反规划、土地等有关法律、法规的规定，未经规划国土资源部门批准，未领取建设工程规划许可证，非法占用土地兴建的工业、交通、能源等项目的建筑物及生活配套设施。"

进行审查并作出处理决定前,不能确定该类房屋系当事人死亡时遗留的个人合法财产,不能确定是否属于遗产的范围,故应待当事人先向行政主管部门申请处理,在行政主管部门对该类房屋的合法性作出审查认定、明确产权后,如仍有纠纷再循法律途径解决,并据此裁定驳回起诉。

第三,自然人合法继承权受法律保护,虽涉案房产至今尚未取得房屋所有权证书,但该房产具有使用价值,故应对房产的使用、收益等相关权益进行分割。

此观点认为,当事人向政府相关部门对房产申报了历史遗留违法建筑,虽该房产至今尚未取得房屋所有权证书,但该房产具有使用价值,故应对房产的使用、收益等相关权益进行分割。持该种观点的法院在对该类房产现实价值及当事人利益考量的基础上,对涉案房产的使用、收益等进行分割。

虽然该类房屋不属于被继承人的个人合法财产的范围,但实务中,尤其是深圳作为一线城市,其城市更新使该类房屋的现实价值逐年上升,而该类房屋是城市化进程的产物,深圳城中村大部分是该类房屋。如果在继承案件中搁置处理该类房屋,那么城市更新进程无法顺利推进,从而影响土地资源的开发利用。所以,法院并未对违法建筑的物权属性及合法性进行判断,而是直接根据继承法关于遗产分配的相关规定,参照农村自建房的处理方式,对该类房屋的使用权或者仅对份额进行分割,这样也能避免法院以判决的方式对违法建筑进行物权合法化。

第四,对于已经签订拆迁补偿协议的房屋,虽然该类房屋属于违法建筑,但经城市更新合法拆迁程序转化后的房屋属于合法房屋,可依法继承。

此观点认为,历史遗留违法建筑拆迁前虽然不具有合法的物权外观,但不能因此否定权利主体对房屋的占有、使用、收益的权益,以及房屋基于上述权益所带来的经济价值。而如该类房屋已经通过符合法律规定的城市更新等拆迁程序合法化的,则回迁后的房产属于符合法定流通条件的商品房,当事人争议的财产标的物亦指向于回迁后的房产。故该类房屋转化后的利益可参照各方当事人对原违法建筑占有的份额以及继承分配的相关规定进行权益划分。

三、大数据分析

截至2022年12月31日,笔者以“违法建筑”作为关键词进行搜索,发现从2013年开始,涉及违法建筑的案件逐年递增,2019年、2020年达到峰值。与违法建筑相关的案由中,“物权纠纷”与“婚姻家庭继承纠纷”是主要的案由,以“违法建筑”作为关键词搜索所得数据显示,涉及违法建筑的民事纠纷主要发生在城市更新较为成熟的深圳市和广州市。

城市化进程中,人多地少的问题逐渐显现,除了采用此前的围海造陆等方式获取空间,如何盘活存量土地,对现有的土地进行二次开发也逐渐成为城市发展研究的课题。而在城市化进程中出现的违法建筑,因没有合法的登记手续,违法建筑产权不清晰、经济关系复杂,且不被法律认可,不能在市场上流通或者私下交易。在这种社会背景之下,城市更新成为城市存量土地二次开发的重要选择之一。政府通过给予市场主体一些政策优惠,让社会资本流入,完成违法建筑的拆迁、转化,土地的腾挪,厘清土地及地上建筑物的权属后,将村集体土地国有化后再通过签署土地出让协议的方式交给市场主体进行开发、建设。

因城市更新转化之后的回迁房产是可以进入市场流通的商品房,这也导致违法建筑的未来升值空间很大,尤其是即将进行拆迁的违法建筑。此外,该类房屋因没有房产证,也可能没有报批报建手续,所以对于其是家庭成员共同共有的房产还是家庭成员个人的房产,各方都会提交相关证据以证明其对该类房产享有的权益。对各方提交的证据如何进行认定,认定的理由是什么,成为各方当事人之间争议的焦点。笔者通过搜索违法建筑相关的判决,并结合在城市更新确权过程中的一些实务经验,发现法院以及街道办等确认该类房屋的权益人主要以历史遗留违法建筑普查申报登记为依据。

虽然法院不能依据历史遗留违法建筑普查登记作出权属确认,但是该类申报登记是为了区别于不动产登记中心的物权登记与政府城市更新过程中的预告登记等行为,不能让历史遗留违法建筑因为普查登记行为而变为合法房产。普查登记是房屋权益人自行向政府申报完成的登记,可以客观真实地反映家庭间的财产权属状况,而且该类登记一般需要股份公司、社区工作站、街道办等进行确认,具有一定的对外公信力,在家庭成员之间产生法律约束力。所以,普查登记较其他一些证明来说证明力更高,更容易被法院及街道办采纳。本文开头引用的案例中,法院也是以该类登记作为最终认定房屋权益人的重要证据之一。

四、问题解读

数据显示,违法建筑数量庞大。[1] 与此同时,随着城市存量土地的二次开发,历史遗留违法建筑的拆迁利益价值明显高于建筑物现状价值,尤其是一线城市的拆迁利益价值更高。对于家庭情况较为复杂的家庭来说,巨额的拆迁利益使家庭内部成员争议颇大,由此引发的争议也比较多。但对于违法建筑的性质认定,使用权或所有权的归属以及是否应该在继承纠纷中予以分割,在司法实践中尚存在争议,故对于违法建筑的性质认定、权属的认定以及是否应纳入被继承人遗产范围进行研究具有一定的现实意义。

此外,在学术界,对于被继承人死亡时的遗产是否应当以合法性作为前提,也存在一定争议,故对于该问题的研究具有一定的现实和理论意义。

现笔者就各国家不同法域下对于遗产范围的规定进行如下分析:

(一)主要大陆法系国家

1. 法国

《法国民法典》中的遗产包括一切财产,含动产和不动产。[2]

2. 德国

《德国民法典》中规定的遗产范围系某人死亡时的财产总和。《德国民法典》限制的时间是以死亡作为时间节点,但是也未对遗产的合法性作出限定。[3]

3. 日本

《日本民法典》规定的遗产指继承开始时被继承人除人身专属性的权利义务以外的一切财产。[4]

---

〔1〕“调查数据显示,深圳全市违法建筑普查总量现为35.69万栋,总建筑面积3.92亿平方米,主要分布于宝安、龙岗等区域。2005年以来,已查处各类违法建筑面积达1.21亿平方米,其中违法私房建筑面积为5837万平方米,违法住宅1022万平方米,违法厂房4844万平方米,违法商业和办公用房394万平方米”,叶文香:《深圳城中村违法建筑现象的经济学视野分析》,载《中国流通经济》2011年第10期。

〔2〕《法国民法典》在第三卷总则部分第711条规定:“财产所有权,因继承、生前赠与或者遗赠,以及因债的效力,取得与转移。”

〔3〕《德国民法典》第1922条第1款规定:“某人死亡时(继承开始),其财产(遗产)作为总体转移给一个或一个以上的他人(继承人)。”

〔4〕《日本民法典》第896条规定:“继承人自继承开始时,承继属于被继承人财产的一切权利义务。但被继承人的人身专属性权利义务,不在此限。”

4. 俄罗斯

《俄罗斯民法典》规定的遗产是继承开始时除非财产性和非物质性利益的属于被继承人的物品、其他财产及财产权利和义务。[1]

(二)主要英美法系国家

1. 英国

《英国遗嘱法》规定的遗产包括动产不动产在内的所有财产。[2]

2. 美国

《美国路易斯安那民法典》规定,遗产是被继承人死后遗留的财产及对应的权利义务。[3]

通过以上两大法系中具有代表性的国家关于遗产范围的规定可以看出,无论是主要的大陆法系国家或地区,还是典型的英美法系国家,均未对遗产的合法性作出要求。目前我国《继承法》的相关规定将遗产范围限定为被继承人死亡时的个人合法财产,但并未对合法性进行解读,司法实践中对此裁判不一。继承制度的设置本身就是为了避免自然人生前的财产沦为无主物,以达到资源合理循环利用,而且继承法属于私法领域的范畴,其出发点是最大限度地尊重当事人意思自治。所以,对于财产的合法性判断不应在继承法中予以体现,而应该由行政部门通过执法程序处理。但是在行政部门尚未处理之前,对于因违法建筑权益归属发生争议的,司法是采取不予处理的态度还是考虑现实情况予以解决?若选择后者,那么必然要考虑当事人对于违法建筑是否享有权益以及该权益是否应当受到法律保护。对

---

[1] 《俄罗斯民法典》第1112条规定:"在继承开始之日属于被继承人的物品、其他财产,其中包括财产权利和义务为遗产的组成部分。与被继承人的人身不可分离的权利和义务,包括对赡养费的权利,对致公民生命或健康损害赔偿的权利,以及本法典或其他法律不允许依继承的顺序移转的权利和义务不属于遗产的范围。人身非财产权和其他非物质利益不属于遗产的范围。"

[2] "英国《遗嘱法》第3条规定,所有财产都可以通过遗嘱处置,任何人都可以按照本法规定方式签立的遗嘱遗赠、赠与或处分在他去世的时候享有的普通法或衡平法上权利的任何不动产和动产。"王月华:《论遗产的范围——完善我国〈继承法〉遗产范围的建议》,苏州大学2015年硕士学位论文,第10页。

[3] "美国《路易斯安那民法典》第872条规定,遗产是指被继承人死后遗留的财产、权利和义务,无论该财产数额是超出所应承担的费用,还是被所应承担的费用超出,还是只遗留所应承担的费用而未遗留财产。遗产不仅包括被继承人死亡时已存在的权利和义务,还包括死亡后出现的权利和义务,以及以遗产为主体产生的新的费用。"王月华:《论遗产的范围——完善我国〈继承法〉遗产范围的建议》,苏州大学2015年硕士学位论文,第10~11页。

此,目前主要有不动产所有权说、动产所有权说、使用权说、占有说。

(1)不动产所有权说

该学说认为,行为的违法性不能阻却建造者对违法建筑享有具有瑕疵的不动产所有权。[1] 建造行为虽然违反公法上的规范,但不应据此认定私法上也违法;同时,违法建筑因依附于土地或者已有的建筑物或构筑物而成立不动产所有权。[2]

(2)动产所有权说

该学说认为,违法建筑因其违法性不能依据建造的事实行为取得所有权,但建筑材料具有一定的现实价值,若不确认归属,容易发生争夺、哄抢等行为。[3]

(3)使用权说

该学说认为,建造者当时建造违法建筑的目的是占有、使用,建造者虽然对违法建筑不享有所有权,但应当享有使用权。[4]

(4)占有说

该学说认为,违法建筑的相关权益人对违法建筑物进行了事实上的管理与控制。其占有利益应受到法律的保护,除行政执法机关依法处理之外,他人不得侵犯建造者对违法建筑的占有。[5]

不动产物权包括占有、使用、收益、处分四个法定权利。而违法建筑因其违法性导致处分权利受限,因而不具有完全的所有权。所以,不动产所有权的学说在理论分析上难以自圆其说。将建筑材料加工、整合成一个完整的建筑,其中融合了建造者的劳动、创意等,所以违法建筑不应等同于建筑材料。使用权说以及占有说在法理上具有一定的合理性,实务中的裁判理念考量更多的是违法建筑的现实使用、收益价值,故而使用权说及占有说可以提供一定的理论借鉴。

---

〔1〕 参见王小莉:《违章建筑买卖合同法律问题初探》,载《黑龙江省政法管理干部学院学报》2007第5期。

〔2〕 参见谢在全:《民法物权论》,中国政法大学出版社1999年版,第23页。

〔3〕 参见张薇:《违法建筑的占有权益及其拆除补偿论》,载《湖南警察学院报》2014年第5期。

〔4〕 参见张薇:《违法建筑的占有权益及其拆除补偿论》,载《湖南警察学院报》2014年第5期。

〔5〕 参见巫肇胜:《定性与治理:违章建筑在拆迁中补偿问题研究》,载《广东广播电视大学学报》,2010年第5期。

除了上述四种理论学说,我国台湾地区学者提出了“信赖保护”的观点。该学说认为,行政部门长期执法不严是导致违法建筑大量存在的主要原因之一。[1] 当时行政执法的放任导致自然人对违法状态产生信赖利益。因此,基于对信赖利益的保护,司法、执法过程中应考虑违法建筑形成的社会历史背景。

此外,城市房价居高不下,政府提供的保障性住房长期供不应求,若违法建筑均通过行政执法手段予以拆除,城市流动人口的居住问题难以在短期内得到解决。因此,若将违法建筑排除在继承纠纷之外,那么家庭成员之间关于该类房屋的权益争议难以得到切实解决,将可能导致违法建筑暂时不能使用,也将影响其社会价值。

自2009年开始,深圳市就对违法建筑进行了“两规”登记,但截至本文成文之时,仍有些违法建筑未完成行政确权,若法院将违法建筑的确权完全交给行政部门,可能会造成司法与行政部门之间互相推诿。如此将造成违法建筑一方面不能完成合法性转化,另一方面因存在争议,其处理被搁置,导致无法收益、使用的情况。笔者认为,只有直面经济发展过程中遗留的历史问题,在现有框架内予以相应解决,才能化解纠纷,实现资源的循环利用。

五、律师实务视角

如果继承纠纷中涉及违法建筑的房产,当事人在主张继承该类房产时,诉讼请求中需要尽量避免“确认房屋所有权”的表述,并建议表述为“分割份额或者请求违法建筑的某一层或者某几间房屋由原告使用、管理”,此种表述意在就房屋的使用权益进行分割,不存在涉嫌借助法院审理将违法建筑合法化,因而更容易得到法院的支持。

此外,违法建筑一般存在扩建、加建或者拆旧建新以及新旧门牌号或者门牌号重合的情况,所以当事人提供给律师的报批报建手续或者历史遗留违法建筑申报回执等相关证明上载明的违法建筑信息与现状可能不一致,当事人向律师描述的违法建筑的现状建筑面积也可能存在出入。所以律师

---

[1] “我国台湾学者认为,台湾地区违章建筑之存在,部分系出于政府长期未严格执法所致,人民对此违法状态多少产生一定之信赖。”翁岳生:《行政法》(下册),中国法制出版社2002年版,第1725页。

在代理继承案件时，若涉及历史遗留违法建筑，建议到现场了解清楚违法建筑的现状，包括违法建筑的门牌、坐标、房间格局等。同时到股份公司、街道办的综合执法中心等相关部门了解违法建筑的申报情况。部分违法建筑可查询到违法建筑拆旧建新前的一些权属资料，尤其是申报建房的宅基地来源以及当时申报建房的家庭成员等，以免发生当事人提供的证明与房屋现状不一致，导致出现法院判决中描述的违法建筑与当事人实际需要处理的违法建筑不一致的情况。

违法建筑的争议一般与城市存量土地的二次开发相关。在深圳较为典型的就是城市更新、棚户区改造及土地整备三种模式。这三种模式下的存量土地开发涉及的利益相关方较多。所以，拆除范围内的个人建筑物的争议一般不影响项目推进。在诉讼过程中或者诉讼之前，诉争房产可能已经拆除，转化为拆迁利益。在这种情形之下，各当事人可对于诉争房产转化之后的拆迁利益进行分配。

第七章

涉外家事纠纷

涉外离婚案件管辖权的法律规定

深圳市作为改革开放以来发展非常迅速的现代化城市，不仅具备特有的地理优势——毗邻香港、邻近澳门，还吸引了越来越多的外国人在此安家立业。近年的统计数据显示，深圳法院处理的涉外离婚纠纷案件也呈上升趋势。对此，本文拟就涉外离婚案件管辖权问题作出分析，以供读者参考。

一、分析解读

（一）涉外离婚案件的范围

顾名思义，涉外离婚案件是指含有涉外因素的离婚纠纷案件。根据《民诉法解释》第520条、第549条关于法院可以认定为涉外民事案件的规定，涉外离婚案件的范围包括以下几种：

（1）双方均为中国公民，但是居住地在国外的离婚案件；

（2）当事人双方均为外国人或其中一方是外国人的离婚案件；

（3）有一方或双方为港澳台居民或居住在港澳台的离婚案件；

（4）婚姻缔结地在国外或港澳台地区的离婚案件；

（5）未成年子女为外国人或港澳台居民的离婚案件；

（6）财产位于国外或港澳台地区的离婚案件。

（二）我国涉外离婚案件适用集中管辖的规定

2017年12月7日最高人民法院发布了《关于明确第一审涉外民商事案件级别管辖标准以及归口办理有关问题的通知》，该通知第2条的规定，集中由涉外审判庭或专门合议庭审理的涉外民商事案件不包括婚姻家庭纠纷案件。另外，广东省高级人民法院《关于指定广州、深圳、珠海市辖区一审涉外、涉港澳台民商事案件集中管辖的批复》中也明确，除横琴粤澳深度合作区人民法院外，实行集中管辖的涉外、涉港澳台案件均不包括婚姻家庭等传统民事案件。司法实践中，大部分法院也都认为涉外离婚纠纷不属于实施集中管辖的受案范围。

但也存在一些特殊情形，如在前述广东省高级人民法院发布的《关于指定广州、深圳、珠海市辖区一审涉外、涉港澳台民商事案件集中管辖的批复》中，广东省高级人民法院就指定珠海横琴新区人民法院集中管辖珠海市辖区一审涉外、涉港澳台民商事案件，且并未排除该法院对涉外、涉港澳台婚姻家事案件的集中管辖。最高人民法院于2021年12月14日批复同意指定深圳市龙华区人民法院集中管辖深圳市第一审的涉外、涉港澳台婚姻家事案件。这表明，此后深圳市全部的涉外涉港澳台离婚案件都将由深圳市龙华区人民法院集中管辖。此外，吉林省高级人民法院《关于调整全省各级人民法院受理的第一审民商事案件管辖标准的规定》（吉高法〔2008〕81号）第6条规定，涉及朝鲜民主主义人民共和国、大韩民国的第一审民商事纠纷案件由延边州中级人民法院管辖，其他第一审涉外民商事案件由长春市中级人民法院管辖。该条亦未排除婚姻家事案件。因此，在代理涉外离婚案件时，应特别注意是否存在集中管辖的相关规定。

（三）除集中管辖外的涉外离婚案件的管辖规定

1. 离婚案件管辖权的一般规定——由被告住所地法院管辖

《民事诉讼法》第四编涉外民事诉讼程序的特别规定仅对因合同纠纷或者其他财产权益纠纷的管辖作出规定，即在无特别规定的情况下，涉外离婚案件应按一般管辖的规定处理，由被告户籍地或经常居住地法院管辖。此处所涉法律依据为《民事诉讼法》第22条的规定，即离婚案件由被告住所地人民法院管辖。住所地包括户籍所在地和离开户籍地后的经常居住地，若被告户籍所在地与经常居住地不同，则经常居住地的法院享有优先管辖权。

对于当事人离开住所地的离婚案件，根据《民诉法解释》第12条的规定，“夫妻一方离开住所地超过一年，另一方起诉离婚的案件，可以由原告住所地人民法院管辖。夫妻双方离开住所地超过一年，一方起诉离婚的案件，由被告经常居住地人民法院管辖；没有经常居住地的，由原告起诉时被告居住地人民法院管辖”。

2. 对不在我国领域内居住的自然人提起离婚诉讼的管辖规定——由原告所在地法院管辖

根据《民事诉讼法》第23条的规定，对于不在我国领域内居住的人提起的离婚诉讼，由原告住所地人民法院管辖。原告住所地与经常居住地分属不同法院管辖范围的，则原告的经常居住地法院享有管辖权。

以下即为适用原告所在地法院管辖规定的一个典型案例，具体案情如下。[1]

B某是加拿大公民，现居住在广州市；J某是菲律宾公民，不在国内居住，B某和J某在我国香港特区登记结婚。现B某起诉离婚，因B某从2017年开始居住在广州市南沙区，故其向广东自由贸易区南沙片区人民法院提起了离婚诉讼。

一审法院认为，因B某与J某均不是中国公民，且双方在我国香港特区缔结婚姻关系，故广东自由贸易区南沙片区人民法院认为其对此案不享有管辖权，并依照《民事诉讼法》(2017年)第119条、第123条[2]的规定，裁定不予受理B某的起诉。

其后B某不服一审裁定，向广州市中级人民法院提起上诉，并请求二审法院撤销一审民事裁定书，依法对本案进行审理。广州市中级人民法院经审理后认为，一审裁定认定事实清楚，适用法律正确，故裁定驳回B某的上诉，维持原裁定。

B某对二审维持裁定不服，继续向广东省高级人民法院申请再审。再审法院认为，申请人B某向一审法院提起本案离婚诉讼，并提交《中华人民共和国外国人居留许可》《境外人员住宿登记情况证明》等初步证据证明其于2017年开始居住在广州市南沙区。根据《民事诉讼法》(2017年)第259条[3]"在中华人民共和国领域内进行涉外民事诉讼，适用本编规定。本编没有规定的，适用本法其他有关规定"以及第22条[4]"下列民事诉讼，由原告住所地人民法院管辖；原告住所地与经常居住地不一致的，由原告经常居住地人民法院管辖：(一)对不在中华人民共和国领域内居住的人提起的有

[1] 参见广东省高级人民法院民事裁定书，(2021)粤民再9号。

[2] 相关规定参见2023年修订的《民事诉讼法》第122条、第126条。

[3] 相关规定参见2023年修订的《民事诉讼法》第270条。

[4] 相关规定参见2023年修订的《民事诉讼法》第23条。

关身份关系的诉讼……"的相关规定,申请人 B 某可以在其经常居住地提起离婚诉讼,即一审法院对 B 某提起的离婚案件有管辖权。一审法院认为其对本案没有管辖权并裁定不予受理、二审法院裁定维持不当。故广东省高级人民法院对一审及二审裁定予以纠正,并最终裁定撤销广东自由贸易区南沙片区人民法院所作出的民事裁定和广东省广州市中级人民法院所作出的民事裁定,指令广东自由贸易区南沙片区人民法院对 B 某提起的离婚诉讼依法审理。

3. 涉外离婚案件管辖的一些特殊规定

(1)对于在国内登记结婚,但婚后在国外定居的华侨的离婚案件,享有管辖权的法院为婚姻登记地或者其中一方在国内的最后居住地法院

我国《民诉法解释》第 13 条〔1〕对此进行了详细规定。根据该条规定,此情形下,国内相关法院享有管辖权的前提是,当事人定居于国外,且该国对其提起的离婚诉讼以须由婚姻缔结地法院管辖为由不予受理。即当事人定居国法院不予受理其离婚诉讼已为既定事实,且该事实在被告一方提出管辖权异议时,应由原告一方予以举证证明。

例如,在亚某与姚某涉外离婚纠纷案中,亚某是德国人,居住在德意志联邦共和国汉堡市,而姚某是中国人,其户籍地为江苏省无锡市梁溪区,但姚某不在国内居住。亚某向梁溪区人民法院提起离婚诉讼,梁溪区人民法院以无管辖权为由裁定驳回亚某的起诉。梁溪区人民法院驳回起诉的理由是,根据《民事诉讼法》(2017 年)第 22 条的规定,对于不在我国领域内居住的自然人提起的与身份关系相关的诉讼,由原告住所地或经常居住地法院管辖。〔2〕但《民事诉讼法》(2017 年)第 22 条的规定只是针对部分特殊情况的管辖规定,故亚某不服一审法院驳回起诉的裁定,向无锡市中级人民法院提起了上诉。经二审审理,二审法院认为:首先,姚某是中国公民,涉及姚某的离婚案件我国具有管辖权;其次,虽然姚某与亚某的不是在无锡登记结婚的,尽管姚某目前也不在国内居住,但是姚某的户籍及国内最后居住地确是在无锡市梁溪区。同时,参照《民诉法解释》第 13 条的规定,对于涉及在国

〔1〕《民诉法解释》第 13 条规定:"在国内结婚并定居国外的华侨,如定居国法院以离婚诉讼须由婚姻缔结地法院管辖为由不予受理,当事人向人民法院提出离婚诉讼的,由婚姻缔结地或者一方在国内的最后居住地人民法院管辖。"

〔2〕参见江苏省无锡市中级人民法院民事判决书,(2020)苏 02 民终 2234 号。

内结婚并定居国外的华侨，如定居国法院认为其离婚诉讼应当由其婚姻缔结地法院管辖而不予受理，当事人以此为由向法院提起离婚诉讼的，当事人的婚姻登记地或者一方在国内的最后居住地法院享有司法管辖权。因此，无锡市中级人民法院认定梁溪区人民法院对此案具有管辖权，并撤销了无锡市梁溪区人民法院作出的民事裁定，指令无锡市梁溪区人民法院审理本案。

(2)在国外结婚形成法定夫妻关系且在国外定居的华侨的离婚诉讼，享有管辖权的法院为一方当事人原国内住所地或者最后居住地的法院

根据《民诉法解释》第14条的规定[1]，国内相关法院享有管辖权的前提是，当事人在国外依据外国法律缔结了合法有效的婚姻，定居于国外，且该国对当事人提起的离婚诉讼以其须由国籍国法院管辖为由不受理，即当事人定居国法院不予受理其离婚诉讼已为既定事实，且该事实在被告一方提出管辖权异议时，应由原告一方予以举证证明。

(3)离婚案件中，只要有一方在我国境内居住，则该方居所地法院享有管辖权

根据《民诉法解释》第15条[2]的规定，国内相关法院享有管辖权的前提是，当事人双方均为中国公民，有一方在国内居住，且国内居住一方所在地法院的管辖权不受另一方向定居国法院提起诉讼的影响。即便该方定居国法院已经受理双方的离婚诉讼，亦不能排除国内相关法院的管辖权。

(4)原告或者被告原国内住所地人民法院管辖的离婚案件

根据《民诉法解释》第16条[3]的规定，对于双方当事人均为我国公民，在国外但未定居的，任何一方均可以向其或对方原国内住所地法院提起离婚诉讼。

---

[1] 《民诉法解释》第14条规定："在国外结婚并定居国外的华侨，如定居国法院以离婚诉讼须由国籍所属国法院管辖为由不予受理，当事人向人民法院提出离婚诉讼的，由一方原住所地或者在国内的最后居住地人民法院管辖。"

[2] 《民诉法解释》第15条规定："中国公民一方居住在国外，一方居住在国内，不论哪一方向人民法院提起离婚诉讼，国内一方住所地人民法院都有权管辖。国外一方在居住国法院起诉，国内一方向人民法院起诉的，受诉人民法院有权管辖。"

[3] 《民诉法解释》第16条规定："中国公民双方在国外但未定居，一方向人民法院起诉离婚的，应由原告或者被告原住所地人民法院管辖。"

(5)主要财产所在地法院管辖的离婚后财产纠纷案件

根据《民诉法解释》第17条[1]的规定,对于已经离婚的中国公民的离婚后财产纠纷案件,即便双方均定居于国外,国内主要财产所在地法院具有管辖权。

4. 涉港澳台离婚案件的管辖权行使依据

根据《民诉法解释》第549条的规定,涉及香港、澳门和台湾地区的案件审理,法院可参照适用《民事诉讼法》及其司法解释中关于涉外民事诉讼程序的特别规定。因此,涉港澳台离婚案件可参照适用前文所述的管辖规定。

以笔者曾经办理过的一起涉港离婚案件为例(未实施涉外涉港澳台离婚案件集中管辖前),案件双方当事人此前均为内地居民,婚姻缔结地为内地某市,后双方移居香港,均成为香港居民。现一方欲在内地提起离婚诉讼,其中男方在深圳市南山区已经居住满1年,而女方带着孩子长期在香港居住。通过调取男方的居住登记信息,该案最终根据《民事诉讼法》(2017年)第22条的规定,在男方经常居住地即深圳市南山区人民法院得以立案起诉。

二、律师实务视角

关于涉外、涉港澳台离婚案件的管辖依据,需要通过具体案件情况进行具体分析,不仅要了解双方的国籍或户籍地,还要对婚姻缔结地、双方现居住地等作出全面了解和分析,才能依法确认具有管辖权的法院,以保证案件能够顺利地进入实体审理。

---

[1] 《民诉法解释》第17条规定:“已经离婚的中国公民,双方均定居国外,仅就国内财产分割提起诉讼的,由主要财产所在地人民法院管辖。”

涉外亲子关系冲突规范的选择适用

一、案例呈现[1]

(一)基本案情

一审原告、二审上诉人为孙某1,男,1995年出生;孙某2,女,1997年出生。二人的代理人为其母亲孙某。一审被告、二审上诉人为李某,男,孙某1与孙某2的父亲。孙某与李某婚前育有两名非婚生子女,即两名原告。孙某与李某结婚时间为2000年,结婚地点为丹麦,婚后未办理两名非婚生子女的法律关系手续。孙某与李某因感情问题于2007年4月分居,之后两人的子女随孙某一同生活至诉讼期间。双方的婚姻关系已于2009年11月由德国法院判决解除。2012年,孙某1、孙某2对李某提起抚养费诉讼。孙某1与孙某2的诉讼请求为判令李某支付两人抚养费合计约人民币140万元。

一审阶段,李某对孙某1和孙某2的主体资格有异议,但未提出亲子鉴定,并主张本案适用德国法律。一审法院查明孙某与孙某1、孙某2均为德国国籍。李某为中国国籍,李某与孙某婚后在北京市房山区购买了两套房产,登记在李某名下。一审法院依照《涉外民事关系法律适用法》第29条,以中国法律作为准据法作出判决后,双方当事人均提出了上诉,且在法律适用问题上存在争议。二审法院补充查明孙某1、孙某2诉讼时的经常居所地为中国。

---

〔1〕 参见北京市第二中级人民法院民事判决书,(2014)二中少民终字第08865号。

(二)争议焦点

(1)本案应适用《涉外民事关系法律适用法》第25条[1]还是第29条[2]确定准据法。

(2)本案既涉及亲子关系的认定问题,也涉及子女抚养费的支付问题,法院应针对不同问题适用不同的冲突规范,还是全案统一适用一条冲突规范。

(三)法院裁判结果

本案系涉外抚养费纠纷案件,涉及两个涉外民事法律关系,其一为父母子女人身关系,其二为抚养即抚养费的给付数额、期限及方式。关于父母子女关系问题,根据《涉外民事关系法律适用法》第25条的规定,应适用中国法律。对于涉外抚养费问题,根据《涉外民事关系法律适用法》第29条的规定,应适用中国法律。

二、司法裁判观点

《涉外民事关系法律适用法》第25条以及《涉外民事关系法律适用法》第29条分别对父母子女人身、财产关系以及扶养的冲突规范进行了规定。在选择适用冲突规范时,各地法院存在以下观点。

(一)关于亲子关系是否存在的冲突规范

1.绝大部分法院适用《涉外民事关系法律适用法》第25条

针对涉外案件中认定亲子关系应如何确定准据法的问题,司法实践中的裁判观点比较统一,基本倾向于适用《涉外民事关系法律适用法》第25条。因为从法条上看,《涉外民事关系法律适用法》第25条规定的是父母子女之间两种法律关系的法律适用,一是父母子女人身关系,二是父母子女财产关系。而要认定亲子关系是否存在,明显是属于"父母子女人身关系"的范畴。

---

[1] 《涉外民事关系法律适用法》第25条规定:"父母子女人身、财产关系,适用共同经常居所地法律;没有共同经常居所地的,适用一方当事人经常居所地法律或者国籍国法律中有利于保护弱者权益的法律。"

[2] 《涉外民事关系法律适用法》第29条规定:"扶养,适用一方当事人经常居所地法律、国籍国法律或者主要财产所在地法律中有利于保护被扶养人权益的法律。"

2. 极个别法院适用《涉外民事关系法律适用法》第29条

例如，在上述案例中的一审法院适用《涉外民事关系法律适用法》第29条的理由是认为该案系父母子女之间扶养关系的诉讼，故应适用《涉外民事关系法律适用法》第29条确定准据法。

（二）关于父母子女之间财产归属和分配问题的冲突规范

针对涉外案件中父母与子女间的财产归属和分配问题，在准据法的选择上，司法实践中的裁判观点也是比较统一的，基本都是适用《涉外民事关系法律适用法》第25条，因为这类问题所涉及的民事关系明显属于《涉外民事关系法律适用法》第25条规范的法律关系范畴。

（三）其他因父母子女关系而产生的抚养权、探视权、抚养费、赡养费等相关问题应适用的冲突规范

受诉法院对上述问题所涉及法律关系的性质认定，直接影响案件是适用《涉外民事关系法律适用法》第25条还是适用《涉外民事关系法律适用法》第29条作为确定相关问题的准据法。笔者通过梳理、对比司法实践中对上述问题在冲突规范适用上的裁判观点发现，诉请具体内容的不同将可能导致法院在适用冲突规则时出现不同倾向，具体如下。

（1）仅涉及抚养权或探望权的案件，或者同时涉及抚养权及抚养费的案件，裁判观点比较统一，基本上倾向于适用《涉外民事关系法律适用法》第25条确定准据法。适用《涉外民事关系法律适用法》第25条的主要理由是：抚养权、探视权是亲子关系的延伸，所以抚养权属于《涉外民事关系法律适用法》第25条规定的"父母子女人身关系"的范畴。对于此类问题，只有极个别案件适用《涉外民事关系法律适用法》第29条确定子女抚养权的准据法，但并未详述理由。

（2）对于仅涉及抚养费或赡养费的案件，裁判观点则极不统一。有一部分法院因将抚养费或赡养费定性为"父母子女人身关系"范畴而适用《涉外民事关系法律适用法》第25条；另一部分法院因将抚养费或赡养费问题定性为"扶养关系"范畴，进而适用《涉外民事关系法律适用法》第29条。

三、大数据分析

笔者以"《涉外民事关系法律适用法》第25条"作为关键词在阿尔法案

例库中检索到47件案例,以"《涉外民事关系法律适用法》第29条"作为关键词检索到16件案例。将重复案例剔除,一审、二审裁判观点一致的案例仅保留其中一件,最终得到55件案例样本用于本文分析。

由于此类案例涉及当事人个人隐私,法院公开的裁判文书数量很少,能检索到的案例与全国法院实际处理的案例数量存在很大出入,故只能就检索到的案例样本进行分析。虽然案例样本数量较为有限,但对司法实践中法院适用亲子关系冲突规范的现状仍可窥见一斑。

通过对案例样本进行分析,可看出目前法院适用亲子关系冲突规范的现状存在以下特点。

1. 司法实践中对于因亲子关系而产生的抚养费、赡养费问题的冲突规范适用存在重大分歧

在55件案例样本中,仅涉及抚养费或赡养费争议的案例有17件,其中适用《涉外民事关系法律适用法》第25条的有9件,占比约为53%;适用《涉外民事关系法律适用法》第29条的有8件,占比约为47%。这些案件中父母子女关系十分清楚、没有任何争议,争议的问题都是抚养费或赡养费的计算标准、支付方式等。

对于相同的争议问题,为何不同的法院在援引冲突规范时会有不同呢?其根本原因是对争议问题的定性不同,有的法院通过对案件的分析认为案件中的抚养费问题或赡养费问题是基于亲子关系而产生的,系亲子关系的延伸,所以属于"父母子女人身关系"范畴,故适用《涉外民事关系法律适用法》第25条;有的法院通过对案件的分析认为案件中的抚养费或赡养费问题就是单纯的"扶养关系"问题,故适用《涉外民事关系法律适用法》第29条。

2. 当事人对冲突规范适用有争议的案例很少

在55件案例中,当事人对冲突规范适用有异议的案例仅有8件,占比约为14.5%。出现这种现状的原因,一方面是当事人没有重视冲突规范适用问题,因而极少主动提出法律适用意见;另一方面是在当事人未提出法律适用意见的情况下,有的法院会因当事人未主动援引冲突规范确定准据法,而直接将案件视为纯国内案件,直接适用中国法律作为准据法。

3. 55件案例中,受理法院选择外国法作为准据法的案例数为0

所有案例最终确定的准据法都是中国法律。在适用《涉外民事关系法

律适用法》第 25 条时，若当事人的经常居所地都是中国，那么适用中国法律作为准据法是理所当然；当需要按照这两个冲突规范中的“有利于保护弱者权益”原则或“有利于保护被扶养人权益”原则确定准据法时，只有一些会查明相关国家的法律并存细比较分析哪国法律更有利于保护弱者或者被扶养人权益。个别案件以中国法律作为准据法的理由是没有证据显示某国法律比中国法律更有利于保护弱者权益。[1]

4. 从案由来看，适用《涉外民事关系法律适用法》第 25 条的案例涉及的案由较多，适用《涉外民事关系法律适用法》第 29 条的案例涉及的案由较少

适用《涉外民事关系法律适用法》第 25 条的案由包括婚姻家庭纠纷、抚养纠纷、探望权纠纷、继承纠纷、赡养纠纷、分家析产纠纷、民间借贷纠纷等十多种案由；适用《涉外民事关系法律适用法》第 29 条的案由仅有赡养费纠纷、抚养费纠纷、抚养权纠纷、抚养纠纷、赡养纠纷。

笔者发现，适用《涉外民事关系法律适用法》第 25 条的案例涉及的案由除了婚姻家庭类的案由，还有其他非婚姻家庭类的案由，如民间借贷纠纷、房屋买卖纠纷等。原因是在这些非婚姻家庭类案件里，处理讼争问题需要先查明某些人员之间是否存在亲子关系，或者某些具有亲子关系的人员之间的财产归属。例如，在夏某客、陈某延等民间借贷纠纷案中，出借人（原告）起诉已故借款人的儿子（被告，香港居民），要求被告在继承遗产的范围内清偿借款。法院首先要认定被告与已故借款人之间是否存在亲子关系，故适用《涉外民事关系法律适用法》第 25 条作为亲子关系冲突规范。[2]

5. 全案仅适用 1 条冲突规范的案例占绝大多数

55 件案例样本中，有 40 件案例适用《涉外民事关系法律适用法》第 25 条确定准据法，占全部案例的 72.73%；有 11 件案例适用《涉外民事关系法律适用法》第 29 条确定准据法，约占全部案例的 20%。同一案例中针对不同法律关系的性质分别适用不同冲突规范的案例仅有 3 件，约占全部案例的 5.45%。在本文“案例呈现”部分介绍的案例中，二审法院认为，该案中亲子关系的认定适用《涉外民事关系法律适用法》第 25 条确定准据法，抚养费问题则适用《涉外民事关系法律适用法》第 29 条确定准据法。

---

〔1〕 参见广东省珠海市中级人民法院民事判决书，(2019)粤 04 民终 878 号。

〔2〕 参见广东省中山市第一人民法院民事判决书，(2021)粤 2071 民初 20106 号。

另有一个案例的当事人提出应适用《涉外民事关系法律适用法》第29条,法院既未适用《涉外民事关系法律适用法》第29条,亦未适用《涉外民事关系法律适用法》第25条。这一特殊案例约占全部案例的1.82%。这是一件机动车交通事故纠纷案,原告认为被扶养人生活费应当根据《涉外民事关系法律适用法》第29条选择外国法作为准据法,法院未采纳当事人的意见,认为应当适用侵权行为地法律作为准据法。[1]

上述55件案例中,全案仅适用一条冲突规范确定准据法的案例占比高达约93%。诚然,有的案件确实仅存在单一的法律问题,如仅对抚养权归属有争议,或者仅对亲子关系是否存在有争议等。但是,有的案例中却存在多个争议点,如既对亲子关系是否存在有争议,也对抚养费支付问题有争议。这种情况下只选择一条冲突规范将全部的争议问题定性为同一法律关系,如将所有争议问题均视为"父母子女人身关系"或者均视为"扶养关系"稍显不当。有的法院仅根据案由来确定冲突规范的适用,没有通过区分不同性质的法律关系分别适用不同的冲突规范,由于一件案件只有一个案由,于是选择一条冲突规范来确定全案的准据法。

6. 将涉外民事关系法律适用规范作为确定管辖法院的依据

例如,在案例样本中有1件案例,法院根据《涉外民事关系法律适用法》第25条规定,适用有利于弱者权益原则选择了中国法律来确定管辖法院。[2] 笔者认为,适用冲突规范来确定管辖法院的做法需要进一步分析探讨。

四、问题解读

(一)问题背景和研究价值

随着涉外婚姻数量的增长,涉外亲子关系相关的法律纠纷也日益增多。处理涉外亲子关系相关的争议时,法院是否正确援引冲突规范、是否正确选择准据法,是正确处理案件的前提。若适用准据法错误,极可能对当事人的合法权益造成损害。特别是不同准据法对同一争议的处理有较大区别时,适用法律错误难免显失公平,进而损害一方当事人的合法权益。比如,对于

---

〔1〕 参见广东省佛山市中级人民法院民事判决书,(2016)粤06民终655号。

〔2〕 参见北京市第一中级人民法院民事裁定书,(2016)京01民辖终288号。

抚养费争议,不同国家或地区的抚养费支付条件、支付标准各不相同,对于相同的案情,适用不同的准据法,极有可能产生截然不同的裁判结果。因此,研究亲子关系冲突规范的选择适用,找到司法实践中容易产生分歧的争议点及原因,对实践工作有一定的参考价值。

(二)理论界和实践中的主要观点

理论界对于《涉外民事关系法律适用法》第25条和《涉外民事关系法律适用法》第29条的对比研究并不多,司法实践中的主要观点在前文"司法裁判观点"中已有介绍,在此不再赘述。

(三)律师观点

笔者认为,对案件中所涉及的有争议的涉外民事关系准确地定性,是准确援引冲突规范的前提。

要解决亲子关系相关的争议,首先要对相关问题进行定性,确定相关争议是属于"父母子女人身、财产关系"问题还是"扶养关系"问题,进而确定应适用《涉外民事关系法律适用法》第25条还是《涉外民事关系法律适用法》第29条。

通过上述大数据分析不难发现,绝大多数当事人对于涉外民事关系冲突规范的适用问题是不够重视的。在此情况下,受理法院应主动对相关争议问题进行定性,主动援引冲突规范。

1. 由亲子关系延伸出来的抚养权、探视权应如何定性

司法实践中,法院一般将由亲子关系延伸出来的抚养权、探视权定性为"父母子女人身关系"的范畴,适用《涉外民事关系法律适用法》第25条作为确定准据法的冲突规范。

笔者对这一观点持认同态度。因为《涉外民事关系法律适用法》第25条与《涉外民事关系法律适用法》第29条的区别之一在于《涉外民事关系法律适用法》第25条规定首先应适用当事人共同经常居所地法律。这是考虑到处理亲子关系当事人之间的抚养权、探视权问题时,由于当事人对于当地生活习惯、社会行为、风土人情等有比较一致的认知,适用共同经常居所地法律更利于当事人相关权利的行使以及义务的履行。

以探视权为例,假如未成年子女为外国籍,父母子女的经常居所地均在中国,父母一方在中国起诉要求行使对未成年子女的探视权。那么,将探视

权定性为《涉外民事关系法律适用法》第 25 条的调整范围,直接适用共同经常居所地法律即中国法律,减轻了法院选择准据法、查明外国法的工作。假如将探视权问题定性为《涉外民事关系法律适用法》第 29 条的“扶养关系”问题,则法院应查明多国法律并进行比较,选择最有利于保护弱者的法律作为准据法,这无疑给法院审判工作增加不少难度,也未必能比适用《涉外民事关系法律适用法》第 25 条更有利于保护弱者的权益。

2. 抚养费与赡养费问题如何定性

在适用亲子关系相关问题的冲突规范时,最容易产生分歧的是抚养费和赡养费问题,这两个问题的性质是一样的,都是父母子女间通过支付一定费用而履行互相供养、扶助的法定义务。但是,这两个性质相同的问题,在司法实践中却存在十分明显的分歧,适用《涉外民事关系法律适用法》第 25 条的案例数与适用《涉外民事关系法律适用法》第 29 条的案例数基本相当。这种分歧或缘于不同办案人员对“扶养”的定性有不同的理解。而《涉外民事关系法律适用法》自颁布实施以来未进行过修订,最高人民法院对该部法律的司法解释亦是采取分步走的思路,对分则的部分内容未出台相关司法解释。

对“扶养”定性的理解分歧,可从“扶养”冲突规范的立法沿革说起。我国《涉外民事关系法律适用法》施行之前,对于涉外民事关系的冲突规范主要规定于《民法通则》第八章中。该章第 148 条规定:“扶养适用与被扶养人有最密切联系的国家的法律。”根据当时《婚姻法》及《继承法》的立法精神,“扶养”应作广义理解,是指基于一定亲属关系而产生的互相供养、扶助的法定义务。由于《民法通则》未规定亲子关系人身关系的冲突规范,所以对于特定亲属关系所产生的扶养问题在冲突规范适用上不易产生分歧,均是适用“最密切联系地”原则确定准据法。《涉外民事关系法律适用法》实施后,由于其第 25 条和第 29 条规定的民事关系均与“亲子关系”相关,但目前《涉外民事关系法律适用法》没有关于“扶养”的司法解释,所以实务中存在不同理解。

笔者认为,将抚养费和赡养费问题定性为《涉外民事关系法律适用法》第 29 条规定的“扶养”问题更为恰当。

《涉外民事关系法律适用法》第 25 条和《涉外民事关系法律适用法》第 29 条的区别之二则是《涉外民事关系法律适用法》第 29 条比《涉外民事关系

法律适用法》第25条多了一则冲突规范，即适用一方主要财产所在地法律。通常而言，债务人有财产的地方，更便于判决中金钱给付义务的执行，而扶养费（包括抚养费和赡养费）纠纷包括金钱给付内容的判决。所以，将《涉外民事关系法律适用法》第29条作为确定扶养费准据法的冲突规范更具合理性。假如将扶养费问题纳入"父母子女人身关系"范畴，则很容易消弥《涉外民事关系法律适用法》第29条的适用意义。因为除了夫妻之间的扶养，其他亲属之间的扶养（包括兄弟姐妹之间的扶养）都是从亲子关系延伸而来的，若认为《涉外民事关系法律适用法》第29条的立法本意只针对夫妻之间的扶养，显然难以令人信服。

3. 一个案件中，应针对不同的民事关系分别援引冲突规范

实践中，涉外离婚纠纷在涉外婚姻家庭案中的占比是比较大的，而且离婚案件的诉讼请求中通常也包括子女抚养权、抚养费等。但是上述55个案例中没有涉及离婚纠纷。

出现此种检索结果的原因可能是，法院在审理涉外离婚纠纷案中适用《涉外民事关系法律适用法》第27条[1]作为离婚冲突规范确定全案的准据法。以"离婚纠纷""抚养权""涉外民事关系适用法"作为关键词进行检索后，在检索到的案例中验证了《涉外民事关系法律适用法》第27条适用离婚纠纷。比如，在黄某等离婚纠纷案中，诉讼请求涉及离婚、抚养权、抚养费、探视权，法院对这几个问题都作了判决，只是法院适用的冲突规范仅为《涉外民事关系法律适用法》第27条，即关于离婚的冲突规范。[2]

《涉外法律适用法解释（一）》[3]第10条和第11条中已有明确规定，对于一个案件中涉及多个涉外民事关系，或者案件争议的解决须以另一涉外民事关系的确认为前提时，应援引不同的冲突规范确定准据法。本文"案例呈现"部分的案例中，二审法院很好地践行了上述司法解释的精神。在该案例中，父母子女人身关系适用的冲突规范是《涉外民事关系法律适用法》第25条，抚养费问题适用的是《涉外民事关系法律适用法》第29条。

实践中，为数不多的法院能够根据前述规定在厘清同一案件中不同法

---

〔1〕《涉外民事关系法律适用法》第27条规定："诉讼离婚，适用法院地法律。"

〔2〕参见广东省珠海横琴新区人民法院民事判决书，(2015)珠横法民初字第396号。

〔3〕《涉外法律适用法解释（一）》第11条规定："案件涉及两个或者两个以上的涉外民事关系时，人民法院应当分别确定应当适用的法律。"

律关系后选择援引冲突规范。

五、律师实务视角

基于以上分析，笔者对从事涉外婚姻家事案件的代理律师，特别是弱者一方的代理律师提出以下几点实务参考意见。

(1)代理此类案件时，若案件中涉及亲子关系、抚养权、探视权、抚养费、赡养费等问题，应初步判断相关问题应适用《涉外民事关系法律适用法》第25条，还是《涉外民事关系法律适用法》第29条，先行查明相关外国法律(可让委托人咨询外国律师)，对中国法律与外国法律相关规定内容进行比较。如果委托人为弱者一方且适用外国法律明显有利于委托人时，应将法律适用问题作为案件争议焦点之一，申请法院依法对外国法进行查明，并建议法院根据法律关系性质的不同，援引不同冲突规范确定相应准据法。

(2)代理其他类型的涉外案件时，如民间借贷纠纷、房屋买卖纠纷等，应注意案件中争议的解决是否要以当事人的人身关系、扶养关系等为前提，若是亦应注重先决问题的冲突规范援引问题，向法院提出法律适用问题的代理意见。

(3)无论援引《涉外民事关系法律适用法》第25条还是《涉外民事关系法律适用法》第29条，当事人经常居所地都是需要查明的。对于频繁进出国境的当事人，其提供的护照上的出入境记录有可能是不完整的，在此情况下，代理律师可申请法院出具调查令，持令向出入境管理部门调取当事人的出入境记录，或者申请法院依职权调查取证。

涉外夫妻不动产财产关系冲突规范的选择适用

一、案例呈现[1]

(一)基本案情

李某与陈某均为香港居民,分居深圳、香港两地,且分别在两地各自名下拥有房产。陈某向李某假意承诺离婚后各自名下的财产归各自所有,欺骗李某与其在香港离婚,实际上在离婚前陈某已将其位于香港的财产悉数转移,在香港离婚后,又在深圳提起离婚后财产纠纷之诉,欲分割李某名下房产。此前双方不存在任何法律适用的协议。

陈某主张应当适用《涉外民事关系法律适用法》第36条,将本案识别为不动产物权关系,适用不动产所在地法律,即适用中国法律认定李某名下房产为夫妻共同财产并予分割;李某主张应当适用《涉外民事关系法律适用法》第24条,将本案识别为夫妻财产关系,最终指向适用我国香港地区相关法例,认定李某名下房产归个人所有,陈某无权要求分割。

(二)争议焦点

在涉外夫妻不动产财产关系中,在《涉外民事关系法律适用法》第24条[2]与第36条[3]中如何援引冲突规范。

(三)法院裁判结果

法院支持李某的主张,将本案识别为夫妻财产关系,认为本案应当适用

---

[1] 参见广东省深圳市中级人民法院民事判决书,(2019)粤03民终5858号。

[2] 《涉外民事关系法律适用法》第24条规定:"夫妻财产关系,当事人可以协议选择适用一方当事人经常居所地法律、国籍国法律或者主要财产所在地法律。当事人没有选择的,适用共同经常居所地法律;没有共同经常居所地的,适用共同国籍国法律。"

[3] 《涉外民事关系法律适用法》第36条规定:"不动产物权,适用不动产所在地法律。"

《涉外民事关系法律适用法》第24条关于夫妻财产关系的法律适用规定，适用我国香港地区法例。据此，法院不支持陈某的诉讼请求，认定李某名下房产归个人所有，陈某无权要求分割。

二、司法裁判观点

针对"涉外夫妻不动产财产关系冲突规范的选择适用"这一问题，司法实践中尚存争议，冲突规范的选择适用存在分歧甚至混同，主要存在以下三种裁判观点。

(一)具有特殊身份关系属性的不动产权属认定应识别为夫妻财产关系，适用《涉外民事关系法律适用法》第24条

1. 裁判要旨

首先，若争议焦点出现在离婚后财产纠纷中，不能将离婚后财产纠纷等同于离婚诉讼，不能直接适用《涉外民事关系法律适用法》第27条。[1]

其次，在识别法律关系时应当更关注争议的实质和请求权基础的特性。夫妻不动产财产关系显然既与双方特定身份关系密切相关，又系不动产物权这一标的物属类。涉及夫妻不动产财产关系的纠纷虽从形式上看多是对不动产权属的争议，但该权属争议的基础却是婚姻关系的存续或曾经存续，实质是因婚姻关系变动而产生的财产权利义务纠纷，此类请求权基础具有强烈的身份属性，在选择冲突规范时，自然应识别为与身份特征具有更密切联系的法律关系。[2]

最后，也有少数法院认为，不动产物权的法律适用应指不动产的设立、变更或消灭，而非夫妻之间对不动产权属份额的争议。[3]

2. 裁判依据

《涉外民事关系法律适用法》第24条。

(二)涉及不动产所有权的认定和归属应识别为不动产物权关系，适用《涉外民事关系法律适用法》第36条

1. 裁判要旨

实务中此类判决大部分发生于2011～2017年，似多受原《民法通则》及

---

〔1〕 参见上海市徐汇区人民法院民事判决书，(2017)沪0104民初11893号。

〔2〕 参见上海市高级人民法院民事判决书，(2020)沪民终250号；广东省深圳市中级人民法院民事判决书，(2019)粤03民终29499号；上海市闵行区人民法院民事判决书，(2021)沪0112民初23375号。

〔3〕 参见广东省佛山市中级人民法院民事判决书，(2015)佛中法执民终字第3号。

《关于贯彻执行〈中华人民共和国民法通则〉若干问题的意见(试行)》(已失效)的影响,认为只要是涉及不动产的,就应适用不动产所在地之法律。因此,法院一般不辨析夫妻关系的人身属性与不动产物权属性之间的关系和争议,直接将夫妻不动产财产关系识别为不动产物权关系,适用《涉外民事关系法律适用法》第 36 条的规定确定准据法。[1]

除此之外,有的法院似乎将不动产专属管辖与法律适用规范混同,在一起涉香港民事纠纷时,认为不动产纠纷由不动产所在地法院专属管辖,因不动产位于内地,因此由内地法院专属管辖并适用法院地法。[2]

2. 裁判依据

《涉外民事关系法律适用法》第 36 条。

(三)其他裁判观点

1. 在处理涉及香港的案件时,同时适用《涉外民事关系法律适用法》第 24 条、第 36 条,最终得到的准据法均为我国内地法律

在处理涉及香港的案件时,实务中常出现无论适用《涉外民事关系法律适用法》第 24 条还是第 36 条,最终指向的准据法均为我国内地法律的情形,此类判决中法院不会过多地分析和说理,不明确释明法律关系的识别结果,同时适用《涉外民事关系法律适用法》第 24 条和第 36 条。

另外,部分法院认为,夫妻不动产财产关系应优先适用《涉外民事关系法律适用法》第 24 条,但在夫妻双方既无协议,又无共同经常居所地,国籍亦不相同时,无法据此明确连结点时,则应当依据《涉外民事关系法律适用法》第 2 条所规定的"最密切联系原则"确认连结点为具有最密切联系的诉争房产,因此援引《涉外民事关系法律适用法》第 36 条确定准据法。[3]

2. 离婚后财产纠纷亦为诉讼离婚,适用《涉外民事关系法律适用法》第 27 条规定

少部分法院认为离婚后财产纠纷实质是因双方离婚所产生的财产分割争议,因此应适用《涉外民事关系法律适用法》第 27 条的规定,选择法院地

---

[1] 参见广东省惠州市中级人民法院民事判决书,(2014)惠中法民四终字第 139 号。

[2] 参见吉林省延边朝鲜族自治州中级人民法院民事判决书,(2015)延中民三初字第 973 号;福建省莆田市涵江区人民法院民事判决书,(2020)闽 0303 民初 3200 号。

[3] 参见广东省中山市第一人民法院民事判决书,(2020)粤 2071 民初 29907 号;广东省广州市中级人民法院民事判决书,(2020)粤 01 民终 6186 号。

法律为准据法。[1]

三、大数据分析

(一)数据呈现

笔者通过"威科先行"对援引《涉外民事关系法律适用法》第24条、第36条的案例进行检索,发现涉外夫妻不动产财产关系的法律适用争议主要存在于婚姻家庭纠纷中。除此之外,在物权保护纠纷(如物权确认纠纷)、所有权纠纷(如共有纠纷)、担保物权纠纷、合同纠纷(如确认合同效力纠纷、债权人撤销权纠纷、房屋买卖合同纠纷)等案件中亦有出现。

笔者进一步以"案由:婚姻家庭纠纷","全文包含:不动产、法律适用、涉外"为检索条件,检索到自2011年以来全国范围各级法院审结的此类案件,共计104件,案件数量自2011年《涉外民事关系法律适用法》实施以来激增,案件发生地主要位于广东、福建、吉林、上海等。在这些案例中,18件案件的审理法院明确依据《涉外民事关系法律适用法》第24条确定夫妻不动产财产关系的准据法,11件案件的审理法院明确选择适用《涉外民事关系法律适用法》第36条;剩余案例中,部分法院同时适用《涉外民事关系法律适用法》第24条与第36条,最终得出适用不动产所在地法的结论,也有极少数审理法院直接适用《涉外民事关系法律适用法》第27条。

(二)数据分析

全球化推进导致涉外婚姻日益增多,涉外婚姻纠纷也随之增加,广东省的此类案件大概占比50%,很大程度上系基于广东省毗邻港澳的地理位置及大湾区经济发展的深层合作,涉港澳婚姻增多;而涉港澳婚姻中两地居住、两地置业、频繁往来等情况往往更为复杂,因此更容易造成涉外婚姻纠纷中连结点的混乱,从而导致法律适用难题。

2011年《涉外民事关系法律适用法》发布与实施,无论是该法本身还是相关司法解释与裁判指引均存在可完善之处,实践中对该法的理解与适用亦需要一个过程。因此,对于涉外夫妻不动产财产关系冲突规范的选择,实践中仍无定论。直到近年来司法实践经验愈加丰富、新的问题和观点研讨

---

〔1〕 参见广东省珠海市中级人民法院民事判决书,(2021)粤04民再51号。

愈加深入，支持适用第24条的观点逐渐增多，但仍存在一些争议。

需要注意的是，涉外夫妻不动产财产关系冲突规范的选择问题不仅出现在典型的婚姻家庭纠纷中，在其他民事案件中亦屡见不鲜，这亦从另一个角度体现了涉外夫妻财产纠纷中常见的争议焦点以及这一问题解答思路的多场景应用。

四、问题解读

（一）问题背景和研究价值

1. 背景

2011年，我国发布并实施《涉外民事关系法律适用法》，该法第24条和第36条分别明确了“涉外夫妻财产关系”和“涉外不动产物权”的法律适用规则，很大程度上填补了涉外财产争议法律适用规则的空白。然而，《涉外民事关系法律适用法》中并没有进一步明确涉外夫妻财产关系中不动产物权的法律适用，使处理这一问题时出现识别时法律关系的交叉，导致冲突规范选用的难题，进而产生连结点的排斥和准据法的不同。

现有法律规范对涉外夫妻不动产财产关系尚无直接规定，实践中裁判规则尚存在不同，法律适用有待明晰。而夫妻间财产问题的处理是婚姻家庭纠纷中不容忽视的重要问题，无论是基于全球化背景，还是本身作为一个多法域国家，这一冲突规范的选用争议问题亟待解决。

2. 研究价值

即便《涉外民事关系法律适用法》第24条与第36条可能存在法律关系识别上的交叉，并不意味着在交叉问题上可任意选用，对这一问题的辨析是正确理解法律规定以及其立法目的、辨明争议的本质和核心的必然要求。由于不同法域内婚姻家庭制度不同，选择不同的冲突规范并适用不同的准据法会造成个案从实体规范、举证责任到最终案件结果上都存在较大差异。对《涉外民事关系法律适用法》第24条与第36条规定的正确理解与适用，不仅是对当事人合法权益的保护，亦是对司法的公正与裁判标准统一性的保障，在理论和实务上都具有较大的研究价值。

（二）理论界和实践中的主要观点

选用冲突规范在本质上是对法律关系的识别，而夫妻不动产财产关系具有人身性与物权性的双重特征,因此理论及实践中的不同观点亦主要从这两个特征切入进行识别。

1. 夫妻不动产财产关系具有特殊的身份属性,应当识别为夫妻财产关系,适用《涉外民事关系法律适用法》第24条

该观点为理论界通说观点,认为夫妻不动产财产关系具有较强的属人特性,应当吸收不动产物权关系,其原因主要为以下三点。其一,夫妻不动产财产关系在本质上是夫妻之间不动产物权的分配,是一种家庭内部财产变动,以维护家庭关系稳定和谐为规制目的,而非传统物权领域中更强调物权在整个社会中的变动,规制的是社会市场经济秩序。[1] 其二,夫妻间不动产物权分配仅具有相对效力,即使是在夫妻间分配了不动产,后续如要使不动产物权变动产生物权效力,仍需遵循不动产所在地法律,不会对国家主权有不利影响。[2] 其三,从《涉外民事关系法律适用法》的立法沿革上来看,草案中曾特意强调夫妻财产关系法律适用的例外情形即不动产所在地法律的适用,而在正式发布的文件中又删除该例外情形。从体系上看,该法实际对夫妻财产关系法律适用采取"统一制"立法模式,并不区分动产或不动产。

2. 夫妻不动产财产关系具有较强的不动产特征,应当识别为不动产物权法律关系,适用《涉外民事关系法律适用法》第36条

持此观点的学者多认为:第一,夫妻不动产财产关系中对不动产的分配、归属的确认,均是对物权问题的处理,应属不动产物权法律关系;第二,将不动产所在地法律作为涉外案件的准据法是对于"不动产适用物之所在地"法则的一以贯之,国内不动产如果受域外法规制将不利于交易安全、会影响国家利益;[3]第三,对相关判决的承认和执行也在不动产所在地,依据不动产所在地法能够最大程度保证判决得以承认与执行,从而维护当事人

---

〔1〕 参见李颖健:《我国涉外夫妻不动产财产关系的法律适用研究》,载《中南财经政法大学研究生学报》2019年第5期。

〔2〕 参见甘杨雪:《涉外离婚财产分割的法律适用问题探究——〈涉外民事关系法律适用法〉第二十四、第二十七、第三十六条》,载《黑龙江人力资源和社会保障》2021年第14期;实务中同样有此观点,参见广东省中山市人民法院民事判决书,(2021)粤20民终2388号。

〔3〕 参见丁伟:《国际私法学》(第三版),上海人民出版社,第234页;参见向在胜:《论夫妻财产制法律适用中的财产所在地法优位》,载《石河子大学学报(哲学社会科学版)》2020年第6期。

的合法权益。[1]

(三)律师观点

笔者赞同通说观点,夫妻内部的不动产财产关系应当属于夫妻财产关系冲突规范调整的范围,适用《涉外民事关系法律适用法》第24条。

(1)不能忽视该不动产物权发生在特定主体之间,婚姻家事领域具有不同于一般民事关系的法律规则,具有特殊的伦理性和权利分配理念,应识别为夫妻财产关系。

夫妻不动产财产纠纷发生于夫妻之间,其发生基于婚姻关系的成立或消灭,具有强烈的人身依附性,因此应直接适用婚姻家庭部分的冲突规范。虽有观点认为适用不动产所在地法更利于保护国家主权,但夫妻不动产财产关系本质上是夫妻内部的不动产财产分配问题,只需要把握夫妻关系整体发生、变更或消灭于我国法域即对国家主权的保护。适用婚姻家庭部分的冲突规范,不仅符合婚姻家庭制度的伦理性要求,更能将婚姻家事领域的权利分配理念一以贯之,不至出现在同一婚姻状况下,动产和不动产的处理分别适用不同法律的混乱局面。

并且纵观《涉外民事关系法律适用法》全文,"婚姻家庭"与"物权"是两个独立的部分,两者界限十分明确,夫妻间的人身与财产关系不论多复杂,都应作为一个整体适用婚姻家庭部分的冲突规范,而单独的物权关系则应适用物权部分的规定。不难看出,《涉外民事关系法律适用法》对于不同部分的规定较为独立,如需将某一情形作为除外规定,该法往往直接明确规定,如在继承部分,即规定了特殊的不动产继承适用不动产所在地法,[2]不需要法院或当事人另外援引不同领域的规定。

(2)前文讨论均是基于不动产关系仅发生于夫妻之间,当有涉第三人利益时,则会超出夫妻关系的人身性及相对性,物权对世性色彩可能重占上风。

应当特别关注夫妻不动产财产关系纠纷背后的实质争议内容,明确其争议焦点是否仅限于"夫妻关系内部",如是否仅为夫妻间的权利确认、权属

---

[1] 参见彭燚:《涉外夫妻财产关系法律适用问题研究》,大连海事大学2006年硕士学位论文,第15页。

[2] 《涉外民事关系法律适用法》第31条规定:"法定继承,适用被继承人死亡时经常居所地法律,但不动产法定继承,适用不动产所在地法律。"

分配、责任承担等。对于确实涉及第三人利益、担保物权或其他较为复杂的物权法律关系的，应结合具体情况，分析是否应识别为物权法律关系并进而适用《涉外民事关系法律适用法》第 36 条。

五、律师实务视角

（一）充分理解并把握可能选择的不同法律，分析不同法律适用下的举证责任和裁判结果，争取适用最有利于委托人的冲突规范

如在上述案件中，若适用《涉外民事关系法律适用法》第 36 条，选择我国内地法律，则李某在诉讼中可以要求法院依照顾女方权益的原则对其适当多分；同时增加诉讼请求，要求法院认定对方擅自处分香港房产的行为为恶意转移夫妻共同财产，并结合对方的欺骗行为，从公平角度出发主张陈某对卖房款少分或不分；并且申请法院调查取证，要求法院分割陈某名下其余财产。但在此方案中李某对陈某恶意转移财产的证明责任较大，且该房产在香港，李某难以取证，有可能承担举证不能的不利后果，并且请求多分依赖于对法律原则和精神的主张，对欺骗行为的主张更只在主观陈述层面，无有利证据佐证，法官有较大的自由裁量权，李某的分割主张不一定得到支持。总体来看，在此方案下财产分割的比例并不能完全达到当事人的预期且存在较大风险，不能将其合法利益最大化。

若识别为夫妻财产关系，适用《涉外民事关系法律适用法》第 24 条，最终适用香港法例，则援引香港法例第 182 章《已婚者地位条例》等相关规定。依据香港的夫妻财产分割制度，结合双方的婚姻及分居状况、家庭资产情况、涉案房产的取得及登记情况，该房产归李某个人所有，故陈某主张登记在李某名下的涉案房产为夫妻共同财产并要求分割并无法律依据。在此情形下，可使李某的合法利益最大化。

（二）充分理解《涉外民事关系法律适用法》的具体规定和原则，尤其注意对连结点、最密切联系原则的把握

1. 对连结点的正确把握，直接影响准据法的选择，进而影响法律适用和裁判结果

《涉外民事关系法律适用法》第 24 条由上至下确定当事人意思自治、共同经常居所地、共同国籍国等连结点，在实际适用该条文选择连结点时，仍

需深入理解并注意实践中常出现的特殊情形。

(1)对当事人意思自治的理解

其一,意思自治是有限的意思自治。虽然法条赋予当事人选择连结点的权利,但当事人只能在当事人一方经常居所地、一方国籍国、主要财产所在地这三个连结点中作出约定。其二,在一审法庭辩论终结前当事人可以协议对准据法作出选择或变更,因此,即便在诉讼过程中,亦不能忽略双方进一步协商、调解的可能。

(2)对共同经常居所地的理解

首先,《涉外民事关系法律适用法》中的经常居所地与一般意义上的经常居住地内涵不完全一致。根据《民诉法解释》第4条,经常居住地只排除了当事人住院就医的连续居住情形,而《涉外法律适用法解释(一)》第13条对经常居所地进行了更严格的规定,不仅要求连续居住1年以上,还要求该地作为生活中心,排除了就医、劳务派遣、公务等情形。

其次,对于"连续居住"和"生活中心"不能仅从时间上僵化理解,尤其是涉港澳台婚姻的特殊情况。当事人即使在两地均有置业,也常因差旅、学习、探亲、短期就医等原因导致其始终无法连续居住在某地,此时更要注意对当事人的"生活中心"进行判断,应结合实际出境原因和居留时间来分析是否形成了1年以上相对持续的居住状态,并据此尽可能做有利争取。如通过出入境记录、房屋租赁或买卖合同、装修记录、物业居住登记等证明居住地址与居住状态的持续性;通过驾驶执照、长期劳动合同(非短期派遣)、与朋友的来往记录、父母子女的居住和养育状态等证明社会关系的稳定性;通过置业记录、消费记录、纳税记录等证明财产关系的主要发生地。

(3)对共同国籍国的把握

根据《国籍法》的规定,我国不承认双重国籍,因此在一般涉外夫妻关系中对"共同国籍国"的认定并不存疑义。然而,当参照涉外关系处理涉港澳婚姻家庭纠纷时,由于早期对于人口信息的动态化管理不甚规范、户籍信息更新不及时,仍存在大量从内地前往香港定居并取得香港居民身份的自然人未按照规范注销内地户籍,并可能出现一人同时持有内地居民身份和香港居民身份的情形。因此,在涉港婚姻家事案件中,应特别注意一方当事人是否具有内地和香港两重身份。

2. 对最密切联系原则的理解和适用是涉外案件冲突规范选择中的最后一道防线

实践中确实存在依据《涉外民事关系法律适用法》第 24 条也无法确定连结点的情形，对此该法第 2 条确定了最密切联系原则作为补充指导规范，但该条文仅为原则性规定，其具体适用情形并未明确，这就需要律师在诉讼代理时仔细辨析，确定与该法律关系最具密切联系的连结点。

与夫妻不动产财产关系最具密切联系的连结点应最能体现其特征，包括夫妻双方身份属性与不动产物权属性。而由于此处连结点需要与夫妻双方均具有密切联系，若非当事人协商一致，一方当事人的经常居所地与国籍国在实务中难以被认定为具有最密切联系的连结点。因此，婚姻缔结地、离婚事务办理地与不动产所在地似为最具可能的选择。

在本文所举案例中，若李某与陈某并非同为香港居民，此时李某如欲适用香港法，其应主张双方已在香港离婚，并且与陈某关于离婚财产分割的约定亦符合香港法例的约定，因此，适用香港法例符合双方内心真意，并且最能够体现夫妻身份关系，也不会破坏夫妻关系法律适用的整体性。而若陈某希望适用内地法，则其应说明双方诉争的焦点为特定不动产，加之主要财产所在地本就为《涉外民事关系法律适用法》第 24 条允许当事人自由选择的范围，因此以不动产所在地为连结点更符合立法真意。

综上所述，《涉外民事关系法律适用法》实施至今已逾 10 年，但实务中仍存在大量关于涉外夫妻不动产财产关系的法律适用矛盾，笔者认为，将夫妻不动产财产关系识别为具有强烈人身色彩的夫妻财产关系并且适用《涉外民事关系法律适用法》第 24 条应是较合逻辑的。然而即使已经完成对夫妻财产关系的识别，在实际适用《涉外民事关系法律适用法》第 24 条时仍存在诸多难题，尚需在实践中充分理解法律并通过翔实的举证和说理予以突破。

对内地与香港特别行政区婚姻家事安排的实操解读

2022年8月11日,北京市第四中级人民法院(以下简称北京四中院)审结了一起涉及对香港某法院离婚判决在内地申请认可的案件。该案系2022年2月15日《婚姻家事安排》正式施行后,内地法院适用该规定对香港离婚判令予以认可的首例案件。本文拟通过对该起案例的研究,简要分析在内地法院申请认可与执行香港离婚判决的实操问题。

一、案例呈现[1]

(一)基本案情

根据新浪财经21世纪经济报新闻报道,2022年4月12日,香港某法院作出《暂准判令转为绝对判令证明书(离婚案)》,即鲁某与魏某之间的婚姻关系据此解除。鲁某随后委托律师向北京四中院申请依法承认前述离婚绝对判令。

2022年8月11日,北京四中院受理鲁某申请承认香港离婚绝对判令一案后,依法审查了鲁某的申请认可请求,并对案件当事人进行了依法询问,认定鲁某与魏某于香港取得的离婚绝对判令符合《婚姻家事安排》规定的认可条件,不存在不应予以认可的情形,故作出认可该离婚绝对判令的裁定。

(二)争议焦点

(1)鲁某能否就与魏某于香港取得的离婚绝对判令向北京四中院提出申请,请求法院依法承认上述离婚绝对判令,该请求是否适用《婚姻家事安

---

〔1〕 因可能涉及当事人隐私,裁判文书号不予披露。

排》的规定。

(2)本案是否存在不符合《婚姻家事安排》第9条规定的认可条件。

(三)法院裁判结果

北京四中院受理鲁某的申请后,安排于2022年8月11日开庭对鲁某的申请进行了审查,并对其进行了询问,最终认定香港某法院作出的该份离婚绝对判令,可适用最新实施的《婚姻家事安排》中关于认可香港法院就婚姻家民事案件作出的生效判决的相关规定。

二、司法裁判观点

内地法院在承认香港法院判决效力的裁判观点见表7-1。

表7-1 关于内地法院承认香港法院判决效力的裁判观点

案号	审理法院	司法裁判观点
(2024)鲁10协外认3号	山东省威海市中级人民法院	根据《婚姻家事安排》的相关规定,香港某法院作出的婚姻诉讼FCMC2020年第4233号判令证明书解除曾某伟与杨某的婚姻关系,已经送达并生效,符合我国法律规定的承认香港某法院判决效力的条件,予以认可。依照《婚姻家事安排》第1条、第2条、第3条、第15条的规定,裁定认可香港某法院FCMC2020年第4233号绝对判令
(2022)鄂10认港1号	湖北省荆州市中级人民法院	本案中,香港某法院于2017年12月4日作出《暂准令转为绝对令证明书》,载明刘某与谢某丽于2015年11月30日举行婚礼的婚姻予以解除,该院于2017年9月22日作出的2016年第16936号《暂准离婚令》已于2017年12月4日转为最后及绝对的判令,双方婚姻关系据此解除。上述《暂准离婚令》与《暂准令转为绝对令证明书》中关于婚姻关系解除的内容符合我国法律规定的承认条件
(2020)湘09认港1号	湖南省益阳市中级人民法院	本案中,香港某法院于2017年1月11日作出证明书,载明王某与周某龙于2012年11月14日举行婚礼的婚姻予以解除,2016年第7453号民事判决已于2017年1月10日生效。综上,香港某法院作出的2016年第7453号婚姻诉讼民事判决中关于解除婚姻关系的部分,符合《婚姻家事安排》规定的认可香港特别行政区法院婚姻家庭民事案件判决的条件。依照《婚姻家事安排》第1条、第2条的规定,裁定认可和执行香港特别行政区区域法院2016年第7543号民事判决

三、分析解读

本文提及的北京四中院作出的裁判结果，对于深化内地和香港司法协助意义深远，对于促进两地婚姻、家庭关系的和谐发展也大有裨益。《婚姻家事安排》的施行，不仅减少了当事人的诉累，降低了诉讼成本，还有利于实现我国不同法域间制度实践的一致性。该安排使内地与香港之间法律及司法规则间的衔接更为密切，在认可并尊重两法域法律体系差异的前提下，也更有利于法律表达的链接，从而最大限度地遵从原审法院地法律对有关"生效判决"的界定。

(一)《婚姻家事安排》实施的背景

近年来，随着内地与香港的经济融合发展以及人们之间的密切沟通，涉港婚姻也非常常见。据香港特别行政区政府统计，从 2017～2020 年，香港共有 65,726 起跨境婚姻。而在跨境婚姻中，当事人在内地和香港均有财产的情况比较普遍，然而两地的司法体系不同，在《婚姻家事安排》实施前，内地就婚姻及家庭事宜的判决在香港普遍不被承认与执行；内地法律也没有明文规定在内地承认与执行香港就婚姻家庭事宜作出的判决，从而造成跨境婚姻当事人可能因重复起诉等问题而耗费更多的时间和金钱。

为了保障跨境婚姻双方及其子女的利益，最高人民法院与香港特别行政区政府律政司于 2017 年 6 月 20 日签订了《婚姻家事安排》，经过多年两地共同努力，《婚姻家事安排》最终于 2022 年 2 月 15 日正式实施，为跨境家庭带来更大的保障与便利。

《婚姻家事安排》的施行，将内地协议离婚及两地婚姻家事类诉讼案件纳入其中，[1]使大部分婚姻家事判决/安排在内地或香港得以认可与执行，且认可和执行的范围除了对解除婚姻关系判项的认可，还包括对两地法院于裁判文书中对财产分割的判项/安排的认可。该安排秉承了两地法院及法律人服务民生福祉的共同理念，如在未成年子女抚养安排方面，规定应当适用最佳利益原则，即若离婚案件中涉及未成年子女安排，两地法院在审理时应当对未成年子女的最佳利益予以充分考虑，所作判决或安排应当最有

〔1〕 根据最高人民法院《民事案件案由规定》可知，有部分婚姻家事纠纷类案件不在该安排的适用范围内。

利于其成长。随着《民法典》《未成年人保护法》《家庭教育促进法》等法律的实施与完善,我国对于未成年人这一特殊群体的权益保护也将更加全面及深化。[1]

（二）《婚姻家事安排》的亮点

1.《婚姻家事安排》的认可内容比申请承认外国离婚判决的范围更广

针对其他国家和地区的离婚判决情况,我国法院只对婚姻关系的解除予以承认,且是在符合相关条件以及不违反我国法律的基本原则以及社会公共利益的情况下予以承认,而且以上承认基本上不涉及子女抚养以及财产等问题。但《婚姻家事安排》中不仅涉及婚姻关系的解除,同时还包含了对夫妻财产分割、生活费负担以及子女抚养费等判决内容的认可与执行。因此,认可内容的全面性是本安排中的一项重大亮点。

2.《婚姻家事安排》还充分考量了保护未成年子女的最佳利益

在两地法院互相认可的过程中,将未成年子女“稳定的生活环境”等纳入考虑范围。对于法院出具的裁判文书不服的,当事人在香港可以提出上诉,在内地可以向上级法院申请复议。[2]

（三）《婚姻家事安排》的仍需完善

1. 可对两地平行诉讼问题作出安排

根据《婚姻家事安排》第 16 条和第 17 条的规定,在我国内地法院审理婚姻家事案件期间,另一方当事人同时申请认可和执行香港法院就同一争议所作出的判令时,内地法院应当予以受理。受理后,内地法院的有关诉讼中止审理,待就认可和执行香港法院裁判的申请作出裁定或者命令后,再根据实际情况进行终止或者恢复诉讼。此外,内地法院在审查认可和执行香港裁判申请期间,法院不受理当事人就同一争议提起的诉讼案件。只有在该香港法院作出的离婚判决没有获内地法院认可和执行时,申请人才可以就同一争议向内地法院提起诉讼。这意味着,一方当事人先在内地起诉,后另一方就同一争议申请认可与执行香港生效判决的,该申请应当受理,有关

---

〔1〕《最高人民法院关于内地与香港特别行政区法院相互认可和执行婚姻家庭民事案件判决的安排(附全文)》,载澎湃网 2022 年 2 月 16 日,https://m.thepaper.cn/baijiahao_16723696。

〔2〕参见王巍:《依最高院新规北京法院首度认可香港法院婚姻家事案判决解读:确保两地裁判效力统一》,载腾讯网,https://new.qq.com/rain/a/20220816A09QYW00.html。

诉讼应中止；申请人先在内地申请认可与执行香港的生效判决，后就同一争议在内地提起诉讼，内地法院不应受理，此前已受理的有关诉讼应驳回起诉。但是上述条款仅能在获得香港生效判决后才能排除内地法院的管辖，在香港法院起诉但香港法院尚未作出判决前，当事人依然无法排除内地法院的管辖。

2. 应纳入继承类纠纷

《婚姻家事安排》未将继承类案件判决的认可与执行纳入其适用范围，但近年来跨境继承纠纷在涉港法律纠纷中的比例亦逐年增加。对于内地居民如何继承在香港的遗产，司法部律师公证工作指导司印发的《关于办理香港遗产继承的程序和应注意问题的介绍》中有所指引，但对于继承纠纷类的判决或安排的相互认可与执行，两地尚未有互认安排。

考虑到两地遗产继承法律程序的差异，继承类纠纷未能纳入该安排又在情理之中。依据香港继承的相关规定，遗产继承由香港高等法院遗产评估管理处代为受理，且继承遗产需要缴纳一定比例的遗产税。如为遗嘱继承，则香港高等法院将根据申请对遗嘱授予认证书。同时，依赖被继承人供养或抚养的人员为维持其生活需要亦可以向香港高等法院申请给养命令。内地尚未开征遗产税，在继承人无纠纷的情况下，通过公证方式即可完成遗产的继承分割，如有纠纷，则可提起相应的继承诉讼。除此之外，两地就继承顺位的规定亦有较大区别。

3. 判决认可程序有待明确

根据《婚姻家事安排》第 7 条规定的内容可知，香港与内地司法机构在认可与执行判决的期间、程序和方式等一致安排，分别适用各自的法律规定。内地与香港分属不同的法系，因此在尊重内地与香港法律制度的前提下，适用各自法律规定是实现内地与香港判决互相认可与执行的有效途径。虽然《婚姻家事安排》中没有明确规定认可与执行是否分开，但在内地，基于法院审执分离的机制以及执行法律文书所涉及法律程序的不同，在内地司法实务中必然会要求先申请认可法律文件，获得认可后再另行申请执行获得认可的事项。

4. 财产保全协助机制有待规定

在婚姻家事案件中，两地尚未建立起诉讼财产保全协助机制，《婚姻家事安排》亦未涉及。当事人通过法院的生效判决得以明确自身的权利义务，但载于判决中的仅是其应然权利，只有判决得以执行方能成为其实然权利，胜诉判决得以遵守。那么,为了确保当事人应然权利的实现,在诉讼期间向法院申请财产保全十分重要。虽然此次《婚姻家事安排》是两地就离婚判决/安排的相互认可与执行的重要安排,但将两地司法合作提前至诉讼阶段,甚至诉前阶段亦具有现实意义。若当事人得以申请法院保全跨境的财产,那么当判决涉及财产给付时,便会因前期的财产保全措施而获得相应的财产保障。然而,鉴于目前两地诉讼财产保全司法协作机制缺乏,两地判决是否能够得以切实执行还需要内地与香港充实司法协作内容,积极推动诉讼财产保全协助机制的设立。[1]

四、律师实务视角

如今香港已经与内地初步搭建起了具有中国特色的区际司法协助体系。一国是本,本固才能枝荣。一国之内,两种法律制度也完全能够做到长期并存、融合相处。

(一)内地法院认可与执行香港法院判决的相关程序

1. 管辖法院的确定

根据《民事诉讼法》的规定,香港法院判决的认可与执行所涉管辖法院是申请人住所地、经常居住地或者被申请人住所地、经常居住地、财产所在地的中级人民法院。

2. 申请认可需要提交的材料

根据《婚姻家事安排》,申请人需要提交的材料有:申请书;公证的身份证相关资料;申请认可香港法院生效判决的,应当提交判决、判决生效证明书,如为缺席判决的,还应提交法院已合法传唤当事人的证明文件(但判决已对此予以明确说明或者缺席方提出申请的除外);申请认可解除婚姻的协议书、备忘录的,应当提交经公证的协议书、备忘录等相关资料。

当事人提供香港法院生效判决,按照香港《内地婚姻家庭案件判决(相互承认及强制执行)条例》第 38 条和第 39 条规定应当履行以下程序:向作出生效判决的法院申请一份该判决的经核证文本,并附同订明费用;经审查后,该法院向当事人发出一份香港判决的经核证文本,同时发出一份证明

〔1〕 参见唐坚毅:《对内地与香港相互认可与执行婚姻家庭民事案件判决安排的解读》,深圳大学 2018 年硕士学位论文。

书,即证明该判决是在婚姻或家庭案件中作出的,并在香港生效,同时将可由根据香港《内地婚姻家庭案件判决(相互承认及强制执行)条例》第40条订立的规则订明的文件(文件中须载明订明的详情)附于该证明书后。

3. 申请期限

《婚姻家事安排》并未对申请期限予以明确规定,但根据《民事诉讼法》的规定,申请人向内地法院申请认可和承认香港法院作出的生效判决的期间为2年。

4. 申请认可与执行的程序

第一步为审查程序,即内地法院审查香港法院作出的生效判决是否符合认可和执行的情形,审查内容则围绕《婚姻家事安排》第9条规定进行审查,并视情况作出准许/不准许认可和执行的裁定;第二步是准许认可与执行后,进入执行程序,当事人根据认可和执行的生效裁定向法院申请执行香港判决。

(二)相关案件中代理律师的作用分析

以前文"案例呈现"部分介绍的案件为例,当涉及认可和执行香港区域法院判决的程序时,律师在以下方面可以发挥重要作用。

(1)协助进行文件准备:帮助申请人准备申请认可和执行所需的所有材料,包括公证文件、判决书等。

(2)提供相关法律咨询:提供有关内地和香港法律的咨询,确保申请过程符合相关法规。

(3)代理申请程序:在申请过程中律师可以代理申请人向法院提交申请、文件和其他材料。

(4)进行法律风险评估:律师可针对申请人的个案情况,对案件进行认可和执行的法律风险进行进一步的评估,并向申请人提供关于可能的法律后果和选择的建议。

(5)为当事人提供执行程序指导:在法院准许认可与执行后,律师可以协助收集执行所需文件、跟踪被执行人的财产、与执行部门沟通等。

综上所述,从立案、送达到案件审理都存在很多不确定性,这就要求代理律师需要从立案材料、诉讼费用、适用程序、认可的内容等各方面展开全新的探索,了解涉港婚姻家事相关流程和文件,积极与法院沟通配合。

香港遗嘱在内地的非诉执行

本文所称香港遗嘱，是指立遗嘱人为香港居民，其在订立遗嘱时、死亡时的经常居住地均在香港，适用香港有关规定的遗嘱。根据《涉外民事关系法律适用法》第32条、第33条的规定[1]可知，香港遗嘱的效力能否在内地得到认可，进而最大限度地得到执行，在司法实践层面持有的观点是尽可能遵照立遗嘱人的意愿分割、处理其遗产。而当各继承人均对遗嘱无异议，拟通过非诉方式使香港遗嘱在内地得以执行时，需要注意哪些问题、完成哪些流程，通常是香港居民咨询较多的问题。笔者多年前曾接受作为继承人的几位香港居民的委托，根据被继承人于香港所立之遗嘱，通过非诉讼方式完成了立遗嘱人在内地的遗产继承事宜，使被继承人的遗愿得以最大化实现。现笔者拟根据本次非诉执行香港遗嘱事宜的办案经验，提炼并总结香港遗嘱在内地非诉执行的相关要点，以供读者参考。

一、案例呈现[2]

香港居民陈某1于2016年11月26日死亡，其最终遗嘱于2017年5月26日由香港高等法院认证并登记，该遗嘱中涉及其在内地的多家银行的存款、理财产品及保险。根据陈某1的遗嘱，其在内地的遗产由其兄弟陈某2、陈某3、陈某4等份继承，并妻子不继承内地资产。因各方对于遗嘱的真实性、合法性均无异议，遂希望通过非诉讼方式完成陈某1的遗嘱继承事宜。

笔者接受委托后，与各银行及保险公司进行了多轮沟通，最终顺利推进

---

〔1〕《涉外民事关系法律适用法》第32条规定："遗嘱方式，符合遗嘱人立遗嘱时或者死亡时经常居所地法律、国籍国法律或者遗嘱行为地法律的，遗嘱均为成立。"
《涉外民事关系法律适用法》第33条规定："遗嘱效力，适用遗嘱人立遗嘱时或者死亡时经常居所地法律或者国籍国法律。"

〔2〕因可能涉及当事人隐私，裁判文书号不予披露。

了陈某1在内地的遗产继承事宜。

二、问题解读

(一)遗嘱执行的前提——遗嘱具备法律效力

遗嘱进入执行阶段后,首先需要解决的是遗嘱的效力问题,此为遗嘱执行的前提。通常而言,遗嘱的效力需要从遗嘱的实质要件与形式要件两个方面进行审查。遗嘱的实质要件,即立遗嘱人是否具备立遗嘱的行为能力;遗嘱载明的内容是否为其真实意思表示;其所签立的遗嘱是否被撤销(撤回)或变更;其于遗嘱中所处分之遗产范围是否符合法律规定;是否存在继承的接受和放弃等情形。而遗嘱的形式要件,是指法律规定的签立遗嘱所应采取的形式要求、立遗嘱人签名、见证人范围及签名要求等。笔者现结合香港《遗嘱条例》《遗嘱认证及遗产管理条例》《无争议遗嘱认证规则》《财产继承(供养遗嘱及受养人)条例》等,对香港遗嘱的效力要件进行分析如下。

1. 香港遗嘱的实质要件

(1)立遗嘱人具备遗嘱能力且意思表示真实

通常而言,只有具备完全民事行为能力者方得订立遗嘱,也即需要判断立遗嘱人在立遗嘱时是否具备遗嘱能力,则应当对其年龄、心智或精神状态予以考量。香港《遗嘱条例》第4条[1]规定,未成年人[2]所立遗嘱无效,但对于已婚未成年人[3]、实际正于海军、陆军或空军等军队服役的未成年人及出航于海上的未成年船员或海员,所立遗嘱并不当然无效。结合香港《成年岁数(有关条文)条例》《婚姻条例》《精神健康条例》进一步分析可知,在

---

[1] 香港《遗嘱条例》第4条"未成年的人所立的遗嘱"规定:"(1)除第(2)款另有规定外,由未届成年的人所立的遗嘱均属无效。(2)已婚者、实际服役于海军、陆军或空军的人员及海上的船员或海员即使未届成年,均可订立有效的遗嘱,亦可有效地撤销遗嘱。(3)在本条中,已婚者(marriedperson)指《已婚者地位条例》(第182章)所指的婚姻任何一方。"

[2] 香港《成年岁数(有关条文)条例》第2条"成年岁数由21岁降至18岁"规定:"(1)自本条例生效之日起,一个人年满18岁时,即届成年……"即在香港18周岁以下为未成年人。

[3] 香港《婚姻条例》第13条"任何一方不足16岁时许可证或证明书的不予发给"规定:"如拟结婚的任何一方未满16岁,则不可发给登记官证明书或批给特别许可证。"即在香港年满16周岁即可结婚。

香港,属于以下情形之一且精神上有行为能力者,[1]即因精神上有能力处理和管理其财产及事务者,具备遗嘱能力:①年满18周岁的成年人;②已婚者(含16周岁以上,18周岁以下但已与他人缔结婚姻的未成年人);③在军队(包括海军、陆军或空军等)服役的人员;④海上(出海)的船员或海员。

同时,立遗嘱人所立遗嘱应为其真实意思表示,即其具有"欲以其签署而令该遗嘱生效"的真实意愿。

(2)遗产范围须符合法律规定

根据香港《遗嘱条例》第3条的规定[2],立遗嘱人可通过遗嘱处置其去世时享有实益、去世后则转予其遗产代理人的所有合法财产,包括其所有之土地及非土地财产。其中对于土地的遗嘱处分内涵,除立遗嘱人在遗嘱中明确表示该处置安排不包含对租借地权益的处分之外,对土地的遗嘱处置应当包括立遗嘱人对租借地权益的处置。

(3)立遗嘱人未撤销遗嘱

所谓撤销遗嘱,是指在遗嘱发生效力之前,立遗嘱人遵循其真实意思,通过一定方式将已签立之遗嘱予以撤销,使其不能产生遗嘱效力或不具执行可能的民事行为。根据香港《遗嘱条例》第13条的规定,[3]立遗嘱人撤销遗嘱的方式包括以下几种:①通过重新订立遗嘱撤销在先遗嘱;②通过签署遗嘱撤销书撤销已签立之遗嘱;③通过自行或指示他人当面销毁已签立之遗嘱。同时,根据香港《遗嘱条例》,除前述由立遗嘱人通过意思表示行为撤销外,已签立之遗嘱还存在被撤销的特殊情形——婚姻状态对遗嘱效力的影响。

具体而言,立遗嘱人婚姻状态对遗嘱效力的影响主要表现在以下两个

---

[1] 香港《精神健康条例》第2条"释义"规定:"……精神上无行为能力的人(mentallyincapacitated-person)——(a)就第Ⅱ部而言,指因精神上无行为能力而无能力处理和管理其财产及事务的人;或(b)就所有其他目的而言,指病人或弱智人士(视属何情况而定)……"

[2] 香港《遗嘱条例》第3条"所有财产可藉遗嘱处置"规定:"任何人可藉按照本条例规定而签立的遗嘱处置其去世时享有实益、而去世后则转予其遗产代理人的所有财产。"

[3] 香港《遗嘱条例》第13条"撤销遗嘱的方式"规定:"(1)任何遗嘱的全部或任何部分,均不得撤销,除非——(a)根据第14条的规定因缔结婚姻而撤销;(b)藉另一有效的遗嘱而撤销;(c)藉立遗嘱人可有效地签立遗嘱的方式签立的遗嘱撤销书而撤销;或(d)由立遗嘱人,或由其他人在立遗嘱人面前并依其指示,在立意撤销该遗嘱的情况下将该遗嘱烧毁、撕毁或以其他方法毁灭而撤销。(2)以情况有变为理由而对立遗嘱人的意愿作出的任何推定,不得使遗嘱撤销。"

方面。第一，如立遗嘱后立遗嘱人缔结婚姻的，该遗嘱即予以撤销，除非立遗嘱人在遗嘱内明确其在该遗嘱订立时正准备与某人缔结婚姻，且不希望该遗嘱因该段婚姻而撤销，则该遗嘱不得因立遗嘱人与该人缔结婚姻而撤销。[1] 第二，立遗嘱人在婚姻关系存续期间订立遗嘱后，其婚姻被有效地解除、废止或宣告无效，会导致遗嘱部分条款无效，如指定前配偶为该遗嘱执行人及受托人的条款、向前配偶所作的遗赠即告失效。[2] 因此，在对香港遗嘱效力进行判定时，需要将立遗嘱人立遗嘱时、立遗嘱后的婚姻状态等加以考量，以便判断遗嘱是否被全部或部分撤销。

一般而言，遗嘱一经立遗嘱人撤销，则其效力不能恢复，其自始不具有被执行的可能性。但是如立遗嘱人撤销遗嘱后，又将原遗嘱内容通过签立新的遗嘱或作为新遗嘱更改附件的，其仍应得以遵照执行。

(4)经更改的遗嘱的效力问题

根据香港《遗嘱条例》第16条的规定，通常情况下，遗嘱签订后，立遗嘱人在遗嘱中所进行的任何涂改、安插在字里行间的任何文字，或其他更改均不具有任何效力。但如果“在做如此更改前，遗嘱的字义或作用并不明显”[3]，则

---

[1] 香港《遗嘱条例》第14条“除某些情况外，遗嘱可因婚姻而撤销”规定：“(1)除第(2)、(3)及(4)款另有规定外，立遗嘱人于签立遗嘱后缔结婚姻，该遗嘱即予撤销。(2)在行使指定受益的权力时，除非如此指定的财产若没有该项指定便会传移予立遗嘱人的遗产代理人，否则即使立遗嘱人其后缔结婚姻，遗嘱所作的处置仍须有效。(3)凡遗嘱内显示出立遗嘱人在该遗嘱订立时，正预期与某人缔结婚姻，而且其意愿是不欲该遗嘱因该段婚姻而撤销，则该遗嘱不得因立遗嘱人与该人缔结婚姻而撤销。(4)凡遗嘱内显示出立遗嘱人在该遗嘱订立时，正预期与某人缔结婚姻，而且其意愿是不欲该遗嘱所作的处置因该段婚姻而撤销，则——(a)即使有该段婚姻，该项处置仍然生效；及(b)该遗嘱所作的其他处置亦须生效，除非该遗嘱内显示出立遗嘱人意欲该项处置因该段婚姻而撤销。(5)在本条中，婚姻(marriage)的涵义与《已婚者地位条例》(第182章)第2条中该词的涵义相同。”

[2] 香港《遗嘱条例》第15条“解除或废止婚姻的影响”规定：“(1)凡立遗嘱人订立遗嘱后，其婚姻被有效地解除、废止或宣告无效：(a)该遗嘱仍然生效，但犹如删去任何委任有关的前配偶为该遗嘱的执行人，或任何指定有关的前配偶为该遗嘱的执行人及受托人的条款；及(b)向有关的前配偶所作的遗赠即告失效，但该遗嘱内如显示出相反的意愿，则属例外。(2)第(1)(b)款并不损害有关的前配偶根据《婚姻诉讼条例》(第179章)申请赡养费的权利。(3)凡(a)按遗嘱的条款，某剩余权益须受制于一项终身权益；而(b)该终身权益因第(1)(b)款而失效，则该剩余权益须视为并不受制于该项终身权益；如该剩余权益须待该项终身权益的终止始得确定，则须将之视为并非如此。”

[3] 香港《遗嘱条例》第16条“更改签立的遗嘱”规定：“……(1A)就第(1)款而言，遗嘱的字义或作用如可以任何方式发现，即属明显……”

应当进一步审查该更改的效力。如果该更改使原意不明确的遗嘱内容更加清晰、明确,且该更改行为能够满足签立遗嘱的其他有效要件,如见证人、书面形式、立遗嘱能力等符合相关法律规定,则该更改部分应当与遗嘱具有同样的法律效力,而无论该更改记载于遗嘱哪一个部分。

2. 香港遗嘱的形式要件

根据香港《遗嘱条例》第 5 条的规定,在形式要件上,首先,遗嘱应当以书面形式订立,并由立遗嘱人签署或由其他人在立遗嘱人面前依其指示签署。其次,在遗嘱签立时,应当由 2 名或 2 名以上的见证人在场见证立遗嘱人的签署,且需要在立遗嘱人面前以见证人身份于遗嘱中签字。但与内地规定不同,香港《遗嘱条例》未对遗嘱见证人签署遗嘱的格式予以严格规定,且即使见证人在遗嘱订立时或之后不具有见证人资格,也不会影响遗嘱的效力。同时,见证人也可以担任遗嘱执行人。但遗嘱中如涉及对见证人及其配偶的赠与的内容,则该部分内容将被认定为无效。

需要说明的是,由服役于军队(海军、陆军或空军等)的人员以及海上(出海)的船员、海员所签立的遗嘱具有特殊性,不受《遗嘱条例》第 5 条的形式要件的限制。

(二)遗嘱执行人的权利凭证——香港遗嘱的认证授予书

在执行遗嘱过程中,遗嘱执行人需要向遗产保管人、持有人或登记机构提供遗嘱,但香港遗嘱是否生效以及是否具有法律效力,遗产的保管人、持有人或登记机构等无法自行判断,因此,其还需要提供能够证明遗嘱效力的文书。而对于香港遗嘱,香港高等法院的遗嘱认证程序可以为遗嘱的效力背书,遗嘱认证授予书即为遗嘱执行人的行权凭证。因此,在遗嘱生效后,采取执行行为之前,遗嘱继承人可通过香港高等法院的遗嘱认证程序获得一份有效且具有公信力的行权履职依据。

所谓遗嘱认证,是指香港高等法院根据法定程序对遗嘱进行检定、认证,并依法作出授予书的法定程序。该认证程序并不影响遗嘱本身的效力,但该授予书系遗嘱执行人/遗产管理人管理立遗嘱人遗产的授权性文件,是遗嘱执行人/遗产管理人得以执行遗嘱的权利凭证,也是持有或保管、管理立遗嘱人遗产的机构或第三人确认遗嘱执行人身份的有效文书。

根据香港《遗嘱认证及遗产管理条例》的规定,与被继承人遗嘱认证、遗产管理有关的所有司法事务，香港高等法院均享具有司法管辖权，其可依职权或依申请对被继承人遗产授予相应的遗嘱认证、遗产管理书，同时其亦可依职权或依申请更改、撤销相关授予书。就香港高等法院内部认证程序而言，一般情况下，法院的司法常务官及法院的任何高级副司法常务官、副司法常务官或助理司法常务官可以法院名义或使用法院印章行使遗嘱认证或遗产管理授予书的司法管辖权，但其不享有将某一授予书撤销的权力；对于个案有争议、申请授予书或已获授予书的人是根据该条例行使的遗产管理官的，其亦不享有司法管辖权。如司法常务官等认为某一个案需要由法官决定是否作出授予书或其认为自己无法断定应否作出授予书时，其可以将案件转交法官处理或由法官作出适当指示后再行处理。

根据香港《无争议遗嘱认证规则》及《遗嘱认证及遗产管理条例》的规定，个人可自行，也可经由律师向香港高等法院遗嘱承办处申请遗嘱认证，并应当向遗嘱承办处提供遗嘱、立遗嘱人死亡证明或司法常务官认可的其他死亡证明，依法进行宣誓，提供誓言、誓章或担保以及其他相关文件。必要情况下，香港高等法院可依职权传召遗嘱所指明的任一遗嘱执行人，并要求其申请遗嘱认证。

（三）香港遗嘱在内地的非诉执行

如果香港遗嘱形成于域外，在其经香港高等法院认证，取得授予书后，于内地执行过程中，还需要对以下文件进行公证转递，才能保证被继承人内地遗产依遗嘱得以妥善处理。

1. 香港遗嘱的内地通行证——香港法院遗嘱认证授予书的公证转递

一般而言，经香港高等法院认证后，意味着该遗嘱依据香港法律是有效的，在立遗嘱人死亡时即行发生效力，其遗产的保管人、持有人或其他登记机构应当依据遗嘱内容协助遗嘱执行人或遗产管理人执行遗嘱。然而，无论是遗嘱还是香港高等法院的遗嘱认证文件，均生成于域外，其真实性还需经过特定程序进行认定后，内地的相关人员及机构才有可能采信，并协助遗嘱执行人或遗产管理人办理相关手续，依遗嘱将遗产交付遗嘱继承人。就香港遗嘱而言，需要就香港高等法院的遗嘱认证授予书通过公证转递程序，即由司法部任命的委托公证人（香港律师）对遗嘱认证授予书的真实性进行核查，并由委托公证人签署公证书后，经中国法律服务（香港）有限公司加章转递至内地使用。

如香港高等法院遗嘱认证授予书为英文，在取得转递文件后，还需要进行翻译，且委托中国翻译协会会员单位翻译为宜，相关的翻译件上应当加盖翻译单位公章。

2. 继承遗产声明书的公证转递

在香港高等法院遗嘱认证授予书公证的同时，遗嘱继承人可就继承遗产声明书进行公证转递。遗嘱继承人应当就立遗嘱人（被继承人）死亡时间、地点、婚姻状况，其他继承人情况，遗产范围进行说明，同时需要就所附经香港高等法院检定、认证的遗嘱为立遗嘱人最终遗嘱，且不存在遗赠扶养协议进行阐述，并表明愿意根据相关遗嘱继承遗产。遗嘱继承人作为声明人，应当在司法部任命的委托公证人面前进行宣誓并签署声明书。继承遗产声明书经委托公证人公证，加盖中国法律服务（香港）有限公司转递专用章后，遗产保管人、持有人或登记机构一般均予以认可，其相当于内地的继承公证书。办理继承遗产声明公证的，声明人一般需要向委托公证人提供以下文件：

（1）继承人的香港身份证、香港居民往来内地通行证、香港住址证明；

（2）被继承人死亡证明；

（3）被继承人经香港高等法院认证的遗嘱；

（4）继承人与被继承人的关系证明（如出生证明、结婚证书等）；

（5）香港婚姻登记处出具的《无婚姻记录证明书》或有关的结婚记录；

（6）遗产产权证明（如产权证、土地证或不动产权证等）；

（7）被继承人生前的身份证件。

如涉及不动产的遗嘱继承，可由司法部任命的委托公证人将声明书拟好后，交由不动产登记部门审核确认，再行出具正式的文本。

3. 遗嘱继承人委托他人代为办理遗嘱继承事宜之委托公证

如遗嘱继承人、遗嘱执行人或遗产管理人不便处理遗产或履行职责时，其是否可委托他人代为行权履职？根据笔者的办案经验，银行、证券公司及保险公司均对笔者的遗嘱继承人的代理人身份予以认可，并协助笔者查询、确认了立遗嘱人（被继承人）名下的相关资产，但各个机构的要求略有不同。以要求最为严格的中国银行股份有限公司为例，对于立遗嘱人名下的账户余额、理财产品等的处理，除继承声明书（含香港高等法院遗嘱认证授予书）

公证转递外,还需要就遗嘱继承人委托他人代为行权履职的授权委托书进行公证转递,且对委托内容及代理权限亦有明确的要求,例如,立遗嘱人(被继承人)的具体账户信息、理财协议编号、基金交易账号、理财账号等都需要在委托书中予以一一列明,并需要详细阐述受托人可对账户等进行的操作内容(挂失、解除挂失、密码挂失及重置、基金赎回、销户等)。

三、律师实务视角

香港遗嘱在内地的非诉执行,关键在于取得香港高等法院遗嘱的认证授予书及继承声明书的公证转递,即需要由司法部任命的委托公证人对继承人继承声明进行公证转递,声明书中除应当包含被继承人及继承人相关信息之外,还应当由继承人明确表示继承遗产,且同时附上香港高等法院的遗嘱认证授予书。随后,继承人便可自行或公证委托内地相关人员(如律师、其他亲友等)至被继承人遗产保管人处、持有人处或相应的登记机构进行遗产的继承处理。当然,不同的遗产保管部门或登记机构可能会有特殊的要求,在进行相应的文件公证转递前,应先与之进行接洽,说明拟办理事项,清晰了解其所需要的具体文件,并草拟符合其要求的文书,经其确认后再行完成公证转递程序,以节省继承成本,避免因文件不符合遗产保管人、持有人或登记部门的要求而使执行事宜被搁置。